中国城市文明史

薛凤旋 著

九州出版社
JIUZHOUPRESS

序 言

对"中国城市文明史"的构建，我走过了漫长的 50 年。

我念中学时，中国历史和中国文学是我最喜欢的两个学科，但入读香港大学时我选了地理为主修科，当时认为地理较为经世致用，毕业后找工作较易。但我仍选了中国文学为副修科。在念硕士和博士时，我的兴趣由经济地理慢慢向城市地理倾斜，但我对研究中华文明的兴趣从未减退。

毕业后，与城市有关的教学与研究便成为我在香港大学的主轴。在 1980—2019 年间，我出版了多本相关著作，即《中国的大都市》《香港与澳门》《北京：由传统国都到社会主义首都》《香港发展地图集》《澳门五百年》《中国城市及其文明的演变》《清明上河图：北宋城市繁华回忆》和《西方古城市文明》。

近 20 年来中国考古的新发现加深了我对中华文明研究的兴趣，我更阅读了不少中西方和南北美洲考古与文明史研究的著作，以及英国剑桥大学出版社出版的《剑桥中国史》。这些阅读使我有两点收获。第一，我逐渐感到一个国家的历史，实乃该国文明的演变历程，而城市就是文明最重要的发展动力和载体。因此，我们可以从另一角度，即城市角度，看历史和看文明，或从空间上叙述历史和文明。第二，我发现对于中华文明的源起、它在不同历史阶段的演变、它和世界其他文明相比有何特色，以及在未来的世界它将会有何贡献等问题，现有的出版物仍没有足够的回应，我们有必要对它们进行系统的分析与理解。这两个体会就是我写此书的动机。

2020年6月18日，中国国家主席习近平在"一带一路"国际合作高级别视频会议上发表书面致辞，强调"我们愿同合作伙伴一道，把'一带一路'打造成团结应对挑战的合作之路、维护人民健康安全的健康之路、促进经济社会恢复的复苏之路、释放发展潜力的增长之路"。这确实是中华文明礼义之邦的写照。它定能一如既往，让中国人民和世界人民，克服困难的挑战，走向和平、和谐相处与共同发展。

当我回顾中华文明史，且当窗外风雨声大作时，我强烈地感觉到，中华各族人民在5000年来从所经历的无数艰辛中积累出的睿智，实可以宁静致远，为中国及世界和平发展再创辉煌。

薛凤旋

2020年6月

目　录

文明、城市、历史与中国特色

中国文明被公认是唯一仍然存在的古文明，以及唯一一个有五千年延续不断的历史的文明。差不多同时在地球上出现的其他三大古文明，即两河流域文明、古埃及文明和古印度河文明，已在"文明冲突"与"文明衰落"中，因不能有效应对大自然的变化或外来势力的侵袭，又或因为这两种力量的共同作用而消失，被其他次生文明取代。因此，中国文明是世界文明发展史上的特殊案例。与中国文明一起延续的，自然也是中华民族五千年来不断发展的历史。而城市不但是文明出现的标记，也是文明最重要的载体，文明的演变亦因而往往在城市结构、功能和空间分布中体现。正因如此，对中国这五千年文明和城市发展的理解，是理解中国历史和人类文明史的重要一环。这便是这本书的基本目的：系统且有机地整合中国文明、中国城市发展和中国历史，让国人了解国家和民族的过去、现在和将来。因此本书以《中国城市文明史》为名。

　　要理解此书的写作主轴，首先要清楚了解文明、城市和历史这三个概念的定义，并厘清它们之间的关系。

文明的定义

　　在学术界的讨论中，"文明"与"文化"这两个词常常被互换，有时甚至被认为是共通词。在西方，文明（civilization）一词源于拉丁文"civilis"，有"城市化"和"公民化"的含义，引申为"分工""合作"，即人们和睦地生活于"社会集团"中的状态，也就是一种先进的社会和文化发展状态，以及到达这一状态的过程。文明所涉及的领域广泛，包括民族意识、技术水准、礼仪规范、宗教思想、风俗习惯，以及科学知识的发展等。文明拥有更密集的人口聚居地，并且已经开始划分社会阶级，一般有一个精英统治阶层和被统治的城市和村落人口。这些被统治的人群依据分工集中从事农业、采矿、小规模制造和贸易等行业。

文化（culture）一词在西方最早由古罗马哲学家定义，原义是一群共同生活在相同自然环境中的人类，为使自身适应自然或周围的环境，在其发展过程中积累起的跟自身生活相关的知识或经验，以及所形成的约定俗成且潜意识的外在表现。它包括文字、语言、建筑、饮食、工具、技能、知识、习俗、艺术等。简言之，文化乃一个民族的生活形式。在考古学上，文化指同一历史时期的遗迹、遗物的综合体。同样的工具、用具、制造技术等是同一种文化的特征。当猿人演化成智人，懂得打制粗石器，便有了最原始的文化。因此，"文化"自100万年前的旧石器时代便已开始出现。当时的人类与近亲形成集体，或穴居或四处游荡，以采集和渔猎为生，那时的文化被称为旧石器文化。

约在1万年前的新石器时代，人类开始走出洞穴，在山坡建屋定居，发展农耕，驯服家畜家禽，在大家庭基础上形成氏族。他们需要分工和合作以有效地适应天气的变化和河水涨退等有规律的自然变化。分工和合作促进了氏族社会初步的阶级分化和功能专业化，也推动形成了对自然、神祇和祖先的早期崇拜，以实现丰收，以致能有剩余价值的累积。

到新石器时代晚期，权力和财富的进一步集中使大量人力可组织起来，在肥沃的河谷平原建成大型灌溉系统，产生了更多的农业剩余，并催生了对远途贸易和文字记录的需求。更多人脱离农业，加入了手工业及服务业，这使社会分工与阶级分化更为复杂。而这个新社会的管理团队通过在意识形态上的权威，不但控制了生产、基础建设和社会财富，还逐渐脱离氏族的血缘关系，成为贵族。这些本质上的变化使一些原始文化跨过了文明门槛成为古文明。

文明社会拥有更密集的城市化人口聚居地，并且已有复杂社会阶级，即一个中央集权的精英统治阶层，以及被统治的城市和村落劳动人口。前者发明并控制了书写系统，通过对后者实行税收与力役达致农业剩余和财富集中。在文明社会里，权力集中在少数人手里，有组织的意识形态也产生了，如宗教，体现在祭祀活动和包括宫殿、宗庙在内的大型礼仪建筑上。国家也在此时形成。系统地看，文明包括了三个层面的元素：最高层面的是价值观（包括宗教、习俗），第二个层面乃制度（包括行政、经济、法律、军事等），第三个层面乃器物（包括建筑、文学、艺术等）。文明出现后，人类对自然的控制力大大提升，并且其影响范围在空间上向文化发展水平较低的周边地区延伸。

对于文明和文化的区别，19 世纪的德国学者认为：文明是指一个社会的技巧、技术和物质，而文化指的是一个社会的价值观、理想、艺术性和道德性。后来的西方学者却把文化指向原始的、一成不变的、非城市的社会，而文明是指更复杂的、发达的、城市的、动态的社会。当代美国学者亨廷顿把文明看得更高、更宏观，认为文明是人类最高级的文化归类（Huntington 1996）。这些看法可以回溯到 18 世纪法国学者首次提出文明这概念时的最原始却也是最实际的说法：文明是与"野蛮状态"相对的，即文明是定居的、有城市的、识字的。

其实这个质朴的文明概念在公元前 5 世纪的希腊已经出现，当时的希腊城邦把马其顿人视为野蛮人，将他们排除在泛希腊的运动会和祭祀活动之外。在中国，公元前 14 世纪的甲骨文也显示了商朝与周边文化的"文明"与"野蛮"的分别。

文明出现的判定标准，一般认为是城市的出现、文字的产生、国家制度的建立。其中最重要的前提是城市的出现，也就是说非农业人群的聚集，因而城市是文明的标志。社会学家路易斯·亨利·摩尔根将（Morgan 1887）人类社会演化分为蒙昧（savagery）、野蛮（barbarism）及文明三个阶段，以技术发明作为各阶段的分界。他认为文明阶段的代表性技术发明是标音系统及文字。不过也有学者认为不能单纯用文字来界定一个社会文化是否进入文明，因为农耕方法的改变、劳动的分化、统治阶级也就是中央集权政府的出现，以及社会阶层分化的出现，都是文明产生的重要特征。

至于如何导致中央集权的出现，哲学家和人类学家有多个不同的理论。美国人类学家罗伯特·L.卡内罗（Carneiro 2003）提出环境与社会的限制理论，认为由于地理环境的影响，例如山脉、海洋对人类的阻隔，文明才得以产生。由于人口增长而没有扩张的余地，人类开始争夺稀少的资源。这就导致社会内部出现了阶级，由统治者控制稀少的资源，同时也出现了对外部扩张的需要，这些都需要有一个中央集权的政府来严密组织。卡尔·威特福格尔（Wittfogel 1957）是灌溉系统理论的支持者。他认为新石器时代的农民认识到洪涝灾害虽然会毁坏庄稼，但也能提供更加肥沃的土壤，因此开始修建水坝，用储蓄的水来灌溉农田。随着灌溉需求面积不断扩大，专门负责管理灌溉系统的人便出现了。通过集中管理灌溉系统，最初的统治阶层逐渐发展，文明由此产生。另一种理论认为贸易在文明的发展中起着决定性作用。在生态多样化的地区，要获得稀少的资源，就需要贸易机构来组织贸易，这样就需要某种中央集权的形式。最后一种理论认为宗教信仰是动员群众集体参与建设水利系统、在族群间争夺资源或组织区际贸易的最有效手段，因而庙宇和巫师是中央集权的最高形态，对于文明的形成起着至关重要的作用。

古文明的出现和相互间的差异，是不同的自然条件及人类主观选择共同作用的结果，即中国传统所说的"天人感应"过程的结果。在物竞天择的规律下，地球上不同地域的早期人类在文明时代到来之前，都曾为应对不断变化的自然环境做出不懈的努力，适应自然变迁以谋求自身的持续发展。当时的成功选择（合乎自然的行为）往往是集体性的选择，或集体意志的表达与执行，而它的最有效的媒介就是宗教。因此"天人感应"一词中的人，是指集体的人，不是个别的人，而集体能在行为选择中统一意志和行动，依靠的往往是"神"的旨意，即宗教的权威。同时，宗教不但有"神"的权威性，亦体现了自然本身往往是神化了的自然力量。这些集体决定或意志体现的就是上述的人类社会权力的集中，而后者所依赖的就是自然力量。因此，文明的过程是人类由一小群人走向大集体的过程，也是从对自然的纯粹恐惧与敬畏走向系统化的世俗与宗教控制的集中过程。

我们按照上述理解，将"文明"放在"文化"之上，亦即"文明是更高的、更宏观的、放大了的文化"。当一个人类群体或社会的文化发展到一定成熟程度、满足一定的条件（如上文提到"有城市的""识字的""更复杂的"）、权力更集中时，才会进入文明，这个时间大概在青铜时代。由文化发展至文明，再到文明消失的全过程，西方学者奎格利（Carroll Quigley）把它分为七个阶段：混合、孕育、扩张、冲突、普遍帝国、衰败和入侵。傅瑞德（Morton H. Fried）从社会政治学的角度，把人类达致文明社会这一历程分为由低至高的四个发展阶段：

1. 游猎及采集集团；
2. 农牧混合氏族；
3. 酋邦式复杂社会，出现了王、贵族、自由民、农奴和奴隶阶层；
4. 文明社会，有更复杂的社会阶层、分工和有组织的官僚管治体系。

文明与城市：城市的兴起是文明形成的基础

在各个界定文明的标志中，城市是十分重要的，因为城市和文明的关系十分密切。伊德翁·舍贝里（Sjoberg 1960）在他的《前工业城市》（*The Preindustrial City*）一书中第一句便说："城市和文明是不可分割的。城市的出现和普及，使人类离开了原始社会阶段。同样地，城市也能使人类建立一种越来越复杂，且能让人更满意的生活。"

城市的出现，即人类的主要居所由原始农业聚落进化至城市，是一个由原始文化进入文明的复杂过程，包括人类群体的经济结构和社会组织的剧变。在这个过程中，原始文化走进了较高的发展阶段，成为文明。从科学角度看，历史上城市的出现乃基于两大因素：一是科技的突破，即生产技术、运输技术和仓储技术的重大发展；二是组织和管理能力上的突破（Hauser 1965；Johnson 1967；Meadows 1957）。这两大动力使新石器时代晚期的人类能生产出生产者自身基本需求以外的剩余粮食，而这些剩余又能有效地集中到某些地方，形成一个以第三产业和行政、组织与宗教功能为主的人口较多的大型聚落（Turner 1949）。

英国学者柴尔德（Childe 1936，1950）称这个推动城市形成的过程为"城市革命"，它与在时间上更早的"新石器革命"或"农业革命"组成了人类由原始文化进入文明的两大阶段性变革。他指出，文明的出现与城市关系密切，甚至是由城市带动的，而城市也等同于文明的标志。罗伯特·M. 亚当斯（Adams 1972）则论断城市文明出现的动力乃灌溉农业、频繁的战争，以及地区资源分布的不平均。罗伯特·J. 布雷德伍德（Braidwood 1986）也认为导致城市出现的乃粮食生产技术的进步，特别是公元前 4000 年在两河流域出现的灌溉技术。大型灌溉工程的建造和管理，导致了对主要生产要素之一的肥沃土地的拥有出现不平等现象，直接促使社会阶级分化。

在上述学者的基础上，费根（Fagan 2001）做出如下总结："考古学家将文明当作一个城市化的国家级社会的缩影。"他还对远古文明或前工业文明，总结出五个主要标准：

1. 以城市为基础的社会组织和复杂的社会；
2. 基于中央集中的资本积累、社会地位由朝贡与税收决定的经济体，能支撑千百名脱离粮食生产的非农人口就业，促进远途贸易、劳动分工和手工业的专业化；
3. 有记录方法、文字，以及在科学和数学上的进步；
4. 有宏大的公共及纪念性建筑；
5. 有一个由统治者领导的有广泛影响的全社会性宗教。

迈克尔·曼（Mann 1986）从另一角度描述了"城市革命"或文明形成的过程及其具体内容。他认为，真正的城市生活是由四种社会权力构建的，即经济、意识形态、军事及政治。在公元前 3 千纪，农业进步使经济资源增加，也促进了军事力量的形成。在早期，这力量主要是对外的，而不是内部的征税或镇压工具。经济精英和庙宇关系密切，也与文字记录能力及远途贸易相关。军事力量最后让已经控制了宗教信仰的经济精英蜕变为世俗的王。最终王将自己神化，并把这四种社会权力集于一身。两河流域及古埃及城邦的兴起与演变印证了曼的论点。

然而，西方学者对于城市的兴起仍然有不同的看法，主要存在两类问题：一是城市作为文明的标志，是否先有文明，后有城市？二是既然生产技术与贸易的发展导致经济结构发生转变，造成社会内从事生产与非生产活动人口的分化，形成"城市革命"的动力，那么这动力是否乃是工业化和商业化，因而是手工业者或商人，而不是一般的经济精英、军事或宗教领袖成为这一过程的主要人物？

芒福德（Mumford 1961）为我们提供了这些问题的部分答案。他认为从分散的农村经济到高度组织化的城市经济的转化，最关键的因素乃是国王，即王权。在文明出现所依赖的经济剩余价值的集中过程里，城市是产生这些剩余价值的科技和管理组织等关键投入的集中地，因而也是当时文明要素的集中地。而主导这项城市功能的乃是以王为代表的社会及其结构："王占据了中心位置，他是城市磁体的磁极，把一切新兴力量吸引到城市文明的心脏地区来，并置之于宫廷和庙宇的控制之下。"

明显地，这个文明观是将城市与乡村看作同质的，是一个体系中的不同组成部分。虽然城市在表面上与农村明显不同，如它在经济上以非农活动为主，在景观上有宏伟的宫殿与庙宇，在职业功能和社会阶层上有王、官员、商人和工匠等，俨然自成一类"文明"。但城市中的这些文明要素是文明在空间上的集中，而不是与城市所处的广大农村腹地内的农村地区相对及不同的另一种文明。套用芒福德的话：城市是文明的心脏地区，王或王权是当时文明的缩影，正是当时的文明促进了整个广大地区农业生产力的提升，以及剩余价值的积累、集中和转化，包括制造新器物、创造艺术和通过贸易来换取本地缺乏的资源。芒福德又指出，与城市发展密切相关的工业化和商业化只是一种附属现象，因为它们的实际操控者乃是王权，或王权与宗教的结合体。

不过，范德·米尔罗普（Mieroop 1997）认为："国家是在城市基础之上构建的。"即先有城市，才有国家及文明。因此，我们要在远古聚落与文明出现之间注意到一种近似城市的过渡性大型聚落，即在文明出现之前的"初城"。它们为真正的城市文明的形成及出现提供了必要条件。古埃及、两河流域和中国的考古成果都印证了前文明时期初城的存在。正因如此，文字与国家是由近似城市的大型聚落初城孕育的。这样一个超大型的聚落或酋邦首都在文字和国家形成之前已出现，在时间上正处于文明的前夜。此外，正如前述，我们不能把城市从它所处的社会和地区分割出来，从文明的角度看，城市与乡村是个统一体。在这些意义上，"文明"可与"城市文明"画上等号。

总言之，城市是文明的门槛，也是文明主要的载体，是行政、教化、非农经济活动等的支撑点，也是为农村人口和农业提供必要服务的中介地。历史上的城市演变因而体现了文明的演变。

文明、城市与历史

狭义地看，人类的发展要到有成熟的文字后才能够被清楚和准确地记录下来，成为历史。在这之前的史前时期，人类社会发生的事情只能通过传说或考古文物及相关推理来了解，因而史前期一般不被认为是历史的一部分。然而随着考古新发现涌现，关于史前社会和文明的信息越来越多，使我们可以重构史前史并让它也成为历史的重要部分，还令我们能够更深切地了解过去，认识到我们从哪里来、我们的身份是怎样逐渐形成的。

文字的出现和应用更被一些学者认为是分辨一个社会是否已跨入文明的主要标准，即区分文明与史前文化的主要标准。然而由原始的、表达拥有权和简单数目的刻画符号，发展到以象形为主要表意方式的早期文字，再到成熟的记事文字，其间有 1000 年以上的长过程。两河流域刻写在泥板上的原始象形文字大约在公元前 3500 年出现，但成为成熟的记事文字，并应用于行政、律法、重大事件、王世系、文学创作等方面却是在公元前 2100 年后。例如现存的王世系，以及最早的英雄史诗乌鲁克第五任王的传奇故事（《吉尔伽美什史诗》）的成文时间，都迟至公元前 14 世纪。

古埃及象形文字也早在公元前 3200 年出现，记录的主要是王的名字、物品的类型和数目，以及所有者的凭证。最早出现的一句句子是在公元前 2740 年。而成熟的圣书体，即在庙宇和王陵石壁和石棺上的超度法老或其王后的陵墓文书，也只是在公元前 2133 年后的事。现存的不同版本的王系也都是在公元前 13 世纪时刻写的。古印度河文明亦发现有公元前 2200 年的刻画符号，而在同一器物上出现 8 个符号的也只有一例。这些符号至今仍未能被解读，而且也缺乏后世传说，难以证明古印度河文明的存在。换言之，中国之外的三个古文明，除古印度河文明不存在狭义的历史外，古埃及与两河流域文明的可信历史也只是从公元前 13 世纪才开始的，之前的历史都是考古学者在 20 世纪后据考古文物推断的，存在很多争议和不同版本（薛凤旋 2019）。

中国跨进文明的时代是龙山时代，时间与古埃及和两河流域进入文明的时间基本一致。中国最早有当时详细文字记载的朝代是商（前 1600—前 1046），时间上也和这两个国外古文明现存可证的最早文献相当。在中国，现存最早的且已十分成熟的记事文字乃晚商都城殷墟出土的甲骨文。这批文字记录了夏代的首位帝王禹、晚商时期对自夏代起的历代商王的祭祀，以及晚商时有关天气、人事、地区状况和不同事物的占卜。同时，商代可能已流行在布帛、竹简和木牍上书写，文字与甲骨文相似或是其简易书写体。这些文字可能已在此之前经历了约 1000 年的发展，如零散地出现在陶片上的毛笔书，或在甲骨、陶器、玉石器上刻写的个别字或符号。

据周代整理的古代政府文诰与政策的辑录《尚书》载："惟殷先人，有册有典。""册"就是用竹木片串起来的记事文牍，"典"乃重要的文献或负责记录与存放这些文献的官员。册与典二字亦在甲骨文出现，只因其载体竹木片容易腐烂而失存，所以遗留下来的只有王室占卜用的、刻在甲骨上的特殊功能文书。因此中国的可信史（或狭义的历史）至迟是在公元前 14 世纪出现，亦有可能在早商或夏初已出现了。

从现有数据看，文明在东西方的出现都约在公元前 3000—前 2700 年，但在这之前已出现氏族社会的环壕聚落和酋邦时期酋邦联盟的"初城"。初城孕育了真正的城市与文明，让史前文化跨入了文明时代。在文明时代，城市仍然是最发达的地方，是文明要素的集中地。在进入历史时期后，城市更是一国的政治、宗教、行政和经济中心，也是典籍、文化、艺术创造与保存之所。由于文字载体易腐烂和气候等原因，我们对史前文明与更早的史前文化的认识，除了传说，依赖的往往是城市考古。得益于近50年的考古新发现及学界的研究，我们对人类文明史，特别是中华文明史的理解，已经推前至公元前6000多年。这也是《中国城市文明史》的起点。

英国历史学家汤因比认为，历史学界盛行的根据国别或以国家单位来研究历史的做法是不合情理的，历史研究的基本单位应该是比国家更大的文明。应该把历史现象放到更大的范围内加以比较和考察，这种更大的范围就是文明。因此对欧洲历史的理解，我们要从基督教或西方文明入手，因为欧洲不少国家都是在近数百年才逐渐形成的，而它们的边界在近百年来经历了多次重大的变更。文明由具有一定时间和空间联系的某一群人形成，可以同时包括几个同样类型的国家。文明自身又包含政治、经济、文化三个方面，其中文化构成了一个文明社会的精髓。同样地，中华文明是自龙山时代起在多个主要地区文化的基础上逐渐融合而成的。以中原地区为核心的中华文明，自夏代起至清代，亦不断地融合周边文化并持续发展。从文明史的角度看，在五代十国、南北朝和南宋等时期，中华文明的核心和中央王朝的覆盖范围有很大的变化，而其核心文化（儒家思想）的影响范围却有所扩大。中国历史亦应涵盖这更大的范围。

这就是我这本《中国城市文明史》的写作目的：以城市和文明为主轴，从新石器时代中晚期中华大地出现满天星斗的众多地方文化开始，延伸至今天提出全球性的"一带一路"和"人类命运共同体"的新发展思路，以介绍中华文明发展的全过程。

文明的分类、"文明冲突"与"文明衰落"

综合前述，大约在新石器时代晚期（约前3000—前2000），在

20°N—35°N 的东北非、中东、东亚和南亚的大河流域，灌溉农业的出现促进了社会与科技的发展与进步，使一些史前文化跨入了文明时代，形成了原生的四大文明——中华文明、古埃及文明、两河流域文明和古印度河文明。这些基于河谷平原农业经济为主的定居古文明有一定的稳定性、持久性和保守性，被称为大河文明。但有些西方学者把所有新石器时代文化都视作古文明，如不少美国学者就把中美洲和南美洲一些石器时代文化视为古文明，事实上这些文化在社会与科技进步等方面仍没有达到文明标准。现今仍存在的原生文明只有中华文明。其他三大古文明早已在文明的冲突或衰退中消失了。

然而原生文明通过长期扩散催生了不少次生文明，如希腊文明是两河流域及古埃及文明的次生文明，日本文明是中华文明的次生文明，美国文明则是欧洲的次生文明。这些次生文明亦因位于海岛或沿海等地理位置而缺乏河谷平原的地理环境，以一个明显与大河文明不同的方式发展，即利用海上航行的便利，通过强化对外贸易、殖民与抢掠，达致更快速的财富集中，以实现经济规模与领土的扩张，展现了掠夺性、功利性和有强烈物欲等特点。这些文明被称为海洋文明。在大航海时代之后，欧洲国家通过船坚炮利的强势在欧洲以外各大洲抢占殖民地，使西方文明，亦即海洋文明（中国一些学者称之为蓝色文明）成为世界近200年间的主导性文明。

历史上文明的起落与盛衰引起了学者对文明演变的兴趣，一些西方学者提出了"文明冲突"与"文明衰落"等论说。詹森（Jensen 2006）认为，因为本地资源枯竭，所以一个正在上升的文明需要大量依赖进口资源，这促使它采取扩张式的帝国主义策略，形成高度军事化以及压迫和劳役外族及其他文化的政策。公元前8—前4世纪的希腊城邦，特别是雅典，是个典型例子。16世纪的大航海时代之后，欧洲文明对东方印度及中华文明的侵入与抢掠也印证了亨廷顿所说：最危险的文明冲突是沿文明的断层发生的，即印度和中国的沿海地区和它们的藩属国。

1990 年代，苏联解体，中国已经打开国门推行改革开放，美国的地缘政治学者从美国利益和国际关系角度，对后冷战时代的文明冲突进行了新的解读并赋予其现实意义。如基辛格就认为：在这个新世界中，区域政治是种族政治，全球的政治是文明的政治，文明的冲突取代了超级大国的竞争；文明之间在政治和发展方面的重大差异，显然是根植于它们不同的文化之中。亨廷顿亦说：在后冷战世界，人民间最重要的区别不是意识形态的、政治的或经济的，而是文化上的区别，而西方文明的扩张将会终结，国际体系将首次摆脱西方掌控，成为多文明的世界体系，文明冲突将出现在西方文明、伊斯兰文明和儒家文明三者之间（Huntington 1996）。

英国历史学家汤因比在其著作《历史研究》（*A Study of History*）中提出了文明衰落概念，与上述奎格利的文明发展七阶段呼应（Toynbee 1934；汤因比，池田大作 1997）。汤因比认为，一个文明走向衰落的主因是其统治阶层缺乏道德和创意，未能应对经济和环境转变的挑战。其他原因还包括，一些文明被一个上升和扩张中的外来文明入侵和取代，如两河流域文明被古提人及闪米特人侵袭而灭亡、古埃及文明被希腊征服及毁灭等。西方学者亦研究了古罗马在北方游牧民族的入侵下走向文明衰退，以及君士坦丁堡的东正教文明因土耳其人的进攻而衰败。但亦有人，如约瑟夫·坦特（Tainter 1988），认为古罗马文明的衰落是因为其领土扩张得太快、太广，导致社会变得太复杂而不能有效管控。贾雷德·戴蒙德（Diamond 2005）提出是对远途贸易的过度依赖、频繁的内外战争，以及对环境的破坏等诸因素的合力导致了文明的衰败，而过快的人口增长亦会造成人口过剩，使一个文明难以支撑而没落。

概言之，西方学者所主张的文明冲突与文明衰落的概念，基本上是建基于古希腊、古罗马对地中海和黑海沿岸，以及大航海时代起西方对非洲、亚洲和美洲新大陆的殖民历史，强调了战争与侵略是文明（主要指海洋文明）持续发展与扩大影响力的基本方式。

关于中国城市文明史的主要观点

文明与文化的关系及文明的内涵

我们在人类发展的长河中，将还未跨进文明门槛的人类史前发展称为"文化"。当人类社会已有了文字、城市、复杂的社会分工、国家和典章制度，便是文明社会。今天，除了极少数在非洲和南美洲原始森林与世隔绝的原始部落，全球各国各地都已是文明社会。然而各国、各地区乃至在一国或一地区内的不同族群，因为不同的自然环境和历史发展，亦可能有各自不同的政治体制、宗教、语言、习俗和艺术风格。这便是一国之内或一个文明之内地区间或族群间的不同文化。因此，"文明"可作为泛称，而相对于中国文明而言，在中国的领土范围内存在的地方文明，便被称为地方文化。

此外，文明指的是一个文化实体，而不是政治实体。是以本书所说的中国文明，实指中华文明，即中华民族五千年来在"中国"这个广大地区所孕育出的泛文化。在这过程中，核心政权所统治的具体范围经历了多次变迁，但中华文明的覆盖范围都超越了中国历代中央政权所管辖的领土。不过，因今天对文化与社会的论述往往都以国家这个政治单位为基础，所以我们亦务实地采用了中国文明一词，以避免产生政治上的误解。实际上，东亚与东南亚不少国家的文明，都是中华文明的一部分。当然，它们亦各有特色，是以可视为中华文明下的不同文化，或中华文明的次生文明。

中国的文化与文明观

中国新石器时代较早期的史前文化，如湖南西南的高庙文化、河南舞阳的贾湖文化与辽宁的兴隆洼文化，在公元前6000年之前已发展出了祭祀天地与祖先崇拜的传统，逐步形成一套沟通天、地、人三者的价值观、等级观念和礼仪制度。考古发现，如远古建筑遗迹和大型聚落等，亦反映这些观念和习俗。经夏、商两代不断完善，这些文化元素已在周初成熟并演化为主要的中华文明传统。它们经儒家与道家的解读和应用后，成为至今仍行之有效的为人与治国原则。

"文""化"二字的组合和"文明"一词，最早见于《周易·贲》："《象》曰：贲，……刚柔交错，天文也；文明以止，人文也。观乎天文，以察时变；观乎人文，以化成天下。"它说明了"文"是基础和工具，包括语言、文字，以及人的精神活动和物质活动的共同规范；而"化"的意义是"教化"，是共同规范的应用，包括其产生、传播与传承。

而"文明"一词，除了出现在上述的《周易》中，还出现在《尚书》和《礼记》里，意为"光明"，或治国理想的"王者修德、民风淳朴"。它要求人的内在德行和文化素养不仅要使个人神采奕奕，也要让他人如沐春风。在国家层面，中国的文明观不但强调自身修德，也注重对外国、外族的教化。中华民族在长期的历史中被称为"礼义之邦"，实基于此一处理与周边地区关系的原则，如《晋书》所说："西戎荒俗，非礼义之邦。羁縻之道，服而赦之，示以中国之威。"

作为"礼义之邦"的中华文明社会所追求的是有道德的社会和生活。天地代表了一切美德的源泉，亦代表最高的道德表率。敬拜天地实际上是顺应自然，遵循自然规律，以谋求可持续发展；祭祀祖先乃是在以家为本位的社会中维持伦常和等级秩序，以达致社会稳定与和平。这便是中华文明传统文化的核心。同时天的道德与授权亦成为由古至今中国权力合理性和合法性的依据，即"天命"。

中华文明的道德与和平特点

与西方文明（指自古希腊开始的海洋文明）相比，中国文明或传统文化不像西方文明那样强调竞争。正如上文所说，西方学者基于古希腊和古罗马的经验，强调了文明的发展必涉及对其他文明的侵略，甚至消灭其他文明，或被其他文明灭亡。世界历史对他们来说就是文明之间一连串你死我活的丛林式竞争。这就是"文明冲突"与"文明衰落"概念背后的逻辑。

反观中国，中华文明在处理与外国或边境民族的关系时，一直奉行以和为贵的原则。历代中央政权的对外政策主要是控制竞争、弱化竞争，以创造一个互通贸易、文化的友好关系。这便是《论语》所说的"四海之内皆兄弟也"，也与老子所说"既以为人，己愈有；既以与人，己愈多"的意思相通（谭中 2017）。正如现代学者王蒙所言，中国传统注重美善甚于注重真。注重美与善，也就是要让大家舒服，尽量减少矛盾，做到皆大欢喜。

是以中国文明不但包含西方文明的基本元素，更在质及用方面有明显的中华民族特色，即强调道德观、善、美、和谐、互相尊重，以及主动地向落后的文化进行以美、善（和谐、大同）为目的的教化。在夏、商、周三代，这个趋于成熟的文明明显地向周边扩展。与当时的古埃及和两河流域一样，中国文明的繁华和高度发展让周边游牧民族仰慕，但当草原因气候变化而资源枯竭时，古代中原政权又成为游牧民族入侵与掠夺的对象。中原政权的处理办法往往是通过和亲及朝贡贸易给予援助，如汉和唐时把公主分别嫁给匈奴和吐蕃的王，并赐予丰厚的嫁妆，其中除了粮食和金银丝绸，还有众多文献、工匠、工具和种子等，以帮助匈奴和吐蕃发展与教化。明清两代的朝贡贸易亦是赐予的比接受的多，目的就在于睦邻。

除了一小部分历史时期在应对外来势力的武力威胁时采取了武装手段，中国的对外政策通常是和平的，以助人为目的。正如孟子言："以力服人者，非心服也，力不赡也；以德服人者，中心悦而诚服也。"这便是中国作为礼义之邦所崇尚的王道，亦即天道。它既体现了中华文明的道德观念，也是在诸世界文明中的显著特色。举个例子，中华文明自汉代开始便向日本传播，对日本的开化做出了很大贡献。日本在隋唐时，有感于中华文明的博大精深，主动派了近20批遣唐使到中国学习，中国政府更让他们带回大量文献，甚至派部分官吏学者随遣唐使赴日。中国没有动用武力，而是在自汉至明的 1000 多年间，帮助日本吸纳了中华文明的价值观、典章制度、文字、建筑、艺术，甚至文学等。今天日本的官制、书法、文字、宗教、建筑、传统节日与生活习惯，都有部分源于中国。唐朝李白的诗是当时日本皇室与知识分子模仿的对象，而以朱熹与王阳明等人的学说为著的宋明理学亦一度成为日本的显学。反过来，倒是日本或因经历了元朝两次渡海侵袭失败后，竟在丰臣秀吉时兴兵侵华。明治维新后，日本改以西方文明为师，才导致 20 世纪的侵华行动及其彻底的失败。

今天的中华文明覆盖了朝鲜半岛、日本岛、中南半岛诸国，也影响了其他东南亚国家，但它的影响并不是通过武力征服而来的。历史上中华文明传播到这些国家和地区，对这些国家和地区的人民起到教化作用，促进了他们在精神与物质上的进步。这是一个文明没有通过武力征服而成功地在空间上扩展与传播的好例子，与西方学者的文明扩张的说法相反。

中华文明的韧性与可持续性

新石器时代中晚期在中华大地上如满天星斗般出现的有着不同特色的史前地方文化，其影响力更伸延至北面和西北面的蒙古与新疆，以及南方的珠江流域。在经过了较长时段的气候变化后，包括多次的南涝、北旱和海平面的升降，各地方文化的发展有快有慢，但都指向了一个融合过程。这些文化到龙山时代，至少在其中期，约公元前 2300 年时，已整合为既有共通性又有地方特色的多个中华文明。夏代开始，更形成了以中原地区为核心的中华文明。经历了夏、商、周三代后，中原的文化已臻成熟，成为我们今天所理解的中华文明。

然而，无论是公元前 6000 年到夏代期间，还是之后的各个朝代，包括历史上处于分裂割据状态的南北朝、五代十国，即使中央政权或

"正统"政权所统治的领土大幅度缩小，但以中央政权为代表的中华文明从未消失。更甚者，在中央政权处于弱势的时代，中华文明有时更展现出新的、光辉的发展，如南朝及南宋。文明是个社会实体而不是政治实体，因而不应以某一时期中央政权所管治的疆域来界定中华文明所覆盖的空间范围，后者甚至远涉人类难以跨越的高山与海洋，在一片广阔的自然地理空间中传播。本书展示的中国各朝代的疆域，若加上周边各少数民族政权所管治的疆域，更接近我们说的社会实体——中华文明。这个大空间的西部为青藏高原，西南部为云贵高原，东边是东太平洋，北边是亚洲大草原。在这空间内有黄河、长江和珠江三大流域，拥有肥沃的土壤、充足的灌溉用水和便利的水运交通（图 1.3，见下章），有利于文明社会的持续发展。

自夏代建立了中华文明的中央政权后，中央政权和周边少数民族政权在这个大空间内，历朝历代地互动，推动了中国历史的演进，使中华民族逐步融合，并扩大了中央政权的版图。然而在这过程内，这个大空间一直不变。中国历史过程的主角一直是以中原为核心地区的中央政权，或可说是"汉族"，即先秦时期不同民族在秦汉大一统下促成的民族融合体（并不是真正的民族）。历史上挑战中央政权者主要是北方的草原民族。这些位于中华文明边缘地区上的少数民族成了中央政权最重要的"外敌"。在这一点上，古代中国与古埃及、两河流域的处境是一致的。两河流域主要文明在约公元前 17 世纪受来自山区和沙漠的游牧民族多次打击而灭亡，古埃及文明则在约公元前 7 世纪亦被来自东北面的游牧民族入侵而消亡。而中华文明在与草原民族历经数千年的周旋中变得更加强大，虽然中央政权曾一度被北方少数民族占有，但也形成了北魏、元和清等重要政权，这背后的原因是什么？显然是两大原因：中华文明的辽阔大空间与战略纵深，以及中华文明的德治与和平观。

如图 1.2、图 1.3（见下章）所示，中国有优越的防御性自然地理条件，它的西、南和东面有山岭与海洋作为天然屏障，只余北边与欧亚大草原连接。加上自战国起，各朝代都在北方建造或修固长城以抵挡游牧民族的骑兵入侵（图7.1，见第七章），这都保证了这个地理大空间的安全与稳定。中华诸民族在这片广阔大地上长期努力耕耘，过着繁荣安定的生活。在北方的文明断裂带，璀璨的中华文明成为以游牧为经济主轴的民族仰慕与学习的榜样。他们不断吸收礼义之邦的文化，逐步融入中华文明。而四面开放，面积又只有20万平方千米（两河流域河谷更只有2万平方千米）的狭小的两河流域，由于缺少战略纵深，很容易在内部不稳的情况下被周边游牧民族入侵而导致文明消失。古埃及本来也有三面保护性的自然地理环境，唯一容易被外族入侵的通道乃东北面的西奈半岛。但当欧亚草原民族掌握了马拉战车和铁兵器而南下时，古埃及的长期安全状态便被打破。况且埃及河谷总面积只有细长的3万平方千米，没有防护纵深，入侵者可顺河而下。是以这一古文明亦在公元前7世纪时因外族入侵而灭亡。

在中华大地上，在黄河、长江和珠江三个大河流域间，先民自远古时代起已互相交往，人与物通过一些自然地理通道可以由一个流域流向另一个流域。如公元前5800年的高庙文化的影响力便能向南推进至珠江流域，甚至出现在今天珠江口的香港和澳门。在文明形成的龙山时代，三大流域已出现了多个重要地区文化，如长江下游的良渚文化、海岱地区的龙山文化、中原的陶寺文化和西北的石峁文化。它们各有地方特色，但亦通过远途贸易相互融合，都享有龙山时代的共同文化特征，成为中华文明的组成部分。因为公元前2200—前2000年的气候变化（全新世变冷事件），中国出现南涝北旱，导致西北草原与南部稻作地区的文化衰落。但在黄河下游，许多本来地势低下的沼泽地区转变为可耕的肥沃农田，使中原地区得益，其经济更加发达，人口逐渐增加。中原崛起为中华文明最发达的核心地带，进而促进了以夏、商为开端的中华文明广域国家的形成。

自此之后，在商代和春秋战国时期的地球小暖期间，中华文明积极向南方推进，楚国的兴起是个显著例子。秦自统一中国后，北筑长城，南建灵渠，以连通湘江上游与珠江。秦又以都城咸阳为中心，筑九条主要驰道，形成一个贯通东西南北的交通网，将宏观的中华文明大空间连成一片。隋唐和元朝的大运河更以水运之便沟通南北，使中国南部自唐以后，因为气候和土地的优势成为全国的经济中心，亦使文明的重心南移。经济与文明重心的南移，也使北方游牧民族的威胁减弱。强大的蒙古骑兵能在短时间内横扫欧亚大陆的大部分地区，但在中原政权境内，他们只能与南宋长时间对峙，在深度汉化和融入中华文明之后才能灭了南宋，建立统一的新政权——元朝。清政权也是在更彻底地汉化，并以合宜的礼教与农业政策赢得民心之后，才稳握全中国的统治权。

中国三面的自然地理屏障，有助于中国发展幅员辽阔的农耕区，加上历朝沟通南北水陆交通的建设强化了中华文明的韧性，所以历来北方草原民族的入侵没能导致中华文明的衰败，反而使更多边远民族融入汉族大家庭，让中华民族的内涵锦上添花，促进了中华文明的多元化和进一步发展。

中华文明不但有广阔的战略纵深，亦有强大的经济与军事实力，使强悍但人数和国力相对较弱的外族不敢轻易发动侵略战争，往往只在边界骚扰，以博取和亲，或财物和粮食的赏赐。因此，在历史上的大部分时间，中原政权的北部边境并没有大规模战争。从文化的角度看，这些边境民族一直受礼义之邦的中央政权教化，在某些时段还并入了中央政权的行政版图，有时甚至自愿成为藩属，向中央政权朝贡、接受它的赏赐，或在天灾时请求它的援助。这种文明核心与边缘地带的和睦关系成为中国历史发展的一条主线，也是中华文明"以德治国"的一个特色。

当然，在中国的历史长河中，曾经出现了多次权力强弱的更替，中央政权被迫南移。这些转变都发生在中央政权腐败、民不聊生时，中央政权的统治者失德或失去天命，而北方的草原民族却出现了英明能干的领袖，不但积极采用了中华文明的典章制度，更重用汉人中有能力的文士和武将。相对于日渐腐败的中央政权，他们更合乎中华文明的道德标准，因而这时的权力更替并不是蛮族入主中原，而是在中华文明之内不同民族的权力强弱发生变化而已。元朝与清朝在建立时都公开宣示：以继承前朝传统的中华道统和天命、达致社会稳定，以及让人民生活有保障为目的，并继续推行道德教化、科举、水利和劝农等政策。这些朝代的更替，与夏、商、周三代间的变更一样，并不是中华文明的衰落或灭亡，而是它的延续和新发展。

自新石器时代中期以来，中华大地上诸地方文化就在不断探索大自然的规律，并在自然的变化中积极进取，增进自己的能力，以发展农业、满足温饱。这就是中华文明得以发展的基础。人们也不断地总结先人的经验，使之成为应对自然力量的武器。这便逐渐形成了"敬天祭祖"这一中华文明的基本精神。这种精神强调了天地厚载万物的美和善，重视对内的"德治"、教化和等级秩序。中华民族在处理与周边民族的关系时也采取同样的德治与教化原则。换言之，中华文明是和平的和非侵略性的，强大的中央政权往往是先进文化的无偿输送者。例如，明朝时七下西洋的郑和舰队是世界上首支远洋舰队，不但没有侵占外国土地或掠夺这些土地上的人民和财富，反而向他们输送丝绸、瓷器、茶叶等珍贵物品，传播礼义之邦的高尚价值观。这便是天道与王道的写照，在世界文明史上独树一帜，成为在国际化进程及国与国竞争中脱颖而出的一支力量。长远而言，它得道多助，能持久致远，可持续发展。

本书的组织

导言之后的第一至第三章述说的是史前史，覆盖了自中国本土智人出现后至文明初步形成的龙山时代。第四至第六章分别是夏、商、周三代的城市文明史，这一时段是中华文明基本元素的成熟时期。第七章秦汉时代至第九章宋代，述说了在中国大空间内，广域王朝的大一统、精神与物质建设，以及中央政权和北方草原民族的互动。第十至第十二章，述说了海洋时代和新的全球化的到来对中华文明与城市的影响。第十三章总结了城市与文明的关系和中国的历史经验，并展望中国城市文明未来的发展。

第一章

序幕：中国城市文明的起源及分期

中国文明与城市的土生性

西方存在一种中国文明西源论。自 1920 年代起，一些西方学者就在他们的著作中论说中国的农耕技术和制铜技术来自地中海，特别是苏美尔文明。1970 年代中期，美国考古学家在埃塞俄比亚发现了年代在约 320 万年前的女性南方古猿化石，并将她命名为"露西（Lucy）"。这次发现引发了人类起源单中心论的又一次高潮。这一派的美国考古学家认为，露西是全球人类的始祖母，她的智人后代在约 10 万年前自非洲走向世界各地，成为现今各人种，包括中国人的始祖。然而，西方和中国近 30 年来，特别是 2000—2019 年的考古发现和考古学成就，有力地推翻了中国的人种和古文明由西方"侵入"或西来之说（图 1.1）。

其实，亚洲存在由猿人进化至现代人全部过程的化石证据。在亚洲，这些化石发现得最多的地方亦是中国（表 1-1）。比如，在云南的开远和禄丰便多次发现了"前人类"的古猿化石，其历史甚至跨越距今 1400 万—800 万年的时段。人类最早的始祖——南方古猿的化石在山西及安徽均有发现。稍后的直立人，包括在云南发现的距今约 170 万的元谋人、在北京发现的距今约 70 万—20 万年的北京人等，亦已出土不少。

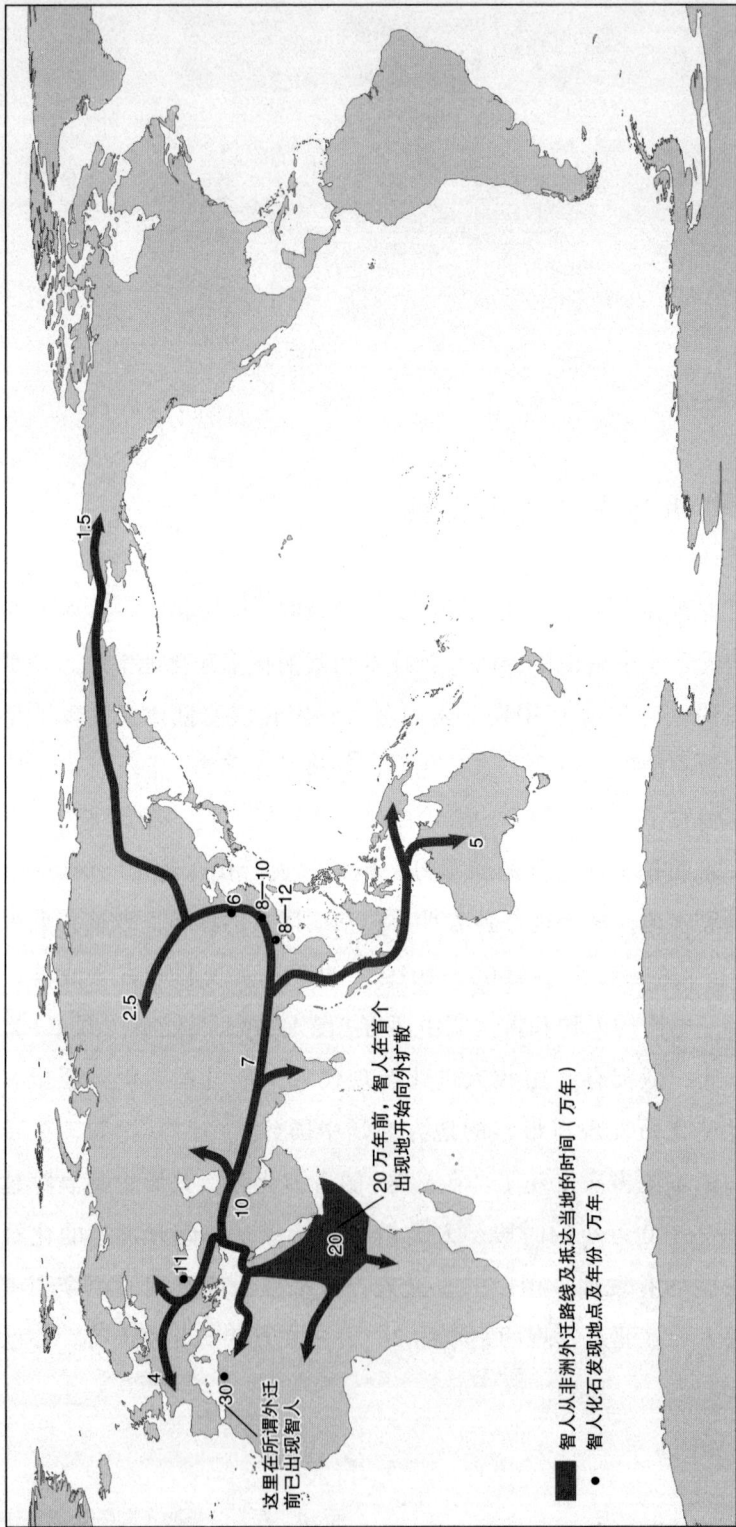

图中标注：

1.5

2.5

6

8—10

8—12

5

7

10

●11

4

●30

20

20万年前，智人在首个出现地开始向外扩散

这里在所谓外迁前已出现智人

■ 智人从非洲外迁路线及抵达当地的时间（万年）

● 智人化石发现地点及年份（万年）

图 1.1　古人类（智人）单中心说与考古新发现的矛盾

表 1-1　发现于中国境内的主要古人类及古猿化石

地质年代		距今万年	人类进化阶段	古人类（距今万年）
第四纪	全新世	0.4 至今（历史时期）	现代人	——
		1—0.4（新石器时代）		
	晚更新世	10—1（旧石器晚期）	晚期智人	道县人（12—8）、许昌人（10—8）、柳江人（6）
		20—10（旧石器中期）	早期智人	大荔人（23—18）、金牛山人（20—10）、木榄山人（11）
	中更新世	100—20（旧石器早期）	晚期直立人	北京人（70—20）、和县人（20）
	早更新世	260—100（旧石器初期）	早期直立人	巫山人（200）、元谋人（170）
第三纪	上新世	530—260		森林古猿（2300—1800）、腊玛古猿（1400—1000）、禄丰古猿（800）、南方古猿（500—150）
	中新世	2300—530		

进入旧石器时代中晚期的智人化石，其出土省份更多，可以说近乎遍布全中国。近年来更有距今 10 万—5 万年的晚期智人化石（道县人、许昌人、柳江人）出土，证明中国古人类并未因末次冰期而灭绝。除了年代延续不断和被发现地域愈来愈广大外，中国古人类化石所显示的体质特征，与现代广泛分布在中国的蒙古人种的特征基本一致。因此我们有理由相信，中国和东非应是现在已知的人类起源的两大轴心，中国人种的确起源于本土。

世界七大古文明中，目前只有中国文明仍然延续不衰。美洲的三个古文明奥尔梅克-玛雅、阿兹特克和印加的出现时间较迟，虽然延续至较近代，却也在欧洲殖民者的毁灭性打击下几乎在同一时间消失（图 1.2a，图 1.2b）。这些文明，现今只余下一些文物，而它们的文字，如苏美尔文和古埃及文，也只是在近 200 年内才被人成功解读。

在中国，我们今天使用的文字不仅仍可和 3000 多年前商代中晚期的

苏美尔 SUMER	埃及 EGYPTIAN	哈拉帕 HARAPPAN	中国 CHINA	玛雅 MAYA	阿兹特克 AZTEC	印加 INCA

现在   2020

1492

1000

公元

公元前

1070

1300

1000

100   120

400

奥尔梅克

2000

800

2600

2800

3000
3100 3100

3400

3600

- - - - "初城"时期

4000   4000

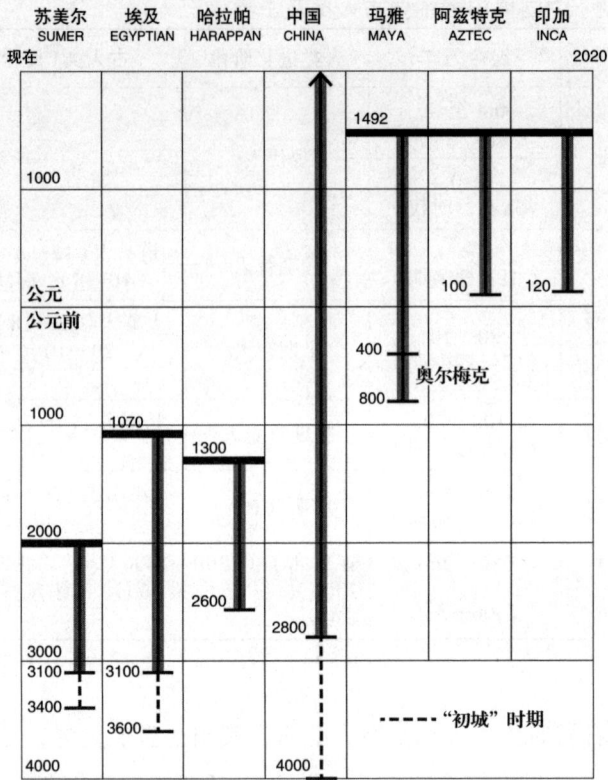

图 1.2a 世界七大古文明纪元表

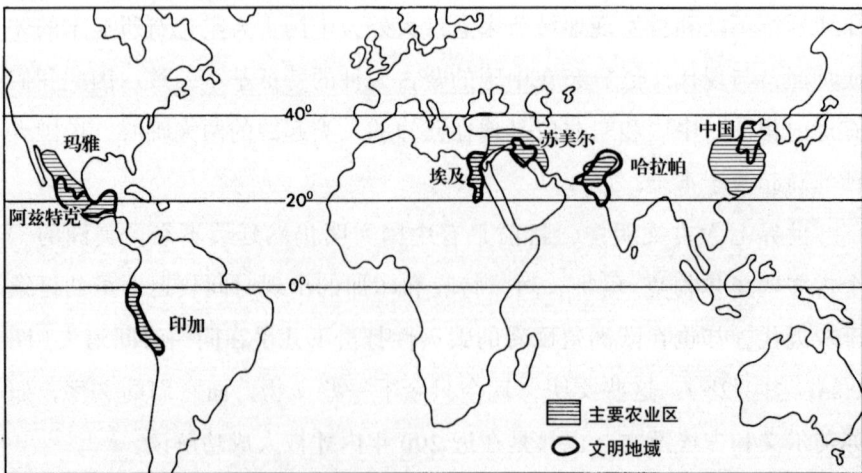

图 1.2b 世界七大古文明地理分布示意图

甲骨文相印证，甚至还可以上溯至约 6000 年前仰韶文化时期陶器上的刻画符号。中国的城市，就其功能、形状、结构和背后的规划原则而言，自中国龙山时代前的"初城"至今仍存在其一贯的特点。我们可以明确地说，中国城市文明自成体系，是中国土生的，与世界其他地方的城市文明，特别是西方在中世纪后发展出来的城市文明有很大差别，其特点也可以上溯至 6000 多年前新石器时代中期的原始聚落。中国城市文明能贯通几千年，而且跨越城乡的分野，其主要原因乃中国人自古已通晓"天人合一"和"顺天应命"，懂得利用大自然法则及人地和谐的原则，以构筑其文明社会。

多元的先民文化

自中华人民共和国成立以来，政府对考古的重视，以及集体工农经济的发展所开创的全国性建设，都促成了成果丰富的重大考古发现。这些，为我们了解中国文明的兴起，了解史前时期，特别是新石器时代的人类活动及聚落的形成和演变，提供了大量数据。概括地说，中国从约 1.2 万年前进入新石器时代起，便逐渐在三四千年间，在不同区域形成了数个不同的地区文化体系。距今约 1.2 万年（处于新石器时代早期）时，黄河中游和长江中游地区已分别出现了小米和稻米的种植，反映了区域性的自然和人文条件孕育出了南北方不同的农业系统。中国拥有 960 万平方千米的辽阔大地，自然地貌复杂，有大山、高原、沙漠、盆地和河谷平原等。对于发展早期农业来说，河谷平原自然是条件最好的地理环境。这些谷地分布在不同纬度处，其气候条件亦自然不同（图 1.3）。因此，在新石器时代中期（前 5500—前 3000）时，这些地区已在较成熟的农业经济的基础上开始出现不同的远古文化圈，主要有以黄河中游地区为主要分布地的仰韶文化，黄河下游地区和淮河流域的大汶口文化，长江中下游的高庙文化、顺山集文化和河姆渡文化，以及辽河流域的红山

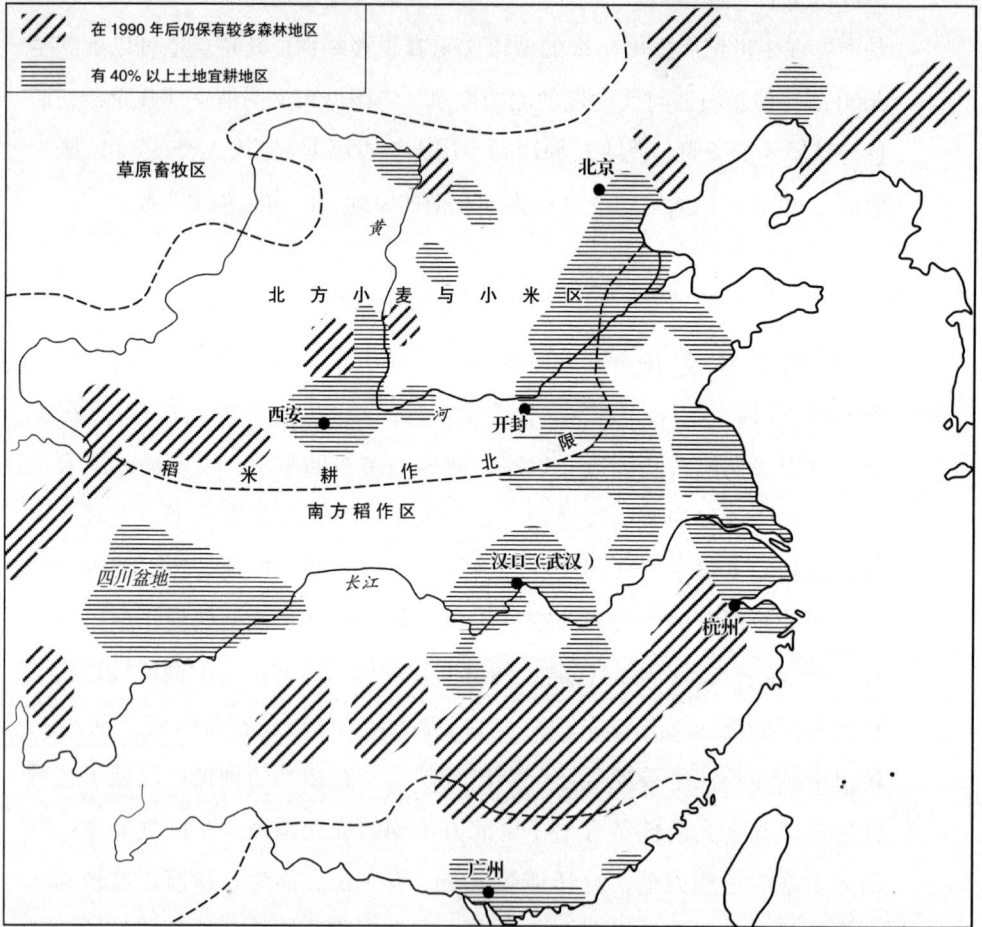

图 1.3　中国局部地区农业及森林资源分布示意图

文化等（图 1.4）。目前已发现了众多这一时期的环壕聚落，一般面积在 2 万—3 万平方米，大的有 10 万—20 万平方米。

在新石器时代中期前段（前 5500—约前 4000），上述远古文化圈基本上已经形成。当时的人类已聚族定居，除了采集狩猎也从事农耕和畜牧，并且在建筑、陶器和葬俗上已形成区域特色。这些都体现在他们的器物和居址等遗存上。不过，各大文化圈之间的贸易和其他交流亦渐渐促成了后来中华传统文化的跨区域一体性。简言之，在北方，仰韶文化和大汶口文化是影响最广泛的两大文化，而在南方，高庙文化、顺山集文化和河姆渡文化最能影响后来的发展（表 1-2）。其中仰韶文化来自较早的磁山、裴李岗、大地湾等黄河及其支流上的古文化。这个区域后来被称为"中原文化和中华文化的摇篮"。仰韶文化和渤海边上的红山文化互相影响，其后仰韶文化演变为在大河村、马家窑等地发现的考古文化。后者的代表器物是彩陶。陶器由泥条盘筑成坯，加工抹平成形，再用烧制后呈红色或黑色的颜料绘上图案。黄河下游及长江下游则是中国最早采用快轮制陶的地区，以灰陶和黑陶著称，器物多呈三足形态。

表 1-2　中国主要史前文明及其演变

时期	黄河流域文化及其特征	长江流域文化及其特征	淮河、钱塘江流域文化及其特征
新石器时代中期前段	陕西、山西、河南沿河的仰韶文化：制陶、旱地作物、六畜、半坡彩陶和文字	湖南高庙文化：玉器、白陶、凤形象、大型祭坛场所 大溪文化：城头山古城遗址、水稻田 浙江河姆渡文化：玉雕、制陶、水稻栽培	江苏顺山集文化：大型环壕聚落遗址、灶址（中华第一灶）、玉器、陶器、水稻
新石器时代中期后段	山东大汶口文化：制陶、原始文字	成都：城市遗址、青铜器、玉器	浙江良渚文化："土墩金字塔"、青铜器、原始文字
新石器时代晚期	龙山文化：设防城市、青铜器、疑似文字	湖北石家河文化：城址、玉器、冶铜、水稻、疑似文字	
夏商时期	河南二里头文化：设防城市、青铜器	成都三星堆文化：巨型青铜神器、不设防城市	商代甲骨文及金文

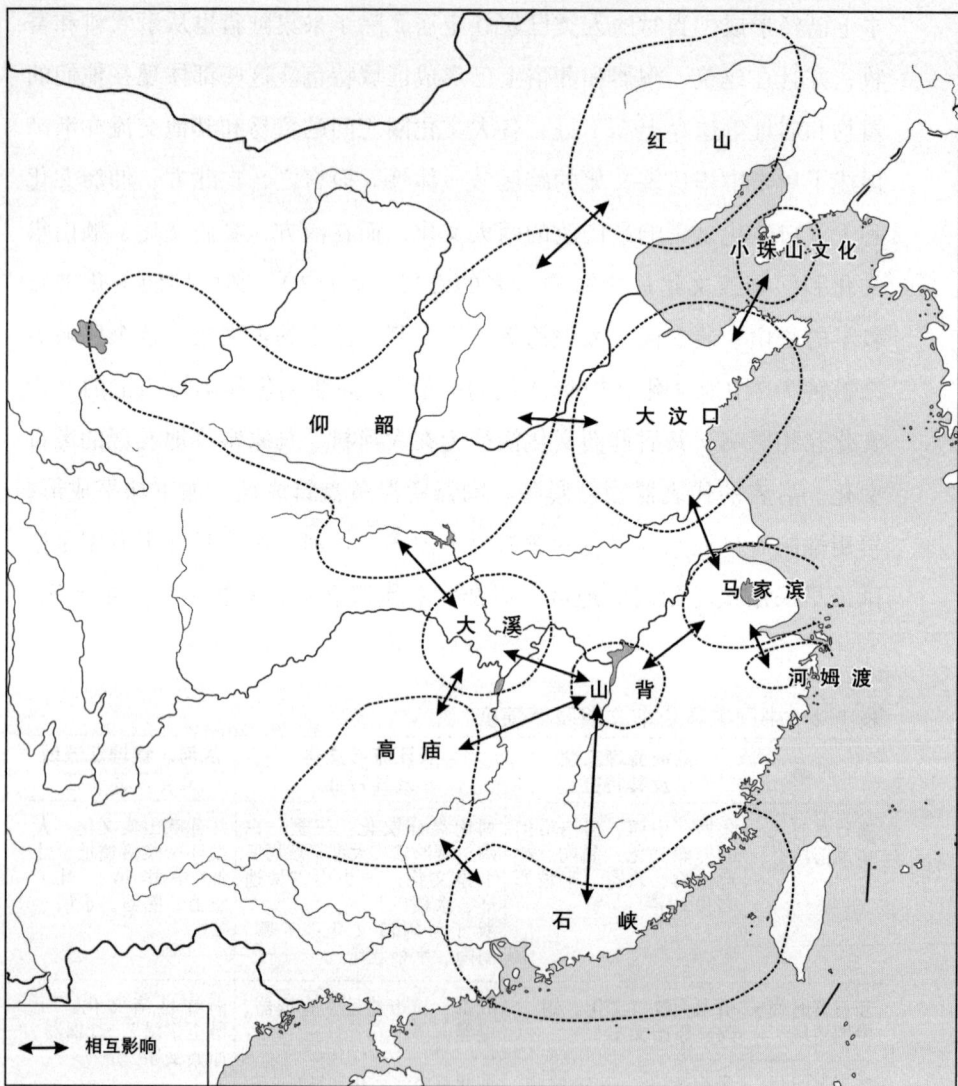

图 1.4　新石器时代部分地方文化

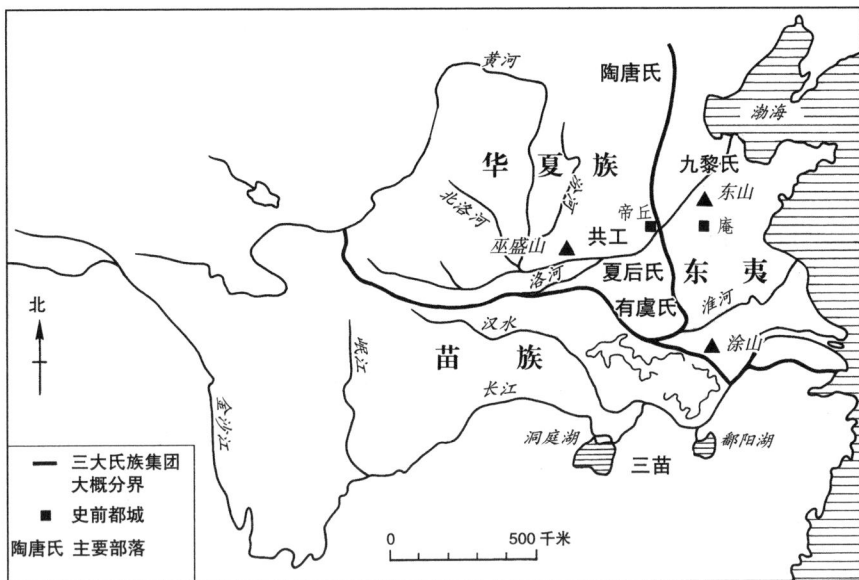

图 1.5 传说时代的氏族部落分布示意图

如表 1-2 所示，玉器作为社会地位及权力的象征，亦已在这些文化圈内出现。简言之，约公元前 5000 年时，中国先民已加工玉石、织布、制造具备七声音阶的乐器，并且在石器、陶器及木器上留下近似文字的符号，以彰显家族所有权或充当标记。大约在公元前 3000 年，他们更开始养蚕织丝、冶炼青铜，并且可能已发展了有系统的文字。

从近数十年的考古成果中，我们发现中国史前的多元文明及各文化圈大体上与古书所记载的远古民族及其主要大事吻合。特别值得一提的是，撰写于春秋战国时期的史书《竹书纪年》中的《五帝》《夏纪》《殷纪》数篇，以及《史记》（由司马迁在公元前 91 年完成的中国首本官修史书）的前三卷《五帝本纪》《夏本纪》和《殷本纪》，它们的主要内容以往被认为是传说，如今至少部分成为信史。图 1.5 显示了这些"传说中"的远古民族聚居的大概区域。黄帝"统一"了这些被泛称为"华夏"的中国民族，成为这一新氏族联盟的首领，而这一新联盟的主体便构成了日后的华夏族或"汉族",发展出华夏文明。当时的东方部落,包括蚩尤带领的九黎族,最后亦在战争中被黄帝征服。

中国何时跨进文明门槛?

正如本书导言所讨论的,西方学者有三个粗略的指标以检定一个社会是否已是文明社会,即冶铜技术、文字和城市的出现。按照这些标准,中国约在仰韶晚期至龙山时代早期(前 3000—前 2500)便已跨进文明门槛。

小件铜工具、铜器物及铜渣已在多个仰韶遗址被发现(图 1.6)。最早的一件小铜刀,其年代被测定为公元前 4675±135 年,与近东最早发现的铜器大约同期。内蒙古敖汉旗西台遗址(红山文化中期,约前3500)及东北地区的其他红山文化遗址(前 3500—前 3000)亦发现了铜器。至龙山时代(前 3000—前 2000),铜器出土的数目增多,其中还包括冶铜遗存。器物种类更多样化,有日常用的小工具,以及用于装饰和

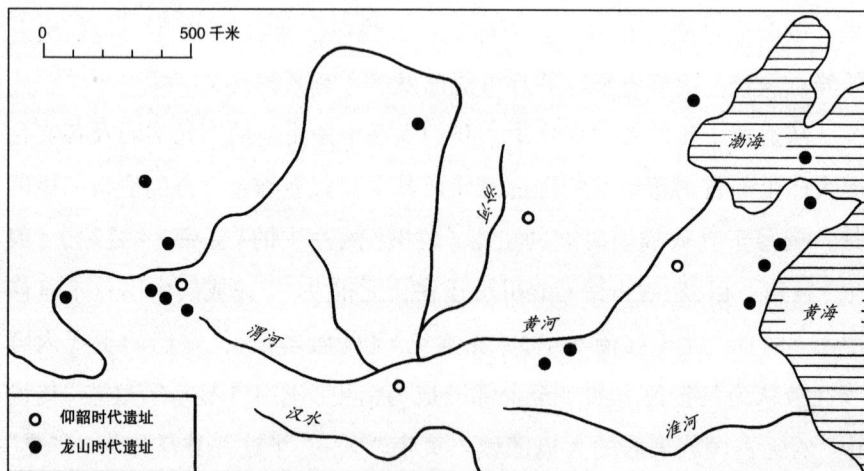

图 1.6 仰韶及龙山时代出土铜器地点分布示意图

宗教崇拜的小件，如铜铃。中国在夏商时期先进的冶铜术出现以前，已有上千年的冶铜发展历史，这从侧面反映了中国铜冶炼技术的本土性。

约在公元前 3100 年，苏美尔人早期的楔形文字出现了。但较为成熟的书写体直到公元前 2800 年才形成，当时这个文字体系约有 1500 个不同的象形文字。中国在仰韶文化时期和龙山文化早期已经出现布帛与毛笔，它们可能是书写工具，因为在同时期地层出土的陶器上有用毛笔、朱彩写成的类文字符号。古代中国的文字载体往往以简牍和布帛为主，因此文字可能起源于仰韶时代。不幸的是，中国是一个潮湿、温暖的国度，这种气候条件在主要的人口和文明集中地区尤其显著。简牍和布帛因容易在湿暖气候中腐烂而难以留存，现时所发现的简牍和帛书实物最早只能追溯到战国时期（前 475—前 221）。而且，这些物品很容易在洪水泛滥时湮灭。中国在龙山文化晚期和商代中期均发生了特大水灾，当时不少主要城市，包括商朝都城都被淹没了。考古发现证明了龙山文化遗存在晚期出现了约 100 年的断层，而数个现存的龙山文化城址亦有城墙被洪水淹毁的痕迹。商都更因洪水而被迫自郑州迁到安阳，这一事件除了历史传说，还有今日的考古发现可证实。而至今没有争议且有大量实物证明的中国最古老的文字，是一种奇怪的、有特殊功用的、以及使用范围十分狭窄的意识载体——卜辞文字。此外，从仰韶文化起，陶器上的刻画符号就屡有发现，比如良渚和大汶口的陶器刻文，但每处通常只有一个符号，最多 12 个符号。后者是较明确的书写形式，它的"笔画"与在其后 1200 年出现的甲骨文，也就是卜辞文字十分相似。不少学者认为这些刻画符号可能是散存的早期汉字。

如上所述，中国现存的最古老文字乃甲骨文，以及稍后出现的金文。它们主要是晚商时期（前 1300—前 1046）的文化遗留。甲骨文乃商王或其通神巫师在问卜的过程中所刻下的问题、神谕和效果验证，其载体主要为龟甲和牛的肩胛骨。问卜内容涉及商王感兴趣的众多命题，包括天气、祭祀、战争等国家大事。这些卜辞就像一部编年体国史，比古埃及出土的同时期王表更详细。这种以甲骨问卜的王室传统似乎起于夏朝，盛于商朝中晚期，并且一直流行至战国时期。金文是铸或刻于铜礼器上的文字，在商朝中期已有，但多出于西周。有学者认为金文文字似毛笔书法，其形体可能是商中期文字的正体，甲骨文反而是其旁支。现已出土的最长的金文乃周宣王授予毛公的礼器上的铭文，共有497个文字。上述两种文字已是非常成熟的文字，远非苏美尔人在公元前2800年的楔形文字所能比拟。

直至目前，已发现了16万件刻有文字的甲骨，含4500个不同的字，其中只有约1600个被破译。不少甲骨文与现代汉字十分相似。因此中国学者认为，这样一个成熟的文字体系，一定源自成形于商朝以前的文字。至晚在先商时期，当时的众多方国中就已存在一种广泛流通的书写系统，只不过因为其主要载体为容易腐烂的布帛、竹片和木片，所以遗留下来的只有用于王室占卜这种特殊功能的、刻在数千年不朽的甲骨上的特殊文书。随着陕西大麦地刻在岩石上的数千个象形图案，以及良渚的陶器、骨器、玉器上近600个刻画符号被发现，中国在公元前3000年前后便已有文字的这一推论更值得研究。

我们固然可以因为至今仍没有发现当时的文字遗存而质疑龙山时代乃至夏朝是否已进入文明社会，但我们定不能因为甲骨文只始自商朝中期后段而否定早商，甚至先商（即夏朝的商方国）的存在。因为甲骨文多处提到先商、早商所有王及其事迹。甲骨文亦有提到夏朝一些君主和他们的事迹，基于此我们推论夏已进入历史时期。加上对众多夏文化遗址的考古发掘，以及后世的详细记述，夏代可以拟为中国信史的一部分，待将来更多考古发现予以确认（见第四章）。

在旧石器时代晚期，由于众多条件的出现，包括较好的工具、通过农耕和养殖取得的稳定食物供应等，在河谷平原等低地，特别是沿海地区的中国先民进入了聚落定居阶段，从而走进部落社会。换言之，大约是在公元前4000年，一个新的人类发展转折点出现了，即以"初城"

为核心的"古国"的崛起。

中国古代传说认为，最早的部落联盟由伏羲于约公元前7700年建立。公元前5000年，炎帝继承了联盟领袖的地位。约在公元前4200年，中原地区及其他黄河下游地区，包括今山东一带，成为炎帝及伏羲后人的势力范围（亦有说是湖南的澧阳平原地区）。由于第四纪末期冰期终结，天气回暖，冰盖消融，海平线上升，华北与山东的低洼和沿岸地带被水淹没，引致三大族团争夺可耕地。黄帝一支在斗争中战胜了炎帝以及东夷的领袖蚩尤而成为各族共主。这一段"争霸"时期大致发生在仰韶晚期和龙山时期。当时，部落间激烈的战争导致了大量城堡的出现，主要的大型聚落开始建造有防御功能的城墙。考古发现为这一时期的聚落形态及分布提供了物证。

成书于春秋战国时期的《竹书纪年》、西汉司马迁的《史记》、晚商的甲骨文，以及一些史前城址和其他考古发现，更为夏、商两代提供了可靠的信息。1973年前后长沙马王堆汉墓出土的帛书更引述了比《史记》早200多年的一本书——《黄帝四经》，其中讨论了黄帝的经国之道。它在现有考古材料之外，提供了有关黄帝的存在和他的时代状况的资料。据司马迁所言，在炎帝和黄帝的时代，城市已经出现（图1.5）。考古材料亦证明了，在公元前4000年左右的华夏部落及东夷部落所在地区，包括长江中游地区，初城式聚落已经出现。我们将在后面的章节详细讨论这些问题。

作为初城前身的大型环壕聚落，以及环壕里的中央广场和大房子，已存在中国城市文明最早的影子，即在中国古代部落社会中长期发展而成的宗法制度及其两个核心元素"祭天"和"敬祖"。这些元素在中国城市的历史长河中一贯存在，并且至今未变。

表1-2除了简略地列出史前时期各主要地区的文化及其特征，还概括了二里头文化（约当夏朝）及先夏时期中国早期城市发展的特点。中国各个主要时期亦列于表1-3。

表 1-3 中国历史年表

	年份	时期／朝代	社会阶段
史前时期	约前 30 世纪初—约前 21 世纪初	五帝	新石器时代晚期；氏族社会，已进入文明
历史时期	约前 2070—前 1600	夏	青铜时代开端；世袭制广域国家
	前 1600—前 1046	商	青铜时代鼎盛期；世袭制广域国家
	前 1046—前 771	西周	铜、铁并用时代；封建社会
	前 770—前 221	春秋战国	铁器时代
	前 221—前 206	秦	统一帝国，中央集权
	前 206—220	汉	—
	220—280	三国	分裂割据
	265—317	西晋	—
	317—420	东晋	分裂割据
	420—589	南北朝	分裂割据
	581—618	隋	—
	618—907	唐	—
	902—979	五代十国	分裂割据
	960—1279	宋	—
	1206—1368	元	—
	1368—1644	明	—
	1644—1911	清	—
	1912—1949	中华民国	—
现代	1949 至今	中华人民共和国	—

第二章

新石器中期：从原始聚落到初城

原始文明

中国在新石器时代早期后段（约前7000—前5500）就已普遍出现以耜耕农业为基础的固定式原始聚落。全国很多地方出土了石锄、石镰、石磨具，以及大量谷物遗存。农耕的进步，使中国的河谷平原地区广泛出现了较大型的聚落。

在湖南澧县发现的彭头山文化（前7000—前6300）八十垱遗址是长江流域最早的环壕聚落。在该遗址西南面、沅水中游的洪江市安江盆地，还发现了更早期的高庙遗址。经1991—2005年间多次发掘，这个占地约3万平方米的遗址出土了过万件用石、陶、骨、蚌、象牙和玉等材料制成的器物。遗址内又有大型的祭祀场所，以及刻有凤鸟、太阳和八角星纹的白陶祭器。研究人员认为，这个被定名为"高庙"的文化标志了一个强势部落的出现和原始文化向邦国形态的转变（贺刚 2013）。

经2010—2012年多次发掘，在江苏省淮河下游地区发现了新石器时代早中期该地区最大的环壕聚落——顺山集遗址。遗址总面积为17.5万平方米，环壕周长近1000米，环壕以内面积近7.5万平方米。已发掘房址5座、灰坑27个，同时发现了3个灶址，它们被称为"中华第一灶"。还有碳化稻和陶器、石器、玉器、骨器等器物共400余件，其中有陶制人面、猴面、熊首和鸟首塑像。

河北省磁山镇一个远古大型聚落遗址（磁山遗址，前5400—前5100）的面积便占地约8万平方米，发现有房屋和窖穴，数个房子与一个窖穴组成一组分布，整个聚落可储存粟等粮食5万千克以上，还有2万多件各种石器、陶器。而河南省舞阳县的一个大型聚落（贾湖遗址，前7000—前5500）也有5.5万平方米面积，出土了45座房址、9座陶窑、370个灰坑和249座墓葬。这里还发现了中国最早的乐器——骨笛，刻有契刻符号的龟甲，稻作和酿酒遗存。

这时的房屋主要是半地穴式的，反映它们离其洞穴根源仍不算遥远。它们多是圆形的，而且面积十分小，约6—10平方米。方形或长方形的结构仍不普遍，体现出依然强烈的母系社会影响。多数聚落以环壕为保护屏障和划分边界，内部通常有一两个氏族。其空间结构体现了氏族社会的特点：中心是一间大房子，这是氏族领袖的居所和氏族开会、祭祀的场所。大房子如姜寨一期的，最大可以达128平方米（图2.1）。除了大房子，其他房屋在大小、功能、内部布局、设备和器具上的差别都很小。对墓葬及陪葬物的分析，亦显示氏族聚落成员在死后和生前的物质条件大抵是相当平等的，然而女性的陪葬品一般比男性的多——这似乎是母系社会的通例。

在新石器时代中期这段较长的史前期，特别是在仰韶文化中晚期（前4000—前3000），农业及手工业的进步促使社会出现了新变化。我们将注意力集中在三个主要文化圈——仰韶（黄河中下游地区）、红山（东北地区）和河姆渡（长江下游地区），以了解这些早期文化逐渐进入初城阶段的演化过程，而这些新聚落亦具有日后中国城市的部分特点。

考古学家在长江中游的城头山遗址发现了史前稻田、水塘、灌溉渠网等，印证了大型先进灌溉系统的出现。此外，长江三角洲的河姆渡遗址也发现有水稻栽培，出土了堆积厚度在0.2—0.5米（最厚达1米）的大量稻谷遗存。当时，稻谷的种植已向北进入了以小米为主粮的部分黄河流域地区。在那里发现了翻土用的大型石耜和陶制镰刀。饲养的家畜包括鸡、猪、狗、水牛及黄牛，它们的陶制形象在很多地方出土。随着石制工具的改进，石器工艺走向专业化。制造不同器物的专业作坊也出现了，包括特殊的玉器作坊。当时的玉器仍很粗糙，类似同期的石器，而且不少玉器是采用慢轮成形的。较为精细的红陶或彩陶有了更多形态，这成为当时的陶器特点。中国最早的冶铜证据，包括鱼钩、小刀、饰物等小件铜器亦出现在这一时期的大汶口、马家窑及红山等遗址，它们由单件或双件模具铸成。

农业剩余价值的增加自然促进了其他行业的出现和社会阶级的分化，为聚落及小区域的贸易与交换提供了诱因和需求。同时，它亦引发了对水源和优质农地的争夺。在一个聚落，甚或一个更大地区中出现了权力及影响力不断上升的少数精英领导，他们带动了阶级的分化。精英阶层的大墓及其大量陪葬品，与一般聚落成员的小墓及其少量没有任何价值的陪葬物的对比，证实了社会的两极分化。在大汶口遗址北部的大墓中，平均每个墓的陪葬品有数十件，个别墓甚至多达200件，而遗址南部的小墓一般只有数件或没有任何陪葬物。相对于上一时期（约新石器时代中期前段）相对平等的社会，这是明显的区别。另外，上一时期亦鲜有聚落与部落间往来的现象。

在更多大型聚落中心区出现的用以祭祀的庙宇建筑，以及如牛河梁积石冢的精英大墓，都指向一个拥有精英阶层的复杂社会的存在。这些精英控制了庞大的劳动力和物资。他们与一般民众间存在显著的财富、社会和空间差距。一些考古数据印证了精英阶层所掌控的区域远比以往广大。大型的宗教和行政建筑，以及在大墓里发现的比实用器大得多的石斧、石钺和玉器，显示了它们是权力象征或礼器，印证了精英和宗教的密切关系，暗示了宗教已成为他们垄断大型氏族社会中军权和行政管理权的工具。

生产力的发展促进了私有制的进一步普及。在原始社会初期，比如姜寨一期，绝大多数墓葬都是单人葬，并未发现男女或父子合葬一墓。

而在其后的大汶口文化，成年男女双人墓已较普遍，显示当时的先民已进入父系社会。因此，在公元前3500—前3000年期间，社会已趋复杂：我们发现酒具广泛出现，陶器被用于祭祀，石器和玉器的生产走向专业化，区域间的贸易与交换也越来越普遍。然而，这些活动似乎仍然以聚落为单元进行，而非由个人组织与管理。

仰韶晚期的聚落

我们可以从三个方面来理解新石器时代晚期出现的技术和社会组织的转变对聚落形态的影响。首先是聚落面积的扩大和聚落数目的增加。以河南省为例，已发现的新石器时代中期和晚期的聚落总数之比约为70：800，即晚期的聚落数比中期增加了10倍以上。晚期聚落的面积一般为5万—10万平方米，是中期平均值的5倍。有的超大型聚落，如甘肃秦安大地湾四期，更达110万平方米。其次，由于聚落间的交往甚或征伐频繁，防御性的环壕被强化了。在新石器时代中期后段，环壕已跃进式地发展为夯土城墙，促使初城在个别地区出现。最后，聚落内出现了结构重整。这在大汶口文化地区和红山文化地区体现为氏族独立个性的减退，以及以精英为主体的集权式聚落管理的强化。大体来说，氏族的独立性仍普遍存在，因为初城与周边的村落依然没有本质上的分野。我们或可将这些初城看作防御性聚落。以下谨以姜寨一期、大地湾四期，以及城头山和双槐树初城说明新石器时代中期的聚落演变。

姜寨一期

姜寨遗址位于西安市临潼区，可分为五期文化遗存，其中姜寨一期最早，属于新石器时代中期前段，包含一个大型聚落遗址。这个聚落遗址是由5个氏族组成的大型复合村落（图2.1），总面积约5万平方米。

目前已揭露面积约 1.7 万平方米。聚落由防御性环壕包围，环壕边上还有数个哨所。整个聚落由三个明显的功能区构成——居住区、生产区和墓地。

已揭露遗址内有 260 座可确认的房屋遗迹，其中属姜寨一期的有 120 座，分成 5 组，共约居住 450—600 人。每一组房屋由一座大房子和若干中小型房屋组成，大、中、小型房屋分别是氏族头人、家族和对偶家庭的居所。这些氏族的大房子的面积有 70—120 平方米，是氏族领袖及老年成员的住所，亦是氏族议事之地。中型房子的面积有 20—40 平方米，可能由单亲家长及其 7—8 个未成年孩子居住。聚落中部有两处牲畜过夜圈，约可容 20 头牲畜。在住房旁亦散布了窖穴。大部分陶窑坐落在聚落西部，靠近河边。墓地区则在环壕外的东郊和东南郊，似乎亦以氏族划分。儿童的瓮棺葬则多在村内住房旁发现。大多数中小型房屋是圆形房屋，以地面木架构建筑居多，房顶由木柱支撑着。

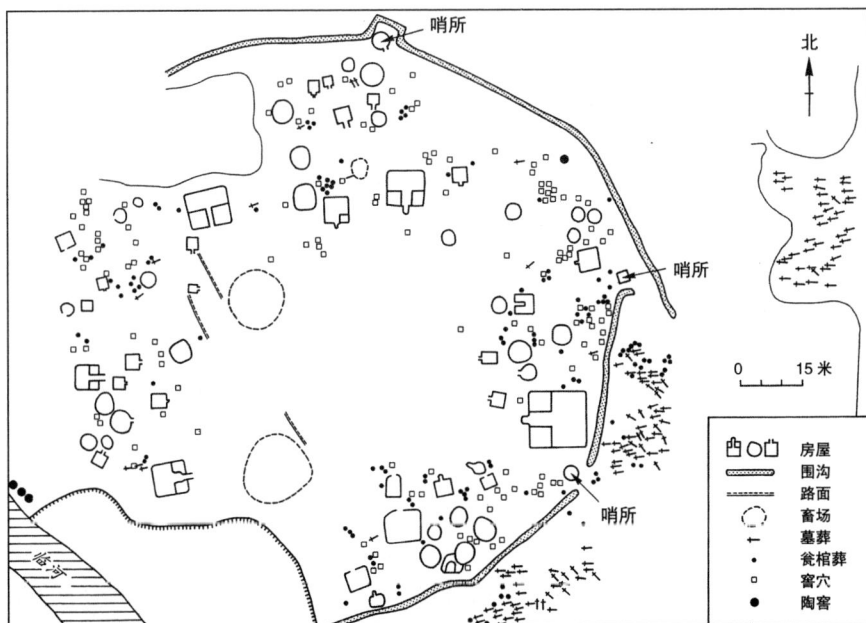

图 2.1 姜寨一期的村落布局

由此可见，这个聚落由 5 个有血缘联系的氏族组成，但每一氏族都是一个经济独立个体。日常的经济活动，甚或死后的葬式似乎都由氏族统管。氏族内每个成员的功能性差距和空间上的间距甚小，特别明显的是墓地内每一墓中出土的陪葬品差别不大。

就聚落的层次而言，5 个氏族保持了统一性，但亦保存了自主性。前者反映在这 5 组房子的空间布局上。在整个聚落里，所有房子的门都朝向中心广场，这种明显的向心形态体现了整个村落的统一性和自给性。作为一个"封闭"系统，聚落间交往较少，防御性的环壕亦显示了这个母系社会晚期的村落对安全的重视。

大地湾四期

在新石器时代中期后段的仰韶晚期（前 3500—前 3000），聚落规模与内部结构出现了新变化，反映了精英阶层的权力扩张、区域间的贸易往来、战争式的争斗在增加。一些资源丰富、规模较大或交通便利的区域中心逐渐成为专门功能点，其中甘肃秦安大地湾第四期遗址是当时该区域的最大行政中心。这个位于黄河中游地区的聚落可能是已用了上千年的炎帝一族的"国都"。

大地湾可能是"大帝湾"的谐音，是一个建在坡地上的超大型聚落遗址，总面积约 110 万平方米。遗址由数个独立小区组成，每个小区都有处于其核心位置的中央功能区，内有建在夯土台基上的大型建筑。因此每一小区可能是一个氏族的居所，类似姜寨一期的房屋群。第四期聚落的主体部分的面积达 50 万平方米，有被考古学家命名为 F901 的巨大宫殿式建筑（图 2.2）。这是一座多房式建筑，占地面积为 290 平方米，在它前面还有一个占地 130 平方米的有盖前庭。这个特殊的大房子的中心部分是一个由两根直径为 90 厘米的大柱支撑的大殿，殿中设有一直径达 2.5 米的大火塘。大殿的地板涂有一层由碎陶和碎骨制成的保护层，看似一个光滑的水泥面。殿外的前庭像是一个会议场地，其顶盖

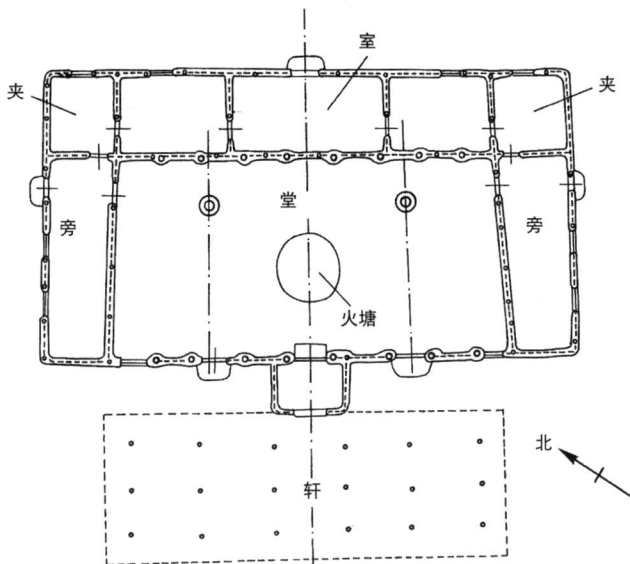

a. 平面图

b. 复原图

c. 透视图

图 2.2 甘肃秦安大地湾遗址 F901 复原图

由数列巨柱支撑，而最前排的柱础是具有装饰性质的青石块。大殿的另外三侧是左侧室、右侧室和后室，可能是官署或住房。

大殿面向南，其中出土了一些象征权力的器物，包括一个祭祀用的大型四足陶鼎、一件石匕和三件长方形石磨盘，这些石器亦可能是祭器。相信这个宫殿式建筑的功能包括充当氏族联盟领袖的行政中心和居住地，同时它亦是一个重要的区域性政治和宗教集会的场所。这个结构似乎暗示了新石器时代晚期大型聚落的大房子向中国传统国都"宫殿-宗庙-行政中心三元一体"这一核心的过渡。前庭和大殿呈南北分布，大殿又与北侧的后室形成了类似"前殿后寝"的格局，这似乎已为日后都城的行政-宗教性核心定调。F901亦可能是《周礼·考工记》所载国都规划准则中的"前朝后寝"的先行者。

在F901的旁边，是另一座大型房址F405。这是一个门向北、平面略呈长方形、面积约150平方米的复杂建筑。房址四面有围墙，其北、东及西墙在中部开门，内部也发现了一个大型火塘。F405可能是用以祭天的社坛建筑。

初　城

新石器时代中期后段，经济与技术的进步促使了社会变革，母系社会没落而父系社会出现，人类社群由部落联盟发展为酋邦，处于走向国家的过渡阶段。发展带来的劳动剩余价值推动了非农经济活动，特别是较先进的手工业的出现。同时它亦使对劳动力的控制与使用变得有利可图。这些进程在农业较为发达且面积较广大的地区比较明显。因而，这些地区的一些大型聚落在性质和结构上发生了质变，成为初城——大型酋邦的都城。

这种新型聚落成为统治精英的城堡，内有依附于他们的工匠等佣工阶层，亦有新出现的专业人士，比如巫师、士兵和奴隶。虽然这些新聚落的前身都是新石器时代中期后段的大型村落，但很多时候它们在原村落之外新建，以配合新的建筑技术（特别是防御性夯土围墙）、新的社会组织和初城所要求的空间布局。它们的特色是圆形夯土城墙和环沟，保存了新石器时代中期的环壕聚落的痕迹。用于建造城墙和大型建筑的高台基的夯土技术在商代已很成熟和普遍，并且是后世直到近代的城墙夯筑方法，亦是中国传统城市的一个重要特色（图2.3）。

通常，这些新聚落比同期的大型环壕聚落小，因而不能容纳整个氏族或氏族群。统治精英之外的其他阶层亦不是同一氏族成员，这体现了社会开始由氏族社会向城乡分野过渡。

到2000年，中国境内只发现了3个初城，分别是位于黄河流域的西山遗址、长江流域的城头山遗址和淮河流域的西康留遗址（图2.4）。湖南城头山的初城包括城墙、城壕在内的总面积达18.7万平方米，城内面积为7.6万平方米（图2.5）。它建于大溪文化时期（前4400—前3300），在屈家岭文化时期（前3000—前2600）曾两次改建，之后沿用至公元前2800年。在遗址内发现了距今6000多年的大量稻田遗存，反映出遗址位于一个丰产农业地区之中。城内有大量大溪文化和屈家岭

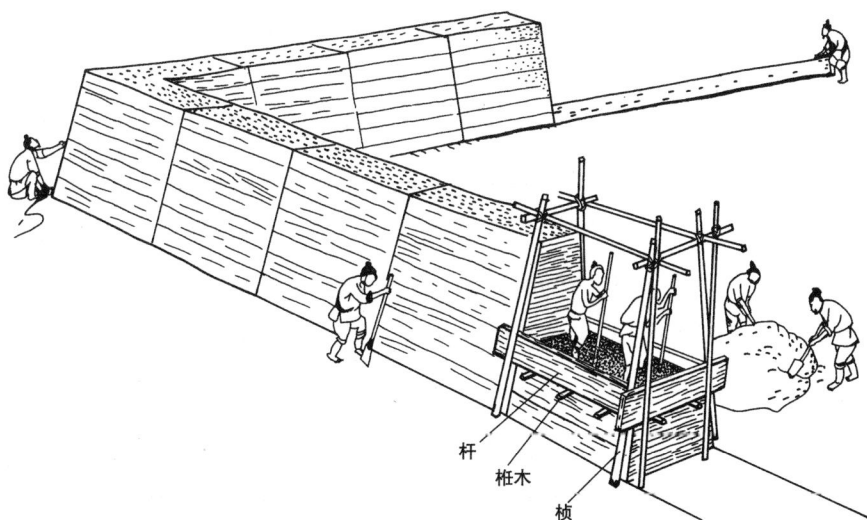

杆
桩木
桢

图2.3 商周至近代的夯筑工艺

文化堆积，出土了约1.6万件文物，包括石器、陶器、骨器和炭化稻粒等，仅在南门壕沟遗迹就出土了70多种植物籽实、20多种动物遗骸。其中陶鬶、陶甗和陶温锅的发现，说明饮酒在城头山及其周边地区已相当普遍，酒文化已发展到一定水平。城头山的城墙带来了安全与繁荣，这里人口密集，居室密布，文化堆积深厚，遗物既多且好，反映了初城里商贾云集、货物充盈的景象。遗址内亦发现了中国这时期的最大祭坛。在2010年上海世界博览会上，城头山遗址被制作成大型模型，以"中国最早的城市"为题在中国馆展出。

与城头山相比，其他两个初城较小，只有3.5万—5万平方米。西山城同样拥有平面近圆形的夯土城墙，其城墙是先挖深沟，然后围以木板，最后才夯土筑成。这种筑城方法一直沿用至商代（图2.3）。据估计，西山城约建于公元前3300年，至公元前2800年废弃。西康留城址约建于大汶口文化晚期。而对于大地湾四期这个大型聚落，以及其中央区的庞大宫殿、礼仪建筑和公共空间的象征意义，至今仍未有合理的说法。或许大地湾四期已是没有城墙（或未发现城墙）的初城，就如公元前3000年两河流域的乌鲁克遗址一样。

然而在2001—2014年间，中国又发现并报道了13个初城。它们存在的时间都在公元前3500—前2800年，包括城壕和城墙占地面积在内的城址面积为20万—60万平方米（城内5万—15万平方米）。这批初城主要位于湖南和湖北。基于此，中国应是初城出现最早及分布最广的国家。

2020年5月7日，郑州市考古文物研究院公布了黄河中游河洛地区"河洛古国"的考古发掘成果。它揭示了以双槐树遗址为核心的仰韶文化中晚期文明，被称为"黄河文化之根""早期中华文明的胚胎"。已发掘的文化区包括4个可能的初城：巩义双槐树，荥阳汪沟、青台，以及郑州郊区黄岗寺。它们可能构成了河洛古国的城市群。最大的已发掘遗址双槐树初城距黄河南岸2千米，位于伊洛河以东4千米，面积117

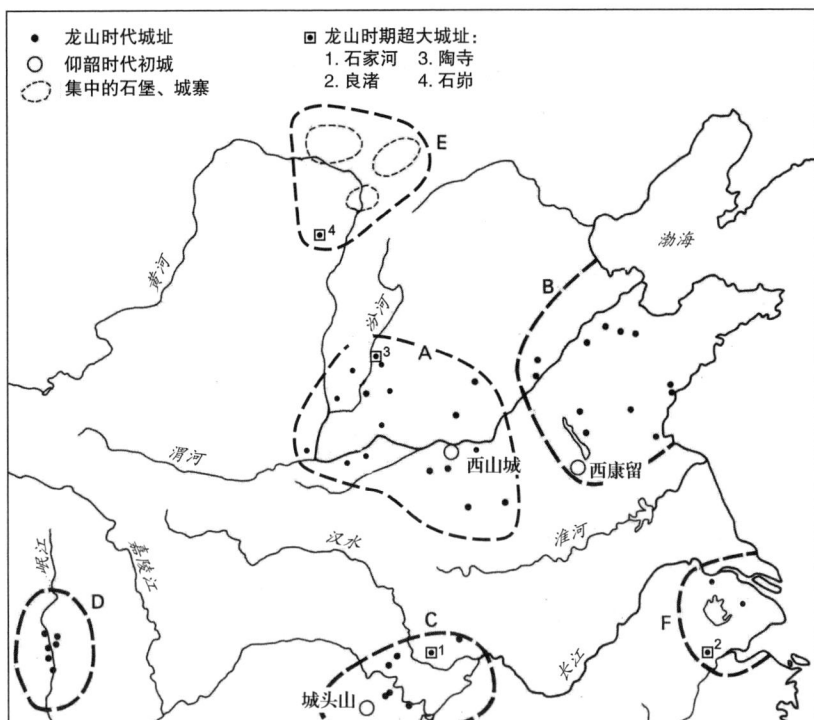

图 2.4 仰韶及龙山时代的史前遗址分布示意图

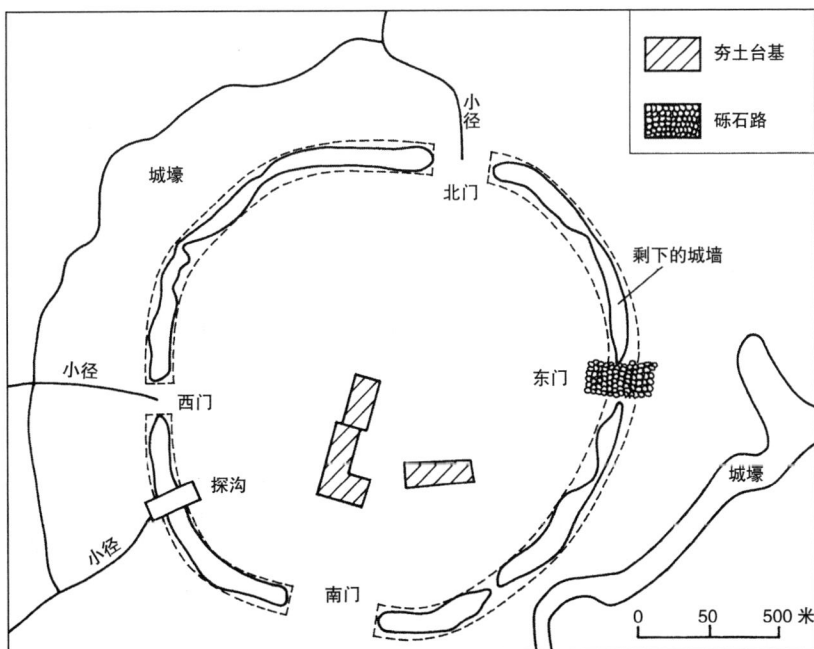

图 2.5 城头山城址布局结构平面图

万平方米，是一个有三重环壕的大型聚落（图2.6）。其中心有4排呈封闭式排状布局的大中型房址，可能是贵族居所。聚落内亦分布有3处严格规划的大型公共墓地，还有3处夯土祭祀台，出土了大批仰韶时期文物。

在贵族居住区的最大房子的南面，有摆成北斗星形状的9个大陶罐，大部分埋入土中。在北斗星位置上端，还有一个头部朝向南方的完整麋鹿骨架。学者认为北斗九星遗迹具有政治礼仪功能，应该是一位深谙巫术和天文的古国首领在表述自己是呼应上天的地上王者，也表明当时人们的"天象授时观"，能通过观察节气来指导农桑。这亦因为与北斗九星遗迹共存的是祭祀区和圜丘状天坛，表明了聚落布局中的礼仪思想和"天地之中"的宇宙观。在大型中心居址区的南部有两道短墙与北部内壕合围，形成一个半月形结构，这一结构可能是最早的瓮城（图2.6）。

在双槐树遗址内发现了最早的骨制蚕雕艺术品，丝绸遗物亦在几个伊洛古国初城遗址都有出现，证明5300年前黄河中游地区已出现了养蚕缫丝的技术和丝织经济。在双槐树的出土陶器中，有不少陶器来自长江流域的四川地区、两湖地区、太湖流域，以及安徽、山东等地，具有这些地方的风格，反映出中原伊洛地区居于核心地理位置并广纳各地方文化的特色。

在同期的红山文化地区，至今仍未发现有围墙的新型聚落，但在牛河梁遗址发现了大型的庙宇、宗教祭祀建筑和精英大墓。在一个聚落密度很高的大面积区域中，这些建筑和墓葬是按预定规划有序地建造的，或许也标示了初城所体现的社会结构和技术发展水平。

除了夯土城墙，我们还总结出以下三个初城的特点：

1. 在功能上是一个大区域的中心聚落，即该区域的行政管理中心；
2. 由城墙和建在夯土台基上的大型中心建筑，推算出初城有大量

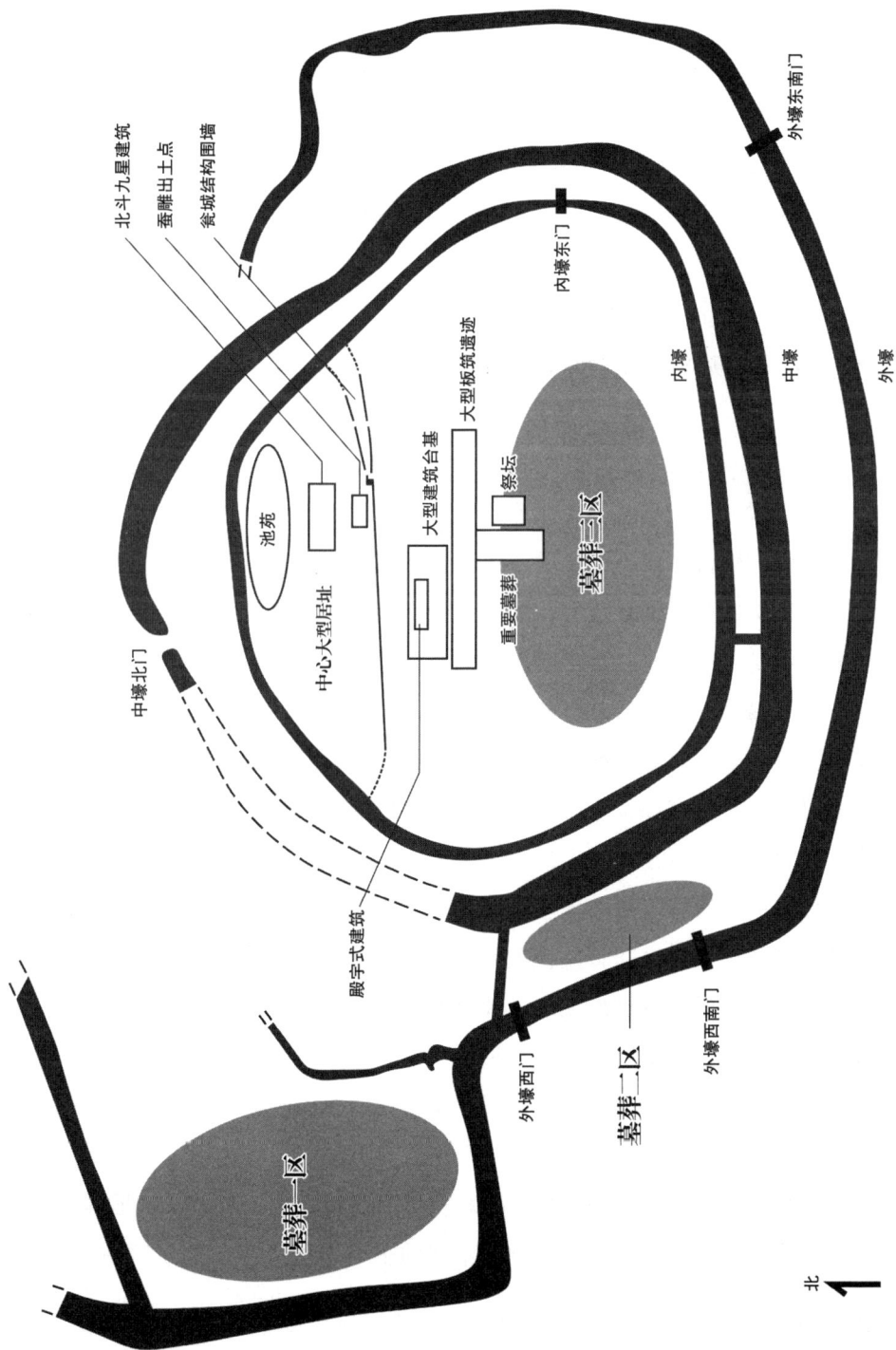

北斗九星建筑
蚕雕出土点
瓮城结构围墙

中壕北门

池苑

中心大型居址

殿宇式建筑

大型建筑台基
大型板筑遗迹

祭坛

重要墓葬

墓葬三区

内壕东门

内壕

中壕

外壕

外壕东南门

外壕西门

墓葬二区

外壕西南门

墓葬一区

北

图 2.6　双槐树城址功能布局结构示意图

劳动力需求，表明它们拥有复杂的行政管理系统和高效的行政
管理能力；

3. 中央大型建筑、明显的手工业区及精英阶层的行政和军事功能，
   反映了社会已分化为多个阶层并出现了社会分工。精英阶层的
   墓葬中的兵器，以及石钺、石斧、玉璧和玉琮等礼器也提供了
   佐证。

结论：初城是文明的前夜

张光直（1985）于讨论初城在中国出现的论文中指出了它们的特
点：夯土城墙，大量武器，用作宫殿、宗庙的大型建筑，精英墓中随葬
品所显示的财富与权力的集中，手工业区的形成及其显示的有序聚落规
划与管理。这些新型聚落和与其共存的众多一般聚落、普通人居住的半
地穴式简房、小墓及其贫乏陪葬品的对比，使张光直觉得中国初城的出
现并非因为经济发展或其必然需求，而是出于在新石器时代晚期形成的
精英阶层榨取当时农业社会剩余价值及保障他们的统治地位的需要，初
城是他们的一种工具。因此，他认为初城和当时的农村并没有质的分
别。换言之，城乡在经济上的差别仍不大，初城更近似于面积扩大且有
防御设施的环壕聚落中的大房子。当然，初城也反映了新石器时代晚期
精英阶层及其氏族之间日益扩大的经济、社会和空间差距。当农业技术
进一步发展，远途贸易出现了，社会的分化加深，对自然资源的争夺愈
加激烈和频繁，初城以更大的数目涌现。

初城代表的或许便是先于铜石并用时代的龙山时代，即在中国出现
的酋邦阶段。在一个酋邦内约有数千至数万人聚居，以粮食生产为主要
经济。相对于部落社会的人人平等，酋邦有阶级之分，权力及土地的分
配和使用集中于酋长身上。之前部落间的平等物品交易亦变为"税收"。

相对于国家以法律解决纷争，酋邦内的争执由酋长裁决。然而，由于仍难以确定当时文字是否已经出现并被较广泛使用，尽管初城已存在明显的社会分工、冶铜及城市这三个标志文明出现的基本元素，我们仍不能确定这时期的中国已跨进文明时代。但我们相信此时已经是文明的前夜。

初城的考古发现更证明了远在5000年前的黄河流域与长江流域已出现了重视民生、农桑、传宗接代和社会长治久安的现象，社会财富不被过分贡献给神灵或作为上层阶级的私人财产被埋入墓中，而是主要投入了社会基建与再生产。这些都是后来儒家重人事而轻鬼神的价值观的源头，显露了中华文明的基本元素和主流发展模式的雏形。因此，中华文明确实是个有5000年延续不断的发展历程的原生文明。

第三章

新石器晚期：龙山时代的城邦

什么是城邦？

城邦代表人类文明和社会的一个特定发展阶段，同时亦是已进入"国家"阶段的文明社会。中国学者对夏朝之前、仰韶文化之后的龙山文化时代是否已进入国家阶段仍有争议。张光直（1989）和戴向明（2016）认为龙山文化仍属氏族社会，是氏族社会晚期的氏族联盟阶段，直至夏朝，国家才真正出现。刘莉（1998）和钱耀鹏（2001）却认为龙山时代已有中小型古国或邦国林立，是已经进入国家阶段的城邦时代。让我们在检视以城邦为特色的这一时段中国史前城市与城市文明的发展前，先考究"城邦"与"国家"这两个概念。

塞维斯（Service 1971）认为国家（states）与酋邦（chiefdoms）的分别，乃是在国家中一小伙人合法地以暴力为威吓手段，以达致对各阶层居民，特别是对最低层者的控制。弗兰纳里（Flannery 1968）认为国家是一种强有力的中央集权式的政府。它拥有一个由专业人士组成的管理层，与血亲系统没有关系；它的社会分成复杂的金字塔式的多阶层；其居住区按职业划分，与血亲和氏族无关。此外，这种社会由精英阶层或君主独揽军权，他们拥有施法、征兵、赋税和接受朝贡等权利。

查尔顿和尼科尔斯（Charlton and Nichols 1997）认为城邦是国家的一种，对它的定义为：一个小面积的独立政治实体，通常由一个首都或城市代表。这个城市与周边腹地在经济和社会上融为一体。一个城邦亦通常在经济上较为独立，并且在居民的种族上异于同时存在的酋邦。简言之，城邦是一个以城市为核心的小型主权实体，即国家。

关于城邦的规模和功能特征，格里菲思和托马斯（Griffith and Thomas 1981）认为城邦的地域面积一般只有数百平方千米，并且有以下特点：它的核心是一个拥有城墙和护城河的聚落；它依赖于周边腹地的自给性经济；区域内有共通的语言和风俗；它是政治上独立的主权体。埃及和两河流域的古文明为我们提供了与中国龙山时代的城邦发展和历史特色相近的经验。

西方古文明的城邦

近两百年，特别是在第二次世界大战后，学者们经考古发掘和研究已整理出两河流域、古埃及和印度河流域三大古城市文明的详细资料。这些资料除了能让我们了解西方古城市文明，也为我们理解公元前3000—前1500年间中国古城市文明的发展及其特色提供了重要参考（薛凤旋 2019）。

古埃及城邦

尼罗河河谷特有的地理环境，加上古埃及采用石块和象牙作为文字和图像的载体，使一些关键的历史材料，包括王的名字、物品的产地，以及王、大臣、奴隶、船只、房屋和仪典的图像都被保存下来。这些材料是世界早期城市文明史中较具体详细的案例。

上埃及的阿拜多斯是有文献记载的最早的埃及城邦。它约在公元前3300年便进入了以城邦式国家为标志的文明时代。在城邦中，王位已经世袭，主要城市都与其周边腹地形成了一个新型的宗教、经济、政治与军事的复合体——城邦国家。在这个新社会里，氏族社会的特征已经消逝，阶级社会开始出现，社会财富和土地也向私人集中。

古埃及城邦的主要聚落通常以主神庙为核心，神庙周围设有行政机构、手工业区，并建有粮食、武器和其他物资的仓库，周边则筑起了城垣以保安全。聚落成为这种小型原始国家的宗教、经济及行政中心。

个别城邦为了垄断尼罗河的河运和贸易而挤压上下游的其他邦国，导致了城邦间的争霸与联盟。上埃及的阿拜多斯在经历了400多年的邦国争霸后，在公元前2686年统一了埃及，开创了古王国时期。这比中国的统一广域国家的出现（即夏朝的开创）早了600多年，也比两河流域大一统政权的出现早了300多年。

两河流域城邦

两河流域南部的苏美尔地区出土了刻在泥板上的楔形文字。这些文字最早可追溯至公元前2800年，并约在公元前2400年成熟。它们本身是考古文物，除此还较确切地记载了关于两河流域个别事件与人物，但关于行政、重大事件、王室世系、律法等的系统记载（如《拉格什王表》），最早的部分是约在公元前1300年才出现的。

根据考古文物与文字记录可推论，约在乌鲁克中期（前3800），苏美尔出现了多个以神庙为中心的聚落群。每个聚落群都有一个以当地地方神的庙宇为中心的规模较大的中心聚落。最大的是乌鲁克及尼普尔，它们是整个苏美尔的宗教中心。这两个聚落的面积超过20万平方米，它们成为苏美尔的初城，是各酋邦的主要祭祀场所及政治中心，也是经济主体，农业生产的组织、储存及分配中心。酋邦的首领祭司王由主要部族推举，兼有世俗和宗教双重领导权，居住在主神庙里。

两河流域亦出土了最古老的记录官员和工匠等级的泥板，年代为公元前2900—前2600年。这证实了一个高于酋邦的政治实体——国家已经形成，因为被称为文明及复杂社会三大要素的城市、国家和文字已同时存在。这也表明由初城演变成一个真正的城市经过了约 400 年。与此过程一致的还有手工业的专业化、以庙宇和宫殿为代表的宗教和世俗管治权的进一步集中、贸易的扩张，以及军事力量的出现等。

邦国最盛时，整个两河流域的城市数量在 100 个以上，邦国数目可能达到 30 个，邦国的平均人口为 2 万至 10 多万。如最大的邦国乌鲁克，其主城面积达 400 万平方米，主城人口为 5 万—8 万。拉格什邦国在鼎盛时（约前 2400）征服了不少邻近邦国，国家总领土扩大至 1600 平方千米，有 17 个较大城市、8 个区首府（被征服的前邦国首都）和约 40 个村落。其首都吉尔苏的面积可能达到 100 万平方米，人口 1.9 万。

龙山时代的社会

在中国，与古埃及和两河流域的城邦时代相若的社会发展阶段便是龙山时代。龙山原指出自山东的一个文化体系。它的一些特色后来扩展至中国广大地区并和其他地区文化融合。因此，龙山文化的年代在中国不同地区便出现了差距：在黄河中下游地区，龙山时代大抵指公元前 2600—前 2100 年；一些学者认为长江中游地区的龙山时代自屈家岭文化早期起，跨越了公元前 3000—前 2000 年；而在长江下游地区，它的年代约为公元前 2600—前 2200 年。在龙山时代中期，这些区域文化出现了泛龙山文化的特征，除了体现在陶器的主流发展和石器、武器的时代特色上，手工业、宗教和农业亦出现了明显的发展。更重要的是阶级明显形成，众多邦国已在中华大地涌现。

农业的进步在广泛地区得到了考古的印证。2000—2017 年间，大型粮仓等古遗址在黄河中游的石峁古城，长江流域的屈家岭、石家河遗址，以及钱塘江流域的良渚等龙山遗址均被发现和证实了。大型且高效率的三角形和舌形的石制或骨制耕具，以及包括水井在内的大型灌溉系统亦在很多地方出现了。当时中国南方的农业已进入了牛耕阶段，且已发现了不少水稻田遗迹。石镰的数目远比石斧增长得更快，一些石镰还是有柄的，显示新的收割工具可以割下整棵作物而使效益大增。稻米的种植也向北进入了黄河流域原先只种小米的地区。在此时的生产经济里，农业的贡献已占约七成。家猪、山羊和绵羊等饲养动物的密度亦明显比以往增加。陕西省神木市的石峁古城已发展为一个高度设防的超大型城市，代表了在夏朝之前，不同地区的文化正逐渐融合，而东亚与中亚的文明亦有一定程度的接触。

石铲在这时期出现了，而且数目增加得很快。同时，一些石器由工具转化为有权力和地位象征意义的礼器，特别是钺和斧，其中不少磨工细致而且刻有纹饰（虽然这个现象在新石器时代中期已开始了，但不及此时普遍）。石器工艺的发展与专业化也促进了玉器制造业的形成。一些大型墓葬出土的大量玉器不单雕工精美，而且有龙形等形制，表明玉器具有祭祀功能并象征了政治和军事上的权力。这些器物的精湛工艺和高昂的制造成本，印证了权力与财富高度集中，以及少数人控制了广大地区的大量劳动力。

龙山文化的陶器以黑陶和薄薄的"蛋壳陶"为特色，以快轮生产，并且已经出现专业化。器物以三足食器（如鼎）和酒器（如豆）为代表，后者主要用作祭器而非日常用具。这些制作精细的陶器大部分出现在大型聚落和大墓中，和小型聚落的小陶窑产品有明显区别。在石家河古城址的西南角发现有数十万件红陶杯，这些陶杯很可能是一般人在宗教祭祀和日常生活中使用的。然而龙山时代的城址人口一般只有数百至数千人，如此大批的产品生产应以供应一个广大区域市场为目的，这一广大区域甚至比一些2000平方千米的大型城邦还大。这些出土物除了证明宗教崇拜已成为普通人的习俗，还指出了区域间经济分工和远距离贸易的存在。

养蚕和丝织物的遗痕，以及陶纺轮等器物的发现证明了其他手工业的繁荣，包括麻织和漆器、木器、竹器制作等。制铜原料、铜渣、部分或完全制成的铜器也发现于陕北的石峁，中原地区的尉迟寺、陶寺、平粮台，山东的王城岗和长江中下游地区的良渚、石家河等遗址。这些铜制品用合模制造，体现了制铜业的工艺已达相当水平。此外，龙山遗址还出土了大量石制和骨制箭镞。这些，加上在平粮台城墙的主门内发现的大量石斧，以及石峁城墙上的防御设施，如墩台、马面和瓮城等，反映出当时专业军队的出现和战事的频繁。

·农业和手工业的进步促进了剩余价值的快速增加，推动了贸易的发展。区域间远距离贸易的证据比比皆是，因为在不少地区的文化遗存里出现了具有不同地区文化特征的器物。在不少遗址中也发现了四合院式的房屋，其中包括作坊和粮仓，似乎以家庭为单位的手工业活动十分普遍。在陶寺和石家河等遗址更发现了大型的作坊。

上述的经济发展自然建基于氏族社会的解体和复杂阶级社会的出现。同时，前所未有的聚落间与区域间的争霸也出现了。精英阶层的行为与特征越来越和氏族传统疏远。他们垄断战争和宗教，以达致权力和财富的集中。这些新现象可在行政或权力中心区（宫殿区），礼器的制造和使用、墓葬、祭坛的居位，以及相关的考古文物上得到印证。

举例来说，在中原汾河河谷内的陶寺遗址发现的约5000个龙山墓葬，说明了当时存在社会分化。在已发掘的1200个墓葬中，大墓只占不到1%，它们的葬具有髹漆的木棺。每墓内有100—200件随葬品，包括彩陶，木制和玉制的礼器、饰物，以及整猪骨架。约10%的墓葬为中型墓，它们亦有木棺和10—20件随葬品，都是陶、木或玉制器物，部分墓有猪的下颌骨。但占约90%的小墓，不但没有棺，亦没有随葬品。

在长江下游地区，有多个规模宏大的由城邦统治者们的大墓所组成的墓区。它们有规整的布局，一般将宗教和祖先祭祀合而为一，恰似皇家陵园。其中，良渚古城内的反山（图3.1）是个面积为2700平方米的

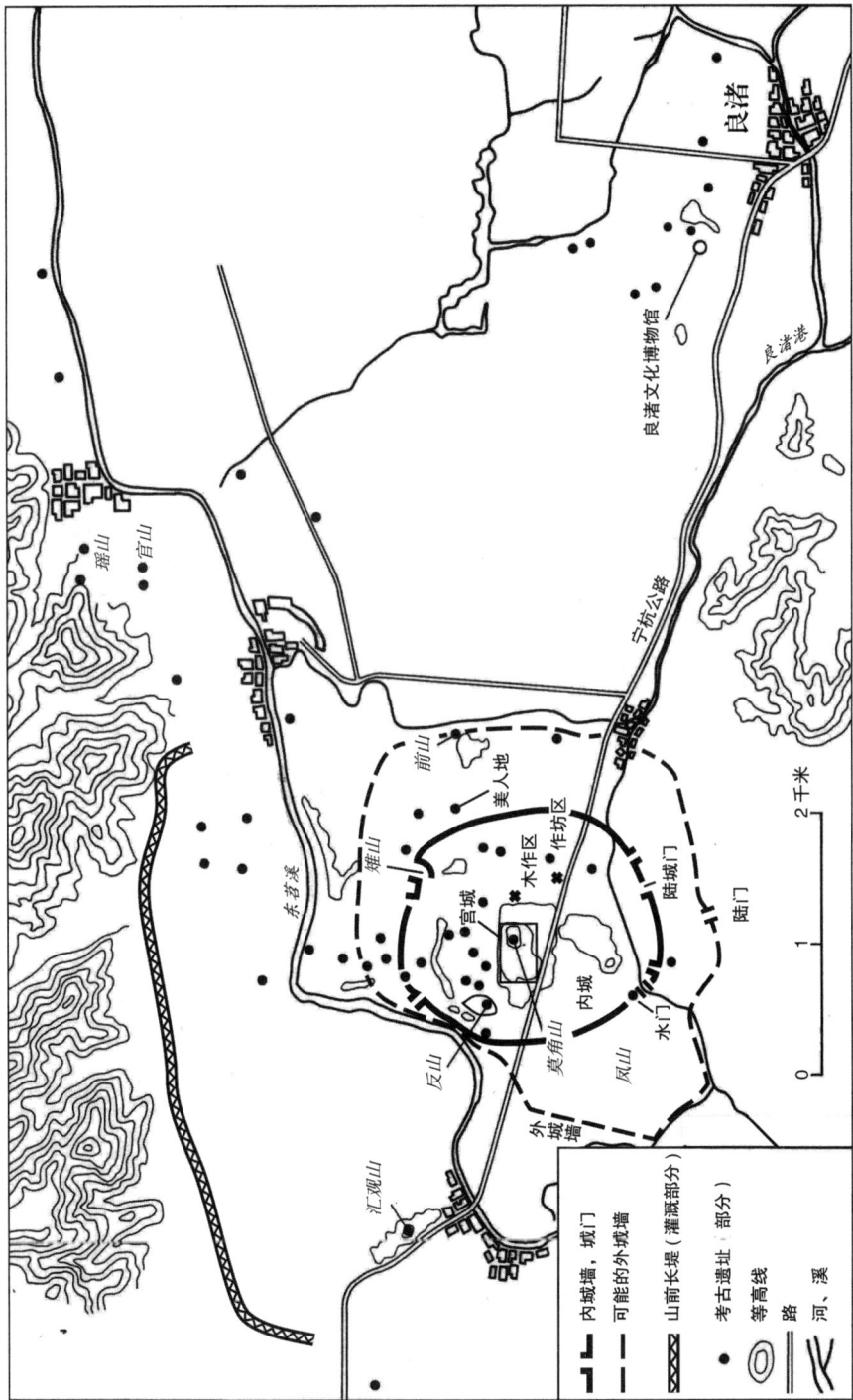

图 3.1　良渚古城及遗址群

陵园。它位于 7 米高的小山冈上，内有 11 座大墓。每个大型墓室中都有朱漆木棺和上百件随葬玉器。在距离古城不远的瑶山，亦有一个与古城同时规划和建造的墓葬区，内有一个大型祭坛。祭坛中央是一座方形红土台，四周是填有灰色土的围沟，围沟外是铺有砾石的黄土台，各个部分均呈方形。祭坛上有 13 座大墓，其中 M7 的出土物最丰富，内有 148 件玉器。大墓出土的玉器主要是琮、钺和璧，都刻有神人纹。这显然和墓主的军事、政治地位，以及对神祇和王族先祖的祭祀有关。这些玉器纹饰也和后来商周二代的青铜礼器上的纹饰风格相似。

这些王室陵园区的居位也体现了精英阶层与一般民众的分隔，显示了权力和财富的高度集中，以及精英阶层对崇拜祭祀活动的垄断。大墓和小墓之间的差别是十分明显的。一些中型墓有时也随葬钺、戟和箭镞，这似乎说明职业军人已存在了。乱葬岗和陪葬坑内的遗骨印证了奴隶的存在、战争的激烈和宗教崇拜的残酷。

基于上述，不少中国学者认为，在龙山时代，中国已步入复杂的阶级社会。阶级社会不但包括了手工业者、职业军人、农民、行政人员和奴隶，亦首次出现了王。王似乎是由以往氏族头目中的军事领袖或行政首长演化而来，但仍然要依赖宗教以使他们的社会地位合法化。这与前述古埃及与两河流域的城邦演化及其首府的功能分区相似。

龙山聚落和城市

考古发掘证实了在龙山时代，中国聚落的数目之多和分布之广远胜之前的仰韶时代。图 3.2 显示了在 1997 年已发现的多个龙山聚落群，黄河中游的高密度反映了中原地区已存在华夏文明的核心。每一个聚落群背后的发展动力就是前述农业和手工业的发展、人口的增加，以及跨区域贸易和区域间军事冲突的增多。这些聚落群亦是在富裕农业区内衍生出的一个政权与剩余价值向上层集中的金字塔，与之相应，聚落分布也呈金字塔形态：顶端是首市，或最大聚落，以其保卫性和中央行政控制功能而成为本章所说的堡垒式的龙山城市。图2.4显示了已知的龙山城址，除了钱塘江流域（F）及内蒙古-陕北高原（E）两组（见下文良渚遗址和石峁遗址），其他城址都有坚固的夯土城墙。城墙的顶部平均宽5—10米，基部宽至50米，墙高6—10米，城墙外环绕深度、宽度不等的护城河。或许是城址所在区域的地理地貌特征不同，良渚古城的城墙没有用夯土法筑成，而是以宽40—60米的石块为基础，再在其上堆以黄土，而内蒙古和陕北的龙山城址则以石块筑成。

和以往的聚落相比，龙山时代的城市不但数目增加，平均面积亦扩大了。已发现的最大的3个龙山聚落，面积分别为400万、290万和200万平方米。它们倾向于和其他中小型聚落集中成群。在一个聚落群

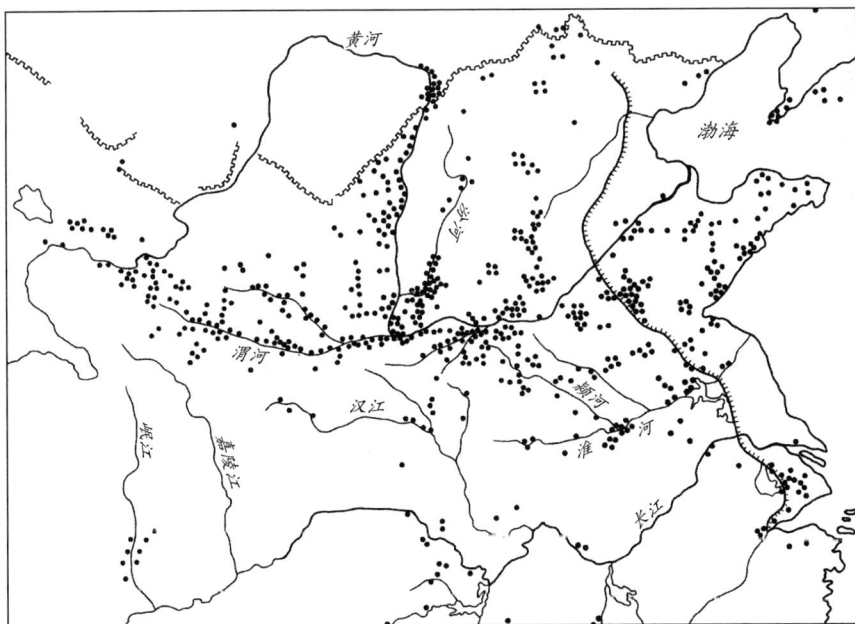

图 3.2 龙山时代的考古遗址分布示意图

中，大小及功能不同的聚落组成一个拥有不同层级的金字塔体系。刘莉（1998）确认出在黄河流域有 8 个龙山聚落群和 3 种不同的龙山聚落体系（图 3.3，图 3.4）。第一种体系拥有一个强大的中心城市——一般是个堡垒式的城市。该中心城市控制着一个约 100 平方千米的腹地，并依赖腹地的朝贡。整个体系等同于一个城邦（图 3.4a）。其他体系（图 3.4b，图 3.4c）则较小，与邻近的政治-经济实体处于相对独立或敌对 / 竞争的关系。

位于中原地区核心的郑州-洛阳地区已出土了 357 个龙山遗址，远多于同一地区已发现的仰韶时代遗址（159 个）。这些聚落可分成四个大小等级：一级，平均面积为 40 万—100 万平方米，占聚落总数的 1.6%；二级，15 万—40 万平方米，占 2.1%；三级，5 万—15 万平方米，占 26.7%；四级，5 万平方米以下，占 61.8%。如果以城址为最高一级，则该地区在龙山时代已存在五级聚落，城子崖聚落群便是一例（图 3.5）。

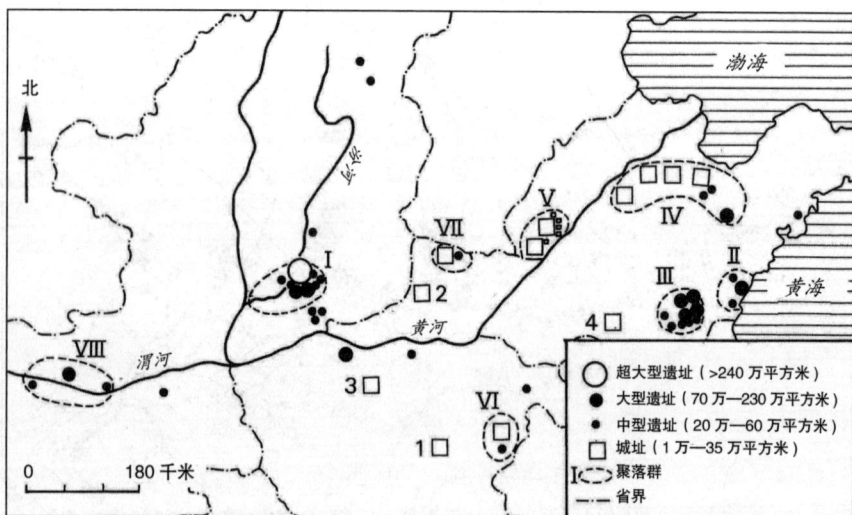

I. 陶寺组 II. 日照组 III. 临沂组 IV. 鲁北组 V. 鲁西组 VI. 周口组 VII. 洹水组 VIII. 渭河组
1. 郝家台 2. 孟庄 3. 王城岗 4. 薛故城

图 3.3 龙山文化晚期黄河中下游的八大聚落群分布示意图

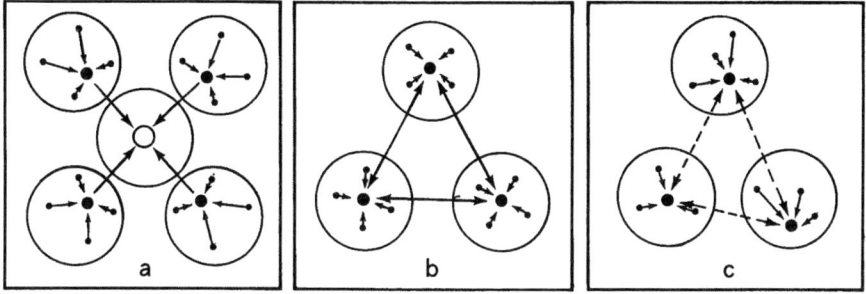

a. 单中心型,聚落向心分布,不同级
别聚落之间有纳贡/再分配关系。
b. 多中心型,聚落保持距离,实体间
有抗争关系。
c. 散中心型,聚落随机分布,实体间
的关系不明。

○ 大中心
● 小中心
· 村落
—→ 主宰—从属关系 (即纳贡 / 再分配)
←→ 抗争关系
←--→ 关系不明

图 3.4 龙山文化的聚落形态

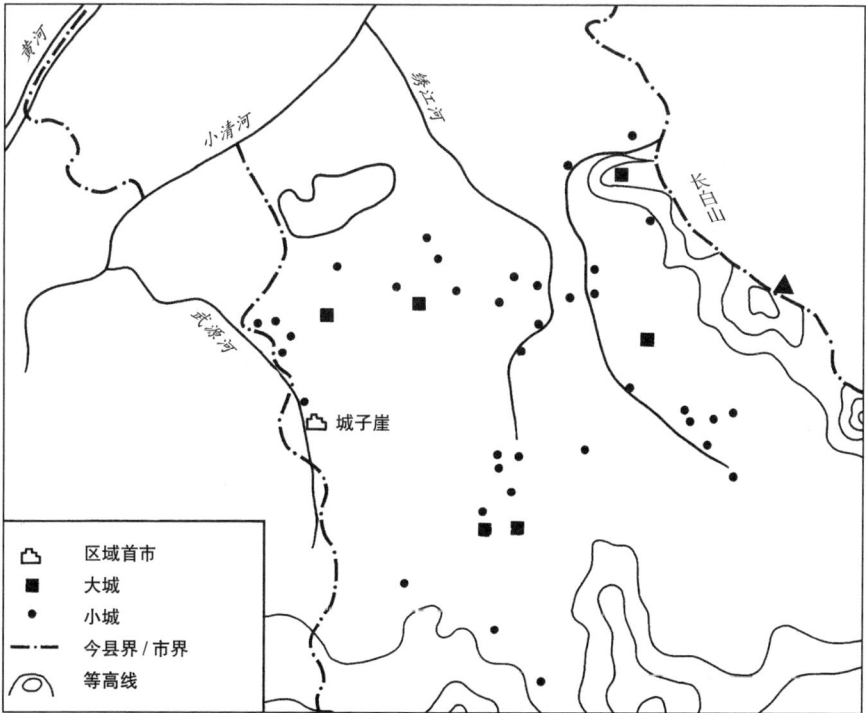

图 3.5 城子崖城垣及附近龙山文化遗址群

城子崖聚落群坐落在一个东西长 50 千米、南北长 40 千米，即面积约 2000 平方千米的河谷平原上。其中心城市城子崖是邦国的都城，面积约 20 万平方米，城墙高 8—10 米，平面呈方形，但北墙稍向外凸。城内遗迹丰富，包括中央区的宫殿、庙宇建筑，以及外围的手工业区。也发现了祭祀用的 6 块牛肩胛骨，其中 3 块有灼烧裂痕和刻纹，明显是后代商朝占卜用甲骨的先河。平原内还有 6—7 个中型聚落，每个大小有 3 万—6 万平方米，其中个别可能是城市。小型聚落约 30 个，个别面积为 0.5 万—2 万平方米。这些数据显示当时已存在着"都""邑""聚"三级聚落，即商代流行的三级行政区划在龙山时代已经出现了，这是当时农业社会各阶级在聚落空间分布上的体现。

山东聊城的景阳冈遗址亦是一个分级聚落群的例子。作为"都"，景阳冈是个一级聚落，亦是山东已发现的最大的龙山城市，其面积为 35 万平方米。"邑"，即二级聚落，可能是城邦的小封邑或次级行政中心。一级聚落拥有明显的城墙和位于中央区的大型重要建筑。景阳冈的中心区就有两个夯土台基：大台基占地面积 9 万平方米，似是大型宫殿的台基；小的约 1 万平方米大，上有四面筑有台阶的建筑。在其中一面的第二级发现了人骨及 20 件陶器，考古学家认为在小台基上的应是一个祭坛，这反映了都城的行政及宗教功能。因此，一级聚落在规模大小和中央区功能上都明显有别于其他聚落。

在黄河中游和长江中下游也发现了以石峁、石家河、良渚等为中心的龙山聚落群（见下文）。成都平原上也发现了 6 个有长方形夯土城墙的龙山城址，部分区域会利用周边河道来防御。这些城址可能是该地区规模最大的城邦的都城。

已知的最大城邦石家河（前 2800 —前 1900）位于江汉平原，占地面积估计达 20 万平方千米，约等于两河流域的阿卡德和苏美尔两个地区面积的总和。其都城石家河城址的面积为 120 万平方米，人口有 3 万—5 万。城内发现有冶铜、治玉和制陶等手工业区。城外 20 — 30 千米范围内发现有多个聚落，表明石家河是个庞大的聚落群。

至 2015 年止，中国已发现和确定的大中型龙山时代城址至少有 60 个，它们可能是个别城邦的都城。从现有考古资料看，两个龙山城邦的间距在山东地区约为 50 千米，在中原地区则约为 100 千米。因此，一国之"都"或一级聚落的腹地的半径约为 25—50 千米，内有数万人口。是以，一般的龙山城邦的规模与同时期两河流域城邦的规模相差不大，城邦之间的距离亦和商代诸侯国的平均距离相近。

龙山城市的结构和功能

钱耀鹏（2001）认为龙山城市有两大功能：一是作为抵抗周边敌对部落或邦国的军事防御设施；二是新形成的邦国的政治、经济和文化中心。他还列出后者的相关考古证据：

1. 王室陵园和陪葬品中的玉／石钺、琮和璧等器物显示王的出现；
2. 大量的武器；
3. 城市中央区的宫殿和官署式建筑；
4. 聚落群的至少三级的金字塔结构；
5. 居住区体现出居民分成不同的社会阶层。

近年（特别是 2000—2019 年）的考古发掘为我们提供了更多有关龙山城市的结构与功能的信息。下面以较重要及有区域代表性的 4 个龙山城市来说明。

良渚古城
浙江省杭州市余杭区的良渚遗址群位于一个面积约为 800 平方千米

的河谷盆地中，是钱塘江-太湖流域（面积约3.7万平方千米）的核心。它自1936年被发现起，经历了1980至今的多次发掘，发掘区达50平方千米，共涉及130多个遗址（包括远郊30千米范围内的多个重要聚落），出土了不少深受龙山文化影响的黑陶。由于遗址群的核心城市良渚古城自2007年才陆续发现城墙，古城在2007年前一直被认为是个没有城墙的城市。但因为古城外的众多遗址亦出土了富有特色的与古城同时期的墓葬、祭坛及大量玉器，所以古城及周边遗址被统称为良渚文化遗址群（图3.1）。

根据近年的发掘与研究成果，良渚文化层被分为早期（前3300—前2600）和晚期（前2600—前2300）（浙江省文物考古研究所等2016）。古城为一个三重城，即可分为宫殿区、内城及外城。宫殿区和内城城墙约建于早期，外城城墙建于晚期。内城墙东西长约1700米，南北长约1900米，周长6600米，平均宽50米，高约4米，有8座水门，土方总量估计为132万立方米，需1万人工作一年才能建成。内城面积为290万平方米，其中心区面积约30万平方米的莫角山便是宫殿区。

莫角山是一处约9—15米高的人工土台，其上更有高出土台平面3—4米的多座台基。莫角山应是行政及权力中心。宫殿区的西北侧有反山、姜家山等贵族墓葬区，出土了11个大墓及约1200件陶器、石器、象牙器、玉器和漆器。其中有一年代为公元前2600年的巨大玉琮。内城中近宫殿区处还有多个大粮仓遗迹。

内城外有面积约5平方千米的外城。外城城墙现高1—3米，宽30—60米。外城内多为住宅区，但亦发现大量石器、玉器、漆器及其原料，这反映外城有多个不同类型的手工业区。西边的汇观山遗址发现有4个大墓和1个祭坛，墓中亦出土大量玉器，其中的M4拥有48件大型石钺，还有玉琮、玉璧和玉制头饰等。在其附近还发现了一个用于观天象的天文台。良渚古城外的瑶山亦发现有大型墓葬区与祭坛。该墓葬区面积达66万平方米，出土了13个大墓。

2015 年在古城的近郊又发现了建于公元前 3100—前 2700 年、由 11 条堤坝组成的大型水利系统，显示出良渚地区在外城建成前的 500 年里已是个发达的灌溉农业区。这个水利系统为古城、近郊及周边农业地区提供运输渠道和灌溉、生活用水。该系统水面积达 13 平方千米，可蓄水 275 万立方米。

良渚古城的大小、城墙、宫殿区、墓葬、祭坛和手工业区，还有复杂的水利系统和大粮仓，均反映了高度发达的犁耕稻作、复杂的社会阶层，以及财富、权力的集中。古城出土了 1 万多件文物，其中有精美的漆器和 7000 件玉器（良渚是全国出土史前期玉器最多的地区），体现了系统化和专业化的手工业生产。大墓中的玉琮、玉璧、玉钺等器物和其上的神人兽面纹也说明了统一的礼仪与宗教制度的存在。经研究证实，在整个良渚遗址群出土的陶器、石器和玉器上共有 656 个刻画符号，更有多件器物上有多个符号连成一个句子，其中两句分别被解读为"方钺会矢"和"朱旗践石，网虎石封"，似是记录了当时的大事。因此，此时可能已有早期文字了（张炳火编 2015）。基于这些资料，良渚可能是个以稻作农业为经济基础兼有远途贸易的发达古国的都城。

良渚古城约在公元前 2200 年遭洪水淹没，整个钱塘江-太湖流域在此后的 500 年内再没有重要聚落出现。

陶寺古城

陶寺古城位于中原地区的汾河流域、今山西襄汾县，年代为公元前 2300—前 1900 年，被分为早期、中期和晚期三个阶段。它包括宫城和外城。整个遗址面积约 430 万平方米，城墙内面积达 280 万平方米，可见该城是个超大城市。其中宫城的面积为 13 万平方米，建于早期。外城建于中期，呈圆角方形。遗址发现于 1975 年，虽经 40 多年发掘，但发掘面积仍只覆盖了整个遗址的 0.5%（图 3.6）。

以目前资料看，宫城位于大城东北部中央位置，平面呈长方形，有

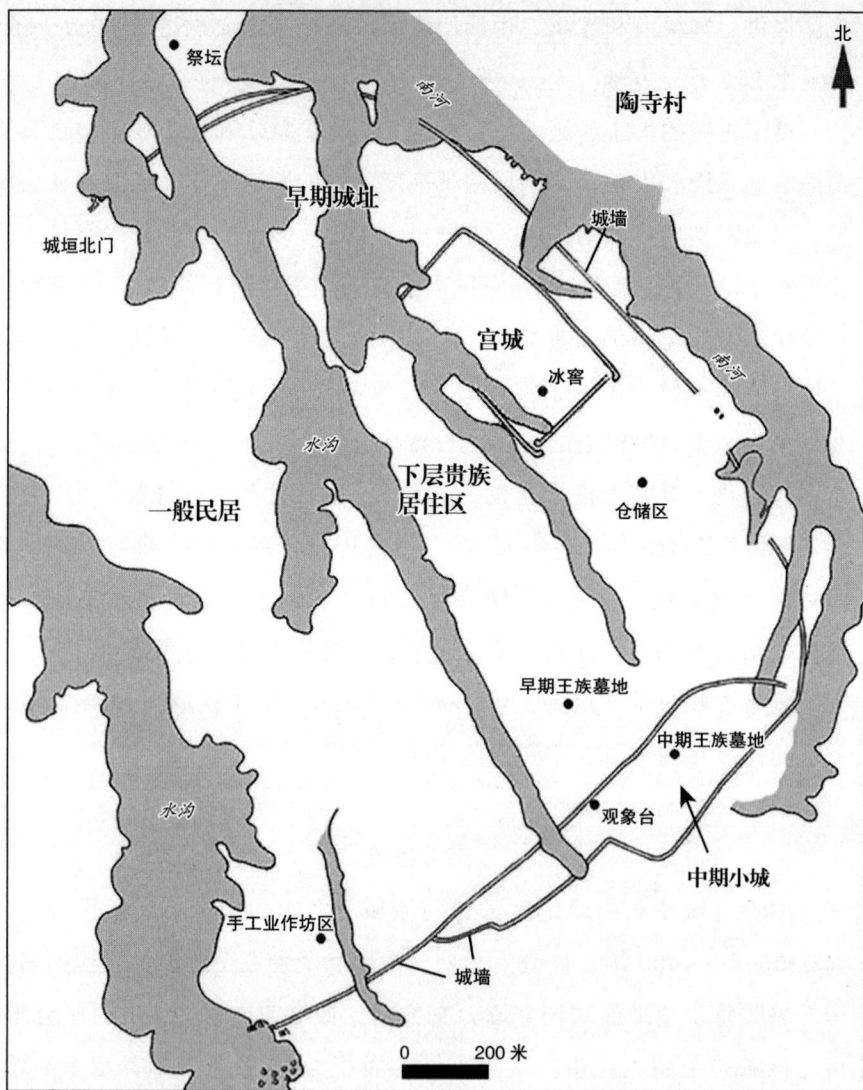

图 3.6 陶寺古城

大量宫殿建筑遗存且呈规模宏大的有序安排，反映该区域应是王及贵族的居住地。宫城城墙突出了防御功能，其东南角门的设计与石峁古城的东门近似。外城东部距宫城200米处有多个大型窖穴（8米×10米×4.5米），是个仓储区。外城东南部有约3万平方米的王族墓地，内有9座大墓，每座大墓都有上百件高级随葬品，比如代表王权的玉琮、玉钺、陶鼎等礼器（可能还包括两个齿轮状铜器），成套的陶制、石制乐器（共26件，包括一个铜铃），以及用绿松石和蚌片镶嵌的名贵头饰、项饰和臂饰。大墓中亦发现有彩绘蟠龙纹陶盘和不少彩绘木器。其中一个陶扁壶更有毛笔朱书文字，其中一个字符被认为是"尧"，表示尧帝的名字。其他中小型墓约有1000座，随葬品不多。

在王族墓地旁边还发现了一个古观象台，由呈半环状分布的13根夯土柱构成，用以观察日出方位以确定季节。小城的西南角是个手工业区，有多个大型的陶器、石器制造作坊。

按照《竹书纪年》的记载，陶寺古城在年代、地望及文明程度上都和尧帝都城吻合，可能是当时由陶唐氏建立的中原大国的都城平阳。由于9个大墓中的4个都受到恶意毁坏，尸骨被砍，随葬品乱弃，考古学家一致认为该古城是因入侵而被毁的。不少文物（如铜器和文字）也可能因此散失。希望持续扩大发掘能提供更多信息以使人更清楚这时的城市文明状况。

石峁古城

石峁古城位于今天的陕西省神木市，总面积约400万平方米，始建于龙山中期（前2300），盛于龙山晚期（前2100），夏初（前1800）进入衰败期。由于古城是以石块建造，因而保存良好。1931年起该地区已有玉器出土，不少玉器被卖给了外国人，估计流失至外国博物馆的有4000件，比国内已知的3000件还多。遗址自1981年起发掘，但成绩不大，以至在2000年还不知这里有个重要的龙山古城。大规模发掘始自 2010 年，至今仍未停止，但已揭露出古城是西北地区 4300 年前的超大型石砌城市，同时还发现仍有不少玉器散落于石堆及城墙缝隙中。

古城的内城城墙建于约公元前 2200 年（图 3.7），总面积约 210 万平方米。其核心部分"皇城台"相当于宫城，建于约公元前 2300 年，位于内城的中部偏西侧，坐落于全城制高点（1290 米），是王室及贵族居住地。皇城台上密布有宫殿及高等建筑基址、墓葬、祭坛和手工作坊，出土了 20 多件人像及人头像石雕，还有鳄鱼骨板、玉器、铸铜遗存等。皇城台有 11 级护坡石墙，总高超过 70 米，入口处有一个面积约为 2100 平方米的大广场，围以有目纹和人面纹装饰的护墙。台顶面积约为 8 万平方米，上有一座有木回廊和覆有瓦顶的宫殿。

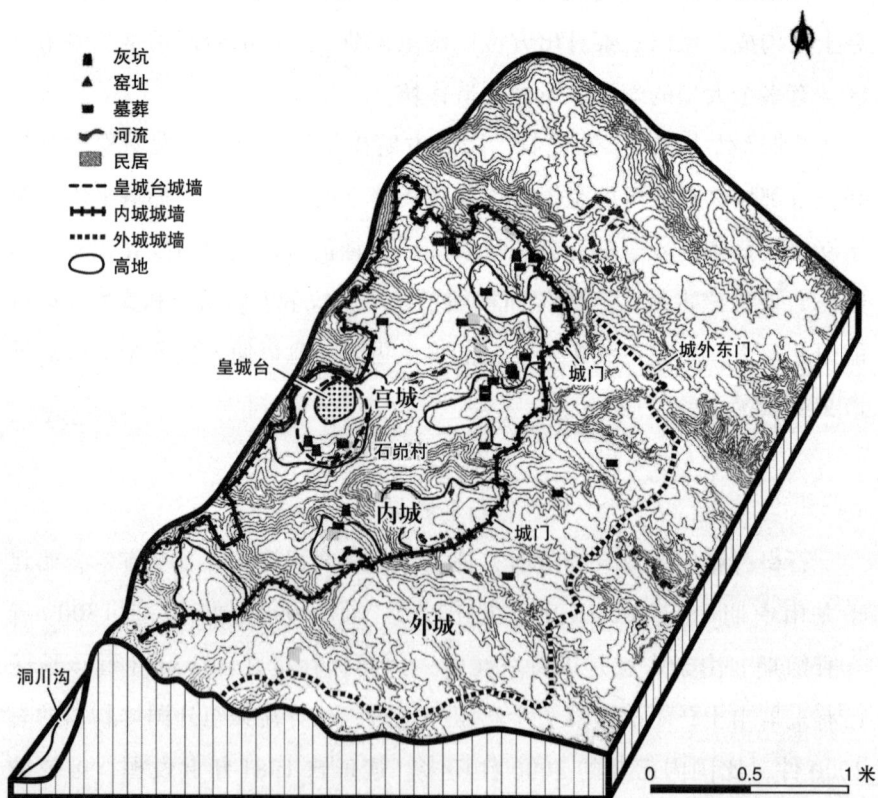

图 3.7　石峁古城

外城城墙总长 10 千米、宽 2.5 米，像个半环围绕内城，形成一个 190 万平方米的外城。外城城墙有四门，东门基本完整，并由一整套防御工事构成，包括南北墩台、马面、门塾与瓮城，这是中国最早及最完整的城墙防御设施。城墙发现有用于奠基的人头骨，周边还有 6 处填满人头骨和玉器的坑道。东门及附属建筑更发现有近 100 处以几何图形为主的彩色壁画残块。目前在古城遗址内共清理了 19 座大概建于公元前 2300 年的窑洞式房址、24 座墓葬，还有玉器加工场。墓葬中出土大量陶器、石器、骨器、玉器，其中包括小件饰品和乐器，比如 10 多个鹰形陶器、20 余件骨制口簧、20 多片鸵鸟蛋壳等，另外还发现有人殉。

有学者认为，龙山时代西北部地区的气候要比今天湿暖，水资源丰富，湖泊遍地，森林茂密，水草丰满，这里是中国的农牧交错区。从出土资料看，当时居民的食物有牛、羊、高粱、小麦等，但以肉食为主，其经济以牧为主，农、猎为副。古城的大规模，以及宫殿、大型广场和祭坛的存在，都显示了古城是个地区性的政治、宗教、手工业和贸易中心。在古城周边几十千米之内同时存在约 10 个面积为 10 万至 10 多万平方米的小城和约 70 个农牧聚落。有学者认为古城应该是当地一个古国的核心，或当地一个强大城邦的都城。

从出土玉器的风格与用料看，它们来自全国各地，特别是河南的陶寺和浙江的良渚。另外，对城内发现的人头像石雕、彩色壁画和用人头骨奠基的现象进行分析，可发现石峁集合了中原地区和长江下游定居农业文化的特点，亦糅合了甘肃地区农牧混合的齐家文化（前 2400—前 1900）和欧亚草原北部的辛塔什塔文化（Sintashta culture，前 2100—前 1800）。这个多元文化的复合体继承了公元前 2800—前 2300 年的内蒙古老虎山文化和朱开沟文化，农牧经济发达，周边地区已发现的新石器时代遗址达 4446 处。

由于地势较高且位置偏北，石峁古城没有像黄河下游和长江下游等地区那样，受到公元前 2100 年—前 2050 年全新世小暖期所引发的大洪水的影响，而是继续发展，成为后起的夏代势力的竞争者。不过，陆航（2014）认为公元前1800年左右时，这里的天气转为干冷，是石峁衰落的主要原因。

石家河古城

位于湖北天门市的石家河古城，是公元前2800—前1900年时江汉平原上的核心城市或中心聚落。自1955年起，古城已发掘了的面积有300万平方米，遍及石家河文化遗址所覆盖的近20万平方千米的广大地区。古城中心谭家岭处于城内最高位，在油子岭时期（前3900—前3100）便已是一个约17万平方米的土城，在石家河文化早期（前2800—前2300）发展成一个超大聚落。石家河古城的堆筑城垣南北长1300米，东西长1200米，底宽20—50米，残高3—8米，城内可用面积达120万平方米。城墙外围有城壕，宽80—100米，城壕与城墙围起来的总面积达180万平方米（图3.8）。

城内有明显的功能分区。中心的谭家岭遗址由屈家岭时期的土城演变为宫城，有巨大的宫殿和宗庙建筑，是古城的权力和行政中心，不过宫城的城墙在公元前2000年时已不存在。在谭家岭遗址内发现了石家河文化晚期的14处瓮棺葬，其中5处出土了245件精美的玉器，包括玉人头像、玉钺、玉璜、玉琮、玉鸟、玉凤、玉猪龙等，其艺术风格体现了石峁、红山和良渚文化的影响和当地文化特征。城内外发现有多个祭祀场所。城外西面的印信台遗址是个主要祭祀区，城内西北角的邓家湾、南部的三房湾和东部蓄树岭亦有次要的祭祀区。

印信台被认为是长江中游地区最大的祭祀场所，有5个大台基，台基间规律地放置了众多大型陶缸，各缸首尾套在一起，似为祭祀之用。缸上发现了共40多个不同的刻画符号，其中有镰刀、杯及号角等图案。在多处出土的祭祀坑内亦有巨型陶祖、抱鱼的陶偶和陶制家畜家禽。对这些器物，考古学家解读为用于祭祀天地、祖先和庆祝丰收、战争胜利

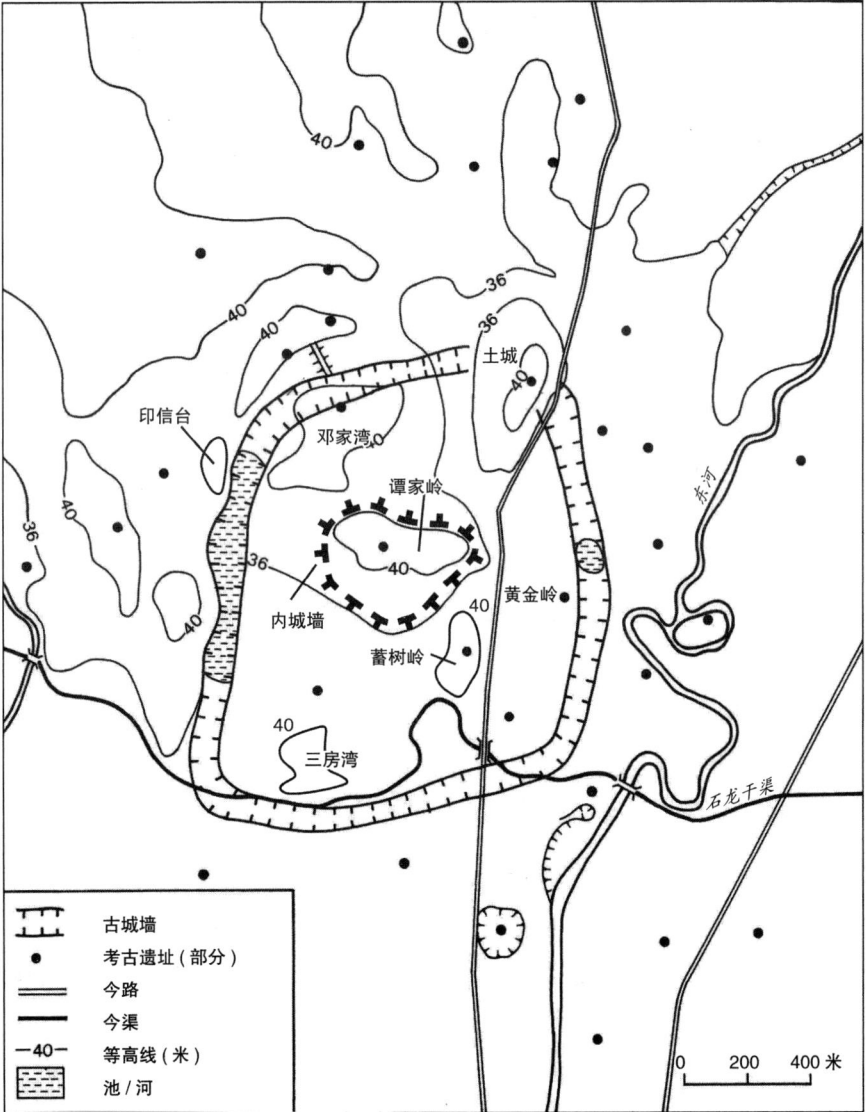

图例：

⊥⊤⊥⊤	古城墙
•	考古遗址（部分）
═══	今路
━━━	今渠
—40—	等高线（米）
▦	池／河

地图标注：印信台、邓家湾、土城、谭家岭、内城墙、蓄树岭、黄金岭、三房湾、石龙干渠、东河

比例尺：0　200　400 米

图 3.8　石家河古城

的祭品。印信台的常设大型祭祀场所更显示了敬天拜祖的传统中国习俗可能已经出现，而且这种习俗是垄断性的，由石家河文化区内的首领控制，以维持邦国的秩序和控制远方的部落。

城内西南部的三房湾亦是个手工业区，出土了数十万件祭祀用的红陶杯，也发现有相关的制陶设施和建筑。这些陶杯不只供应当地市场，似乎还出口至整个两湖地区。邓家湾也是个手工业区，出土了铜渣及铜片，是长江流域最早的制铜地点。

城外有环绕大城的 17 个聚落，其中 6 个较大并有土墙包围。最大者为马家垸，面积达 20 万平方米，以其为中心形成了一个 8 平方千米的遗址群。考古学者认为城外聚落的形成缘于周边氏族为寻求大城的保护而迁徙至大城外，聚落的居住区与附属墓葬区均反映出氏族社会的残余。马家垸古城内的人口约为 1.5 万，8 平方千米的遗址群内则估计有 3.5 万—5 万人。而以石家河古城为中心的整个遗址群可能是个"石家河国"。

石家河文化以稻作经济为主，由于气候暖和，土地肥沃又有河网提供灌溉与水运的便利，故而石家河经济发达，两湖人口迅速增长，聚落密布——遗址内每 5 千米就有一个聚落，按今天的行政区划看，每县内就有 2—3 个大型环壕土城。大型聚落都位于河岗过渡带，水上交通便利，便于区域内外的贸易与文化交流。若以石家河古城及其周边共 800 万平方米的区域为两湖地区的最大城邦，则这个地区已出现了城-镇-聚落三级系统。石家河古城之外，次一级为占地面积 50 万—100 万平方米的大城，再次一级乃 10 万—20 万平方米的小城或镇，镇之下则是无数村落。

石家河出土的一个陶罐上还刻画了一个人物图像。该人物"头戴花翎帽，身穿短裙，脚着长筒靴，右手举着大钺"，明显是个掌握治权与军权的王。这一王的具体形象，以及已发现的铜块、类似文字的刻画符号等，都反映了石家河高度的社会分化、王权和宗教组织的高度集中。

自公元前 2300 年起，石家河文化的器物似乎越来越受到中原及山东龙山文化的影响。在公元前 2100 年后，石家河文化更受到气候变化与社会变迁（可能包括外力入侵）的影响而逐渐衰亡。最终约在公元前 1900 年时，大城被废弃，大型墓葬也再没出现，这些现象从时间上看与《竹书纪年》所说的禹灭三苗吻合。

结论：龙山时代的城市文明

上述位于中国不同地区的 4 个主要龙山城市的数据显示了龙山时代的城邦不但已跨入文明，更发展出了中华城市文明的几个重要元素：

1. 城制，即由官城、内城和外城组成的三重城；
2. 王权的出现及其对城市平面布局的主导作用，这体现在王族墓葬的玉钺、玉琮等随葬品，以及官城与王陵的位置上；
3. 礼仪，即已形成了以成套礼器与乐器为标志的社会秩序与教化；
4. 敬天拜祖的习俗与信仰，包括对四时变化的关注、对天地和祖先的定期祭祀。

这些元素都印证了《吴越春秋》中"筑城以卫君，造郭以守民"所载的远古城制，以及《尚书·尧典》所载的"乃命羲和，钦若昊天，历象日月星辰，敬授民时"，即尧帝时已设观象官员的记载。

除了上述 4 个龙山城市，其他龙山城市包括景阳冈、平粮台、城子崖、王城岗、古城寨等，也印证了龙山时代主要聚落的平面形态、城墙和护城河。这些聚落的城墙平面形状已经完成从母系社会的圆形向父系社会的方形或长方形的演变。建城墙的方法已被普遍施用：先挖沟槽，再以木板在沟槽内外两侧围起并在其中夯土，最后由城墙配以护城河的方式来防御。因此，城市在功能上主要充当为精英阶层提供高度防御的居所、邦国的统治中心，以及能体现国家统治的宫殿、宗庙和祭坛等重要建筑的集合点。城市同时还具有一些配套或从属功能，如为统治阶层的行政、军事和祭祀服务的手工业区。这些场所及其作用都说明了城市是当时文明的推手，成熟的灌溉农业、宗教、艺术、手工业和贸易的组织者。

概言之，龙山城市乃当时以高产农业为基础的古国聚落体系的核心或首都。上述的 4 个例子都是城内面积超过 100 万平方米的特大城市。然而在一些规模较小的聚落体系或邦国里，其核心聚落 / 城市或 "都"并不一定是个大型聚落，可能只是在功能上与体系中的其他聚落不同。在一个聚落群内，城市聚落除了大者为 "都"，小型的可能是 "邑"——它们都具备城市功能与性质，和周边的农业聚落有本质区别，体现了这个时代由于技术进步和社会变化而出现的在聚落规模、功能和性质上的城乡差异。与此过程一致的，乃军事、行政与宗教权力糅合为一体，并在空间上集中于核心城市及其周边，导致中国产生了最早的王权，以敬天祭祖为核心的宗教活动也被统治阶层垄断。这都影响了中国历代文化的传承及城市功能区的空间分布。

另外，在辽阔的中国境内，每一个龙山城市群所覆盖的范围都面积广阔，且有众多人口，规模远超同时期的古埃及和两河流域城邦。以其中一个大区域——海岱地区为例，它便覆盖了山东省、河南省东部、河北省南部、辽东半岛南部和江苏省北部，总面积约 25 万平方千米，估计人口达 200 万—300 万人。主要的龙山城市也都不是当时新建的，而是由前一时期的聚落发展而成。它们代表了中国聚落发展的一个飞跃：新的精英阶层和为他们提供服务的阶层，从以氏族为基础的旧聚落迁向扩大了的中心聚落，建造了规模更大的、有强大防御功能的新城墙和城壕。上述的从属服务者很多时候来自不同的聚落和氏族，反映出大量的氏族和聚落间的人口迁移——这是一个史前期新出现的城镇化过程。

在地域上，龙山城邦横跨中国南北和两大江河流域，不但显示中国在进入文明的第一阶段时黄河流域、长江流域、杭州的钱塘江流域等地文化同时发展，还反映了这些地区相互紧密沟通。另外，石峁遗址的考古成果也说明了自龙山时代起，中国北方的游牧民族与南方的农耕民族已出现融合，为日后中华民族的多元一体化打下基础。不单如此，石峁亦吸纳了亚洲其他民族的不少优点和特点，这些都反映在它的核心建筑——皇城台的宫殿区和大广场、城墙的防卫设计、墓葬及其艺术风格上。可见中国自古以来就不是个封闭的系统。

在21世纪前，不少学者认为龙山时代中晚期时各地区文化间的争斗愈趋剧烈，更认为不少龙山城市是新建的，且在争斗中此起彼落，平均存在的时间不长。他们得出结论：龙山时代社会充满剧变与动荡，不稳定性成为各文化涌现的动力。但21世纪的考古新发现证明这些看法是错误的。重要的龙山城市如上述的石家河和良渚，都是建基于灌溉农业和水路交通的大发展。它们在公元前3000年前已存在于这些肥沃的河谷平原上，凭着在这些富裕农业区处于中心位置，享有便利的水陆交通。它们是经过逐步扩展而成的，一些城市更有上千年连续发展的历史。

至于已发现的龙山城市大多约在公元前2100—前2000年间被弃置，上述的案例说明了气候变化是主因，但也不排除国与国间的战争是其中一个原因。一些学者对部分龙山城市的详细研究也揭露了全新世小暖期的华北和山东曾遭受大雨及其引发的洪水，导致一些龙山城市被毁坏和废弃。孟庄古城就是在当时被洪水毁灭了的，王城岗的东城也受到了洪水的严重破坏。传说尧舜时代洪水为患，两帝因此先后请禹的父亲鲧和禹治水。禹最后疏导了河流，解决了洪灾，取得各氏族的拥戴，成为邦国联盟的新领袖，开创了夏王朝——世袭制广域国家。邦国时代也随之而退出历史。

我们也需要在这里指出：不少西方学者以文字的出现作为关键指标

来界定一个社会是否已是文明社会，并坚决认为中国在龙山时代仍未跨进文明门槛。这个看法有一定的认受性，因为龙山城邦遗留下来的文字及画像遗存不多。正如前述，中国布帛发明较早，布和竹、木成为在纸张出现前的主要文字载体，而石雕在早期的黄河流域（上文提到的石峁除外）和长江流域都不普遍。泥木建筑和竹书、帛书在中国湿暖的气候下难以长久保存，尤其在洪水泛滥时更容易湮灭。中国在龙山晚期及商代中期均发生过特大洪水，洪水淹没了不少河谷平原上的城市，也可能毁灭了不少文书。

中国文字载体与建筑的脆弱性让一些学者认为，我们对龙山时代情况的认识深度极难以和同时期已跨进文明的两河流域及古埃及相比。后者的干旱沙漠气候，加上应当地资源而产生的不同文字载体，如泥板、滚印、石雕、牙雕和石构建筑等能长久保存，所以我们可以通过它们的出土清楚且形象地认识当时的王室世系、神祇、礼仪、建筑，甚至不同阶层的衣冠和生活等细节。不过，石峁的石雕人像，石家河的王者形象陶刻及众多陶制、玉雕人像等，亦为我们提供当时社会一些同样形象且细致的信息。已出土的甲骨文也是商代百科全书式的文献。自周代起，中国的典章文物，包括详细的史书记载和王室收藏的前代重要文献，都比西方古城市文明发达且详尽。它们成为后世著作，如《尚书》《竹书纪年》等的参考。

撰写于春秋战国时期的《竹书纪年》是中国现今仍存在的未被秦火毁灭的编年通史。它（今本）以黄帝时代为最早的纪事时代，记录了由第一位城邦盟主黄帝开始至舜共六位盟主的事迹（表3-1）。内容包括他们的出生、家庭、都城、主要官员、政治制度、重要文诰、经历大事和主要战争等。通过分析龙山时代城市和其他聚落的出土文物，结合这些古书的记载，中国学者已成功重构了以农业为基础的中国城邦林立的时代的大概状况。基于现有数据比较，龙山时代的城市文明，包括其经济、社会和城市发展，都不亚于公元前 2600—前 2100 年两河流域与古埃及的文明。中国王权的集中，以及城邦中普遍的敬天祭祖的宗教特色，也和这些外国的邦国社会迥异。我们相信，随着中国将来更多的考古发现面世，我们会对这个时代有更多了解，并且能进一步印证这些古书中的记述。

表 3-1　中国古籍记录的远古时代

《竹书纪年》		即位／朝代年份（公元前）	国都	《史记》有无记载
第一卷	黄帝	2394	涿鹿	有
	颛顼	2294	高阳、帝丘	有
	帝喾	2216	亳（偃师）	有
	帝挚	2153	亳	无
第二卷	尧（唐）	2143	平阳（陶寺）	有
	舜（虞）	2042	蒲阪（永济）	有
第三、四卷	夏	1989—1558	阳城（王城岗）、阳翟（新砦）、斟鄩（二里头）	有
第五、六卷	商	1558—1051	亳（郑州）、西亳（偃师）、殷（安阳）	有

第四章

夏代：青铜时代
初期的城市文明

中国文明奠基于夏代

上一章介绍了新石器时代晚期的黄河流域与长江流域等广大地区，不同的地方文化差不多在同一时间跨进了文明，并且通过彼此之间长期的贸易往来相互影响，开始体现出一些共同的文化特征。考古学家称这一时代为龙山时代。但我们对于龙山时代的邦国及其政治、经济、制度和社会的具体情况等所知不多，主要是通过考古发掘和相关研究以重构出一个大概状况。中国文明的具体内涵及特征自夏代开始才逐渐清晰，而且夏代在龙山时代晚期的基础上创建了世袭的封建王朝、以青铜礼器体现的中央王权与封建诸侯的等级秩序、中央王权与诸侯的朝贡关系，以及确立了中原地区为中华文明的核心区域。

对于夏代的具体状况，除了夏文化考古发现，还有商代甲骨文、金文，以及周代留存至今的较具体的历史记录，包括主要的典章制度文献。同时商代与周代亦继承了上述夏代的四点创新，并逐渐形成中国青铜时代和封建时代中华文明的主要价值观、国家的典章制度和社会的风俗习惯等。因此夏、商、周三代被认为是中国文明的奠基时代。

夏代是三代中最早的朝代，也是在现存古籍中有较详记载的首个朝代。《竹书纪年》和《史记》中都有《夏纪》或《夏本纪》，记述了夏代列王、重大事迹和统治制度等。其他载有夏代事迹的古书有《尚书》（又称《书经》)和《诗经》等，内容涉及夏的官制和重要文诰、"天子之国"和各属国（诸侯）的领域、都城位置和大事等。当然，这些古籍，包括《竹书纪年》，都有原始文本由先秦文字翻译为秦汉文字时的错误及抄写时的错漏，加上原始文本的散失，因此不同版本间存在不少矛盾，比如互有争议和不一致的论述。特别是在1920年代，不少中西方学者曾质疑夏和商的存在。由于在1930—1950年间发现了商代甲骨文且部分文字被成功释读，《史记》中关于商王世系、商代社会状况和大事的记载因而得到证实，但夏代的存在仍受到部分学者质疑（《文博河南》2018;《中国考古》2021;"澎湃新闻"2019》）。

古籍及考古发现中的夏代

现存古籍中有夏代事迹记录的，最早及最详细的是《竹书纪年》和《尚书》。它们比西汉的《史记》要早数百年。《竹书纪年》包括了参考当时存在的历史档案而写成的《夏纪》。《尚书》是自周代起编辑的王室档案馆所藏的重要典章和文诰，也包括了周之前的文档，其中便有《夏书》。《史记》约成书于公元前91年，内中有记载夏代历史的《夏本纪》。这些古籍为我们提供了考古发现之外的珍贵信息，亦为我们解读考古材料与指导考古发掘提出了重要方向和参考。中华文明的一个特点就是很早就有详细的历史记载，比如自周初起，周王室与诸侯国都有太史，史官之设传说更始自黄帝。这是中华文明与两河流域文明及古埃及文明的最大不同之处。正如前述，两河流域最早的史诗见于出土的12块泥板，所记录的主要是乌鲁克第五任国王的神怪经历，可信度很低。古埃及的王朝和四大时代之分，亦只是公元前2世纪时一个祭司的发明，其分期方法，包括朝代长短、王的数目等，有很多争议。我们结合中国古籍的记载和考古发现，能更准确地刻画出夏代城市文明的状况与发展。

诸王世系与主要历史变迁

《竹书纪年》以天干地支记录了夏王室的主要事迹和各王的在位年份，亦有对重大自然变化（天象、气候、地震等）的记录，使我们能够较准确地重构夏代诸王世系（表4-1）。它的相关年份也多与考古遗址的重要发现大致吻合。我们因此认为自禹起，夏共传14世17王（太康、仲康，不降、扃是两对兄弟，廑是不降的儿子），共470年。其具体时间为公元前2029—前1559年。夏代的起始年代得到了考古的佐证：龙山时代的中原文化的年代下限，即王湾三期文化的年代下限，约为公元前2000年，而二里头文化四期与夏代晚期国都的年代下限一致，约为公元前1520年（表4-2）。这亦是夏、商、周断代工程把夏的年代定为公元前2070—前1600年的主要考虑。

若是减去禹未正式即王位的时间，夏的积年则是430年（前1989—前1559），其间又有48年是帝相被杀后其遗腹子（帝少康）未即位，由后羿和寒浞相继为夏帝（羿寒代夏），实际上夏代诸王在位总时间应是382年。表4-1中亦显示了每当一个王去世后，后继者通常要守丧三年才正式即位，说明了三年之丧这个传统守孝习俗在夏代已被严格遵守。

龙山文化末期（前2150—前2000）中国东部出现异常大雨，引发了大洪水。黄河中下游及长江中下游地区的农业经济受到严重破坏，不少龙山城市被毁，民众四处找寻粮食以维持生计。这正是名义上的天下共主，即尧舜二帝受天命而号召天下各国合力治水，以及以公权维持国与国间社会秩序的关键时刻。治理洪水是个跨国与跨地域的系统工程，需要严密组织和绝对权威以协调和调动各国的大量劳动力与资源。治水工程推动了主要氏族集团（夏后氏）的社会调控能力和政治能力的成熟，促进了黄河流域和长江流域上各民族的统一，以及王朝国家的出现（王震中 2013）。

表 4-1　夏代诸王世系与都城

时代	王名	在位时间（公元前）	在位年数	都城（今名）
先夏（龙山晚期）	鲧		9	大夏，崇
	禹	2029—1992	37	高密（王城岗）
夏早期	禹	1989—1982	8	阳城（王城岗）
	启	1978—1962	16（23）*	阳翟（夏邑）
	太康	1958—1955	4（15）*	斟鄩（流亡）
	仲康	1952—1946	7（11）*	斟鄩（流亡）
	相	1943—1916	28	帝丘（商丘）
羿寒代夏		1916—1876	48	组、穷石（新砦）
夏中期	少康	1875—1855	21	阳翟（夏邑）
	杼	1852—1836	17	原、老丘（陈留）
	槐	1833—1790	44	老丘
	芒	1789—1732	58	老丘
	泄	1730—1706	25	老丘
夏晚期	不降	1702—1644	59	老丘
	扃（弟）	1643—1626	18	老丘
	廑	1622—1615	8	西河（安阳西河）+
	孔甲	1612—1604	9（40）*	西河 +
	皋	1601—1599	3	西河 +
	发	1596—1590	7	西河 +
	癸（桀）	1589—1559	31	斟鄩（二里头）

注：*表示《古本竹书纪年》所载年份；+表示该都城可能是商代"西邑"，指的是斟鄩，安阳远离夏核心，不可能是都城所在。
资料来源：《竹书纪年》；作者。

表 4-2　夏代考古年期

考古文化	分期年代（公元前）	时代
王城岗（龙山王湾三期）	二期（2131—2082）	先夏
	三期（2090—2030）	先夏（王城岗出现大城，在五期废弃）
	四期（2030—1985）	夏早期（瓦店出现大城）
	五期（1985—1965）	夏早期（与新砦一期重叠）
新砦期	一期（2000—1900）（王湾三期晚期）	夏早期（瓦店大城在用）
	二期（1870—1790）（新砦早期）	夏中期（出现新砦大城）
	三期（1790—1720）（新砦晚期）	夏中期（新砦大城在用，与二里头一期重叠，东赵出现小城）
二里头*	一期（1735—1705）	夏中期
	二期（1705—1635）	夏中期（出现二里头大城，东赵出现中城，东赵中城用至二里头四期）
	三期（1635—1565）	夏晚期（大城鼎盛，出现宫城）
	四期（1565—1530）	夏晚期（大城用至夏末）

注：*表示按2005—2006碳14测年，其中二、三期只有起始年，作者将两期积年折半作为两期分界。

夏后氏，姒姓，是黄帝后人，聚居于河南南部嵩山一带，那里的龙山王湾三期文化是先夏文化（前2500—前2000），其后由新砦期文化过渡为二里头文化（表4-2）。古文献记载了禹及其父鲧在该地建立了以王城岗（阳城）为都的城邦。据《史记》记载："禹为人敏给克勤，其德不违，其仁可亲，其言可信。"他能够团结各氏族集团，成功地平息水患。由于禹治水并为舜主持政务有功，他成为当时氏族联盟的实际领导。最后他受舜禅让，正式继承了舜位。传说当时禹建立了两个军事前哨，一个在山西的安邑，以监控舜的邦国，一个在山西中部的平阳，以镇压尧的邦国。其他的古籍亦提及夏在初期时多次用武力巩固它的统治。正是"汤汤洪水方割……浩浩滔天"催生了天下理应一统的概念，也给予禹整合各国的机会，让他以其能力与德行赢得天下之心。

禹这位天下共主与之前的龙山时代五帝不同。治水之外，禹的团队更开通了连接各邦国的九条大路和九条河流，使有余粮的邦国可以供给粮食不足者。他又教民众在低湿之地种植稻米以实现温饱。禹更三次征伐三苗以维持邦国间的秩序。他前后共37年在各地奔走努力，以民为本，解决了各邦国民众的生存与发展问题，又首次在涂山大会天下诸侯，深受各邦国领袖爱戴。禹年老时推荐其副手皋陶为继任人，但皋陶早逝。他又推举东夷集团领袖益。不过，益跟随禹时间短，又"与众不合"，诸侯不服益而拥戴禹子启为天下共主。于是启得以继承父业，改变了之前"公天下"的禅让制，开创了"家天下"的世袭王朝。

但由"公天下"转变为真正的"家天下"并非一个短促的过程。由禹在涂山大会诸侯时起，经过夏、商、周三代共约1800年，至秦才成功达致真正的天下统一于一家——中央集权帝国的"家天下"。夏早期（前1989—前1916）仍然如龙山时代那样，邦国各自独立。当时在位时间较长的王启才统治了16年。其间为了巩固统治，启更要对自己的胞族有扈氏用兵，而自己第五子武观也叛变了。启之后的三王都被来自东夷（以考古学中的岳石文化为代表）的后羿和寒浞控制，甚至在帝相被杀后，更出现王室世系中断的 48 年无王年代，反映了龙山时期邦国分立的现象仍然在一定程度上延续。

夏代中央王朝的确立应是始于少康即位，而其鼎盛期约在帝杼迁都老丘（前 1856）至帝扃（前 1626）期间的 230 年。帝杼是个精于甲兵的王，发明了新的甲胄。他发兵东海及三寿以巩固北方，又讨伐莱夷，把势力扩至东南沿海（包括今山东、安徽和江苏）。此时的夏都在夏后氏的中心区瓦店（阳翟）之外，在其东面的边沿加添了副都老丘（东赵），以便于向东展开军事行动和管理新开辟的东土。公元前 1750 年左右，帝槐和帝芒时，在广阔的伊洛平原中心、原夏后氏方国斟鄩的范围内，夏营建了新国都斟鄩（二里头一、二期）。同时老丘也在扩大（东赵中城），似乎形成了二都制或两京制的格局（表 4-2，图 4.1）。这是夏代的鼎盛期，九夷纷纷来朝纳贡并逐渐同化于中原华夏文化。

从帝廑至帝桀的 60 多年是夏晚期后段，国力衰退的夏王朝越来越受到日渐强大的商侯（考古学中的下七垣文化）的挑战。夏王室不得不退回夏后氏势力的核心，扩大斟鄩，把国都定于斟鄩，东赵成为副都。表 4-1 和图 4.2 里的"西河"位于河南安阳以东，远离夏后氏的核心，不可能是日渐退缩的夏帝国的新都。西河可能是当时商侯所泛指的在商国西面的夏都城，西邑即斟鄩之误。考古资料亦证实了在二里头文化三、四期（前 1635—前 1530）时斟鄩加建了多座新宫殿，反映了这时国都只是斟鄩而老丘沦为副都的可能性很高（表 4-2）。

国家的结构

夏代的遗存主要集中在夏晚期国都斟鄩，即二里头遗址。到 21 世纪已有约 150 个二里头文化遗址被发现了，其中 67 个集中在河南中部（图 4.1）。因此，在 2005 年之前中国考古学往往将夏文化误称为二里头文化，而二里头遗址及其周边亦被认为是夏后氏的核心文化区。此外，有 35 个分布在山西西南部和陕西东部的遗址集中在夏代另一地区

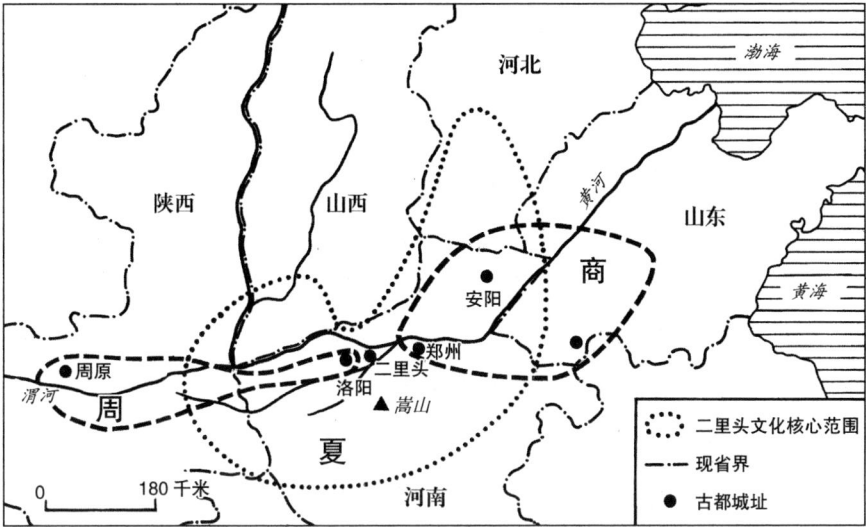

图 4.1　二里头文化、先商文化及先周文化分布示意图

地图图例：
- ⋯⋯ 二里头文化核心范围
- —·— 现省界
- ● 古都城址

地名标注：河北、陕西、山西、山东、渤海、黄海、滦河、周原、渭河、周、安阳、郑州、洛阳、二里头、嵩山、夏、河南、商
比例尺：0　180 千米

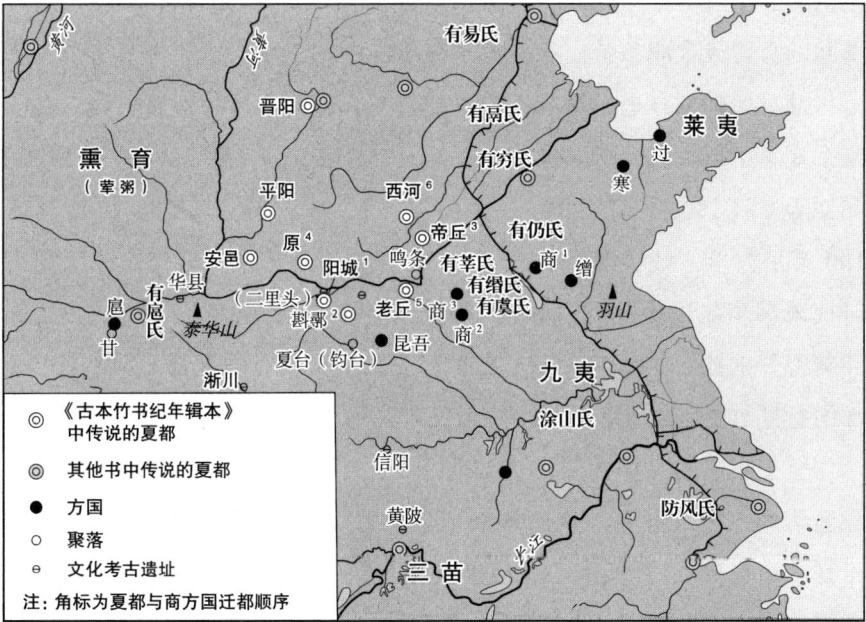

图 4.2　夏王朝中心区域、外围方国及部落图

地图图例：
- ◎ 《古本竹书纪年辑本》中传说的夏都
- ◉ 其他书中传说的夏都
- ● 方国
- ○ 聚落
- ⊖ 文化考古遗址

注：角标为夏都与商方国迁都顺序

地名标注：有易氏、有扈氏、有穷氏、莱夷、晋阳、熏育（荤粥）、平阳、西河⁶、帝丘³、过、寒、安邑、原⁴、阳城¹、鸣条、有莘氏、商¹、缯、华县、（二里头）、有仍氏、有缗氏、有虞氏、羽山、扈氏、斟鄩²、老丘⁵、商³、商²、甘、泰华山、夏台（钧台）、昆吾、九夷、淅川、涂山氏、信阳、黄陂、防风氏、三苗

中心东下冯附近。分布在河南北部的二里头文化遗址只有 7 个，河南南部只有数个，不过夏文化的分支在山东西南、安徽西北、湖北和江苏北部均有出现。这些分支所在区域形成了一个横跨 1000 千米的广大边缘地区（图 4.2）。

自 2000 年起，更多夏文化遗址被陆续发现。至 2015 年，其总数已达 400 余个（许宏 2016）。不但如此，2004—2012 年在嵩山地区更发现了紧接王湾三期的王城岗四期大城、禹州瓦店遗址（可能是夏邑阳翟），以及新砦期大城新砦和东赵大城。这些早于二里头文化的遗址使我们认识到夏代并不等于二里头文化，它还包括上述更早的遗存。这些看法已成为目前中国考古学界的共识（表 4-2）。

王城岗遗址内的小城建于河南龙山晚期王湾三期的王城岗一期，应是鲧的都城，它的大城（城内面积约 35 万平方米）则建于王城岗三期（表 4-2）。在王城岗四期（前 2050—前 1985）的文化层出土了夏初最早的青铜礼器——青铜鬶的残片，并有多处 70—150 平方米大、用人奠基的宫殿或宗庙基址。这些发现显示晚期的王城岗正如古书所说，是夏代最早的都城，也是夏后氏最早的核心，即鲧和禹的都城阳城。其他三个夏早中期大城瓦店（前 2105—前 1755）、新砦（前 2000—前 1720）和东赵（前 1705—前 1530），面积都约在 50 万平方米以上，甚至达100 万平方米，城墙内面积也有 30 万—70 万平方米。它们都建于龙山时代末期至二里头一期，并且使用至夏代中期或更晚（表 4-2）。瓦店和新砦分别被一些学者认为是启时和大康至少康时的夏都（本文关于夏都的意见与图 4.2 稍有不同，后者代表其他学者的见解）。

至于东赵的具体性质，正如前述，是个具有军事功能的第二国都，与新砦和二里头并存。从已知的地理位置（距离郑州商城 14 千米，位于夏、商边界）、规模大小，以及大型建筑基址、众多祭祀坑和卜骨等来推论，它有可能是夏中期至晚期前段（杼至扃）的国都老丘（陈留）。杼是一个进取有为的好国君，多次征伐东夷，并且在郑州以东建立了监视东夷的军事重镇大师姑。此时亦是夏势力向山东发展的主要时段，把东赵作为第二国都或副都符合国土扩展的大趋势（图4.1）。

目前在这4个夏代都城都发现了城墙，推翻了不少学者在2010年之前的推断，即夏代城市可能都是没有城墙的围壕城市，与龙山城市不同（许宏2009）。

夏中期后段起，先商势力日渐强大，夏的国力却在走弱，王室为了安全而把国家权力机构集中至当时仍是夏后氏势力核心区的斟鄩，远离竞争对手商侯已扩大了的势力范围，这是可以理解的。在这5个已被确认的夏代国都中，斟鄩（二里头）是最早被发现，也是发掘次数最多、出土重要文物最多的夏代国都，因此它对我们理解夏的都城制度、文明成就和文化特色至关重要。我们首先尝试对夏代的主要文明要素，即政治体制、经济产业、社会发展，特别是青铜铸造的发展做出详述，之后便详细介绍二里头的考古发现。

从早中期4个国都/副都的位置和已发现的约30多个新砦期遗址看，夏早期的核心区或王畿应是嵩山东南部一个占地约11万平方千米的狭小范围（图4.1）。嵩山是五岳之一，位于中原地区、黄河中游下段之南，周边面积约2万平方千米。嵩山地区有地理条件良好的山前台地和冲积平原，土壤丰厚肥沃，年降水量为700—800毫米，河流众多，地下水丰富。这是个非常适宜人类发展与聚居的地域。何驽认为，嵩山地区在龙山末期未遭洪水破坏，其文化序列得以保存，再加上禹带领各邦国治水，夏氏族因而能在鲧与禹的领导下脱颖而出，成为大洪水后最发达的族群，推动中华文明迈出走向成熟的最早一步。嵩山地区亦成为夏代早期历史与城市文明的见证。

到二里头一期，夏后氏的核心区向北扩大至嵩山以北、黄河以南的伊洛平原，并向南伸展至南阳盆地，总面积达8万—10万平方千米。夏代在二里头三期发展至高峰时，核心区的最大面积估计接近15万平方千米，而且遗址分布很密集。

不过夏代的实际疆域远超其核心区范围。王震中（2013）认为夏代代表了中华文明的国家形态走进了一个新阶段——复合型国家或王朝国家。它包括四个组成部分，每一组在性质与空间分布上都不同（图4.2）：

1. 王邦，即上述的核心区或王畿，中央王族夏后氏的国都及其郊区；

2. 姒姓诸侯国，共11个，如有虞氏、有扈氏、斟鄩氏、斟灌氏、有莘氏等；

3. 庶邦／属国，如夏在山东的中坚支持者顾、昆吾、有缗氏、商、薛、有仍氏和有易氏等；

4. 附服，时而归附时而叛离的周边氏族，如方夷、畎夷等九夷和三苗。

王邦为国上之国，天下共主。它与姒姓诸侯国和庶邦通过封建确立了"主""从"朝贡关系，诸侯国和庶邦按规定向王邦纳贡并按时朝觐天子。天子亦"替天行道"，执行"天之罚"以讨伐不听命的诸侯国与庶邦。各庶邦臣服于夏，主权并不完整，其首领有时甚至出任王邦的官职，如薛侯曾为车正，商侯曾为水官等。但庶邦不是中央王朝的地方政府，它们拥有自己的军事、经济和文化主权，是与夏文化同时存在的另一种文化。个别庶邦，如有易氏及商，亦不时挑战夏的王权。

考古资料显示，二里头文化的遗存在一个很大的地区内表现出一定的统一性。在它的核心区，对前一时期即龙山时代的陶器的分析显示，当时存在六种不同的文化类型。但到了夏代，除了代表夏文化主流的王城岗三、四期，新砦期和二里头文化，只剩下两种文化，即位于山东、江苏北部和河南东部的岳石文化，以及位于河南北部和河北南部的下七垣文化（先商文化）。这两种文化在二里头兴盛时都走向衰落。与龙山时代的高峰时期相比，两种文化的聚落大小和数量、建筑和艺术的水平都没有进展。它们虽然明显从属于主流的夏文化，但仍保存一定实力，最终成为夏王朝的心腹之患。按《竹书纪年》的记述，其中的东夷是早夏的主要挑战者，有穷氏后羿及其义子寒浞操控了夏王室近百年，其中的48年更成了夏王朝的直接主宰，导致"羿寒代夏"。商侯的力量也自夏中期起日渐强大，阻止了夏王朝自郑州向东和向北的发展，并在夏晚期逐步蚕食王朝东面的领地，最后更让夏灭亡。《竹书纪年》的记述不但得到了考古的证明，也为考古发现提供了合理的解读。

《尚书·禹贡》说夏王朝按不同地区与王邦的距离确定了诸侯国和庶邦应缴贡品的内容。《史记·夏本纪》更叙述了禹按地理条件把当时王朝的最大疆域分为九州，每州以当地所产金属铸成一鼎，集九鼎以代表天下一统。这也是中国封建时代最早的"天下"观，凸显了中央与地方的概念。我们若将诸侯国和庶邦这两种从属于夏的文化区全部归入夏的势力范围，夏代的疆域便可达到35万平方千米。因此在龙山时代晚期的100年后，一个以"天下"为核心概念的世袭制广域王朝国家已经出现（王震中 2013；陈旭 2001；赵辉，魏峻 2002；董琦 2000）。

夏代开拓了中国文明新纪元

王室垄断的青铜冶铸开启了青铜时代

与龙山时代相比，夏代社会又有了新的进步。夏代的石制农具打磨精细，并普遍出现了挖掘工具。骨器及贝壳器物大量出现。农业收割用的石镰带有利刃，切割用的石刀也出现了。畜牧业有猪、牛和羊的驯养，并开始走向规模化。渔业也有大发展，体现在大量鱼骨、铜制鱼钩和陶鱼坠的出土上。玉器制造由之前以礼器为主开始向日用品和装饰品的制作过渡。缝针和纺轮在很多地区出土，印证了兴旺的纺织业。晚夏国都二里头的骨制品作坊生产大量工具和饰物，包括锯、刀、针、铲、发夹和珠饰等。漆器也向日常用品发展，如瓠、钵、鼓等。夏代陶器以灰陶和三脚器形为主，明显沿袭了龙山陶器的器形和艺术风格。饮酒器如瓠、爵、斝、盉等大量出现，反映了在发达农业的基础上饮酒文化的兴起。

技术与手工业最显著的发展是青铜时代的到来，铸铜工艺也臻新高峰。在二里头发现了数个冶铜作坊，最大的面积达1万平方米，在当时应是全世界最大的铜作坊。铜作坊邻近有不少制造铸模的陶窑，以及大量单件或多件的组合陶范。其中一些铸范是为铸造超大器物的部件而制的，由于仍未发现它们的成形器物，所以不知道它们最后能制成什么形状和功能的器物。从已发现的成品和陶范来看，铜制品包括四个种类：容器、武器、工具和饰物。容器有爵、斝、鼎等礼器；武器有大量的箭镞、钺和戈；工具有刀、钻、斧和钩等。另外，二里头文化三期和四期亦出土了铜铃和镶有绿松石的铜牌。

一般来说，这些铜器器壁单薄，表面没有纹饰但留有铸范痕迹，与商代铜器相比明显处于发展早期。不过从冶炼技术而言已有相当大的进步，因为：

其一，铜锡和铅锡合金的冶炼已经成熟，冶炼者已懂得用不同的混合比例去适应不同器物的要求。对已发现样本的分析显示，平均的金属含量为：铜占91.85%，锡占5.5%，铅的含量少于5%；

其二，已采用多范分铸的冶炼技术，这反映出详细分工、高标准化、统一且多层次的复杂管理，以及大型作坊的存在；

其三，冶炼和铸造的分离，显示出制铜业的地域分工，即核心铸造作坊位于城市，而次要的冶铜作坊处于边远地区的河流上游地带。这些体现在二里头、东龙山和东下冯遗址完全没有发现冶铜作坊。此外，在城市作坊中，后两个遗址的作坊被认为档次较低，只发现了小件器物的铸造，而没有礼器铸造的痕迹。

夏代制铜业最大的特色是王室垄断。夏王室控制了铜器的制造与分配，青铜器也主要服务于中央王朝已逐渐成熟的两个功能——军事与祭祀。至此为止，铜器逐步取代陶制和玉制礼器，发挥着取得和保有正统政权的作用。夏代君主以青铜器为分封诸侯或授予下属地方统治权的信物。受封者同时要将这些青铜器用作祭祀礼器，以表达对中央统一政权的归服。通过服务于礼祭、被王室赠予诸侯并彰显王室关怀，青铜器因而成为夏王室维系其周边政治实体的依附关系、实现"大同"的工具。

从另一方面说，夏代君主以铜礼器垄断了与天地、先代圣王和王室祖先沟通的特权，同时亦通过控制对制铜原料的开采、冶铜、铸铜和对青铜器的使用，扩大了夏文化对周边地区的影响。简言之，这些青铜礼器成为中华文明传统礼制的基础，体现了古代中国将宗法制度中的祖先崇拜和祭天祀地合二为一的文化传承。以下我们将叙述铜、锡和铅这三种青铜器主要原料的产地，以及它们如何推动了夏后氏的统治空间的扩展。要等到东周时期，青铜器才进入寻常百姓家。

礼乐制度与"家天下"世袭制的确立

作为一个礼制（或称"礼乐"）社会，夏、商、周三代开创了家族王朝及以法规为规范的阶级社会。三代的基础建立于夏代，对夏代的墓葬规格和随葬品的分析可以为这种社会现实提供证据。二里头遗址的墓葬规格可分为四个等级。顶级乃二里头宫殿区北部的君主墓 F2（5.2 米 × 4.3 米），它出上了一套复杂的青铜礼器和一些铜制、玉制饰物。二里头遗址的 M9 属二级大墓（2.4 米 × 0.9 米），除了一套完整的青铜礼器和陶礼器，还有一些漆器和玉制、贝制饰物。此外，洛阳遗址的 M9 属三级墓（1.9 米 × 0.55 米），只有三件陶器随葬。第三级墓的数目最多，分布最广，属一般百姓墓。第四级乃乱葬岗，以死于非自然因素者为主，包括奴隶和人殉。

夏代青铜礼器的核心器物有酒器（如爵、盉、斝）、食器（如甗、鼎）和武器（如钺）。在早夏或在二级墓中，这些器物多为陶器，以陶代替贵重的青铜。用白陶做的一种温酒器亦在早期常见，后来也被青铜制的盉代替了。用于祭神和祭祖的乐器一般包括石磬、鼓和铜铃。青铜礼器和乐器的这些组合已经相当稳定，标示了礼乐制度的确立和成熟。卜骨，一般以牛、羊、猪或鹿的肩胛骨来占卜的办法，亦成为礼乐制度的附从部分且首见于夏代（许宏 2004，2004c；刘莉，陈星灿 2002；李伯谦 2011；陈旭 2001；董琦 2000；赵辉 2000）。

概言之，夏代已进入青铜时代，体现了以中原为核心地域的华夏文化已跨越历史演变的一个关键门槛。可能是因为在低地出现的大范围和长期泛滥的洪水，龙山时代晚期众多分散的城邦在夏后氏的努力下，逐渐融合为一个横跨 35 万平方千米广大地域的新型国家。这个国家的核心是以家族为单位的世袭王权统治，与过往松散且个别独立的酋邦或城邦联盟有明显区别。在世袭王室操控的核心区外，王权的影响仍有限，王室不得不接受一些相对独立的地区政权和文化。不过，一个有单一中心和高度发展文化的广域国家已经出现。它已建立了以家族为本位的王权世袭制，以天命、道德或礼乐为统治手段，废除了以往邦国的原始民主制度，即禅让制。

这个新的集权核心以"天子"自居，其统治目的是代天行道，恭敬执行天命。所谓天命，乃"天、地、人"的正道（三正），以及"仁、义、礼、智、信"五种道德准则（五常）。这个价值观与治国理念体系，可见诸夏代第二位君王启的诰示。《甘誓》是启在征伐不听王命、不拥戴启为天子的有扈氏前的出征誓言，也是中原王朝在一开始时就以天命和"德"作为治国基本的最好说明："有扈氏威侮五行，怠弃三正，天用剿绝其命。今予维共行天之罚。"这是中华文明中国家体制及"以德治国"的一个重大开始。

夏代的地域空间组织与城市体系

刘莉和陈星灿（2002）通过分析夏代晚期广大二里头文化区的遗

存，推断出一个空间经济。它建立在夏代王室（二里头核心区）和边缘地区的"核心-边缘"关系上，也建立在中央政权对周边地区铜矿资源的控制和利用上。这一空间经济的关键乃二里头核心遗址或夏代都城的管理功能，而这个功能的推力也使二里头遗址发展为一个大型城市聚落，或者说成为一个国都。这就是《竹书纪年》所说"太康居斟鄩，羿亦居之，桀又居之"的斟鄩（如前述，作者认为太康至少康之前的国都是新砦，是由东夷的寒浞主导的）。通过建立一些地区中心，夏的国都有效地控制了一个广大国域。区域中心的主要功能也是非农性质的城市功能，如交通运输、手工业和行政，都与各个地区内的铜、铅、锡和木材等青铜业所需的自然资源的开采有关。这个空间经济和相关的城市聚落体系可参考图 4.2 和图 4.3。

核心地区

二里头文化或夏代晚期的核心地区，位于黄河南岸之颍、汝、伊、洛四水一带，东西长 150 千米，南北长 100 千米，面积约 1.5 万平方千米，是一处平坦肥沃的谷地（图 4.1，图 4.3），与古籍《史记·夏本纪》所载"自洛汭延于伊汭，居易毋固，其有夏之居"吻合。优良的农业条件使这地区人口兴旺，容纳了高密度的聚落和一个四级聚落体系。其中等级最高的特大聚落二里头明显是这个广域国家的都城，位于核心地区的中央。

核心区内的二级和三级聚落是具有城市功能的地区中心。它们为国都收集粮食和特殊产品，同时也为所在地区和核心区内的农业服务，比如为这些地区生产所需的农具。它们也是三、四级聚落与国都之间的纳贡关系的重要桥梁。

图 4.3 显示在核心地区内有 3 个区域性的中心聚落。其一乃在二里头以东的稍柴（面积为 60 万平方米），位于一个富饶的农业区，周边的嵩山亦出产石材和木材。稍柴四周还有不少中小聚落。其二乃二里头以

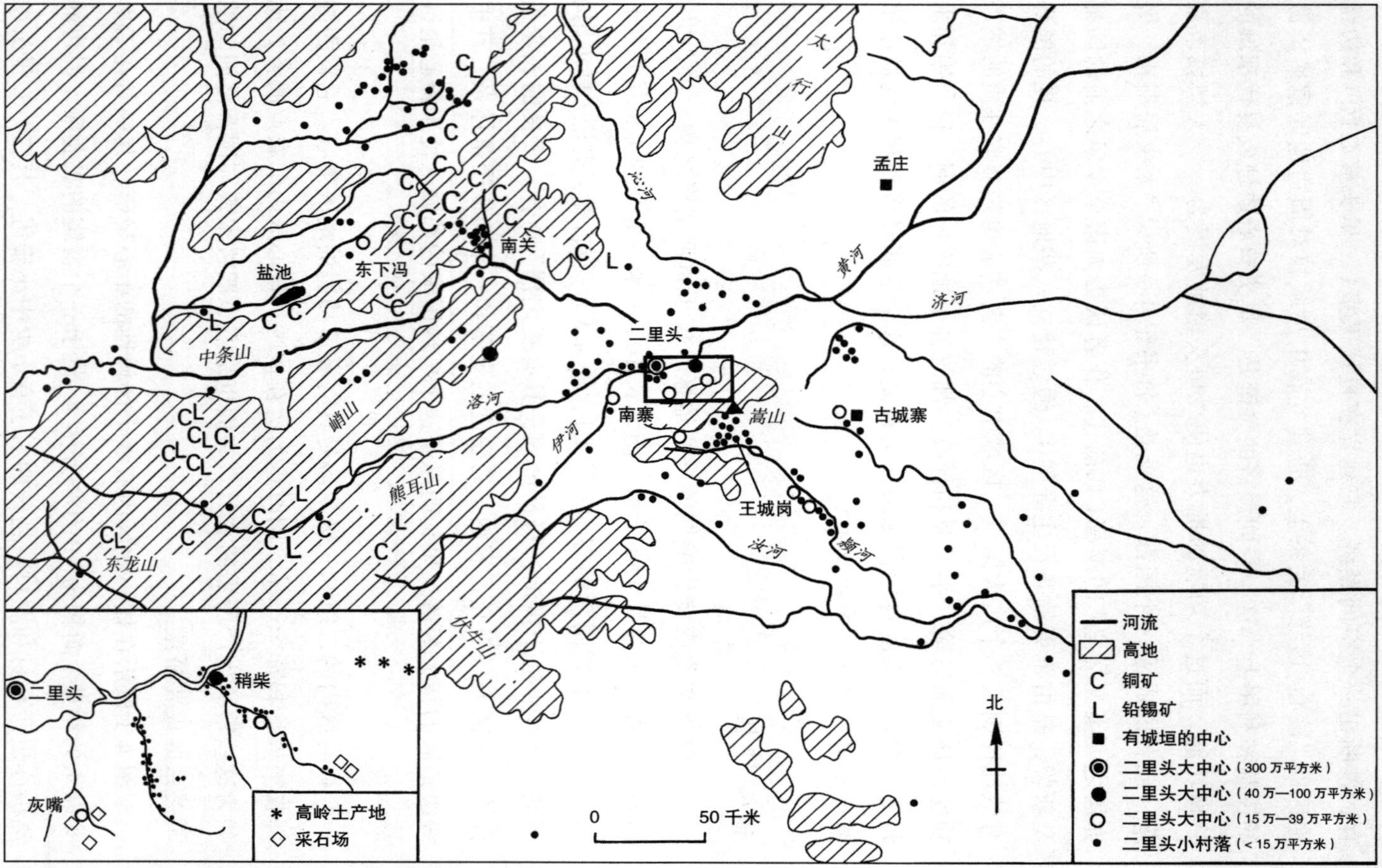

図 4.3 黄河流域二里头文化及重要自然资源分布

图例:
- 河流
- 高地
- C 铜矿
- L 铅锡矿
- 有城垣的中心
- ■ 二里头大大中心（300 万平方米）
- ◉ 二里头大大中心（40 万~100 万平方米）
- ● 二里头大中心（15 万~39 万平方米）
- ○ 二里头小中心（<15 万平方米）
- · 二里头小村落

北
50 千米
0

* 高岭土产地
◇ 采石场

主要地名:
- 孟庄
- 古城寨
- 太石山
- 荥阳河
- 伊河
- 嵩山
- 王城岗
- 汝河
- 颍河
- 二里头
- 南寨
- 沁河
- 南关
- 洛河
- 熊耳山
- 伏牛山
- 东下冯
- 盐池
- 中条山
- 川岭
- 东龙山

稍柴
二里头
灰嘴

南 15 千米的灰嘴（面积为 25 万平方米），专门生产石制农具，特别是石铲，在它四周亦布满小型的二里头遗址。第三个地区中心是南寨，位于二里头西南 25 千米，面积约 25 万平方米。它可能是个水运中心，用以向国都转运邻近山区的铜、锡、铅等矿产。

周边边远地区

在核心地区周边有一个更广大的地区，面积约达 30 万平方千米（图 4.2）。其中出土的考古材料印证了二里头文化对本土文化的同化。这个过程体现为核心地区的人口流入及不断扩大的文化影响。考古资料指出了这个过程和夏王室对铜、锡、铅、盐及其他自然资源的需求之间的密切关系。在这广大的周边地区，聚落、交通线和这些资源的分布也反映了它们之间的紧密联系，如图 4.3 内的河流、山脉和矿产分布。这里的考古遗存也印证了核心地区对此地区的军事控制和人口迁入。核心区和周边广大地区构成了一个以礼乐制度为基础的"中央-边缘"系统。

在周边地区已发现了多个中心聚落。

一是山西南部。这里的地区中心有东下冯（面积达 25 万平方米）和南关（面积达 20 万平方米），这是一个以中条山为主脉，出产铜、铅和盐的山区（图 4.3 西北部）。两个中心之下是 7 个三级聚落和 15 个四级聚落。东下冯是青铜兵器和工具的铸造中心，有出土了单范和双范的石范作坊，也发现了铜熔炉等遗迹，但并没有礼器铸造或冶铜证据。冶铜作坊可能位于上游铜原料产地的山区，而铜砖经河水运至东下冯以供应它的铸造业。南关亦有铸铜作坊，由于位于中条山的主河之旁，亦是一个铜砖和盐由山区转至国都的交通枢纽。

二是陕西东部。东龙山（面积为 25 万平方米）是这里的地区中心。该地区亦是个盛产铜和铅的山区（图 4.3 西南部）。和它一起的还有 8 个由四级聚落组成的一个群体。该地区有铜、铅和锡矿，而东龙山亦以铸造青铜工具为主。

三是长江中游。盘龙城（面积达20万平方米）是这里的地区中心。目前在沟通黄河和长江的水路要冲上已发现以盘龙城为首的12个二里头文化遗址。这地区在旧石器时代晚期并没有任何重要文化遗存。盘龙城在二里头二期和二里头三期发展为一个以冶铜和制陶为主要功能的区域中心。但遗址没有发现模范，因此它似乎是个铜、锡、铅的冶炼中心，同时也是个运输中转站。

四是江苏南部和湖南。由洞庭湖南延伸至鄱阳湖，其中发现了不少二里头遗址，包括下王岗、荆南寺和卫岗等。这一带都有铜、锡及铅矿。

基于上述，夏代势力向周边地带的扩展明显与矿产资源、青铜业的空间分布互为因果。这个过程大概发生在夏中期，包括二里头二期和二里头三期，正好是夏王朝的强盛时期，反映了夏代国都因行政管治的需要而扩大。而高水平的技术和文化亦通过人口迁移自这个中心向周边地区渗透。

在周边地区之外，如在下七垣和岳石文化区，当地遗存亦显露一些二里头的影响。然而这些地区在文化上仍明显与二里头有别，以此看来，它们仍保持政治上的独立性。

二里头反映的夏代城市文明

夏代都城遗址斟鄩是在1959年在河南北部的二里头村发现的。经过数十年的发掘，中国考古学界一致认为二里头文化就是夏文化，而二里头遗址就是夏代都城之一的斟鄩。我们在这里仍用考古地名"二里头"称之。正如上述，二里头是目前已发现的最大且最完整的夏时期聚落，出土了众多珍贵文物，对我们了解夏代的都城规划、夏代文化，乃至对夏代晚期历史的重构，有重大意义。

从图4.4可看出，二里头位于伊、洛两河相交的河谷平原之上，距伊水6千米、偃师6千米、洛阳17千米。目前只发掘了约4万平方米，

占遗址总面积（约400万平方米）的1%而已（图4.4）。后续的发掘将
会更新和丰富目前的信息。对二里头的考古定年虽然都按碳十四测年法
进行，但自1980年起就多次出现了不同的年代结论。1980年代时二里
头的起始年代被测定为公元前1900年，2000年的新测定结果为公元前
1880年，现今被普遍接受的乃2006年测定的公元前1730年。一个约
400年的时段，不同的测定结果竟相差170年。可知考古测年法仍存在
很大的误差。在两河流域和古埃及的考古研究里同样出现了这种现象。

历史上二里头文化一期的遗址被严重破坏，因此我们并不清楚遗址
总范围（估计超过100万平方米）内的布局（图4.4）。遗址内虽然有墓
葬出土了贵族用品，如白陶、象牙、绿松石和青铜工具，但没有青铜礼

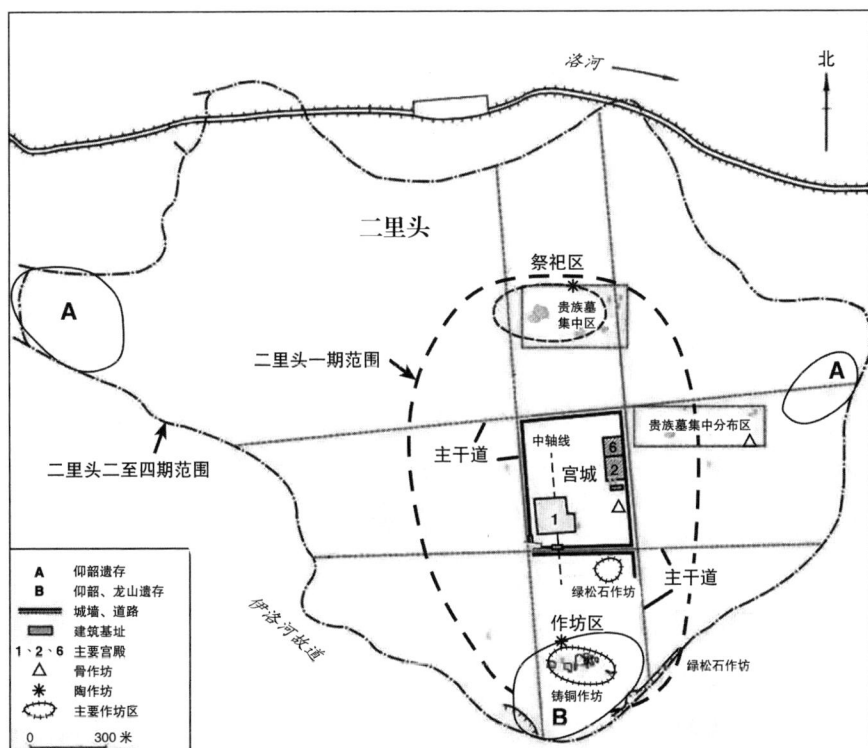

图 4.4　二里头遗址

器和大型建筑基址。加上按《竹书纪年》记载，这时的国都在老丘，二里头文化一期可能像仰韶和龙山文化时那样只有规模较小的聚落，不可能是当时面积达100万平方米的特大聚落，更不是强盛的夏中期的国都。估计当时的国都仍是新砦，而这时东赵的小城已成为一个向东发展的军事基地。

宫殿与宗庙

二里头文化二期时，二里头遗址发现了3号和5号宫殿基址，以及宫殿区以南有围垣的铸铜作坊和绿松石器作坊（图4.4）。从二里头二期起，二里头似乎已成为国都，东赵也兴建了中城，后者有可能成为第二国都。这时的二里头亦出现了在宫殿区外围垂直相交的交通干道。在二里头文化三期初，宫殿区外先是沿干道内侧加建了城墙，形成了一个面积约12万平方米的宫城。在这期内，3号和5号宫殿基址被废，宫殿区内新建了1号、2号、4号、7号和8号大型基址。最大的1号基址（F1）占地1万平方米，由墙包围，平面略呈方形，其主殿建在台基上中部偏北处，可能是个"四阿重屋"式建筑。在复原图（图4.5）中可见主殿为木结构，坐北朝南，按明显的中轴线布局，一如《考工记》的规定。这个庞大殿宇面阔八间，进深三间。主门，即南大门有3个门道和4间门塾。中庭，即露天广场的面积约达5000平方米。总言之，1号建筑与后代王庭相似，似是夏代君主举行朝典和颁布政令之所。

2号基址（F2）亦由四面墙围绕，主殿坐北朝南，门在南墙中部偏东，东廊庑中有东厨，南北墙有廊式建筑。主要殿堂建于占地约400平方米的夯土台基上（图4.6）。此建筑应是宗庙。在殿堂和北墙间发现了一个大墓，但可能已被盗，内部空无一物。然而在依北墙而立的配套建筑里发现不少兽殉和人殉祭坑。中国学者认为宗庙内的祭祀活动可能涉及数千参与者。中国古籍记述了宫城按礼制定下的"前朝后寝"的规划原则。宗庙和君主的陵寝亦按同一原则安排：庙在前，陵墓在后。

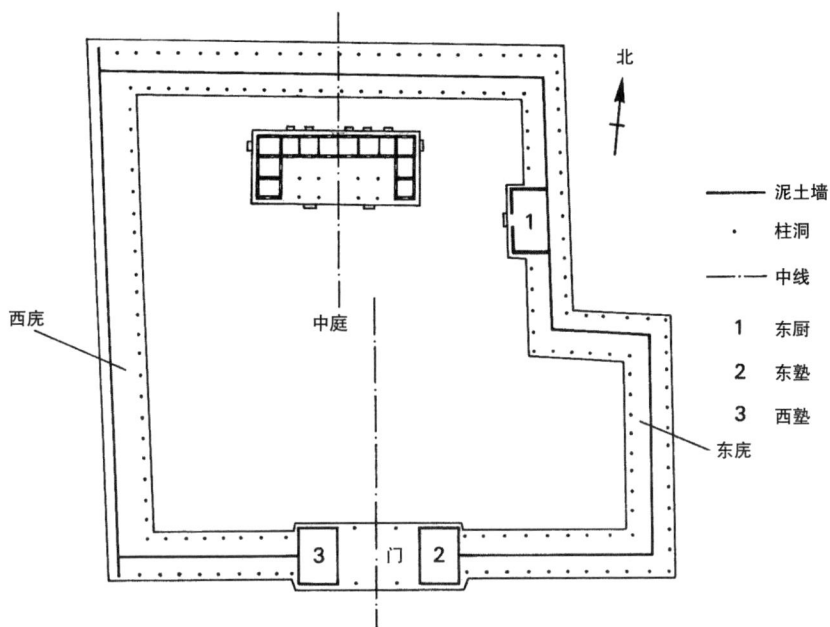

a. 平面图

北

泥土墙
· 柱洞
—·— 中线
1 东厨
2 东塾
3 西塾

西庑

中庭

门

东庑

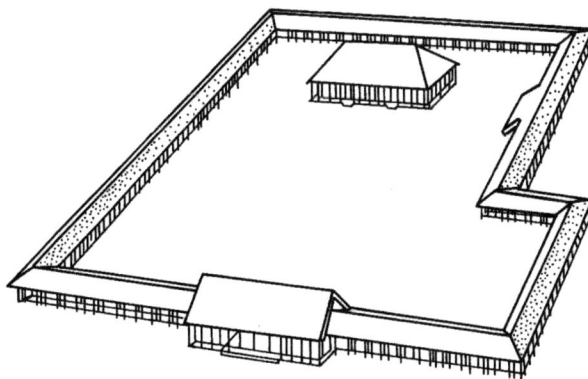

b. 复原图

图 4.5 河南偃师二里头遗址 F1 复原总体鸟瞰图

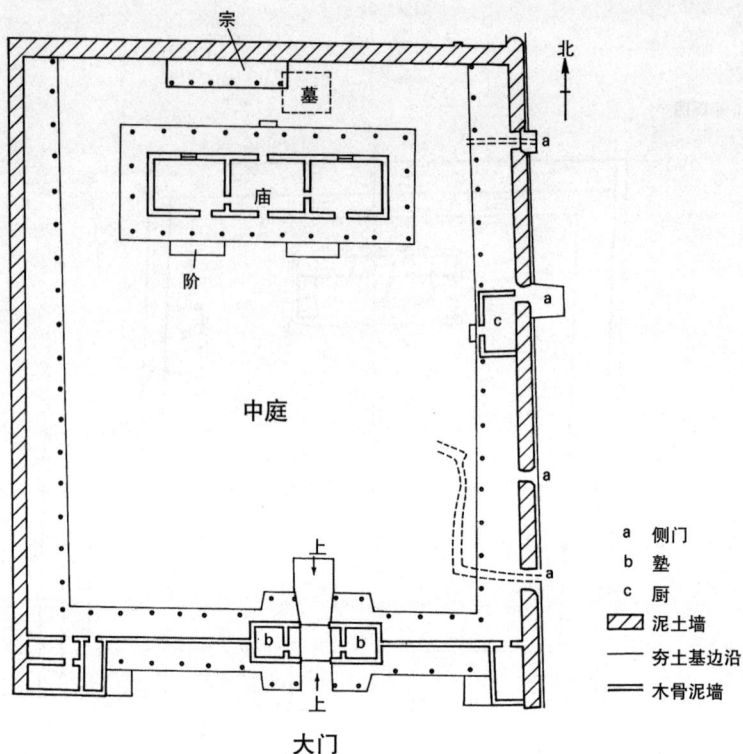

图 4.6 河南偃师二里头遗址 F2 复原平面图

2005 年在宗庙下层发现了建于二里头文化二期的大型宫殿和贵族墓地。其中一个墓出土了一件放在死者身上的龙形饰物。该器物长近 70 厘米，由 2000 多块精细打磨的绿松石片串成，有人认为这是王者死后的护身符或龙袍的前身。

　　F1、F2 属于宫城的主体。二里头时代这一以礼制为原则的宫殿、宗庙的布局已随王权的到来而成形，并开创了商、周的体制。自二里头开始，国君的大朝和宗庙的祭祀建筑已在国都的核心区并列，成为国君日常活动的中心。在宫城出现后的二里头文化三期，四条相互交叉的全城主干道亦以宫城为核心通向大城四方。宫城及其主体建筑可能是这个新型国家的权力象征，也从侧面显示夏代王权的性质：礼乐制度和政治的结合；祖先崇拜和祭祀天地成为世俗王权的法理和实践基础。从地理位置和功能上看，"宫城是都城的核心"这一安排亦开创了日后的宫城体制。

作坊区、祭祀区与一般居住区

在二里头文化三期时宫城的北面和东面有较集中的陶窑和骨制品作坊，南面的大型铸铜作坊和绿松石器作坊仍在继续使用，并沿用至第四期。二里头文化遗址共出土青铜器172件，其中132件出自二里头。那里还出土了54件铸铜遗物，近万平方米的庞大铸铜作坊遗址内有厚厚的铜渣，还有熔炉、陶范、石范、木炭和小件铜器等。此外，出土的陶范也包括了工具、兵器和礼器的外范，其中不少是用来铸造一些造型奇特或大型的铜器的。由此可知，这个作坊曾经冶铸过器形复杂、体量庞大的王室专用青铜器，但它的最终产品至今未见出土（苏湲 2007）。这里有没有可能就是四川三星堆出土的大型青铜礼器的产地？我们推论，青铜铸造区是为王室服务的，与国都的行政和宗教功能关系密切，是中华文明中的青铜文化与王朝国家的重要组成部分。

二里头西部地势略低，主要是民居和小型墓葬。贵族则聚居在宫城周边，那里已出土了数十座大型建筑基址。宫城北面及西北面为祭祀区和贵族墓葬区，有相关建筑和墓葬。在二里头文化三期时，二里头全面发展，已占地300万平方米。到第四期时二里头仍持续繁荣：F1、F2仍在使用，并且加建了至少3个大型建筑，其中包括6号宫殿；作坊里还铸造非二里头特有的斝和鼎等铜礼器，铸造方法也由双范发展为三范。这时大师姑城被废弃，郑州出现面积达80万平方米的大型聚落和青铜礼器。

对发掘资料分析，二里头文化二期时的二里头可能是夏代的两个国都之一，自二里头文化三期起它才成为夏代晚期的唯一国都。这个推论亦吻合《竹书纪年》的记载：晚夏前段，商族力量已盛，夏土室自帝廑起便退回夏后氏核心区。至帝桀时更在斟鄩加营新宫室。在二里头文化四期后段，帝桀败于商汤领导的商族与东夷联军，被流放到南巢，使斟郾在第四期末逐渐减缩为一般聚落。

基于上述情况，我们对夏代国都斟鄩所揭示的城市文明和国都规划总结出如下五点：

1. 国都是全国的政治中心；
2. 初期国都位于王朝国家的氏族范围中心，体现了强烈的以家族为基础的社会特色；
3. 宫殿和宗庙成为国都核心，并作有序排布，体现新的世袭王权"家天下"的性质；
4. 礼乐是宫殿和宗庙这些主要建筑背后的布局和空间设计的指导思想；
5. 国都之外，也有第二都城或副都，以方便管理一个地域庞大的广域帝国及对边沿方国保持军事控制。

基于此，我们同意许宏（2016）所说：二里头是"中国乃至东亚地区最早的具有明确城市规划的大型都邑……开中国古代都城规划制度的先河"。

本章提到的夏代不同时期的都城都是有城墙的，甚至有护城河，但在二里头和夏代的地区中心的早期考古，因没有发现城墙，如东下冯和东龙山，导致一些学者错误地论述夏代城市可能是没有城墙的。然而上述城市的城墙和二里头宫城城墙的发现，证明这一说法并不正确，而且东下冯和东龙山在商代还在扩展，并出土了商代的城墙。

结论：中华文明新阶段——世袭封建王朝与青铜时代的开端

夏代的真实存在

中国历史上一直认为夏是中国的第一个朝代，与商和周共同构成中华文明的成熟期——三代。但自 1900 年代西风东渐后，一些中国学者基于西方考古学观点，认为夏和商没有当代的文字发现以"自证"，可能都是不存在的。这些被称为"疑古派"的学者说古书上有关夏、商的记述都是传说。距夏末只有 300 年的甲骨文的发现，以及它们对由夏初至夏末的先商商侯及主要大臣（如伊尹）的记录，不但使这些疑古派学者不得不承认商的存在，亦印证了夏代一些重要的人与事。但对夏代的存在，直到今天仍有一些中国学者不接受。他们接受二里头文化的考古成果，但因为没有夏代文字的"自证"，他们认为二里头文化还不能说是夏文化。而二里头遗址，虽然是个明显的都城，但也不被承认为夏代国都斟鄩。

要理解外国古文明的史前史，如两河流域及古埃及，研究者只能通过考古发现以分析和推论，因为这些古文明不存在详细而系统的历史记录。反观中国，对历史文献收集、整理与保存，自夏代开始已成为中华文明的一大特色。《竹书纪年》就记录了夏代太史令终古在帝桀二十八年时携带历史档案投奔商汤。正如前述，同书亦多次记录了商代先王在夏的活动，而这些商王或商侯及其都城的名字亦见于甲骨文中，清楚地指明在商之前存在一个夏王朝，反证《竹书纪年》是可信的（李元星 2010；蔡哲元 2016；孙庆伟 2018）。我们认为《竹书纪年》有关夏代的记述很有可能是基于周初王室档案或当时存在的夏代资料的，因此它能准确地说出甲骨文中的一些夏代事物，以及夏代都城和主要城市在空间及时间上的大概变动，而且和今天考古学家在中原不同地区的考古发现基本吻合。

在本章里，我们多次证明了考古材料只有结合古文献资料，才能被更准确地理解。在考古资料不足的情况下，历史文献应在史前史的研究上发挥更重要的作用。当然，在考古发掘上的持续努力亦将有助于我们更详细地了解史前文明演进的情况。近 60 年来的考古发掘，为我们了解夏代提供了古籍之外的许多新信息，也证明了古籍记载的可信度。如

《竹书纪年》和《史记》中有关夏代的记载，确证了当时的中原地区已存在一个建基于世袭制的中央集权文化体系。这一文化体系的影响向北延伸至今河北和内蒙古，向南则扩散至今河南南部乃至江苏。

另外，已出土的多件西周青铜礼器上亦有有关夏代的记载。如公元前709—前676年的秦公簋记录了"不显朕皇且，受天命，鼏宅禹迹，十又二公"；公元前581—554年的叔夷钟亦刻有"翦伐夏祀"，记载了齐国先君跟随商汤灭夏，以及伊尹辅助商侯汤全取禹所建立的九州大地。这些距甲骨文只约300年和距夏末只约800年的文字，显示了在西周时或可看到夏代的原始文献及其记录了的当时大事。无论如何，禹、夏及华夏九州在西周时已是被普遍掌握的概念和知识。

夏代遗址的发掘成果层出不穷，亦多次推翻了考古学界先前错误的推论，如二里头文化就是整个夏代的文化，夏代城市多数没有城墙等。我们特别期待夏都斟鄩和老丘（东赵）的持续发掘和新的成果。

由"大同"到"小康"

夏代亦标志了"家天下"的世袭王朝的开端，青铜时代的开启，还有以礼乐、天命为规范的社会在中国的出现。夏之前的龙山时代，社会以众多独立的地区性政治组织——邦国为基础。邦国之上只有一个松散的联盟，其领袖由公举产生，而公举主要考虑被举荐人的德行和对泛邦国的实际贡献，如新的农业技术的发明和治水工程等。这就是孔子所说的"大同"式的理想时代。邦国联盟领袖的更替并不是基于家族或血缘的考虑，而是依赖于传说中的禅让制度。大禹因为治水有功而受舜的禅让。传说禹其后禅让于皋陶，但皋陶去世得早。此后禹再推荐益，但大部分邦国都拥戴禹之子启，最后启通过武力征伐杀了益，成为世袭王朝夏的首位王。通过子承父业，同时"替天行道"，执行"天之罚"以征服不愿归附的邦国，夏代扩大了领域并开创了一个新的世袭封建王朝时代。

夏王朝亦通过赐予礼器（早期的陶礼器和后来的青铜礼器，如盉、鬶、爵等）作为在封建制度之下的政治地位的认同和结盟的凭证，向远方氏族扩散夏王朝的政治影响和中华文明的德治、礼仪精神。在北方，这些礼器出现在夏家店文化；在南方，它们出现在从浙江至四川的长江流域；在西方，它们出现在黄河上游的甘青地区。这些礼器都在这些地方的庶邦或外服的中心聚落出土。零散的二里头青铜器（如铃、斝）、嵌绿松石铜牌还发现于江淮一带和四川盆地。此外，在内蒙古敖汉旗的13座贵族墓中出土了成套的二里头酒器，反映出中华文明的酒文化已被边远地区的上层社会接受。

世袭王朝国家与新都城规划

夏的考古遗存印证了夏文化在龙山时代之后的广域性和主导性，具体体现为以下七个特点：

1. 在空间上建立了一个具有四个规模层级的聚落体系；
2. 国都对一个广大地区具有文化上的主导性，且能通过军事力量和副都及军事城镇（如孟庄及大师姑）的建立，控制更大的地区，实现了夏王室对中原地区和周边地区重要资源及人民的控制；
3. 都城成为超大型聚落，如二里头的面积达400多万平方米，人口约为1.8万—3万，它是夏代最大的聚落；
4. 在广大的国土空间内，由于对主要手工业的控制和批量生产，地区文化渐趋统一化和标准化；
5. 青铜器成为身份象征及王室专利——直接成为王室对礼乐制的控制工具；
6. 长途贸易所延伸的地域超越了上一个时代，甚至远达东南亚和印度；

7. 核心区（即国都）成为主要的城市聚落。这不但表现在它的社会阶层上，也体现为城内大量的手工业者和奴隶，以及一个高度集权且复杂的官僚机器。这些成分构成了国都的空间结构，其中的核心宫殿宗庙区的主体建筑布局和南北向等设计成为后世国都的特色。

无可置疑，夏代已从龙山时代的初期文明进入了世袭广域王朝阶段，并且以一个具有复杂结构同时实现了中央集权的都城为其核心，得以对广大的疆域推行封建和朝贡式的治理。此外，夏代已形成一种新的城市文明特征，体现在国都内部宫殿宗庙的布局、青铜业的规模和水平，以及王室对青铜冶铸的垄断上。换言之，夏代开创了中华城市文明的新阶段——世袭封建王朝与青铜时代的先河。

第五章

商代：青铜时代
鼎盛期的城市文明

中国有现存文字的第一个朝代

国内外不少学者曾经认为中国的历史始自商朝（Roberts 1999；Eberhard 1977；苏瑗 2007），并认为于 1928 年在河南安阳市郊发现的商王武丁时期的甲骨文（殷墟甲骨坑 YH127）是中国最早的信史。这个坑一共出土了约 1.7 万件有占卜炙后裂纹（兆文）和刻有卜辞的龟甲和牛胛骨。这些甲骨文的内容几乎包括了商王武丁在其 59 年统治期间发生的所有主要事情。至 2016 年为止，已出土的卜骨共 16 万件，都是武丁及其后的晚商遗物。这些有刻字的卜骨为我们提供了晚商各方面的历史记录，主要是国家大事，如天气和农业状况、战争与缔结和约、祭祀，还有重要官员和诸侯的任命与封赐等。这些文字也证明了一个成熟的"六书"文字体系已在晚商流行。

目前已发现的不重复甲骨文单字约 4500 个（部分文字可能是写法和结构不同的同一字），已解读约 1600 字。在这些文字中约有一半在造字理念和字形上与近 3300 年后的今天我们使用的文字基本一致，可见这个文字体系应在这些甲骨文之前更早便已出现，并经历了其后 2000 年以上的演进才发展成商代的甲骨文。在这 4500 个字中，尚未发现与金字有关的字，这或许显示这个文字体系的形成时期可能比龙山时代（即铜出现的时代）还要久远。其中一些卜辞并不是用刀刻成的，而是用毛笔以朱砂写就。同时，甲骨文中亦有"笔"字，反映笔这种更便捷的书写工具在商代或更早时已普遍存在。近年在郑州商城和小双桥遗址发现了年代比安阳甲骨早300—400年的刻字甲骨，以及有同一书写系统的朱书陶文，这些发现把甲骨文字和毛笔书写的最早历史推前至早商。

因此，我们推论当时已存在布帛、竹和木简等更容易取得、更方便书写且更便宜的文字载体。而这种文字记录的数量必定远超甲骨文，所记内容肯定也更广泛，超乎王室问卜等事项，极可能包括了工商业和民众的日常事务。正如前述，因为年代久远，这些布帛和竹木片因其本身较脆弱，多已风化不存，至今仍没有任何发现。但古书所言商代"有典有册"当为可信之说。上章谈及的《竹书纪年》中关于周以前的夏、商两代的记述，有可能是参考了距今3000年时周王室档案馆中仍保存完好的帛书和竹简文书。后代不少其他经典，包括《尚书》《诗经》《山海经》等，也极有可能是源自商代的典册。

近70年来中国对商代众多遗址的发掘也出土了大量文物。这些考古材料不但为我们提供了较夏代详细得多的商代城市文明和城市发展的资料（陈昌远 2001；顾朝林 1992；苏湲 2007；陈旭 2001；顾音海 2002；许宏 2016；北京大学震旦古代文明研究中心 2012；宋镇豪，刘源 2006；徐昭峰 2013），也证实了中国古籍对夏代和商代的记述的准确性，使我们对考古研究成果更能融会贯通，对中国远古文明的状况与发展能有更清晰的认知。

先商人的来源与商代"家天下"世袭王朝

先商与下七垣文化

商人的发源地乃辽河流域的红山文化。在尧舜小冰期时，因为天气转坏，部分商人南迁。他们在东北时已继承了北方大草原游牧民族对马的使用、小麦的种植和青铜工艺等方面的知识。他们在夏初时（约前1900）早已迁入今河北省邯郸、邢台一带，其文化与当地的后岗文化融合，成为下七垣文化。这个先商文化以邯郸磁县为核心（漳河型），分别向北（保北型）及西南（辉卫型）发展。由于商族的核心领域在古漳河平原，即位于太行山以东、今河南与河北的交界地区，而漳即商水，故其族名"商"。在上章夏代的叙述里，商族从夏初起已被提及：商始祖契，为帝喾之后，尧舜时为司徒，封于商。其后冥为夏水正，冥之子亥经营畜牧业，驯服牛马以为交通工具，往来各地作远途贸易，因而"商人"在其他民族的理解中亦等同"贸易人"或"生意人"。

自契起至汤灭夏建立商王朝的这个时代被称为先商，其间共有14位商侯，历时与夏代同。按《竹书纪年·夏纪》和《史记·殷本纪》所载，商侯多次在夏王朝出仕为官，并八次迁都，但其中7个都城都位于今河北省北部。最后一次是在汤时，都城才被迁至郑州，直接和夏王畿毗邻。这反映出先商的领地核心是在河北省北部，与考古文化下七垣文化的地域吻合。

至2016年，在这个广大地区发现了约100处下七垣文化遗址，显示该文化在数百年间与比它先进的中原二里头文化、山东岳石文化和北方的青铜文化共存，并吸收了它们的优点。至下七垣文化四期（约前1620起）时商族更跨过黄河扩散至惠济河流域，至汤时更将都城迁至亳（郑州商城）以直接威胁夏王朝。最后汤与东夷联手，先灭了夏的忠实庶邦葛、韦、顾、昆吾等，然后败夏桀于鸣条，并将他流放到南巢。

到目前为止仍未发现下七垣文化的城址或中心聚落，郑州商城的早期被确定处于二里头文化晚期。这可能反映出自报丁至汤，商族已进入定居农业阶段，但仍保有一些游牧民族的习惯，包括驯服牛、马并将它们用于远途贸易和军事，惯于迁徙，不习惯居住于城市等。

先商的14位领导人在《竹书纪年》及《史记》中都有记载，亦多次被甲骨卜辞提及（李元星 2010；蔡哲茂 2016；孙庆伟 2018）。

商王世系与考古文化分期

中国在 1990 年代中期开始的国家重点研究"夏商周断代工程"经过多年的跨学科考证，对商代的年期有了明确的结果。商代由公元前 1600 年延至公元前 1046 年。然而近年的考古发现和对甲骨文及古籍的研究，可以让我们得出一个更准确、更细致的商代王系和商代城市文明进程。我们在表 5-1 概括列出这些信息。商代共 30 王，共历 496 年（前 1542—前 1046）。由汤至雍已共 9 王，167 年，都以亳（郑州商城）为国都，是商早期。由仲丁至盘庚初期共 9 王，89 年，五次迁都，这一时期被称为"九世之乱"，是商中期。自盘庚东迁至殷到商亡，共 12 王（含盘庚），239 年，是商晚期。考古上早商和中商属二里岗文化，晚商是殷墟文化，反映了城市考古与历史进程的紧密关系。

商代经历过太甲、太戊、盘庚和祖甲四次中兴。在中兴时，国力、体制、都城与器物都有明显发展。相反，由小甲至"九世之乱"是一个长达百年的衰落期，主要是因为诸王子争王位所导致的王室内乱，以及诸侯不服和相关的多次迁都。

商族的游牧民族传统影响了它的王位继承制。虽然商代继承了中原夏代家族集权的"家天下"世袭制，但商族一直奉行"兄终弟及"，旧习未改。汤因为无弟而只能传位于子外丙。这是早商父传子的唯一例子。整个商代的 30 个王，14 个为兄终弟及，16 个是父传子，后者大部分出现在祖甲建立嫡长子继承制之后（表 5-1）。这成为夏代父系社会成熟期的宗法制度的又一次过渡。祖甲建立嫡长子继承制后，还建立了周祭制度，以肜祭（鼓祭）、翌祭（舞祭）、祭祭（肉祭）、酒祭（谷物祭祀）、协祭（综合性祭祀）五种祭祀方式系统性地祭祀全体祖先。这个新体制使自夏代开始的"家天下"向前走了一大步。

晚商的甲骨文显示：以长子身份继位的王在日后的祭祀中以嫡系王身份享受较高的祭礼。在甲骨文中出现了"大示"和"小示"，即周代的"大宗"和"小宗"的世系身份，体现了父系社会中男性，特别是嫡、

表 5-1 《竹书纪年》载商王王系与考古文化对应表

时代	考古文化	王名	即位时 （公元前）	在位年数	都城
二里岗时代	二里岗一期早	汤	1542	29	亳
		外丙 +	1513	1	亳
		仲壬 +	1512	3	亳
	二里岗一期晚	太甲	1509	11	亳
		沃丁	1498	18	亳
		太庚 +	1480	4	亳
		小甲	1476	16	亳
	二里岗二期早	太戊 +	1460	74	亳
		雍己 +	1386	11	亳
	二里岗二期晚	仲丁	1375	8	隞
		外壬 +	1367	9	隞
		河亶甲 +	1358	8	相
	二里岗二期晚	祖乙	1350	18	耿 / 庇
		祖辛	1332	13	庇
		沃甲 +	1319	4	庇
	二里岗二期晚	祖丁	1315	8	庇
		南庚 +	1307	5	庇 / 奄
		阳甲	1302	3	奄
殷商时代	殷墟一期	盘庚 +	1299	27	奄 / 殷
		小辛 +	1272	2	殷
		小乙 +	1270	9	殷
	殷墟二期	武丁	1261	58	殷
		祖庚	1203	10	殷
		祖甲 +	1193	32	殷
	殷墟三期	廪辛	1161	3	殷
		庚丁 +	1158	7	殷
		武乙	1151	34	殷
		文丁	1117	12	殷
	殷墟四期	帝乙	1105	8	殷
		帝辛	1097	51	殷

注：+ 表示兄终弟及；早商相当于二里岗一期早至二里岗二期早，中商相当于二里岗二期晚，晚商相当于殷墟一期至殷墟三期，商末相当于殷墟四期。

庶，长子、次子的不同地位。新体制给予王室集权稳定性，避免了叔父传位给自己的儿子而不是已成年的嫡长子（侄儿）所引起兄弟间的争夺，后经周代的细化和巩固，成为后世直至清代一直采用的"家天下"王位继承体制。

商王朝治国理念、疆域、制度与社会

治国理念：仁君

　　商王朝亦确立了古代中国王权神授的新理论，以巩固自夏以来的家族王权。《尚书》中的《汤征》《汤誓》，以及甲骨文的不少记载都指出了夏的灭亡是因为王室失去天命，而商代开国君主因行仁政而得到诸侯、百姓的拥戴，因此天授命于汤而使之得天下。辅佐了商代前五个王的伊尹在《尚书·汤诰》中明言：天子之位，只有德高望重的人可以坐，不应为一家所有，应为治天下有方的人所有。治天下者要以德及教化为本，除了在王朝范围内轻赋薄敛、布德施政，也应向外族广施教化，以将这行为准则向四域传播。

　　盘庚也曾以仁君的标准晓谕诸侯和大臣，即谨遵先王法则和行德政："从前，先王成汤和你们祖先共同平定天下，一切法则都能遵循。舍弃这些好的法则，而不努力实行，凭什么成就德政呢？"

　　武丁的甲骨卜辞更详细地述说了一位仁德之君的诸种职责：

1. 对农、牧业状况及影响它们的天气状况保持日常不断的关注；
2. 定期巡视农、牧区；
3. 定期祭天地、祭祖先，以祈风调雨顺、农牧兴旺；
4. 征讨不服的诸侯和方国，如发兵 3000 人征伐共方、土方和鬼方，发兵 1.5 万人征伐羌氏（图 5.1）。

　　"仁君"是对"家天下"的高度集权的平衡，其重要概念和它对帝王"以德治国"、对制度的要求，在商代已逐渐建立起来了。它作为中华文明的最高行政管治精神在商代得到进一步明确，其后历代奉行不悖。"仁君"最终成为中华文明的关键价值观（即以祭祀奉行天命，重农业、法治和民本以行德治）的一个相当重要部分。

疆域构成与封建制度

《淮南子》记载："纣之地，左东海，右流沙，前交趾，后幽都。"考古数据说明了早商的疆域大抵和夏代的二里头地域相同，但在二里岗晚期已扩及山东、江西北部、湖南北部、内蒙古南部、陕西，以及河北南部（图 5.1，图 5.2；刘莉，陈星灿 2002；张国硕 2001；李绍连 1999；陈旭 2001；许宏 2016）。新王朝仍大致承袭夏代王朝复杂国家式的行政制度和军事体制，形成"国王大统，诸侯分治"的局面。其王国，或当时的"中国"大约分为两个部分：

1. 畿内（首都及王畿），包括约 1000 平方千米的以首都亳（郑州商城）为中心的王朝直属领地，加上王室成员及子姓家族的城邑，以及与王室关系密切的附属地（图 5.1，图 5.2）。这些领

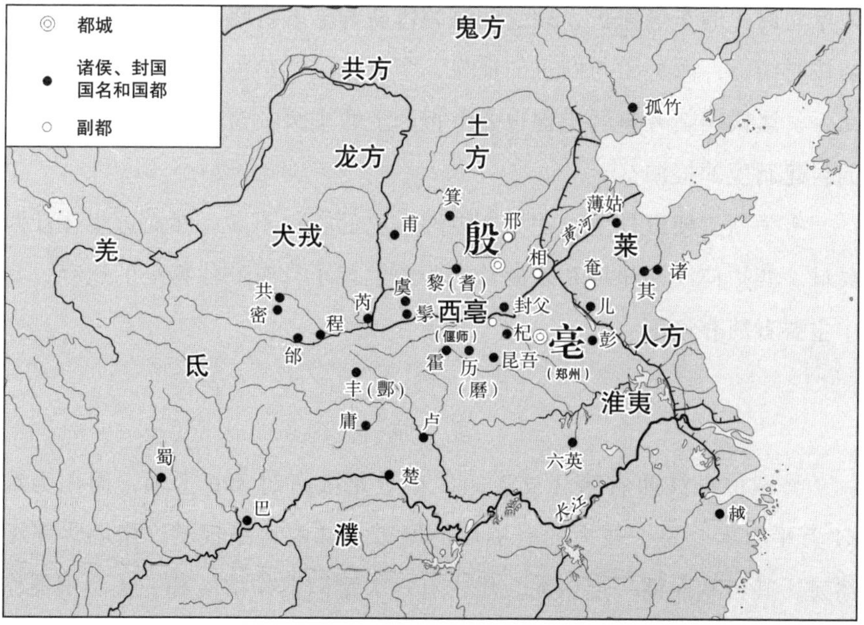

图 5.1 商王朝中心区域、外围方国及部落图

土有些离首都很远，甲骨文称之为"四鄙""四奠"，如湖北省的盘龙城（见图5.1内的"卢"）。畿内被称为"内服"，是王朝的直辖区；

2. 畿外（商的藩属），包括两个组成部分。其一乃由商朝任命行政长官或将领（甲骨文中的"田""牧"和"卫"）、位于新开垦地区的封邑；另一类乃臣服于王朝的被称为"夷"或"方"的"外族"的城邦，它们是封国，如图5.1中的蜀等。这些畿外方国的头人通常是商的王族、大臣、将领，或亲商和归附商的异姓氏族领袖。从古籍及甲骨文的记载看，这些地方行政单位的数目达1551个。它们构成商王朝的"外服"，在甲骨文中被置于"四土"和"四方"中。它们享受高度自治，有自己的军队，但仍是王朝的臣民。

畿外封国的疆域和人口由商王按侯、伯、子、男等级别界定。这些人享受商王的军事保护，接受朝觐的传召和王的赏赐。此外，封国诸侯要按时纳贡，派兵参与商王的征战，为商王生产物品并服从商王的其他命令。诸侯国新开垦的土地也要上报和上缴中央。这大概就是后来西周的封建制度的根源。

有关商王朝以外地域的城市发展情况的资料不多。然而近年在江西吴城、四川广汉三星堆和陕西清涧纷纷发现了具有商代特征的遗存，其中主要者简介如下：

吴　城

吴城位于江西省赣江支流边，在盘龙城南约300千米，面积为约61万平方米，是个较大的有围墙的城市。城内道路规整，中心为祭祀遗迹，其台基面铺一层白泥。城内有一大型陶器作坊区和一大型铜器作坊区，出土了几组有特别功能的、被称为"龙窑"的陶窑。这些陶窑能

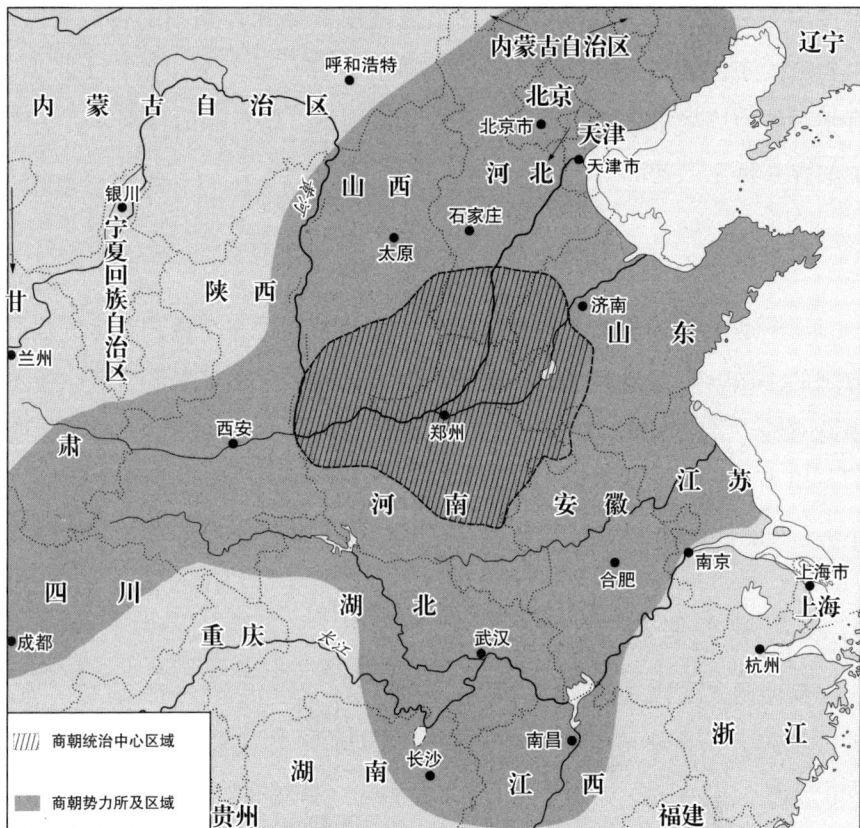

图 5.2　商时期古今地名对照图

烧制高级陶器，其产品曾销至商王朝各地。铸铜作坊亦铸造包括礼器在内的青铜器。城内还出土了一个晚商的大墓，内有超过 480 件青铜随葬品。上述资料以及青铜器的器形和风格都显示吴城是一个方国的首都。该方国起初是商的属国，但后来成为一个独立的方国。

三星堆

在今天成都的广汉地区，三星堆约建于早商，似乎是商王朝的一个臣属方国——蜀。大城东城墙残长约 1840 米，西城墙残长约 1200 米，南城墙残存约 1140 米。城内发现了大量用黄金和青铜制的窖藏物品，以礼器为主。这些器物除了有一定的商代风格，还有突出的本土特点。有学者认为三星堆是夏代后人在夏亡后入川建立的方国的首都。这个遗址的存在延至周初。

清　涧

清涧遗址群位于陕西榆林。在李家崖村发现了一个面积约 6.7 万平方米的小城，有城墙，平面形状呈不规则长方形。在李家塔镇辛庄村发现有宫殿 / 宗庙建筑。此外还有一些百姓的居所。在清涧发现的多处遗址还出土了蛇形柄的青铜刀。有学者推断此处为鬼方（商王朝外围的一个方国）的活动地。

行政和军事架构

辅助汤灭夏建立商王朝的第一国师伊挚（又名伊尹，尹是官位），姒姓，夏人，出生于有莘国。他自汤至沃丁辅政商代前五位王 50 多年，100 岁而终。《孟子·万章》说伊尹"以尧舜之道要汤"，教汤效法尧舜以德治天下，为救民而伐夏。他为商代建立了一套建基于中原传统的比较完整的治国方案。太甲不遵守商汤的大政方针，为了教育太甲，伊尹将太甲安置在汤的墓葬之地桐宫，并亲书《伊训》《肆命》《徂后》等训词，向太甲讲述如何为政，如何继承成汤的法度等问题。伊尹子陟，亦成为中兴之主太戊的宰相，辅政 74 年。汤在位时的政治体制与施政理念亦被之后的中兴之主盘庚和祖甲强调。伊尹父子因而为商代的稳定和发展，为原本是游牧民族的商族能成功继承夏代的文明做出了重大贡献。

由于王国的领土广阔，行政等级复杂，商王朝亦创新了一个复杂的行政和军事体制。据古书记述和甲骨文考证，商代在中央分设管理政务的卿事寮和主持祭祀的太史寮两大行政机构，在地方则用侯、邦伯加强各地的统治。太戊时的甲骨文对官制有比较详细的记录（表 5-2）。商代官员可分为三种：文官，从宰相到管理百工的小官，管理中央至地方的事务；武官，有"马""射"等征战部队，"卫"等防守部队；专业技术官员，包括卜、史、巫等。

表5-2　商代主要官职

分类	职位	甲骨文
政务官	最高政务官 一般政务官	尹、臣、巫、宰、奭、卿 多尹、御事、事
宗教、文化	——	巫、多卜、作册
生产、经济	——	小臣（藉、刈、众、人、丘、州）、牛、牧、多奠、犬、司鱼、司工、左右尹、工
军事	——	师、马、射、戍、卫
地方官员	行政长官 基层官吏	侯、甸、男、卫、邦伯、族尹

资料来源：王贵民《商朝官制及其历史特点》,《历史研究》,1986年第12期。

商朝王室还掌握大批武器和军队。军队大致分为两类：一是防卫军，主要由王室及贵族子弟组成，是一支以保卫首都和王畿为主要工作的常备军，亦是一支以氏族为主体的职业部队；二是"师旅"等正式作战军队，用以保卫"外服"及对外征伐。商代军队共有三师，每师有兵员约一万人，其下分为三旅。师旅兵员从各地征召而来，都不是全职士兵，而是半兵半农。

商王是最高军事统帅，有时亲自出征。王室妇女，如商王武丁的配偶妇好，也曾率军出征。各宗族或各方国也都掌握相当数量的军队，但这些地方军队须听从商王的调遣。高级军事职务由贵族大臣和方国首领担任，他们平时治民，战时领兵。战时常根据需要进行"登人"（征兵），一次可征发千人甚至过万人。兵以庶民为主，奴隶多担任杂役。

商朝军队有步卒和车兵，作战方式以车战为主。战车一般由两匹马驾挽，车上有甲士3名，居中者驾车，居左者持弓，居右者执戈。车下随行甲士和步卒若干名。军队中还有战象部队。象广泛分布于中原地区，商人驯服野象，在征伐东夷的作战中多次动用战象。军队的武器装备主要有战车、弓、箭、戈、矛、刀、斧、钺、干盾、甲胄等，其中戈、矛、刀、斧、箭镞、头盔等是用青铜铸造的。

税制、货币、贸易和法典

古籍和甲骨文都记载了商代在农业和畜牧业方面有长足的发展。对王室或官员公有田的集体耕作（协田）具有时代特色。一些考古遗址出土了大量的农具，包括在同一地点出土了过千件石斧和大型谷物仓储，这些都印证了集体耕作的事实。甲骨文亦记录了大群牛、马、羊被用来纳贡，如武丁时代一次"致牛四百"，反映了大规模畜牧业的发达情况。多次垦辟和精耕细作的记录亦说明了农业管理的复杂性，以及人们对播种、深耕、收割、贮存和新耕地的关注。

在畿内，自由民的主要赋税乃力役，即对各级贵族所拥有的农地进行耕作，以及在手工业和军队中劳动。在畿外，赋税以实物为主，由诸侯或封国主向中央缴纳，包括当地的农产品、矿产、珍宝和奴隶。畿外的贡纳亦可以商代流行的贝类货币支付，甲骨文显示其单位为朋（两串共 10 个海贝）。除了海贝，骨器、玉器和青铜器乃至精细陶器常在商墓出土，表示它们亦可能和海贝一样，因为珍贵而具有货币功能。由于对这些珍贵物品的大量需求，商代的远途贸易线向南伸延至南亚和东南亚，向西则延至中亚。贸易主要由官方垄断，但仍有少量由私人进行。商王对贸易亦很关注，在首都设有市场，并在其疆域内的重要水、陆交通线的节点上建立了名为"羁"的驿站，这是中国秦代驿站制度的先行者。

《尚书》记载"惟殷先人，有典有册""刑三百，罪莫重于不孝"；《左传》记载了商朝法典《汤刑》的具体内容；《礼记》亦云"殷人……先罚而后赏"；《荀子》记"刑名从商"等。甲骨文中记载的刑罚和罪的种类，基本上印证了古籍的有关记载。诚如周公说：周的法，源自商代的经验。虽然至今仍未见《汤刑》的全貌，但可以说商代是中国有实证证明的已有法治的朝代。

冶铜技术的发展和传播

在夏代的基础上，商代发展为青铜冶炼的鼎盛时代，青铜已广泛应用于社会的各方面。在商代遗存中，至 2000 年共出土青铜器近 5000件。二里岗初期的青铜器都富有夏代的特点，但到二里岗晚期，新器型如罍和尊（都是酒器）出现了。殷墟器物的表面都饰以细致的花纹，如鸟兽和人面纹装饰特别是饕餮纹，不少还有文字。在 1950—1986 年间于殷墟出土的青铜器中，820 件是礼器，2740 件是兵器。

青铜礼器主要是鼎、簋、瓿和爵，其中最大的后母戊鼎重 832.84千克，远重于二里岗早期最大的青铜器（约 100 千克）。商人的青铜礼器主要是酒器，以一爵一瓿构成一套，以套数多寡代表主人地位，因而有学者提出此时有"用爵制度"或"爵位制度"。考古学家分析，居最高位的用 10 套。在目前已发掘的商王与贵族墓中，出土 5 套以上的只有7 座，但一些商王大墓已被盗空。此外，体现封建地位的还有青铜乐器铙、铃和钲。从青铜器上的铭文更可见器物主人的名字或其氏族族徽，以及器物用途，其中最多是用作封建诸侯的印证和对诸侯的赏赐。青铜兵器有戈、矛、钺、刀和镞，工具有锛、凿、斧、锯和铲，生活用具方面出现铜镜和铜制马车构件等。此外还有青铜面具和铜制艺术品。

与此同时，冶炼青铜礼器的技术也从首都地区向外传播，从侧面反映出在殷墟初期，一些臣服商的方国开始显示其"独立"的倾向。这些边远地区所出土的二里岗时期礼器都富有商核心区青铜礼器的特点，但在年代较晚的殷墟时期，这些地区出土的礼器都有明显的地方特色。江西大洋洲商墓出土的礼器就证明了当地的青铜铸造已有相当发展，体现了该地区在政治上与中央土朝相对独立。这一现象亦在辽宁、江苏、浙江、甘肃和陕西西部出现。商代冶炼技术的进步也体现在金属器加工和铁器的出现上。目前已发现少数商代铁器，但这些铁的来源大概是陨铁。陨铁被打造成利刃并铸合在铜柄上，这证明了在公元前 14 世纪的中国，有关铁的属性的知识已存在并被利用来打制工具。

青铜礼器的空间扩散可被认为缘于商初的开拓领土行为。这亦是夏代王国扩张方式的伸延。但自殷墟时代始，周边方国的独立性明显地加强了，这或许是因为商初的人口和技术由商核心区向边远地区转移，从而使边远地区的经济和手工业兴旺起来。外围日渐强大，最后导致商王朝的中央集权封建体制崩溃，催生了另一个新王朝——周。

早商的城市体系

二里岗年代约为公元前 1600—前 1300 年，其早晚期的分界线约为太戊即位的公元前 1460 年（表 5-1）。太戊时期的内部斗争和频繁的对外战争最终导致了"九世之乱"，商代自仲丁起开始衰落。这一混乱状态以军事重镇西亳（偃师商城）的废置为终结，首都亳（郑州商城）亦明显地衰落，然而在亳发现的 3 个青铜礼器的窖藏表示亳至殷墟一期仍是商的首都（张国硕 2001）。至此（商代中期），商王朝的疆域已明显地缩小。

此时，商的不少区域中心也同样走向衰落，而文献中开始出现短暂商都的名字，如隞、邢、相及奄。除了隞，考古材料均未能证明它们的存在。陈旭（2001）认为这些都可能只是陪都，是为了镇压周边地区叛乱而临时设立的军事重镇，或前线指挥所。

早商沿袭了夏代的空间发展规律，以一个四级聚落体系来管理广袤的领土。王朝的核心地带仍是中原，夏、商两民族已在此地经历了多个世纪的互相糅合。由于农业生产率极高，再加上黄河主要支流的肥沃河谷，这片黄河中下游地区成为商王朝强大的坚实基础。尤其突出的是位于中原的两大核心城市——郑州商城（亳）和偃师商城（西亳）（图

5.3）。此外，早商还有三个拥有坚固城墙的区域中心，分布在重要的交通枢纽上，以便王朝由边缘地区向首都转运关键的资源，如青铜工业所需的各种原料、食盐，以及贵重器物和藩属地区向中央朝贡的各类地区特产。这些区域中心亦成为监控边远地区的地区总部。与夏代相比，它们的城区面积扩大了，而且建筑了坚固的城墙，比如江西的吴城和山东海边的利津。在北方，这些区域中心远至内蒙古的朱开沟，而在西边，则至汉水上游的城固（图 5.3，表 5-3）。

图 5.3 采自刘莉和陈星灿（2002）的数据以显示早商时较大的城市

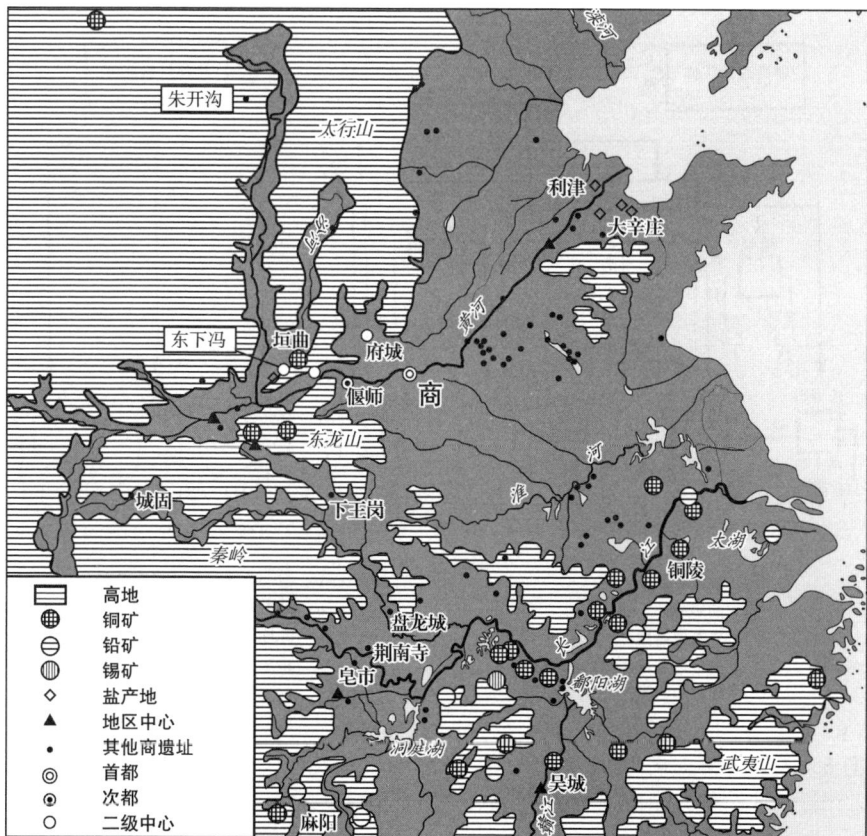

图 5.3 早商时代的城址、河流水系及重要的自然资源分布

表 5-3　早商主要聚落

聚落	年代（公元前）	面积（万平方米）	估计人口
郑州商城	1600—1400	250（内城）	25,000
新郑望京楼	1600	37	21,000
荥阳大师姑	1500	51	6250
垣曲古城	1500—1300	14	1600
焦作府城	1600—1300	8	1160
江阴佘城	1600—1300	18	2250
辉县孟庄	2000—1300	13	1650
夏县东下冯	1900—1500	——	——
藁城台西商城	1500	10	1250
黄陂盘龙城	1450—1300	7.5	1000

资料来源：黄铭崇《晚商王朝的政治地景》，《中国史新论：古代文明的形成》（台北：联经出版公司，2016 年）。

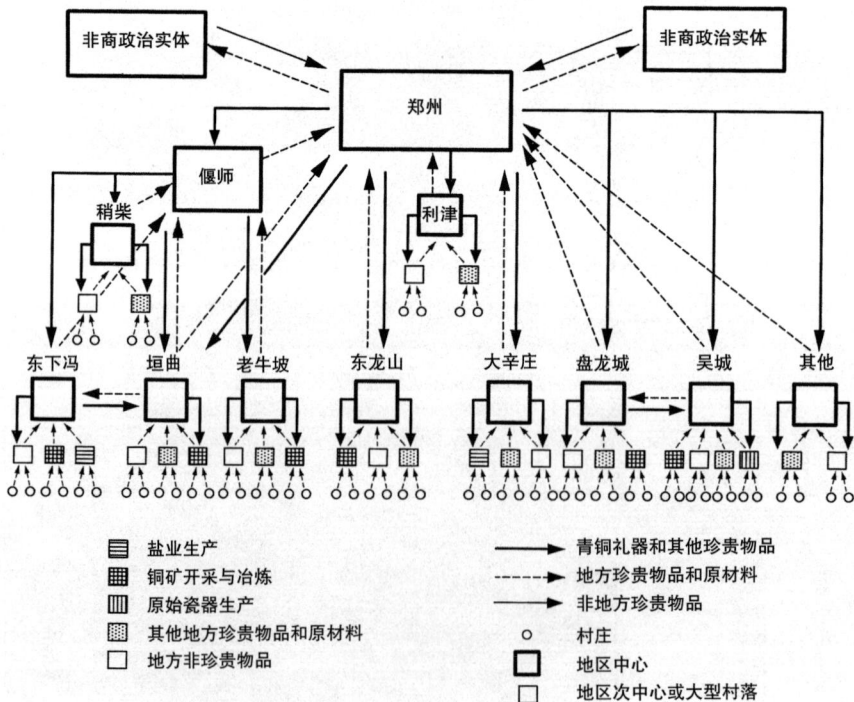

图 5.4　二里岗文化时期纳贡模式的政治经济系统

聚落（不包括第四级聚落）。它们的地理位置显示它们与河谷平原、主要水运通道，以及商代的关键商品如食盐和矿产的主要产地密切相关。图 5.4 进一步反映了这个由四级聚落组成的早商城镇体系如何在中央的规划组织下分工，以及提供沟通王畿和周边政权的渠道。表 5-3 列出了早商时的主要城市聚落。在下面，我们简介其中的都城及较重要的城市聚落的主要状况。

都　城

郑州商城（亳）

亳是汤灭夏前（二里头晚期，约前 1620）建的约 75 万平方米的方国都城。在此基础上，郑州商城于二里岗一期早段（汤的晚期）加建了外城及一些夯土宫殿式建筑，并成为新的商王朝都城和最大聚落。它的发展跨越二里岗文化的全期，共 185 年，经历了 10 个王。商的第 11 个王仲丁，曾短暂地将首都迁至隞。然而，一般相信在"九世之乱"的近百年间，虽然亳的发展一直走下坡，但它仍保有都城的地位。

在二里岗一期晚段约沃丁时，内、外城全面投入使用，人口急增，宫殿区出现了多座大型夯土基址，外城南部出现了铸铜作坊，外城北部有制骨作坊，城外西侧有制陶作坊。这时亦出现了埋有全套青铜礼器的大墓。在二里岗二期早段，城市进入鼎盛期，与古书记载的太戊长达 74 年的商代中兴期吻合。此时的宫殿区扩大，增添了许多水井、石制蓄水池和供水管道。北城垣外多了一个铸铜作坊，内城西垣外发现了青铜器窖藏。内城亦出土了多个有青铜礼器的大墓。

郑州商城位于淮河进入黄河所形成的洪泛平原上，是一个坚固的城堡，有两重城垣。城址在 1950 年代被发现。外城墙内面积约 1000 万平方米，人口估计为 10 万。亳是当时世界上最大的城市。宫殿和宗庙区位于内城的东北部，那里发现了多个大型的 200—2000 平方米的夯土建筑基址（图 5.5）。同时也发现了很多大石柱和祭祀坑，反映了宫殿

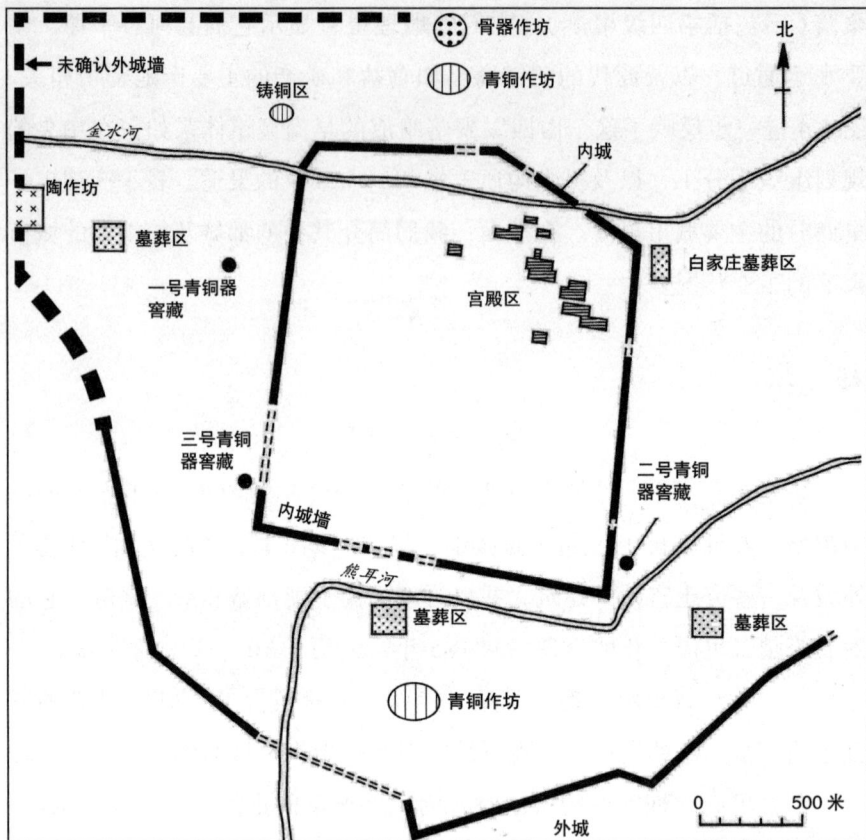

图 5.5　郑州商城

区明显具有宗教祭祀功能。这个区域总面积约 40 万平方米，是夏朝国都二里头宫殿区面积（约 12 万平方米）的 3 倍多。

　　手工业区都在外城。在内城外的南部有个大型的铸铜作坊区（面积为 2.5 万平方米），内城北侧有较小的铜作坊区（面积为 1000 多平方米），始建较早。但这两个铸铜作坊同样地在二里岗二期晚段停止运作。它们铸造的器物有工具、兵器和礼器。在内城与外城之间发现了 3 处埋有大批青铜礼器的窖藏，这大抵是"九世之乱"后期的一个王在兵乱中临时埋藏起来的。窖藏坑及礼器的年代考证为二里岗二期晚段至殷墟一期之间。在外城墙西侧，出土了一个 12 万平方米大的制陶区，共发现 14 座陶窑、

17间工场和75个工作池，证明大规模制陶已成为城市的重要功能，而且此时已经出现了详细的工序和分工。外城北部还发现了一个制骨区。

内城的南部似乎发展很少，空地很多，但外城除了手工业区，还有密集的民居和墓葬。在外城的不同地方也出土了大量石、贝壳和陶制工具，如农耕用的镰和斧，似乎显示外城居住了大量农业人口。相对地，城外只有为数不多的二里岗遗存被发现。因此，商代的都城很可能包括了大量的农业人口，而国都也和周边的农业土地维持了紧密的互利关系。这个城乡协作的中国城市特点，延至清代依然不衰。

在二里岗二期早段，亳的发展达致高峰，但自二里岗二期晚段便走下坡了。这可以由考古证明：手工业区已停止运作，宫殿区亦空无一人。当然，如上述提到，有数据显示亳的国都地位直到殷墟一期之后才被废置。

偃师商城（西亳）

西亳在1983年被发现。它始建于二里头四期，其建成时间较商的都城亳更早。它的选址很奇怪：位于商的敌人夏后氏居地的中心点，距夏代都城二里头只有6千米，距洛阳30千米。自建成以来，它和都城亳（相距约75千米）一直共存于整个二里岗时代。似乎西亳的建设是作为一个军事重镇以管理和监控被推翻不久的夏族。

在二里头四期时，偃师仍只是个有围墙的小聚落，城内面积只有4万平方米，近似一个碉堡。它由一中心宫殿式建筑、铸铜作坊和一些先商遗存构成。不久，它扩大至面积为86万平方米的小城（图5.6），其中一处遗迹被考古学家认为是一个有防御设施的巨型仓储区。这个仓储区由四方形围墙保护起来，里面规整地出土了一系列建筑。在二里岗二期晚段时，城市进一步扩大，出现了"大城"（图5.6）。大城拥有190万平方米的面积和6座城门，可能是仲丁为了避免兄弟争夺王位并为了控制王族而迁就的临时都城。这时宫殿区新建了6号和8号宫殿，仓储区也被重建和扩大了。小城外还增设了第二个仓储区。它同样有防御性围墙。

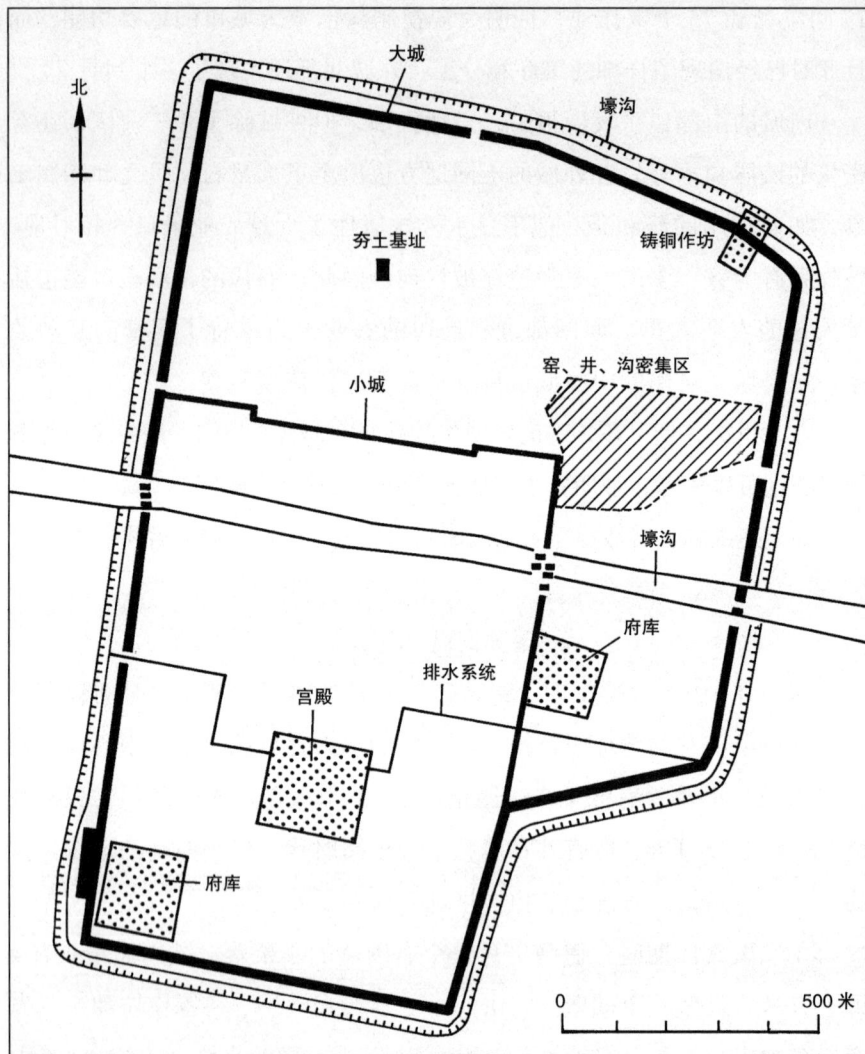

图 5.6　偃师商城

在此阶段，偃师商城似乎已被赋予一些新的功能。除了军事重镇，它亦是一个都城，一个拥有 6 万人口的运输、仓储和制造中心。铜器、陶器和骨器的生产成为它的物流功能的派生功能，以充分利用由邻近伊洛地区乃至山西、河南和湖北等边远地区运来的各种自然资源（图 5.3）。

和亳一样，西亳的社会结构复杂，并且反映在它的城市空间结构上。宫殿区明显是精英或特权阶级的居住区，由一条约 2 米宽的保护墙将小城和其他地区分隔开来。它拥有多个水井，以及一个精密的总长800 米的排水系统（图 5.6）。区内主要建筑是在夯土台基上建造的宫殿，如编号 1—6 的宫殿。在二里岗一期晚段时，2 号是其中最大的，宽达90 米。宫殿式建筑亦出现在大城北部和小城的东南角。后者可能是为负责城市生产和运输工作的精英而提供的办公设施和居所。然而在偃师商城并未发现青铜礼器，显示它并不是全面的国都，可能只是一度（前1375—前 1358，共 17 年）作为临时国都。偃师在二里岗一期晚段达到发展高峰，自后衰落成为一般聚落，至二里岗二期末已被完全废弃。

距都城 300 千米内的区域性中心

在首都的腹地内有多个区域性中心，包括府城、东下冯和垣曲商城（图 5.3，图 5.4，表 5-3），在其上有更大的二级中心稍柴和一级中心偃师。这些区域中心为首都提供不同的服务和物资，亦起到拱卫的作用。

府　城

府城位于河南省焦作，在太行山南麓，平面形状呈方形。它是一个有城墙的聚落，面积只有 8 万平方米。考古发现它是在二里岗一期始建的，而在二里岗二期晚段被废置。城内北部偏东有数处宫殿式建筑，最大的夯土建筑基址达 3500 平方米，似乎是管理由山区往首都地区转运各类物资的官员的办公和居住地。

东下冯

东下冯在夏代已是个功能显著的区域中心，至商，其功能有所扩大，并且在二里岗一期时发展为一个有城墙和城壕的聚落。从山区运来物资如铜和盐在这里短暂储存。聚落内亦有作坊，兵器和工具冶铸依然由夏代延续至商朝。同时，遗址内也发现了 40—50 个建在夯土台基上的木构圆形建筑，似乎是大型食盐仓储，用来储存和转运来自东条山大盐池的盐产以供应京师地区（图 4.2，图 5.3）。在二里岗二期时，渤海湾边的平价盐和中条山盐池的衰竭导致东下冯的衰落。

垣　曲

在夏代称为"南关"的垣曲在二里岗一期时扩展为一个中型聚落（面积约 13 万平方米）并加建了城墙（图 4.2，图 5.3）。中心地区（约 2000平方米）有由 6 个建于夯土台基上的宫殿式建筑组成的行政中心。南部则分布有制陶和铸铜作坊。城内出土了 2 个贵族大墓，内有玉和铜礼器等陪葬品，显示商朝王室对这个交通枢纽和青铜工业中心的直接控制。此外，由于处在黄河边上的战略位置，垣曲古城可能同时拥有军事重镇的功能。可能由于邻近矿产资源的衰竭，它亦在二里岗二期时被废弃。

边缘地区的区域性中心

在商王朝的核心区即都城外，另有一个城镇"次系统"的存在。它亦以区域中心为节点，组成商代外围区域的一个行政管治网，包括以下已发现的 4 个聚落（图 5.3，图 5.4）：

东龙山

这个夏代已出现的聚落在二里岗一期时扩大为一个 30 万平方米的中型聚落，其主要功能是转运铜矿石。

老牛坡

这个在西安附近、浐河和灞河相交处建立的小城镇只有 5 万平方米，距离淮镇坊（一个铸铜地区）只有 14 千米。明显地，它是建基于附近矿产资源的转运枢纽。城内的文化遗存基本上与亳内发现的具有相同特点。

大辛庄

这是已发现的二里岗文化渗入山东地区的首个例子，是个位于黄河边上的中型聚落（面积为 30 万平方米）。内中出土了由亳运来的青铜礼器，体现了它和国都的从属关系。城市的主要任务是转运渤海湾旁利津的盐产以供应京师地区。

盘龙城

在二里岗一期时，这个夏代聚落仍只是个面积 20 万平方米的以冶铜及铜的转运为主要功能的城市。在二里岗二期时，聚落总面积扩展至100 万平方米，其中的大城筑有坚固围墙，而且城内建筑和功能区分布十分规整。中心的宫殿区面积有 6000 平方米，西侧有一个陶制的排水系统（图 5.7）。宫殿的规模虽逊于亳及西亳，但和它们拥有同一风格。

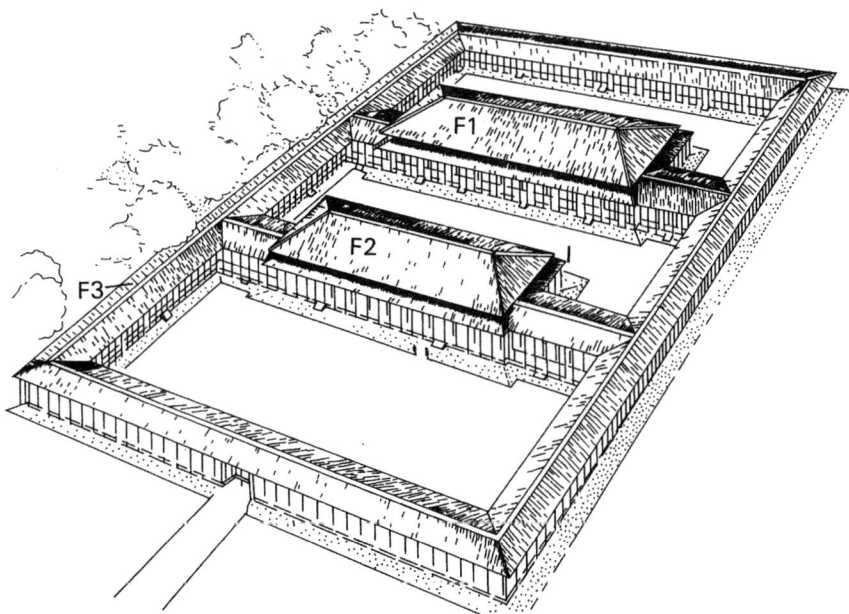

图 5.7　湖北黄陂盘龙城商方国宫殿复原图

盘龙城似乎是个重要王室成员的封国的首都。城外不远处发现了 36 座大墓,每座墓都随葬有青铜礼器。其中 4 座墓的随葬品中有铸铜熔炉,可能墓主人就是负责冶炼和转运铜的贵族,以供应皇室在亳与西亳铸造礼器和兵器之需。在城外发现了不少熔炉、铜屑等遗存。明显地,这个城市乃商代控制长江中下游铜矿的开采和初步冶炼的区域中心。和偃师商城一样,它在二里岗二期晚段被废弃。

晚商的主要城市

商代的复兴始自盘庚将都城向北迁至今河南省北部的安阳。古籍也称此地为"亳",考古学家则称之为"殷墟"。由于中兴君主盘庚长时间的有效管治,商代的领土在商代晚期(殷商)扩张到最大范围,它的南部包括了长江和淮河,北至河套地区,而西面到达汉水流域。晚商的文化遗址主要集中在邢台—郑州一带,形成南北纵向的核心区。其次要集中地带乃山东半岛上的泰山的南北地区。最密集地区为太行山东麓。表 5-4 显示了这个时期已发掘的主要聚落,可见它们由核心区向四方延伸,南至两湖地区的吴城,西南至成都的三星堆,西达西安。然而晚商的历史进程与文化特色主要体现在它的都城发展上。我们下面就集中讨论它的都城发展。

殷 都

商王盘庚在公元前 1286 年迁都至此,至公元前 1046 年商亡时历 240 年,共 7 代 12 王。殷成为晚商的国都,它的考古遗存共分五期。

第一期即洹北花园期,约当由盘庚迁都至小乙时(前 1286—前 1261)。这时殷仍只是个方形的有环壕状护城河环绕的城,面积 470 万平方米,又称洹北商城(图 5.8)。洹北商城是个二重城,内有一个 41

表 5-4　晚商主要聚落

聚落	年代（公元前）	面积（万平方米）	估计人口
安阳殷墟	1300—1040	3600	450,000
洹北商城	1400—1300	500	50,000
郑州小双桥	1400—1040	144	18,000
潞城	1300—1000	56	7000
滕州前掌大	1300—1000	250	30,000
西安老牛坡	1500—1040	50	6250
济南大辛庄	1400—1040	50	6250
桓台史家	1400—1040	30	3750
邹平丁公	1200—1040	18	2250
清江吴城	1500—1100	61	7660
三星堆	1500—1000	360	4500

资料来源：黄铭崇《晚商王朝的政治地景》,《中国史新论：古代文明的形成》(台北：联经出版公司，2016 年)。

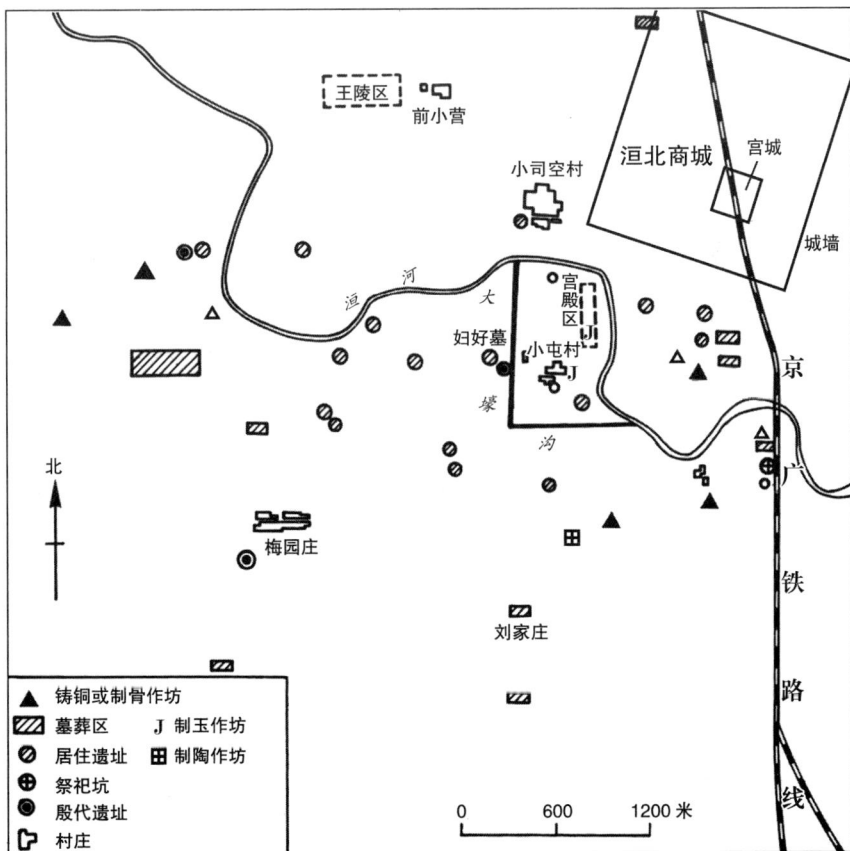

图 5.8　安阳殷墟遗迹分布图

万平方米的宫城，1号和2号夯土基址是它的主要宫殿。洹水之南是它的近郊，有铸铜作坊、甲骨窖穴、夯土建筑群，出土了铜柱础，发现了随葬铜礼器的大墓。城以西是王陵区。

第三期即殷墟文化第二期，约当武丁晚至祖甲时期（前1239—前1161），城市的总面积约12平方千米。城市中部的70万平方米被新建土沟围起，内中主要是夯土基址和贵族墓葬，包括有武丁王后妇好的墓。城西出现了另一铸铜作坊和一制骨作坊。据估计，在武丁时，殷的人口为14万。

第四、五期即殷墟文化第三、四期，约当廪辛至帝辛时期，洹北王陵区扩大，第一个铸铜作坊更扩大了3倍，3个骨作坊亦有所扩大。整个殷，包括洹北和洹南，总面积达30平方千米，在商代最后两个王的时期，殷都的人口更达至峰顶的23万。

殷墟在今天的安阳市旁边，河南北部的羌水小平原上，是商族的传统根据地。因为周边有商王族的封邑和亲商的封国的保护，殷可能是个不设围墙的都城。城市的中部，在宫城之内是个27万平方米的庞大的宫殿宗庙区（图5.8）。至今已发现了53座宫殿式建筑的夯土台基。它们共分3组分布：第一组有15座建筑，似乎是商王和其他王室成员的宫殿，以及相关的仓库和仆役的宿舍；第二组在第一组南侧，共有21座建筑和众多祭祀坑，应该是个宗庙区；第三组最南，有17座建筑，可能是个祭坛区。

在城外西北面的王陵区，共出土8个大墓和5个较小的墓葬。大墓似乎是国都东迁后的商王墓葬，而小墓则是王室成员的墓葬。在王陵区内，出土了1400个以上的祭祀坑和不少人殉的遗存。

在宫殿宗庙区之外的四方八面，除了上述的铸铜、制骨作坊，还有制作陶器和玉器的作坊。它们与民居杂处。城郊亦有不少墓葬区，似乎以家族为主集中分布：每一家族墓地中均有一些贵族的大墓和众多的一般族人的小墓。在其中的三大墓地中，已分别发现3000个以上的墓葬。

总的来说，殷墟是中国的考古宝藏。城市本身已是个极有价值的考古遗址，而在 1930—1986 年间，遗址内更出土了超过 4000 件青铜器。它们的造型、风格、纹饰和用途，都代表了铜器时代的高峰。此外，还有上文提到的大量刻有甲骨文的卜骨的出土。

小双桥

小双桥商城于 1989 年被发现，是个占地 400 万平方米的大型商城。它在郑州市西北 20 千米，位于黄河南岸的古敖地。此城建于二里岗文化与殷墟文化之间，即白家庄期的唯一遗址。当时亳在衰落，西亳已被废置，而洹北商城仍未出现，因此，它可能就是"九世之乱"期间商王仲丁所建的新都隞。遗址只存有一层薄薄的文化遗存，显示它的使用期很短。

城中的中心宫殿宗庙区约 15 万平方米，其中有 4 个大型夯土台基，所支撑的建筑应为宫殿和宗庙。它们四周亦分布了 20 多个祭祀坑，最大的坑出土了 30 副牛骨架。城内也发现了铸铜作坊，出土了陶范和青铜器，包括礼器、装饰品和工具。因为有青铜礼器的铸造，隞肯定是个国都。遗址亦出土了世界上最早的青铜建筑构件。此外，城内还有大型陶器、骨器、玉器等作坊。1955 年在这里发现了甲骨文和写在一块陶片上的毛笔字。

在遗址还出土了数十块长方形、中心有空洞的石块，这是山东省岳石文化特有的石锄。《竹书纪年》记载了仲丁曾征伐山东的蓝夷，这些石锄可能是仲丁由山东带回来的战利品。这亦成为小双桥是隞都的另一证明。

结论：商代已建立封建特色的中国城市文明的基础

商王朝继承了前朝的"家天下"世袭王朝，以及广域复合国家封建诸侯的体制。它分封对其臣服的土地，把新开垦的边地开辟为藩邦，又对王室成员、有军功的将领、大臣和友好氏族赠以爵位和封邑。通过封建诸侯的办法，商王朝将其管治和控制延伸至离中原较远的四方，使中华文明能在一个广大的地理空间中传播。商代的甲骨文和其他考古发现均印证了古书明确记载的这个由中央和封邑、封国、方国构成的体系（包括它们之间的关系，以及相应的权利和义务）。

古商族原是个半牧半农的民族，虽然自契以来已经历了数个世纪与中原文化的融合，但在王位继承上仍依循"兄终弟及"旧习。这个继承制对一个广域王朝来说并不合适，引致诸王子争夺王位，而诸侯间亦因支持不同的王子而不和，成为早商与中商政治不稳和多次迁都的主要原因。世袭的"家天下"因而受到考验。在祖甲确立了嫡长子继承制和相关的祭祖体制后，商代的政局才稳定下来。这便是宗法体制的雏形，后来被周代延续与发扬光大。

契以天命这一新理念将灭夏合理化和建立商王朝合法化，而商王在中国历史上更首先以"帝"自称。早商数代商王在中原贤臣伊尹和伊陟父子的辅助下，以日常朝政、礼祭和合乎德行的行为作为天命的体现。其中帝王应以卜祭、巡狩，甚或征伐来显示他对臣民福祉的关注。青铜礼器作为行政授权及封邑、封国的凭证，是中央和地方接受天命传承的信物，更将商代广大的地域融汇在一个统一的行政和文化体系中。它们亦是商朝君主与属臣间的私人信物。相关人士去世之后，继承者要得到商王重新授予的青铜礼器才能保持君与臣或王与诸侯/方国的关系。这些礼器的制造与传播为我们确定商代领土和势力范围提供了有力的证据。

商代社会比夏朝更加复杂。在相关官员领导之下的集体耕作，或在贵族和大臣的封地上耕作公田已成一贯做法。自由民并不拥有私田，他们为封建主的田地耕作和提供其他劳力服务作为所耕公田的地租。这些耕作和相关税收方法是周代体制的前身。大型的一级聚落郑州商城

（亳）、偃师商城（西亳）和殷墟（殷）体现了已经出现的复杂的社会和经济组织。对商代百官的文献记载、都城里的各种大型作坊区，以及内城众多的宫殿建筑，均印证了在这些人口达6万—23万的大聚落内存在多样的非农就业状况。商代已善于建造宏伟的城，其中有宫有市。如《六韬》记"殷君善治宫室，大者百里，中有九市"，《太平御览·帝王世纪》记"宫中九市，车行酒，马行炙"，《诗经·商颂》有"商邑翼翼，四方之极，赫赫厥声，濯濯厥灵"。

为了供给这些大都市的庞大人口及王室贵族的豪华生活，帝国需要通过一个聚落系统以在广大的领土幅员内有效开发、组织各种资源和管理所涉及的双向物流。在本章内，各个等级的聚落都有不同的非农活动的分工。后者不但成为聚落的主要功能，也促进了人口规模不断扩大。在这些聚落之下是以采矿和农业为主要功能的非城镇（即农村）聚落。

因此，商代的城市文明已发展至一个较高的水平，显示出复杂的聚落大小、等级及功能体系。商朝因此已成为艾伯华（Eberhard 1977）所说的封建制度式的真正帝国，拥有强大且能有效统御广大领域王朝的管治体制。然而，中国有些学者，出于马克思主义历史观，认为商代是个奴隶社会，其大部分士兵和文官都是奴仆。虽然商代不少手工匠的职位是世袭的，而且自由民不拥有土地并需要为王室、贵族和官员提供力役，但他们一般都拥有个人自由。当然，真正的奴隶是存在的，由战争中被俘虏的外族，或由罪犯组成。总言之，多数学者认为奴隶只占商代人口的很低比例，并不对其社会和经济构成重要影响。

第六章

周与战国：
典章制度的成熟期

中华文明与历史的分水岭

周族始祖名弃，姬姓，尧时为农官，教民种稷，因而亦称"后稷"，被奉为农神。弃之后人直至夏代，世为农官。然而有另一说法，以为周族实乃戎的一支，世代在黄土高原一带流徙，至商代仍如是，因此孟子说文王来自古西戎。古公亶父时，周族被其他戎狄逼迫，于是他率领族人迁至岐山下的周原，采商制，兴农业，建宫室、都邑，改戎狄俗，设立官司，建立周并受商王封侯。周成为商方国，作为商与戎狄之缓冲。至姬发时，原本臣服于商王朝的周侯自称为"武王"，于公元前1046年打败了商代最后一个君主帝辛（纣王）。帝辛自缢而武王得以建立一个新朝代——周。周是中国历史上时间跨度最长的朝代（前1046—前256），共790年。它的前期称为西周（前1046—前771），都于镐（又称宗周，位于今西安），共12王，历275年（图6.1）。西周国力强大，四方臣服，也是世界上有最详细、最早而又留存至今的历史、典章制度、文学艺术等记录的世袭封建王朝。周代因而使人们能对这3000年前成熟且辉煌的中华文明有确切的了解。它对中华文明和中国历史，甚至对世界文明和历史的后续发展影响全大。诚如孔子所言，周是中国的黄金时代："典章礼乐……吾从周。"他认为西周是中原王朝统治的典范，应为后世所效法。

夏、商以来的"家天下"、仁君和德治概念，以及世袭王朝的封建制度等，在西周发展至巅峰。这些中华文明的主要元素被进一步具体化，发展为一个成熟的价值观体系及其具体推行政策，这个体系涉及中国传统的政治和社会价值观，以儒家典籍为核心，并有一套具体可循的管治制度，可传至中华文明之后世。城市作为这些价值观和制度的节点，落实了这些制度和原则的长期实践，并在其性质、功能、结构上均有所发展，成为成熟的中国封建城市。这些重要的发展，都和开国功臣周公旦有关。

周公，名旦，是周文王第四子，周武王的弟弟，辅佐周武王东伐纣王，并编撰了中华文明较早的经典，如《周礼》。因其采邑在周，爵为上公，故称周公。周公一生的功绩被《尚书大传》概括为："一年救乱，二年克殷，三年践奄，四年建侯卫，五年营成周，六年制礼作乐，七年致政成王。"

在摄政7年间，其兄弟管叔、蔡叔和霍叔（三监）勾结商纣之子武庚和东方夷族反叛，周公奉命出师，3年后成功平叛，将周朝的实控势力扩展至东海。周公又推行对中华文明有定性意义的典章制度，包括宗法制、分封制、嫡长子继承制和井田制等。周公在摄政后归政成王，维护和巩固了嫡长子继承制。这一制度除了规定周的王位由长子继承，同时又把庶子分封为诸侯卿大夫，使他们与天子的关系由家延伸至国。这亦是地方与中央、小宗与大宗的关系，加强了等级概念和中央集权，以宗法血缘为纽带，把家族和国家，以及政治和伦理融合在一起，形成了中华文明特有的"家"和"国"的观念，把夏、商以来的"家天下"推向成熟和稳定的发展阶段。这不但为周族近800年的统治奠定了基础，也成为中华文明的重要社会价值观。在此期间，周公又营建成周（洛邑，位于今洛阳），把传统的都城规划置于礼乐体制之下。这些举措使西周政治、社会与经济发展获得进一步的巩固。

在平定三监之乱后，周公发布了《康诰》《酒诰》《梓材》三篇文诰，其主旨是"敬天保民"和"明德慎罚"，表面上看使殷民在连续两次大动荡之后安定下来，从事正常的农业生产和商业活动，实际上文诰在颁布"康民""保民""裕民""庶民"等主要施政原则，以告诫为政者。它们指出天命不是固定不变的，君王要"明德慎罚"才能得天命，才能"万年惟（为）王"。孔子一生所追求的就是这种有秩序、保民和德治的社会。由此，周公建立的家国价值观及相关的礼乐体制成为中华文明的重要内涵，影响了周之后几千年的中国历史。

自共和（前841）起，王道衰落，井田制废，周朝国力渐衰。来自北方的外敌犬戎和西面的外敌羌，屡屡对西周施以军事压力，周平王被迫于公元前770年抛弃周族传统根据地，将国都东迁至新都洛邑成周，史称东周（前771—前256）。东周共25王，享祚515年，但周天子直接统治的区域已由西周时的约1万平方千米，逐渐减至东周末年的600平方千米，变成一个小国。诸侯因而纷纷称霸，对周天子只是表面上的尊敬。公元前256年，秦攻破了这个小国，东周正式灭亡。秦在公元前221年统一中原。公元前475—前221年间，史称战国时期，共有254年，其标志为7个大诸侯国相互征伐。在东周时期的公元前722—前481年，因是鲁国编年史《春秋》所覆盖的范围，历史上亦称东周前半期为春秋时期。

然而东周的没落与战国的纷乱也带来新的社会发展动力，在中国城市文明和历史的发展上加添了新的变化。最显著的新动力乃工商业的兴起，以及所带来的社会和城市规模、功能和规划上的变化。因此，自东周中期开始，中国城市文明史便处于一个新的发展阶段。

三代的理想：周王朝及其统治理念

由于周原（位于陕西省渭河平原西部）辽阔（约40平方千米）而肥沃，周国经周王季、文王、武王三世而强大起来。它其后与戎狄结为军事同盟，并联结西羌和西南巴蜀九族以伐商。周侯能在祖、父、孙三代之内强大起来，除了周原的自然条件，还与它成功地继承和发展了商代的统治哲学和行政体制有密切关系。总言之，西周紧跟并发展了商代用以成功管理世袭王朝和庞大广域国家的制度和行为习惯，而这些亦成为西周时代最具特点的成就，包括以下四大项。

封建制度

周侯以一个西陲小国，联合西部诸侯，以天命为借口，成功地击败残暴无道的商代最后一王，其中一个重要的成功战略就是周文王早已把商西部的拱卫诸侯黎、邘、崇等给除掉了。所以周建国后决定继承并发展前代封土建国的一个重要目的，即"封建亲戚，以藩屏周"。

封建制度乃由王室借着土地和权力的分封，以君臣宗法关系，通过诸侯管辖诸侯国并向周天子纳贡，让周室可以掌控王畿以外的地方。在分封中，诸侯一面"受土"，包括山川、田地与城市，一面"受民"，即领受被天子指定随诸侯迁往封地的移民与封地的原住民。同时，诸侯依其爵位被赏赐一定的车服器物，并按规定缴纳相应贡物，承担军事保卫与服从命令等义务。诸侯为世袭，可在其国内设置官员与军队，但理论上诸侯国可由周王室收回分配。

周初封周公长子伯禽于奄徐旧地建立鲁国，封太公望于蒲姑建立齐国，封召公长子于蓟建立燕国，又分别封成王和武王之弟于殷商核心地区建立唐国（后称晋）与卫国，目的乃是建立 5 个强大的由近亲控制的封国作为王畿的藩屏。另一个目的乃有效地监管众多的商遗民和曾经与商联盟的各氏族，特别是强大的东夷各族。

因此，与商代的封建不同，西周所封诸侯是"受土"和"受民"的。他们连同所封赠的氏族人口，需要迁往封地。如周公子伯禽带领殷民六族和许多精通礼制的人就国，不但分散殷民实力，同时也奉命管理当地反周的东夷族。到鲁炀公时鲁国已让当地居民完全臣服，鲁成为周礼最完备的国家，在春秋时期更成为周文化的中心。成王弟叔虞就唐国时领有怀姓九宗人民，而当地还有唐国遗民与狄人。燕侯克就国时领有殷商大族、雩和驭族，以及微氏族、羌族和马羌等一同北上。因此，周王朝利用封建制度建立起一个新的贵族阶层，有目的地迁徙商的遗民以分散商遗民的力量。

自武王至第三王康王，周消灭了 99 个亲商的方国，让 652 个其他诸侯臣服。在这些方国、诸侯国原有的封地上，周王重新封立了 71 个诸侯国和封邑，其中 15 个的领导人是周天子的弟弟，40 个是周的族人，其他为臣服的商族、周的盟友、对周王朝提供军事支持或朝贡的方国，以及先圣王的后代。在这些新封国、封邑内，周多以原有的军事基地为基础建成新的城邑。它们的核心城市多按规划建成，并有城墙，而城内的一般居民大多是前商的贵族及其随员。周的诸侯、百官及驻军则成为这些城市或邑的首都的上层社会或贵族阶层，这就是所谓"百姓"。城中由前商遗民构成的那部分城市人口丧失了他们的土地和贵族身份，但仍可以从事商业和手工业活动。

"封建诸侯"亦成为周公礼乐制度的一个重要部分。封建一般需要由一些刻有相关内容文字的青铜礼器作为凭证（周以青铜食器鼎的数目作为爵位高低的标志）。诸侯按其封国大小分成不同等级，即公、侯、伯、子、男五级；诸侯国的封赐分侯、甸（子）、男三等。不同等级的诸侯在祭祀、用礼、用乐和城市规模上都有不同的规定。诸侯亦向他们的大臣封赐土地和人民。这些采邑成为大臣们为诸侯效力的酬谢。这些封赐都是世袭的。封地上的原居民（鄙人或野人）主要是农民，他们与他们所耕的土地都是新封诸侯的财产。

封建还体现了内、外的关系，以及因此以亲疏和在地域上以离京师远近不同而产生的地方和中央的关系与义务等行为准则。其中最重要的乃祭祀与朝贡。简言之：

邦内甸服——可行祭礼；

邦外侯服——可祀；

侯卫宾服——享礼；

夷蛮要服——除了纳贡，新王要来朝；

戎狄荒服——除了纳贡，新王要来朝。

国土结构与官制

周王作为天子，直辖周王畿，同时也是中原地区众诸侯国及外族方国的共主。王朝的核心王畿由两个邑（区域）构成，即国都镐所在的宗周及副都成周。宗周面积约20平方千米，副都成周则只有6平方千米。它们之间由一条狭长走廊连接。三个部分加起来便成为周天子直辖的约1万平方千米的地区（图6.2）。宗周镐京及成周洛邑分别是西土与东土的政治与交通中心。王畿以外的地区则是分封的诸侯国，或是归附的方国（图6.1，图6.2）。

周代的聚落组织为乡遂制度。王畿以距城百里为郊，郊内为乡，郊外为遂。王朝六乡六遂，大国三乡三遂。到春秋时期，出现了较小的邻里与乡党等聚落单位。党是有血缘关系的百姓组成之公社，与乡关系密切，所以多相连称。周王和诸侯的都城为国，诸侯国中的大城为都，小城为邑。国、都、邑之外的广大区域称为野或鄙。周人与外族贵族、周人平民居住于国、都和邑，其他平民与原住民、奴隶居住于野。

周朝官制高层官员有公、卿二级。公级在早期有太保、太师、太傅，后期为太师与太傅。卿级在早期有司徒、司马、司空、司寇、冢宰、宗伯。周天子任命三公为执政大臣，总理百官。在诸侯的职官方面，设有卿、大夫、士等职级的政事官，以及由周天子派往各诸侯国的监。西周的公、卿与大夫等高官，采用世官世禄制，又称世卿，官职、爵位与俸禄都世袭，子承父，孙承子。当封主或被封者发生变化时，要由封主重新册封。而被封者的子孙继承官职时，也要由封主重新册封。

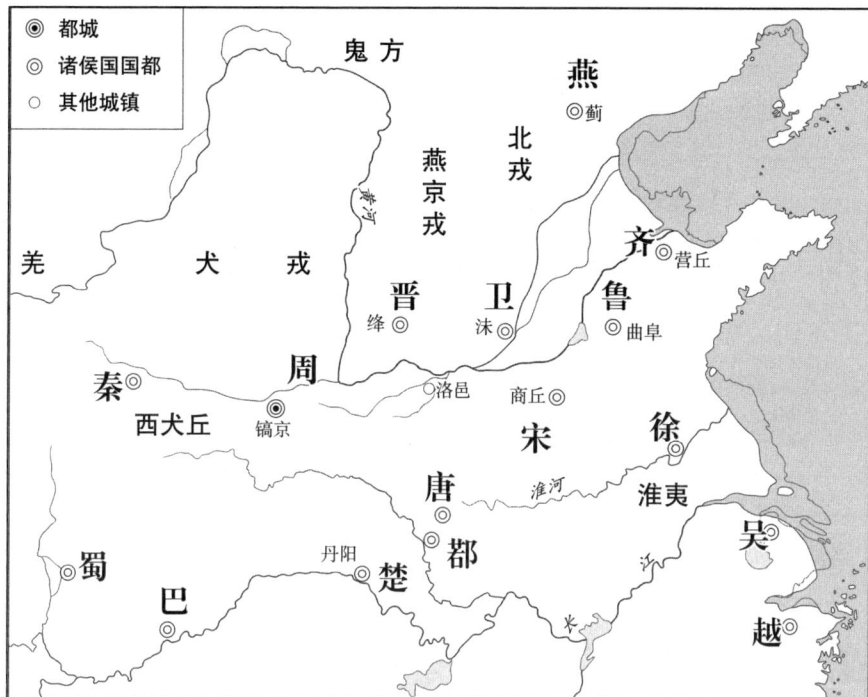

图 6.1　西周时期局部示意图

周王室的世卿巨室大多是周初东征的贵胄，不是周王亲戚就是氏族后代。世官世禄制一直到春秋末年及战国时期封建制度被破坏而止。

周初，王室强大，"礼乐征伐自天子出"，军权集中于周天子手中。周王室保留了强大的军事力量，包括宿卫宗周的六师（被称为"西六师"）和在成周震慑东方诸侯的八师（被称为"成周八师"），这十四师共有 3.5 万人。分封的诸侯国都有一定的武装力量。大国一般不超过三军，小国也有一军。诸侯国的军队，周王都能调遣，实际上也属于整个周王朝武装力量的一部分。军队的组成以战车为单位。《周礼》记载："五人为伍，五伍为两，五两为卒，五卒为旅，五旅为师。"因此在师之下有旅、卒、两、伍等编制单位。各级军官，由地位与之相应的贵族担任。最基层的甲士则由最低级的贵族和平民充任。奴隶则在军队中服杂

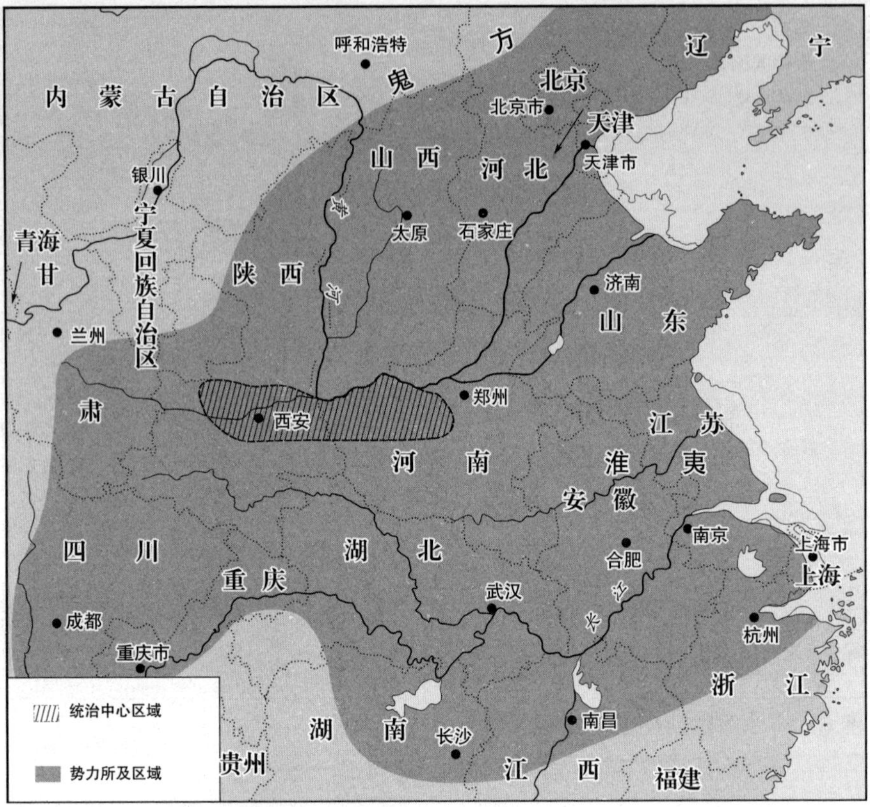

图 6.2　西周时期古今地名对照图

役。西周军队的主要兵种是车兵。战车一般由 4 匹马驾挽。车上有甲士
3 人，随车有徒卒，一般 12 人。兵器仍用青铜制造。

宗法制度

　　西周完善和稳固了自夏以来断断续续的以嫡长子为继承人的制度，
即宗法制度，巩固了以家族为本位的社会统治体系，促进了中国数千
年历史的相对稳定的进程。正室的长子成为继承人并且是家族祭祖的
代表，偏室的儿子地位较低。由于家庭是社会构成的基本，而国是其
延伸，君主作为"天子"是全体国民和国土的根基与代表，是"天下大

宗"。其下为分封的诸侯国，再其下为同姓小国。天子亦是天下共主和军队的总统帅。在一国之内，国君为大宗，同姓卿大夫为小宗。在采邑大夫之下，同姓庶民亦按同一原则而为小宗。这些庶民享有自由民身份，不同于农奴。后者多是敌对方国的俘虏，如西羌人。在周族之外，天子之下的异姓诸侯亦是其封国的大宗，这些诸侯同时也是其下异姓大夫的大宗。

在祭祀的过程中，有关的礼器、礼仪和配乐都体现了大宗、小宗的等级关系。如在祭祀中天子用九鼎，诸侯和大夫按级次分别用七鼎、五鼎和三鼎；在乐舞中，天子八佾（64人）、诸侯六佾（36人），卿、大夫四佾，士二佾等。

同时，商代崇拜的诸神在周代也被简化为一个大神，即"天"或商代称的"上帝"，其普法称为"道"。周人崇拜上帝与祖先，他们认为祖先的灵魂在上帝左右，有时会来人间监护其子孙。而鬼神主要有日月星辰之神、山川之神、土神与谷神等。在周人信仰中，这些神多半是由上帝册封的人鬼。例如周人的谷神，就是周人的祖先后稷。天子死后亦会回归天上，成为帝或神。天子作为天下大宗，要成为天下的典范，使国民都跟从。祭祖与祭天因而成为遵守礼法的重要传统。

此外，天子和所有国民都按"五伦"（即君臣、父子、兄弟、夫妇、朋友）内的等级排列，各有其权利与义务，使人际关系有规可循，以减少摩擦，促进社会和谐。因此，在全国范围内，家庭系统、祖先崇拜与祭天地、人与人之间的关系等结成一体，成为社会行为的规范以及行政组织的新哲学和新宗教。这个以社会和谐、人与自然平衡为主要原则的行为哲理，成为后来儒学的基础。

井田制度与城乡分野

周采用了商代以力役为主的土地税法，即井田制。王朝的诸侯、大臣和将领的薪俸不以现银或实物支付，而是由天子或各级诸侯大夫赐以封邑、采邑或封地。因此王朝的行政、军事的系统和功能与封建制度和宗法制度联系在一起。城市作为封建的节点及敬天祭祖等新宗教活动的平台，表面上（如土地利用、主要活动、建筑和景观等）似乎与农村有很大距离，它的经济却依赖于农村的生产。在有限的城市经济中，商业和手工业虽然做出了一定的贡献，但主要是由官府拥有和管理的，而且参与这些行业的商人和匠人的社会地位低微，都由归服的氏族如商族担任。正因如此，西周并不存在城乡之间在文化或行为上的分歧。

然而，在西周的封建体制里，也存在"国人"（城市人）与"野人"（农村人）的分野。国人包括城邑内居住的贵族、大臣和百姓，有受教育的权利和服务国家的义务，在20—60岁间接受军训并应召入伍。每家出一人被征，每十家有一人在役，装备由国家供应。应召者在20岁起受训，30岁在役，60岁后不受训不在役。然而，他们大多数是全职农民，一些人是工匠。"野人"指原商地或商属封国的本地居民，又或是在周王朝向南和东北扩展的新开辟土地上的原住民。他们居住于城邑以外的郊野，是参与井田制的主要农民。他们"九一而助"，除了耕种领主土地作为地租，亦为领主提供其他劳役服务，但没有受教育和从军的权利。

封建及礼乐的推行不仅把自夏、商以来在中原形成的文化和习俗向边缘地区传播，同时亦把城市文明推向较广大的土地。将商代文化水平较高的遗民迁徙到新开垦地区的做法也掀起了西周城市建设的新浪潮，这些为王朝服务的行政管治中心都采纳了以《考工记》为代表的"营国制度"。《考工记》在总结夏代和商代经验上确立了具体的城市等级原则和城市规划原则，以体现传统中华文明中的天人合一、敬天祭祖、礼乐等基本要求和象征意义。这些原则还在城市的空间布局和功能布局上使社会等级观念、五伦的人际关系，以及城市作为人与自然和谐结合的代表意义得到充分发挥，因而形成了中国传统城市的功能和结构特点，树立了中国特有的城市文明。

典章制度与教化

为了配合政治上推广分封制，周公在意识形态领域全面革新，将商以前的礼乐进行大规模整理和改造，创建了一套全面的礼乐制度，把饮食、起居、祭祀、丧葬等社会各方面的活动都纳入礼的范畴，使礼成为系统化的政府与社会的典章制度和行为规范。这一礼乐制度形成了后世的儒家礼乐文化，使礼乐成为遍及政治、教育、信仰等领域的文化结晶。因此，周与战国时期是中华文明在价值观和政治、社会及文化政策等方面上逐渐成熟的伟大时代。

综合了夏、商、周以来的文化发展成果的文献，经周公与孔子两位伟大人物的努力，成为传之后世的《诗》《书》《礼》《易》《春秋》五经（加上失传的《乐经》为六经）。《礼》一般指《仪礼》，与其同为"三礼"之一的《周礼》为周公所著，《诗》《书》中的部分篇目也出自周公。孔子其后修订了五经，为其中的《书》加了序，并对《礼》和《易》做出了解释。在周代时五经已经成为王子、公、卿、大夫、士的必读课本。

自公元前 675 年后，周王室出现了三次争位事件，掌国家档案馆的司马氏流落晋国，之后这些文档又散至卫、赵、秦三国。一部分周王朝的官吏、工匠也带着宫廷典籍逃至楚、齐、蔡诸国，成为第一批出卖知识以糊口的游士。他们被各大诸侯招揽，如齐桓公有游士 80 人，齐设稷下学宫以安置游士数百人，掀起了养士之风，推动了五经走出官府、对五经的自由讨论和学派发展。不同学术派别从富国强兵，或人与自然互动以达到和谐等角度，来理解五经所代表的夏、商、周三代知识并致用，促成了"百家争鸣"这一学术蓬勃发展的局面，使春秋战国时代成为中国的哲学、制度、文学与艺术的历史高峰期。

基于此，我们有必要检视五经的主要内容，因为它们是周代最伟大的文化成就，亦是中华文明的主要内涵。

五　经

对于五经的功能，孔子曾清楚地说明："洁静精微而不贼，则深于《易》者也。"《荀子·劝学》云："故《书》者，政事之纪也；《诗》者，中声之所止也；《礼》者，法之大分，类之纲纪也。……《礼》之敬文也，《乐》之中和也，《诗》《书》之博也，《春秋》之微也，在天地之间者毕矣。"有关五经的内容和重要性，谨简介如下：

《书》（亦称《尚书》）乃周王室外史所藏虞、夏、商、周四代的祭祀、战争、奏议、诏令等文献，是治国者的政治课本，亦是四代的重要史料。原共有100篇，今存《今文尚书》28篇和《古文尚书》25篇，其中不少是优美的古代散文。

《诗》由周王室的专职官员"行人"自王畿及诸侯国采集的民间诗篇，以及公卿大夫所献诗篇构成。时间跨越西周初至春秋中期约500年，诗篇基本是已十分成熟的四言诗。《诗》分《风》《雅》《颂》三部分，《风》为土风歌谣，《雅》为西周王畿的正声雅乐，《颂》为上层社会宗庙祭祀的舞曲歌辞。《诗》广泛地反映了当时社会生活各方面，被誉为古代社会的人生百科全书。现存的305篇是孔子删减后的版本，不少诗句在3000年来不断地被引用，成为中华文明中重要的文学作品及文化结晶。

《礼》一般指《仪礼》，《周礼》（又称《周官》）与《仪礼》《礼记》统称"三礼"。《周礼》被认为是周公所编。《仪礼》记述周代的各种礼仪，大分为冠婚、朝聘、丧祭、射乡等四类。《礼记》则是孔子及其门人对《礼》的解释和论述。西汉列《周官》于经，改称为《周礼》，认为它是"周公致太平之迹"。它共有6篇，即《天官冢宰》（朝政，统百官、均四海）、《地官司徒》（民政）、《春官宗伯》（宗族）、《夏官司马》（军事）、《秋官司寇》（刑罚）和《冬官考工记》（营造、经济）。它通过国家的六类官制（后来的六部）来表述以礼乐秩序、保民、育民、教民来达到德治的治国方案，内容丰富。《周礼》更通过详细叙述六官之下近

400个不同官职的施政目的和手段，体现了封建诸侯、宗法制、井田制、祭祀、朝觐、巡狩、丧葬、军制、税制，以及用乐、车骑、服饰、礼玉等规范，还具体说明了吉礼、凶礼、宾礼、军礼、嘉礼等五礼。它的重要性在于它是天子、诸侯、大夫必须遵循的等级制度，同时又着重于对国人德及礼乐的教育，以扩大周文化的影响，加强周人血亲联系，维护宗法、政治和人伦的等级秩序，达致"经国家，定社稷，序民人，利后嗣者"的目的。三礼不单是中国最早及最详细的政典，亦是礼乐和礼义之邦的具体说明。它被认为是中华文明的基石，是汉唐宋明清等后世的治国方略的根源。

《乐》据传是由周公整理的周王室乐谱或音乐作品，之后曾经历代乐官修订，但早已失传，部分内容可见于《周礼》。

《易》是占卜之书，包括《经》和《传》两部分。《经》文叙述了64卦和384爻。《传》为解释卦名、卦义、卦辞、爻辞的10篇，称为《十翼》。古人认为《易》经伏羲、周文王、周公、孔子等历代圣人编定而成。它内容广泛，概括了远古的时空、阴阳概念，这些概念发展成中华文明中的系统性世界观，用阴阳、乾坤、刚柔的对立统一解释宇宙万象和人类社会的变化。《易》把人与自然看作互相感应的有机整体——"天人合一"。它同时也记录了西周社会各方面，具有史料、思想和文学方面的价值，被认为是群经之首。

教化：教育制度与内容

周的学校按学制区分为小学、大学，按贵贱区分为国学与乡学，如《礼记·学记》所言："古之教者，家有塾，党有庠，术有序，国有学。"国学由大学和小学构成，设在王城和诸侯国都城。乡学设于州、党、闾（里）三层地方行政区，分别名为序、庠和塾／校。国学的对象乃王子、公、卿、大夫、士的嫡长子。

大学的课程（大艺）包括礼（伦理道德、政治、历史）、乐、射和御。它是兵学合一的教育体制，也是国野划分的国家结构所要求的。学生具有兵士与学生双重身份，战时出征，平时学术，毕业后就成为国家的禁卫军，而野人则没有这个资格。周朝的各种礼仪常在太学举行，一方面是国家活动的需要，同时也让学生熟悉、演练礼仪。除此之外，周人的学校还是养老的场所，举行供养礼也在学校。

小学为基础教育，主要学小艺的书与数。按《周礼》的乡遂制度，在塾的学生应是10岁之前的儿童，所聘老师也是闲居之士。10岁起入乡党的庠序，教学也相对正规一些。学习不误农时，学生在农耕季节"皆出就农"。《白虎通义》说："里皆有师，里中之老有道德者为里右师，其次为左师，教里中之子弟以道艺、孝悌、仁义。"《礼记·学记》："比年入学，中年考校。一年视离经辨志，三年视敬业乐群，五年视博习亲师，七年视论学取友，谓之小成。"对于具体的教学内容，《礼记·内则》说得更清楚：6岁教认识数字、四本位；7岁教男女有别，吃坐不同席；8岁教敬让长者；9岁教朔望、干支记日；10岁起到外舍读书；15岁束发，进入大学。

此外，《周礼·地官司徒·大司徒》亦明确列出乡教化万民三物："一曰六德，知、仁、圣、义、忠、和；二曰六行，孝、友、睦、姻、任、恤；三曰六艺，礼、乐、射、御、书、数。"《周礼·地官司徒·师氏》说明了各级教育官的教育目的："以三德教国子：一曰至德，以为道本；二曰敏德，以为行本；三曰孝德，以知逆恶。教三行：一曰孝行，以亲父母；二曰友行，以尊贤良；三曰顺行，以事师长。"

中华文明的礼乐与德育的基本原则和内容在西周已经成熟了。

《考工记》与中国城市规划中的文明印记

现已出土的西周城市共有56个，但它们仍未能提供足够数据以说明两京的全貌，甚或一个代表性的西周城市的详细结构。不过，成书于西周的《周礼》中的《考工记》（原出现在《礼记》，后放在《周礼》以补《冬官》之空白）记述成周的规划，为后世的都城及城市规划提供了一贯的原则。成周的考古数据证实了《考工记》记录的准确性。西周时的鲁国首都曲阜的考古发现亦为《考工记》关于首都的性质和设计特点提供了一些佐证，因为鲁乃周公儿子的封国，其城市体制与西周的一般体制应相去不远。我们将在下面简述《考工记》所揭示的西周城市规划的主要原则。

中国最早的"营国"或城市规划记载大抵见于《诗经》，其中提及周文王的祖父古公亶父于公元前1552年在岐山山脚建立城市的过程。亶父着全身礼服，首先考察四郊以选出一个合宜的位置，并量出各个方位和太阳的光线与阴影，甚至对地表水的流向也弄清楚。对场址有了确切了解后，他还占卜以决定场址是否合乎天意。之后，他举行拜祭上天和新址土地神的礼仪，以答谢它们。其他一些古籍，如《史记》，亦对西周初期城建程序做出相若的记述。从这些早期文字中，我们可以总结出西周城市规划和建筑的四大原则：

1. 城市建设先有规划，而规划是以成文落实和记录下来的。
2. 该新城是按传统的天地和方位概念来规划并决定其四边走向的。
3. 完成上述后，要举行两次包括献牲的祭礼。一个祭礼以上天及周之列祖列宗为祭祀对象，是在新城范围外一个临时建成的祭坛上举行的。另一祭礼是用来祈求经济和人口兴旺的，祭祀对象是新城的土地神。祭祀地点在新城内一个新堆的小土岗上。
4. 建城的工匠都预先配置，并有明显的分工。

这些记录也显示出西周城市的规划特点：

1. 城市按四个方位确定定位。

2. 城墙平面形状一般呈正方形或长方形。整个城市，以及主城门和宗庙、宫殿等主要建筑都面向正南方。此外，主要建筑在城中由北向南分布，形成南北主轴和高低不同的序列。

3. 城市选在平地而临近河边。

4. 主要的政治和宗教性建筑（宫殿、宗庙等）都建在夯土台基上。

5. 按功能将城市划分区域：中央区或宫城，通常有围墙，是宗庙、社稷坛、宫殿及贵族用的重要建筑所在的区域；围绕中央区是另有围墙包围的外城，是手工业、商业和一般市民的住宅用地，也包括一些农地。外城围墙外是护城河。

6. 城市建设先营宫室、宗庙，厩库次之，居室为后。

除了第三项，各项都突出了礼和乐的作用及其重要的象征意义，反映了由姜寨一期的大房子和大地湾四期的宫殿式建筑演变而来的早期中华民族的世界观。后者通过西周的规范化和条文化，最后演化成传统儒家的礼乐思想。文王所建的成周体现了这个规范化的理想中国城市，而《周礼》中的一些文字则是它的条文化，其具有代表性的三段文字节录如下：

　　"惟王建国，辨方正位，体国经野，设官分职，以为民极。"（《周礼·天官冢宰》）

　　"日至之景，尺有五寸，谓之地中：天地之所合也，四时之所交也，风雨之所会也，阴阳之所和也。然则百物阜安，乃建王国焉。"（《周礼·地官司徒》）

　　"匠人营国，方九里，旁三门。国中九经九纬，经涂九轨。左祖右社，面朝后市，市朝一夫……王宫门阿之制五雉，宫隅之制七雉，城隅之制九雉。经涂九轨，环涂七轨，野涂五轨。门阿之制以

为都城之制。宫隅之制以为诸侯之制。环涂以为诸侯经涂，野涂以
为都经涂。"（《周礼·冬官考工记》）

这些价值观在儒家之外亦是存在的，如墨家及法家。《墨子·明鬼》
有："昔者虞、夏、商、周三代之圣王，其始建国营都日，必择国之正
坛，置以为宗庙。"《吕氏春秋·慎势》也有："古之王者，择天下之中而
立国，择国之中而立宫，择宫之中而立庙。"（上述的"国"皆指城）

这个理想化的营国图样可见于图 6.3 和图 6.4。虽然《周礼》谈的主
要是天子的首都，如上引第三段文字所言，但同一原则与标准亦应用于
次要城市及诸侯国的都城等，不过其城郭的大小、门阿之高低、主干道
的宽窄等按其级别要比京城的同类设施矮小。因此，这些理想和标准是
所有中国传统城市都要依从的。

上引第一段节录可以体现出中国历史上建城的主要目的：封建帝王
按照当时人的传统世界观来组织及推行他的政令和管治。这一目的包括
三个概念——执中（或中庸、和谐）、秩序（或等级观念），以及王室与
平民的父子（宗法）关系。这亦是礼和乐的主要目的和指导精神。上引
第二段及第三段文字对执中及父权概念有进一步的阐释：国都选在天地
和谐、阴阳平衡的地点。具体而言，它是一个农业地区的中心点。在具
体规划王城主门、宫殿、宗庙和市场的分布时，都考虑到农业社会中人
和天地的关系（如体现在代表性方位上），以及奉天承运、天人合一等
象征意义。

总而言之，《周礼》将城市定义为一个为农业经济服务的行政和宗
教中心，因此，市场不但面积较小，而且被放置在最不吉利和肃杀的方
位，即城市的北面。按《周礼》，市场的交易场所分成三部分：位于中
央的叫"大市"，日中进行，为贵族、大夫的人员采购之地；东边叫"朝
市"，早晨进行，为商贾贸易处；西边叫"夕市"，傍晚进行，为百姓购
物处，由司市总管。西周城市商贸和工业由官府严格管制，形成"工商

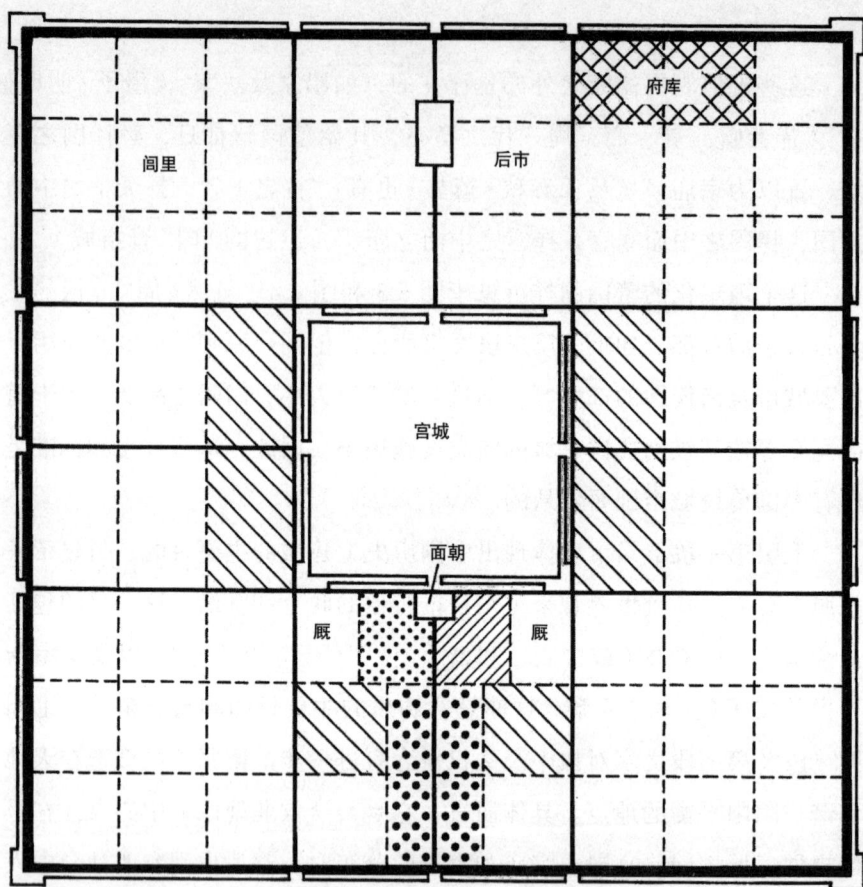

图 6.3 《考工记》中的宫城及皇城规划示意图

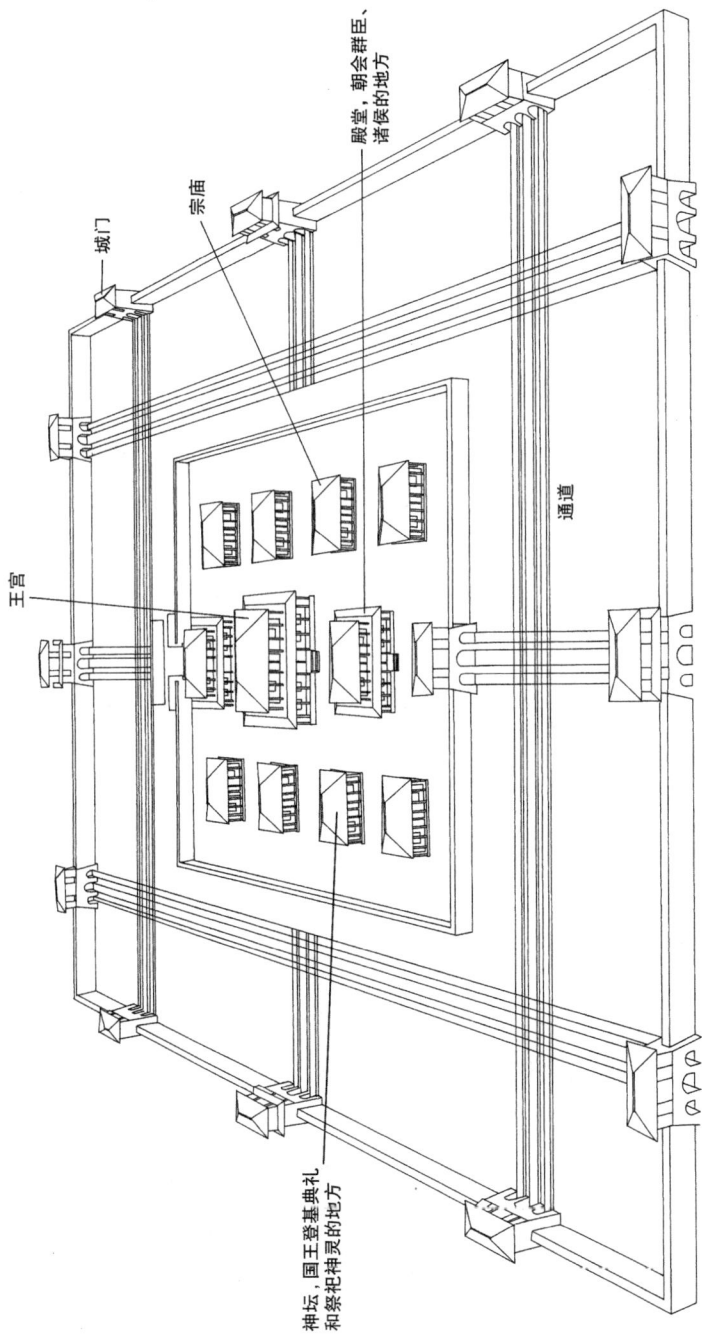

城门

宗庙

殿堂，朝会群臣、
诸候的地方

王宫

通道

神坛，国王登基典礼
和祭祀神灵的地方

图 6.4 《考工记》中的王城立面示意图

食官"制度，即工是官工，商是官贾。手工业区、百姓的居所，以及越来越多的军事人员都位于王城之外，即所谓外城。在西周，后者开始如商代一样被围以围墙，虽然它是在《周礼》所言的"国"（即城）之外。

西周的确将三代的城市文明发展至峰顶，并将其规范化，让日后中国传统城市在城市功能、选点和土地利用规划上形成了中华文明特色，即反映中华民族世界观或儒家思想的城市文明和城市规划特点。简言之，这些特点体现在：

1. 选址处于自然环境和农业活动的居中位置。

2. 方向南向，特别是主城门，因为南方是生机勃勃的方位（夏天季风及降雨的来源），以及先圣王的选向（"南面而王"）。南向代表了天道和人道的荫护和无阻的福泽。

3. 布局要方正、井然有序，代表礼乐的象征意义：有秩序地配合自然，以防止灾变的发生。

4. 王宫及行政中心位于城的中央，代表集权及奉天承运的意义。

5. 宗庙及社坛两组祭祀建筑代表了天子与先圣王一脉相承，以及秉受天意与生产丰收之间的紧密关系。在这些建筑按时祭祀，体现礼乐，不但将天子的统治合法化，而且可让天子得到神祇的持续庇佑。

6. 城墙代表了天子在地上（地为方正）的领土和治权。

7. 市井（市场）设于最不吉利的方位——北方，显示贸易与商人地位低微，以及这些非生产性经济在农业社会中的次要位置。

8. 城市的大小及等级。城市等级不同，大小各异，且规划标准也不一。这体现了礼乐思想中的等级观念，以及在行政上按等级分权来管治由国都至偏远地方的实际必要。

这些特点基本上已成熟于西周，我们可从宗周和成周的规划中看到其中部分。

宗　周

宗周是西周的王都，包括文王在西安市西南沣河西岸所建都城丰京，以及其后武王在沣河东岸所建的镐京，合称丰镐，是个双子城。在整个西周期间，它都是周的国都，至平王东迁才被弃用。丰京面积为8.6平方千米，镐京近11平方千米。丰京遗址北部有夯土基址成组分布，已发掘14座，最大的为4号基址，面积达1800平方米。在镐京遗址已发现夯土基址11座，最大的达3300平方米，其上的建筑面积为2800多平方米，面向东南，平面呈"工"字形，主建筑居中，两端为左右对称的附属建筑。这可能是西周的大朝所在。在丰京也发现了多处铜器窖藏，西北部的墓地出土了大、中、小型墓3000多个，较大的有陪葬车马坑。到目前为止，丰镐还未发现有城墙，似乎是以河道和周边水体作为防御堑沟。

离丰镐不远的岐邑是古公亶父所建的先周都城，在西周时期一直被使用，用作都城的太庙社坛区、主要贵族居住区和手工业区。因此，岐邑或可看作丰镐的一部分。在岐邑确认出130多座单体夯土基址，主要集中在凤雏。在凤雏还发现了一个90万平方米的城址和城内10处大型夯土建筑基址。其中的凤雏甲组建筑位于城的中心，面积为1469平方米。该城可能是宫城，而凤雏甲组基址可能是寝宫或宗庙遗址。该组建筑形成了前堂后室或前庙后寝的格局（图6.5）。在它的西厢房一个窖穴中出土了超过1.7万片西周早期甲骨，200多片甲骨上有刻字。在凤雏建筑基址区内更出土了青铜窖藏32个，反映出平王东迁时王室贵族因仓忙出走而不得不把贵重礼器埋在土中的乱象。在宫城的东北，有一个面积超过1平方千米的大型手工业区，内有不同的作坊50多处。这个手工业区自西周早期到晚期一直存在（许宏　2016）。

a. 复原图

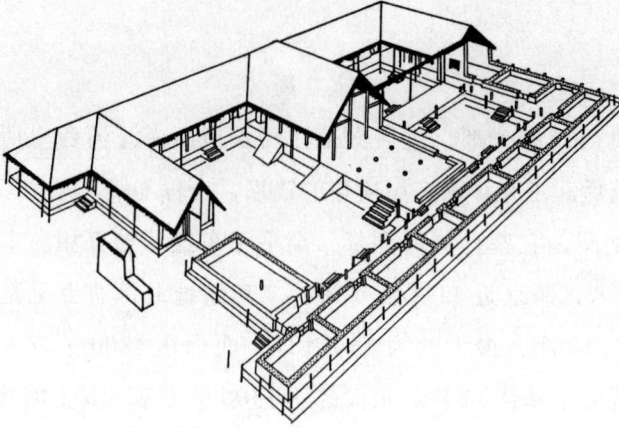

b. 平面图

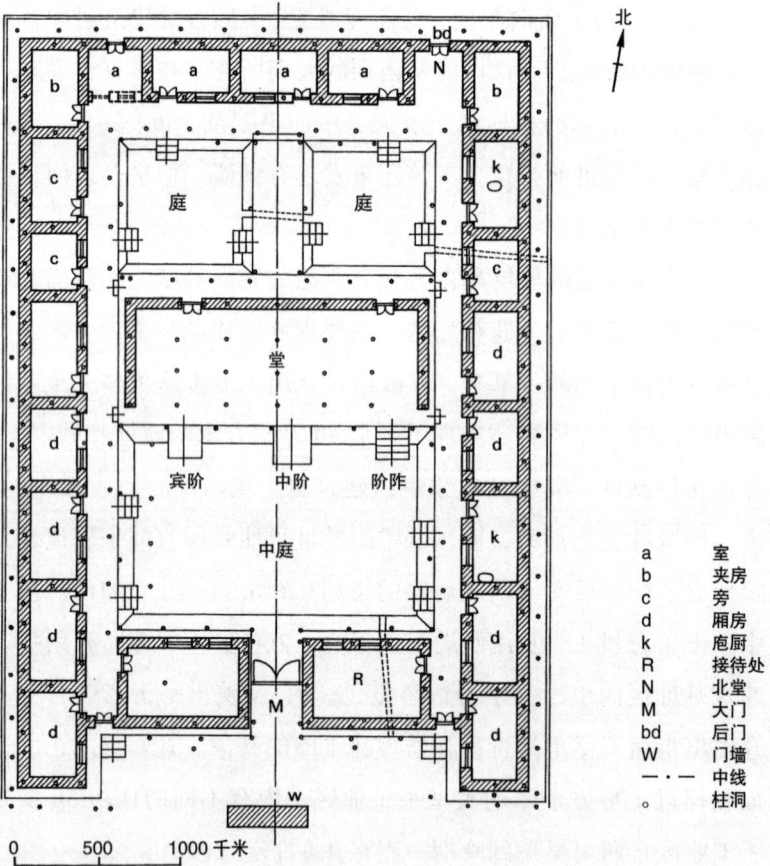

北

		室
a		室
b		夹房
c		旁
d		厢房
k		庖厨
R		接待处
N		北堂
M		大门
bd		后门
W		门墙
— · —		中线
。		柱洞

0   500   1000 千米

图 6.5 陕西岐山凤雏西周甲组建筑遗址复原图

成　周

作为副都，"大邑成周"是个包括核心市和广大郊区（邑）的行政单位，总面积约 6 平方千米。核心市成周由周公旦在西周初年始建，考古学家在汉魏洛阳城下层发现不晚于西周中晚期建的城址，面积超过 4 平方千米，呈长方形。按古书记载，成周有一支庞大的常备军——八师，以及大量的商遗民。它被认为是西周的王朝中心，位于周朝的地理中心点，有利于周天子治国，同时也可就近监控商朝遗民。其中心地理位置亦方便诸侯向中央定期朝贡。该城一直沿用至东周末年。

另有东周王城位于成周西边，其平面近方形，城内面积约为 9 平方千米。它的西南部有个夯土台基区。在北面及南面亦有各一组，似乎是宫殿建筑和宗庙、社坛建筑。在王城南部发现了面积达 12 万平方米的粮仓区，内有 74 座战国粮仓。城中心偏西有冶铁遗存，其他手工业，包括铸铜、制骨、制玉及制陶作坊等都在王城的北部。终东周之世，两城东西分布，长期并存。

战国：铁器时代开始，封建体制变革

自从周平王由镐京迁都至洛阳（成周）起，中原西部逐步落入犬戎手中，周朝日渐衰落。诸侯国的数目在西周初年的高峰时达 1773 个，经过不断的战争和兼并，在东周初年只余约 170 个。在战国初年，诸侯国更只剩下 14 个而已。大量诸侯国覆灭，不少贵族、大臣及各级小吏失去了他们的封邑、采地，导致土地制度的变更和新社会阶层的出现。在中原流行了约 300 年的井田制度因而逐渐被私有制取代，地租变成以现金或实物交纳，土地所有权的转换方式亦由封赐而逐渐变成交易。

齐桓公在公元前 685 年"相地而衰征"；楚在公元前 548 年"书土田"，将田地分为九等，按面积及质量纳赋。周朝东西部的各国也相继采纳了上述变更，以致井田制在其后的 200 年内完全退出历史舞台。如魏在公元前 445 年"尽地力之教"，蜀及楚等国采纳了新的政策以吸引百姓开垦西南和南方的土地并到新开辟的领土落户。秦在公元前 408 年"初租禾"（按亩征税）及在公元前 349 年废井田制。

新的冶铁技术，尤其是铁犁和镰刀的普及，也导致农具价格的降低和农耕效率的提升。畜耕的推广，以及大型灌溉工程的建造，也促使农业有了新的发展。在公元前 400 年左右，新的农业技术估计已能支撑当时庞大的约 2000 万人口，并且使其中大部分人可以成为非农城市人口。按《管子》记载"士农工商四民者，国之石民也"，在农民之外已形成"城市阶层"——士、工、商。当时这类城市人口的比例估计约在35%，比日后各朝代的比例明显高出很多。

从公元前 7 世纪开始，在日渐增加的总人口中出现的新阶层士特别引人注目，因为他们主导了中国日后的历史进程和文明演变。士阶层有学士、策士和术士等。他们是以往的贵族中担任臣、卜、史等一类文职的工作人员。在失去以往的职务后，他们以其学识谋生，从而成为往返各国的政客、学者、私人教师、专业人士，甚或风水师和相命者。

与此同时，商人及手工艺者的队伍亦在增长。不过铸铜和铸铁行业仍属官办。其他手工业（之后也包括采铁和冶铁）却容许私办以促进生产，应付庞大的需求。由于商族有着久远的贸易传统，而且他们集中在成周和东方诸侯国的城市，所以使成周及齐国的都城成为贸易最早兴盛起来的地方。农业剩余价值的增加、区域间路网的改进，以及贸易税收日渐成为诸侯国的固定收入来源，都促使不少国家采取鼓励贸易的政策与措施，并在主要城市开设市场和设立相关的管理机构。结果，在战国期间，位于主要交通节点上的城市纷纷发展为重要的工商业城市（图 6.6），如齐的临淄，楚的宛、郢，燕的蓟，赵的邯郸，魏的大梁，秦的咸阳等。

频繁的战争和新的军事技术也推动了新型军队的出现。弩、铁剑和铁甲胄的应用扩大了战争的规模，战车也成为战争主力。宣王伐楚便动

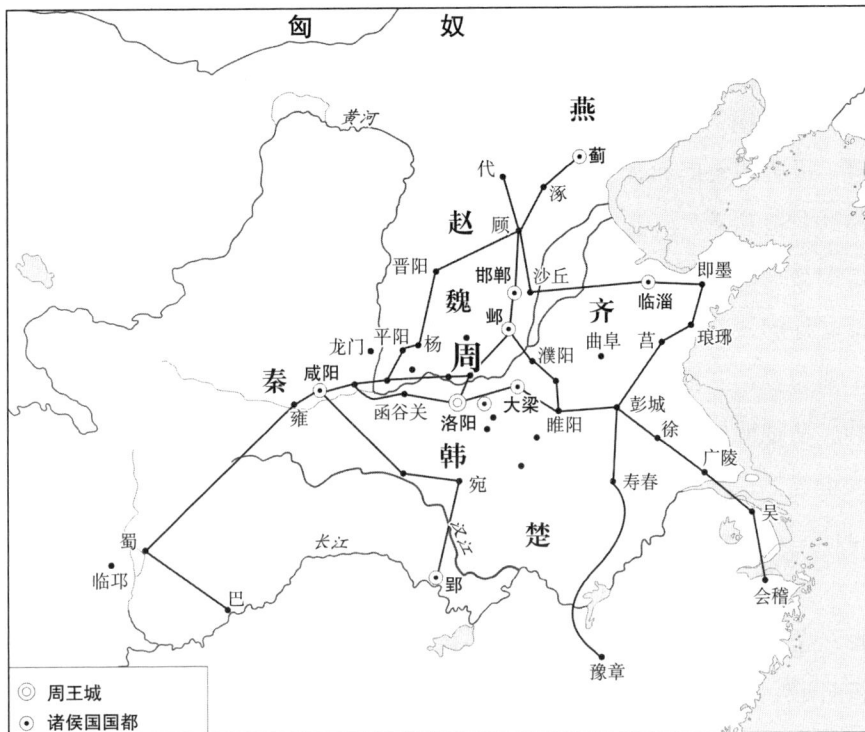

图 6.6 战国时期交通网与主要商业都市的分布

用了三千战车，而东周记录的最大一场战争共投入兵力 60 万人。贵族对军事的垄断也被打破，自公元前 5 世纪起，各国普遍采用征兵制，凡适龄男子包括农民皆可以征召，出现了雇佣兵和常备军等专业军队。在战国时代，七雄的常备军已十分庞大（表 6-1）。频繁且大规模的战事和不断加强的攻击能力都是城市要建造外城或郭的重要原因，此外，重要的工商业城市同时也是兵家必争的军事重镇。

表 6-1 战国七雄的常备军与人口数目 （单位：万人）

国名	楚	魏	秦	赵	齐	韩	燕	总数
常备军	100	70	45	70	30	30	30	405
人　口	500	350	225	350	150	150	150	2000

自东周起，百姓中的新阶层——士、工、商不但被官府承认，而且成为政府规划城市和施政的基础。各个霸权以战争和权术来不断扩大其领土和影响力，使封建制度慢慢解体并向一种新型的中央集权体制过渡。世袭的大臣和官员被领俸的新官僚取代了，前者也失去了他们所依赖的封地和采邑。新征服的或新开垦的土地直属各国的中央政府，然后由中央授权地方官员管理。齐国最早推行这个新的行政管理政策，在首都之外的领土建立一个四级行政系统。最低级的邑有 50 户，十邑为聚，十聚为乡，三乡为县。最高级的行政单位有约 4.5 万人，相当于今天的县。秦是最早全面推行这种新集权制的大国，它在公元前 349 年推行的改革包括：推行县制，"集小都、乡、邑、聚为县"；统一度量衡；按人口征军赋；行官僚制，按才任命，给以官俸，并可随时任免。

概言之，自东周开始，社会因科技的进步和政治局面的变迁（周王朝衰落）而面临巨大的变革。"礼乐征伐自天子出"这个西周的规定已被打破，封建制度和它所代表的以礼乐为基础的统一王朝国家已经瓦解，"礼崩乐坏"，各国争霸，促使中国历史和文明的进程，以及城市的性质和内部结构都进入了新的阶段。

东周和战国的新城市文明

周天子的天下共主地位的衰落导致各国诸侯来争霸天下、逐鹿中原。他们纷纷尝试走富国强兵之路以期达致问鼎中原的梦想，礼乐及其用以维持天下一统、社会和谐稳定的等级观念自然受到很大的冲击。在这个背景下，不同的学派出现了。他们不但对传统文献和社会价值观有不同的看法，更提出了对社会和政治变革的不同方案，春秋战国因此成为一个学术上百家争鸣的年代。在东周中期，所有大国首都的幅员都在 10 平方千米以上，均比周天子的成周或王城大。到战国时期，七雄的首都面积更在 20—30 平方千米间，明显地违反了《周礼》的规定。

然而，这亦是个众多新城市被建成和城市化进一步发展的年代。庄林德和张京祥（2002）以历史记录为依据，发现在东周时期较大的 35 个国家中，共有 600 个城市（其中 85 个是东周时新建的），推断当时的总城市数目应在 1000 个以上。在战国时期，新建的城市亦有 47 个。单在河南省，西周初期有城市 30 个，至战国已增至 130 个。至今，考古已出土西周城址 56 个、春秋城址 192 个、战国城址 387 个。基于上述，春秋战国时期是个城市急剧增长期。除此之外，这时期的城市还体现出以下的八个特点：

1. 城市的大小突破了礼制规定的不可比周朝都城大（10 平方千米）的准则，出现了逾制建城的现象。

2. 在新形成的地方行政单位建立了以行政功能为主的治所城市（郡县城），形成"国、郡、县、乡（镇）"四级行政中心。

3. 在各国边界的保卫城墙上出现了不少军事重镇（这些城墙日后被连为长城）。

4. 主要的城市同时成为新的工业和商业中心。在战国时期共有 20 个以上此类城市。

5. "郭"，即有城墙的外城普遍出现。《左传》提到郭最早出现在公元前 648 年，即东周中期。此外，当时的主要城市都设有多个市，后者成为城市手工业及以商业为基础的居住里坊的核心，多建有围墙并且主要建在外城（郭）中。

6. "城以盛民"成为一个新的概念，超过了之前作为统治者的行政、礼教和从属的手工业的中心这一较单一性质，出现了新的城市群体。特别是在外城中出现了以非农活动为主体的真正的城市社会（或市民社会），这是中国城市发展上的首次。这些非农活动除了工业和艺术还包括教育、文化和各种娱乐活动。郭内也出现了以户籍为基础的邻里结构及管理体制——里及间。

7. 城市一般坐西北、向东南，因为宗法以东为大，皇权和天以南方为代表，这一变化体现了皇权的衰落，但家仍是政权、军队和社会的核心。

8. 宫、庙在商周时多为一体，是互称，都在官城之内，至春秋战国时宫、庙分别营建于不同地方。

在中国城市文明发展史上，春秋战国的城市在功能上强调了军事和工商业的重要性，反映在城市规划上是外城或郭城的出现，大量的市民和工商业活动被防卫性强的城墙包围保护起来。《吴越春秋》所记的"鲧筑城以卫君，造郭以守民，此城郭之始也"大抵是指这个时代恢复了夏代之前龙山时代中后期，邦国都城均建有外城的现象（见第三章）。商代和西周因为中央集权，军力强大，在王畿内的都城都没有建外城，因此《考工记》亦没有提及外城及其规划。自东周开始，王朝权力衰落，诸侯纷纷争霸并相互攻伐，诸侯都城的防卫设施再次成为必要的组成部分。这时外城的名称亦正式定为郭，其主要功能为守民，其后历代的城郭体制也正式开始了。不过秦和西汉因为有强大的国家力量，其国都均没有外城，是历代国都中的少有案例（见下一章）。

齐国都城临淄是战国时期的最大城市。《战国策·齐策》印证了其中重要的新市民阶层和新出现的城市文明景象："临淄之中七万户……甚富而实，其民无不吹竽、鼓瑟、击筑、弹琴、斗鸡、走犬、六博、蹹踘者；临淄之途，车毂击，人肩摩，连衽成帷，举袂成幕，挥汗成雨。"鲁国首都曲阜却以最吻合《考工记》的规定而著名。这两个城址及城内一些遗存的详细考古成果现已公布，下面我们以这两座城为代表，揭示春秋战国时期的城市特点：

临　淄

这个战国时期人口最多的城市，在当时有 7 万户，约 35 万人。这个齐国的都城位于山东淄博，面积约 20 平方千米，略呈长方形。它存在于整个春秋战国时期，并作为齐国首都有 600 年的历史，同时也是当时最大的工商业城市。

临淄是个双子城。小城（宫城）在大城（郭城）之外，与其并列（图 6.7）。起初宫城建于西周，新宫城建于战国，其原因可能是为了加强防守能力并将宫室宗庙和行政中心与日渐增加的城市人口分开。新宫城面积为 3 平方千米，有城墙和护城壕，城墙开 5 门。宫殿区在城的北部。大城一直使用至汉代，有 6 门及 7 条干道，其中南北向 3 条，东西向 4 条，互为直角交叉。旧宫殿区可能在中央干道交叉点以北。

郭城或外城有大量作坊遗存，如北面的铸铁、铸铜作坊，西面的铸铁作坊。铸铁作坊遗址有的达 40 万平方米，在各国都城少有，反映临淄是全国铸铁业的中心。在小城北部偏西有一大型的市。这些都印证了临淄作为战国大型工商业城市的地位。在小城的南部也有铸铜的作坊及一个铸钱遗址。齐国也是铸币最早的诸侯国。小城中的作坊应为官办的，直接为王室服务。在大城之内出土了很厚的文化层，显示出高密度的城市居住状况。

虽然城市的主体土地利用和功能区划分并不规整，但市场的位置和新旧宫城区的方位仍体现出《考工记》的规划原则，不过城市在规模上的逾制、工商业的重要性和大量的民宅用地，都显示出战国城市不同于西周城市的特点。

曲　阜

曲阜乃周公儿子的封邑，因此它比较依从《考工记》的规定。城市作为鲁都一直沿用了 700 年。至今仍未发现西周时是否有城墙。已发现的是建于东周初的大城城墙及汉时的城墙（图 6.8）。

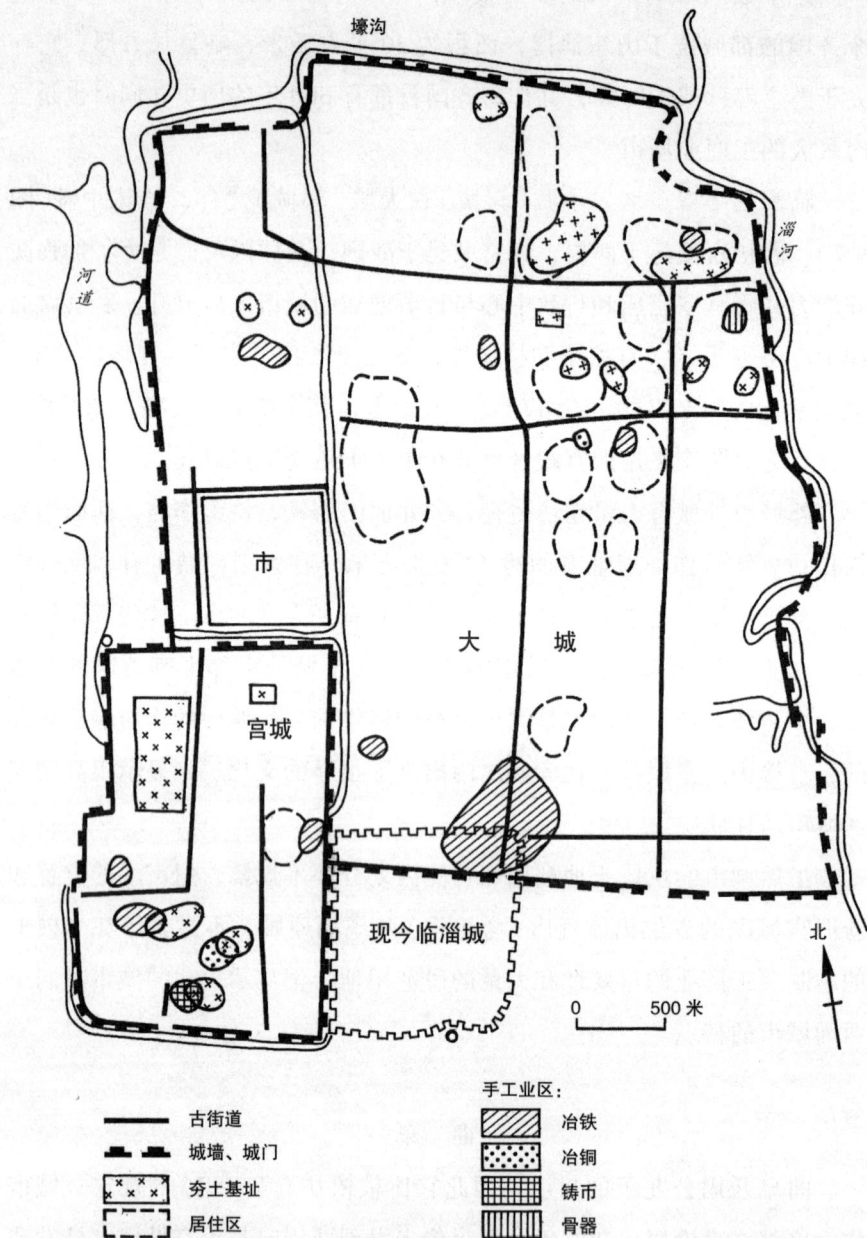

壕沟

河道

淄河

市

大 城

宫城

现今临淄城

北

0 500 米

古街道

城墙、城门

夯土基址

居住区

手工业区：

冶铁

冶铜

铸币

骨器

图 6.7　春秋战国时期齐国都城临淄平面图

考古数据显示，东周时的城墙呈不规则长方形，有 11 门（南边只发现 2 门），城内面积为约 10 平方千米。南墙或可能再有一门，以契合《考工记》12 门的规定。东西墙间有 5 条东西干道连接。城中偏北处有东西长约 2 千米、南北长约 1 千米的建筑群，其中有一个用夯土墙围起的 0.25 平方千米的小区，估计为宫城。大城北部是个庞大住宅区，东部及西北部也有其他住宅区，市可能就位于其中。城中也发现了 10 个不同的作坊区，两个大型铸铁作坊各自分布在宫城东西两面。在大城的西北部还发现了西周至东周时的大型墓地。

总言之，曲阜的宫城居中，坐北向南，与《考工记》所载一致。此外，它亦证明了宗庙、社坛与宫室分开布置的现象。

结论：中国城市文明新阶段与城市的礼乐代表意义的定型

周代继承了夏、商的遗习，在取得中原的中央政权时，仍礼待前朝王族，赐予封国，容许他们保有祖庙与社坛。周清楚表明自己继承了大统，而且不少政策都是在前期基础上继续发展的。因此，周代以西戎之后，经过近千年时间，逐步融入中原文明，与商代由东胡一支亦经数百年融入中原以取代夏代的统治实出一辙。中华文明自龙山时代起，以中原为核心，向中国广大地理空间扩散，逐渐形成一个多民族的文明共同体——夏、商、周三代的封建世袭王朝式广域国家。

西周时也出现了重要的新发展动力，包括比前朝更完善的宗法、封建和礼乐制度，以及完备的典章制度。这些动力促使社会和城市化出现了革命性的改变，让封建制度在西周时走向成熟和高峰期。这时中国城市的主要功能为行政中心，城市也严格地按照祭天地和崇拜祖先的礼乐和教化规定而建设。但分封制难以行之久远。周初的 5 个主要封国在东

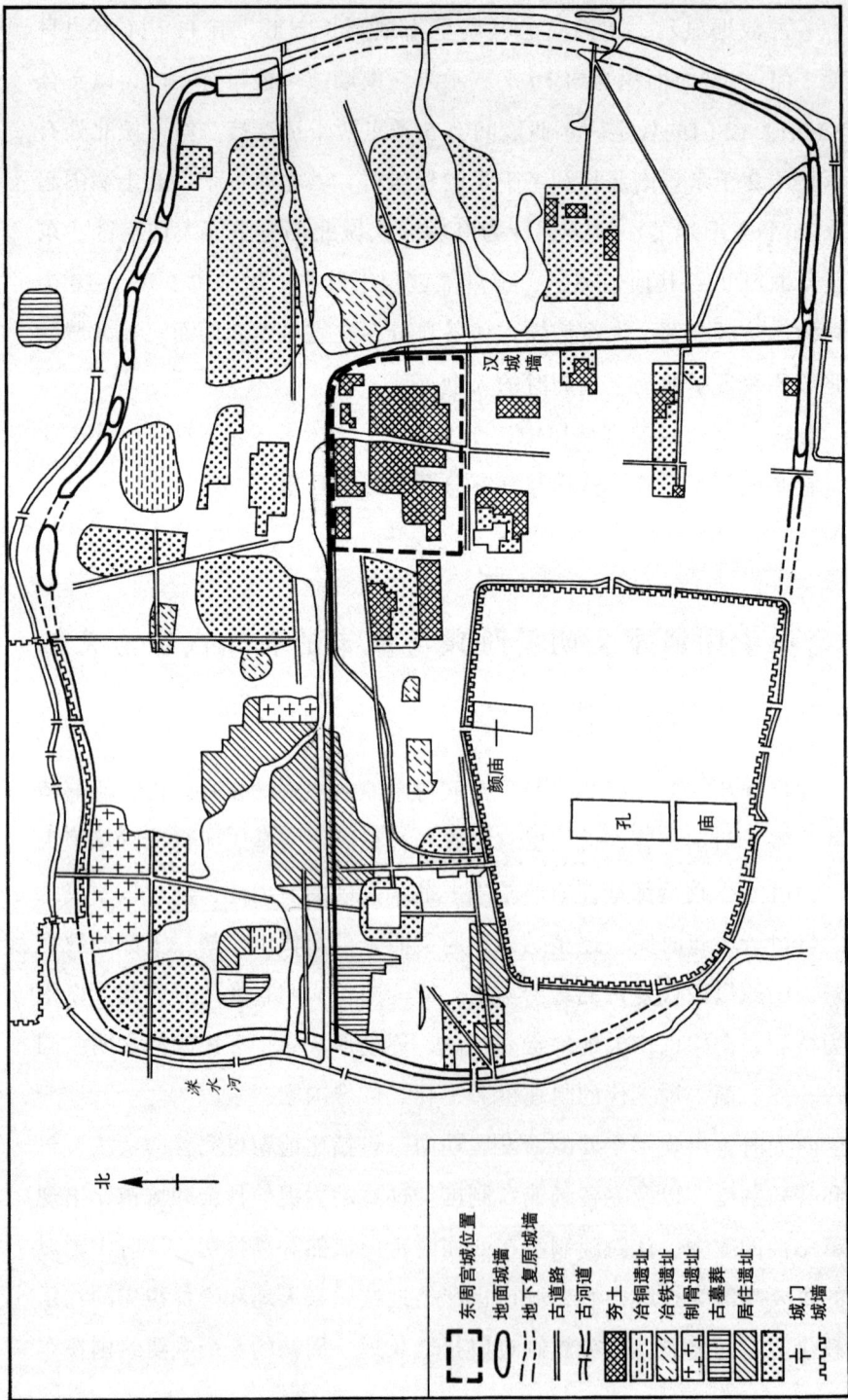

図 6.8 春秋戦国時期魯国都城曲阜平面図

北

汉城墙

颜庙

孔 庙

泗水河

东周宫城位置
地面城墙
地下复原城墙
古道路
古河道
夯土
冶铜遗址
冶铁遗址
制骨遗址
古墓葬
居住遗址
城门
城墙

周初已成为尾大不掉、挑战中原中央政权的主力。历史正在呼唤新的政治体制，这在战国时具体体现在各国的土地、税收、地方行政的改革上，为秦始皇全面废封建为郡县的高度中央集权开路。

由于技术发展，铁器乃至钢出现了，社会的变革也令一个新的士阶层，以及新的官僚和常备军兴起。这些动力冲破了旧的礼乐和宗法观念对城市规模和工商业的限制，使城市的工商业功能扩大，改变了传统城市的性质。新的社会阶层也推动了新城市的出现和在空间上的扩散。郭的概念也出现了，使城市增加了促进工商业经济的"守民"功能。而"市民"的概念也不单是以前官办作坊内的工匠和从属人员，还包括大量的私人工商业者及附属人员。因而，郭城也开始以闾里或里坊制管理城市住民。这使中国城市化和城市文明进入了一个新阶段。城市文明向比夏、商和西周时更广阔的地域拓展。同时，封建的衰落和多元政治的现实也使周王朝国都地位下降，同时在各大国中出现了多个大型都会。

在秦国的权谋和不断的征伐下，另一个新的中央集权体制也在战国后期逐步形成。华夏文化区的边缘地区和边远地区中的方国和封邑等小型政治实体，在这过程中也被新的中央政府转变为郡、县、乡等次级行政单位，促使中华文明和中华民族在更大的地理空间进行更深度的融合。然而，在新的工商业等经济发展的浪潮中，中国城市文明的特色，即城市的行政、宗教功能和相关主要功能区的分布，以及对周边农业地区的中地（central place）式服务和紧密生态关系等仍保持不变。不但战国时期的城市印证了这个特色，后世不断发展的中国城市亦是如此。

第七章

秦汉：大一统集权体制
与行政型城市

秦开创新型王朝及奠定了中国的概念

公元前 221 年，秦王将最后一个霸主灭亡后，成功地结束了自东周以来 500 多年的纷乱局面。虽然新建立的统一王朝秦（前 221—前 206）只延续了短短 15 年，新皇帝秦始皇（前 221—前 210 在位）却为中国及世界的历史翻了一页——他建立了一个以新民族为主体的新国家。这就是我们今天理解的中国，秦王亦基于这个理解自封为"始皇帝"，即第一个真正以全中国为版图的广域国家的君主。

这个国家的疆域由北面的长城、东面的海岸线、南面和西南面的山岭为明显的地理界线。它不但将夏、商、周以来的不同民族融合为一个新民族，还以中央集权的力量将各地方文化统合为以中原主体文化为核心的统一文明，这就为它的继承者汉朝打下了基础，使汉成为一个以儒家思想为文明基础的新的统一国度。汉朝（前 206—220）在长达 426 年的成功统治中，继承和强化了秦开创的"国家"和"民族"的概念。

在秦朝统一中国之前，以中原为核心区域的三代王朝对各诸侯国实行怀柔的封建制度，对它们和臣服的各方国并未加以强力控制。实际上，王朝与诸侯国、方国的关系近似于新石器时代的酋邦联盟。在政治危机来临或有喜庆之时，诸侯就响应天子勤王或朝觐的号召。这些诸侯包括周朝势力范围外的被后世称为"少数民族"或"蛮夷"的地方政权，即北狄、西戎、东夷和南蛮。事实上，周和秦的先代亦属于这些位于中原以外的蛮夷或化外的民族。在北方，他们原是草原上的游牧民族。秦的先祖经历了400年而转变为以务农为主的民族。和夏、商、周三代的传统一致，秦以应天命为借口攻下了中原这个三代的文明基地，并且将秦的有效控制区推广至四川盆地和今天中国的西南和南方（图7.1）。

在秦的新版图里，秦始皇建立了一个新的帝国式的中央集权体制。他废除了诸侯和方国，代之以一个非世袭、以俸禄为生的官僚系统，形

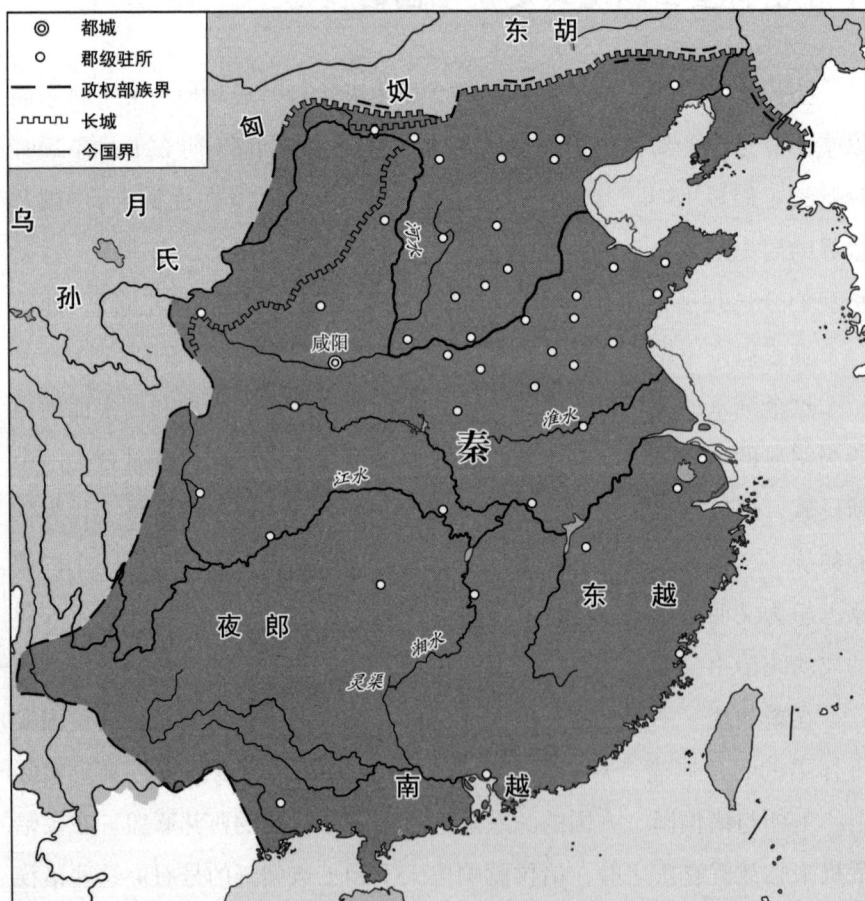

图 7.1　秦时期局部图和郡的分布

成了新的中央地方行政体系。这个体系包括中央政府、郡、县、乡等四个层次。各级行政区的治所成为国家新的城市体系的基础，同时也巩固了中国以行政为主要城市功能的传统。

秦朝采用中央集权的办法，将多元、多民族的新国家整合为一个统一的大国，这些方法包括在新国家内推行统一的文字、度量衡、车轨宽度和货币。此外，还建设了由首都至全国各主要地区（包括西南和南部地区）的9条驰道，以及连接东西的运河，方便人员、货物和军队在全国的运输。最大的工程乃北筑长城。秦动员了40万人力将战国时的长城连在一起，筑为长2250千米的"万里长城"。长城自此成为以后历代的最重要防线，也首次将古代中国版图内的农耕文明与游牧文明做出有效的分隔，形成了"汉"与"非汉"的分野，推动了长城之内以三代农耕文明为核心的新民族的出现。

自此以后，长城之内以中原为核心的中央政权与诸民族，对塞外的民族渐有不同的看法，并以之为野蛮的化外之民。因此，自秦汉起，中国历史上第一次出现了"汉"民族的概念。这些概念随着汉、唐二代的版图扩大而推广至边远地区，对其他少数民族产生"汉化"影响。在这个新的地理空间里，中国的城市文明被赋予新的内涵，其相关特色延续至今。

统一大国下的新行政和新经济

秦每灭一国就"废封建，行郡县"，将地方置于军事将领管治之下。郡的治所都是当地的最大城市。有秦一代共设48郡，其下共800—900个县，形成了一个三级城市体系，即首都、郡治和县治。

汉代以光武帝为界分为西汉（又名"前汉"，前206—公元25，共12帝）和东汉（又名"后汉"，公元25—220，共14帝）。汉的创建者高祖（前 206—前 195 在位）鉴于秦代"废封建"的极端做法导致国运短暂，采纳了郡县制与封建制并行的体制。他为有功的将领和皇室至亲分封了不少郡国。《汉书》载"列侯所食县曰国，皇太后、皇后、公主所食曰邑，有蛮夷曰道""凡郡国一百三，县邑千三百一十四，道三十二，侯国二百四十一"。

有汉初年的 60 郡，其中 45 郡属于封国、封邑，朝廷直属的只有 15 郡。因此郡国的权力后来成为中央的最大威胁，导致了景帝（前 157—前 141 在位）和武帝（前 141—前 87 在位）削藩的行动。至武帝时已经历了两代的努力，藩国名存实亡，各郡县的管治实际上已由中央委派的官吏负责。公元前 138 年起，对于新开辟的领土，汉朝亦一概由中央委派官员治理。至公元前 106 年，加上在北部和西部开拓的疆域，西汉共有 109 个郡，将汉朝版图和中华文明推至广阔的空间（图 7.2）。

秦始皇以其无坚不摧的战功，达致极端的权力集中，开创了新的皇帝制度。他自称"朕"，用印名"玺"，其命曰"制"，其令曰"诏"。以后各朝都继承了这个体制。因为他的自信，都城的建造很少依从传统的都城建设原则，秦首都咸阳鲜有《考工记》的痕迹。同时，为了体现集权与一统，秦大肆破坏各国都会，这些事件成为历史上著名的"隳名城"。秦始皇还强迁六国贵族及商人 12 万户到咸阳，又命令各地将领毁六国郡县城。

汉高祖刘邦出身于长江流域的平常农户，他认为儒家的天命和以德治国的说法有利于巩固其统治。武帝更起用布衣公孙弘为相，打破封君为相的惯例，又以儒者董仲舒、田蚡为相，提出罢黜百家，起用儒士，建立一个以读书人为主体的新官僚阶层——士。武帝又独尊儒学，将其提升至国教的地位，以建立新的行政体制。儒家出身的官员在新的国家机制下，重新发现、编校、出版了不少儒家经典，又开设太学和全国郡学，以宣扬儒学。中央政府通过让各郡国推举"孝廉""茂才""贤良方

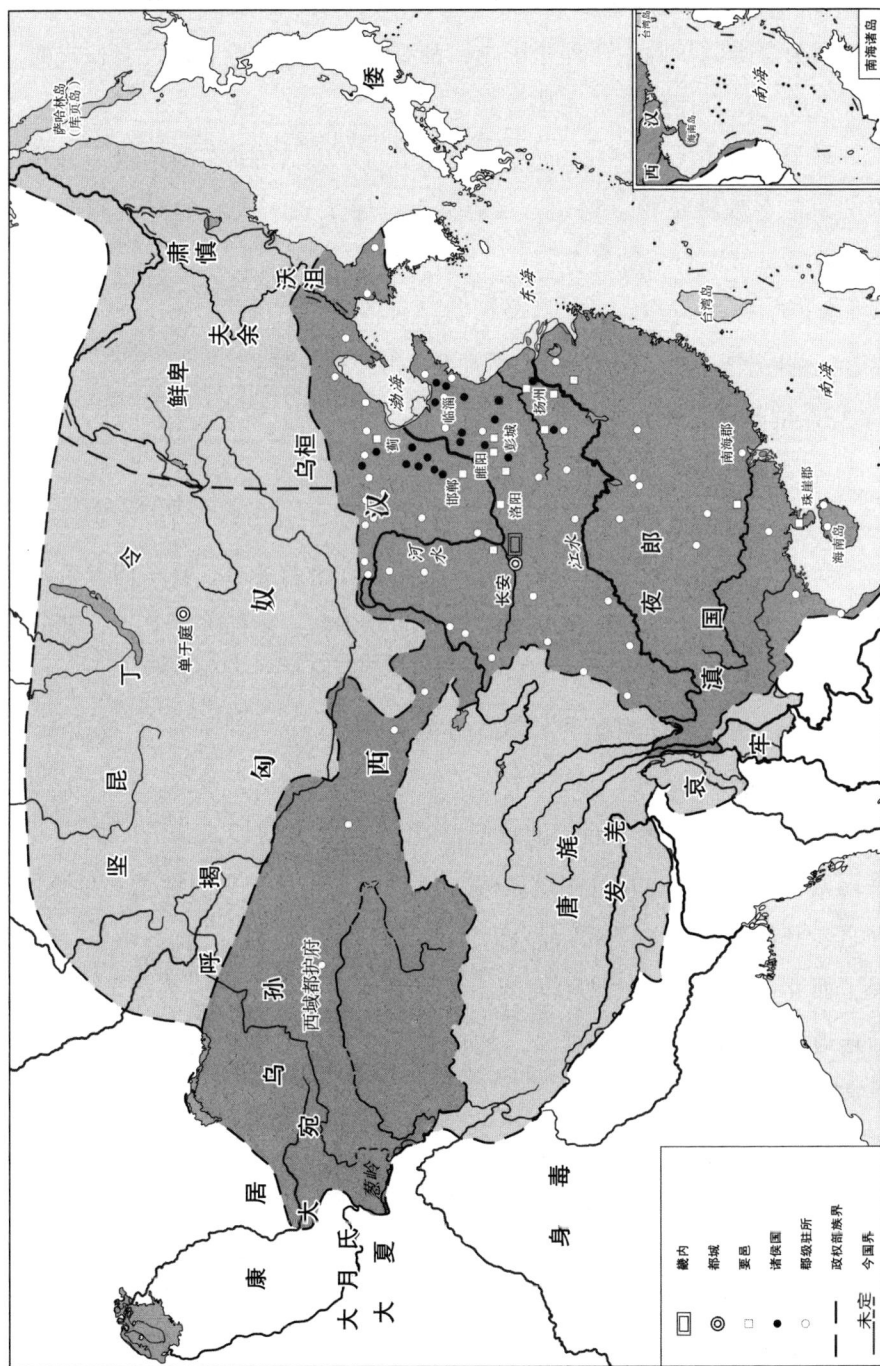

图 7.2 西汉时期全图

正""文学"等通达儒家道德标准和经典的人士，来选拔各级官员。这些士因为深受儒学的主要理论影响，都有强烈的责任感和对社会稳定的要求，成为最合适的官员人选。

对于皇帝的无上权威，董仲舒亦提出了"天人感应"的理论，以儒家的纲常名教维护社会稳定，又以三种合乎天理、人心的办法制约皇权，要求皇帝厉行三种任务：

1. 执行天意，按时祭祀，并成为全国的道德榜样；
2. 按时执行耕礼与蚕礼以顺地祇；
3. 办学施教以为民本。

新王朝的治国哲学、庞大帝国对有效率官僚的需求、自东周以来逐步形成的士阶层，以及儒家经典所推崇的礼乐和道德标准的复兴，都使传统的儒家价值观成为社会主流。汉代行政型城市的空间布局为新王朝这些占统治地位的体制提供了必需的实施平台。

高祖之后的惠、文、景三帝为了使战后经济和社会复苏，推行了约70年的休养生息、无为而治的政策；对北方的匈奴亦采取和亲（把公主许配给匈奴单于）和开放边贸政策，通过怀柔和教化来缓解边境冲突。继之者乃武帝长达54年的有为大治。汉武帝战胜匈奴，打通西域，拓展了西北领土。在他的统治期间，汉代发展到高峰。秦时的运河建设，即连通长江与珠江流域的灵渠，此时也开始显露其积极作用，拓展了中华文明在南方的地理空间。

农业新技术大大地提高了生产力，如在黄土高原推广作物"间作"，在黄河谷地用豆类和谷类作物"轮作"，在新开垦的低洼地使用"条耕"，利用坡地遍植竹林，以及发明水车以助浇灌和加工农产品等。自1世纪起，旱稻的种植已推广至华北，牛耕亦成为犁田的主要办法，同时已普遍地应用铁制农具。汉初减收田租（三十而税一），并且开放山林川泽以供私人开发，促进了商业性生产。

基于上述，西汉人口在公元前 206 年有 1400 万，至武帝治时的公元前 120 年增加至 4020 万。至西汉末公元 2 年，人口更达 5950 万。王莽篡汉所引起的混乱（公元 9—25）导致人口急降。因此在东汉初年公元 57 年，全国人口只有 2170 万。此后，社会转趋稳定，新技术持续发挥作用，人口随之增加，至公元 157 年时，人口已达 5810 万（表 7-1）。

西汉继承了秦代重农抑商的政策，将商人划为社会最低阶层，即士、农、工、商的最后一级，而且将商业活动限制在县级以上城市中的官设"市肆"，并予以严格的规管。汉高祖初年"令贾人不得衣丝乘车，重租税以困辱之"；孝惠帝时，"市井之子孙亦不得仕宦为吏"；武帝初年，只要一入市籍，三代即丧失自由，并在对外用兵时首先将他们谪戍边疆。但由于希望与民休息，使经济尽早复苏，政府实质上对工商业很少重大干预，各类手工业都以民营为主。

表 7-1 秦汉的人口估计

朝代	年份	人口（万）
秦	公元前 207 年	2000
西汉	公元前 206 年	1400
	公元前 162 年	3120
	公元前 120 年	4020
	公元前 65 年	3580
	公元 2 年	5950
东汉	公元 57 年	2170
	公元 105 年	5440
	公元 157 年	5810

资料来源：赵文林、谢淑君《中国人口史》（北京：人民出版社，1988 年）。

直至武帝中期，由于年年对外征战，国库空虚，政府才对工商业实施较大控制。这时，城市中的市肆制度进一步严格。市肆都包以围墙，只开设二门，每日晨钟暮鼓，按时开放。市中设市楼以便"市长"监察贸易。市长不但规管摊位分布，也监控商品的价格和质量。所有商贩要登记并按额纳税。这些税收按市肆所在城市的层级（首都，或是分封国邑的治所）而成为皇帝、王侯或贵族的直接收入，因此很受他们重视。至东汉，市税才统归国库。虽然如此，武帝仍规定了五品以上官员不得进入市场。这些规定至宋为止仍然为历朝沿用。因此，虽然"市"源自商代，但自西汉起才出现明确而严谨的市肆制度，这一制度也成为中国传统城市结构和城市文明的一大特色。

为了充实国库以应付对外战争，特别是对北部和西部的领土拓展，武帝对重要的工商业实行了垄断政策，同时借以打击汉初因盐铁私营而形成的豪强。武帝元狩四年（前119）推行盐铁专卖制度：在产盐区设盐官，募人煮盐，产品由盐官贩卖；同时以铁官直接控制铁制品的生产和流通。全国共设铁官49处（于40郡），盐官35处（于28郡），这些地方都位于铁和盐的重要产地。这些经济官僚控制了郡内的相关产业，平均每处产业雇工100—1000人，大者更达10万人。不少这些产业的集中地成为急剧城市化的地区（图7.3）。

盐铁之外，铸铜、织造乃至制陶业都部分纳入了官营。官营手工业的产品亦多由朝廷信任的官僚地主承包。通过这些安排，大量产品从淮河流域沿运河等水路和陆路流向中原，形成了沟通全国广大地区的贸易和物流网。之后，在东汉，这个贸易网更扩大至长江流域。因此，虽然西汉表面上实行抑商政策，并奉行儒家的价值观，但工商业仍然兴盛。在武帝的文治武功、拓展北疆和西疆政策，以及对少数民族的和亲怀柔手段下，大量的朝贡物和皇室赏赐亦在中原与边境间流动。后者包括大量的丝绸，收受者更将这些物品转卖到中亚乃至罗马帝国。因此，在汉都长安和中亚地区之间，出现了在贸易节点上建立的小城邦，它们依靠这条"丝绸之路"而繁荣起来。

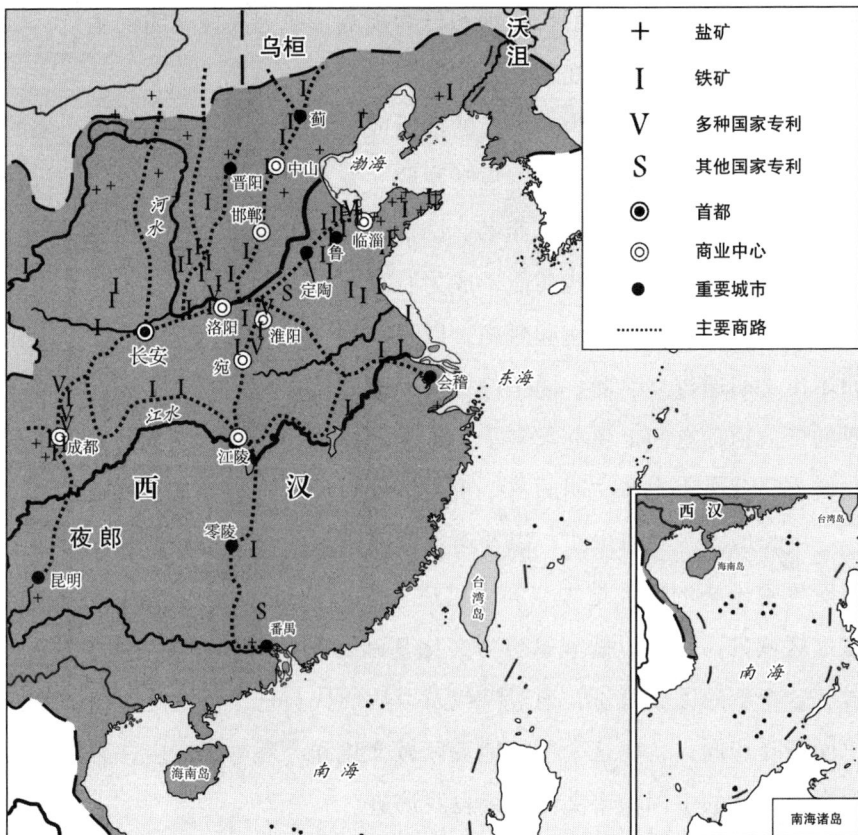

图例内容：
- ✚ 盐矿
- I 铁矿
- V S 多种国家专利
- S 其他国家专利
- ◉ 首都
- ◎ 商业中心
- ● 重要城市
- ⋯⋯ 主要商路

图 7.3　西汉经济中心及主要商路

汉代的城市与城市化

　　秦始皇"隳名城"，摧毁或削弱六国都城，以作为他统一中国和中央集权的手法之一。这对中国的城市化和城市发展造成了一次大灾难。城市数目减少，不少大都会也因此消亡。然而，以中央集权为核心的行政功能和中国城市体系的等级化特点却得以在全国更严谨地建立起来。汉承袭了秦的城市化和城市概念，城市成为王朝的高效行政工具。儒家被独尊而且（秦代的极端反孔只持续了 15 年）成为国教，其主要思想被确立为政府与人民共同的价值观和行为规范，成为汉代文明的主题，以及城市化和城市结构演变的动力。

城市被进一步确立为全国性的治所或行政节点，其功能乃为当地的农业经济提供组织上的支持，包括税收，发布中央的行政命令，推行教化、司法，以及提供救灾、养老、济贫等社会服务和福利。这些以周边农业地区为对象的中地式功能，成为有汉约400年的城市文明和城市性质的主体。随着皇权向南和西南，以及跨越长城北进，中国式的城市化和城市文明通过夏、商、周三代长期的渐变已在汉代成熟定型，并在东亚的广大地理空间上建立起来了。这不但体现在城市的性质上，也体现在城市已分布于中华文明的每一重要区域内。

由长城、东部海岸线，以及南部和西南部的喜马拉雅山脉和其他山脉所界定出来的广大地理空间，已成为一个确切的有统一文化的区域。在这区域内，一个以儒家思想为文化基础的新民族——"汉族"已经形成。这个新的民族身份，通过汉代及以后历代与这个区域之外的民族相比而渐受认同。就在这个新的地理区域文化和心理框架之内，有别于其他世界文明的中国城市文明继续自我演进。

我们将这个历史时期的中国城市文明的突出地方简单概括为以下五点：

1. 城市化的基本动力为行政需求。
2. 城市大小、分布及其功能金字塔，与行政体系的重要性和等级序列相对应。
3. 城市的主要服务对象是其直接腹地，即它所处的农业区，其目的乃是使地区农业经济稳定发展，以提供国家所需的农产品及税收。因此，城乡关系非常紧密，并且是互补而不是相对立的。
4. 工商业是城市重要产业，但不是其主要功能，处于辅助性地位，而且相当大一部分为官营或由政府严格规管，并不存在工商业者的独立地位和在政治上的重要影响。

5. 城市的土地利用分布和功能结构反映出不同功能的重要性序列，以及儒家的纲常名教和等级等礼乐观念。

中国首个全国性行政城市体系是由秦始皇始建的。他以 36 个郡和约 800 个县为基础，营造了一个约 800 个城市的全国城市体系。其后，在北边的新开辟土地上新增了 44 个城市，在帝国的南、东南和西南亦出现了同类发展（图 7.1）。全国的郡增至 48 个，而县增至约 900 个。汉武帝的征战使汉代郡的数目在公元 2 年时增至 103 个，县增至 1484 个（表 7-2）。武帝更下诏将行政功能和城市发展连在一起：所有郡治和县治都被定性为城市，并设有市肆。因此，他为以后历代开创了中国行政型城市体系的指导原则。后者直至清王朝在 1911 年覆亡时才出现新的变化。

表 7-2　汉代的城市化

时期（年份）	郡数	县数	城内户均占地面积	全国户口数	城市户口比例
西汉（公元 2 年）	103	1484	70 ㎡	12,233,062	27.7%
东汉（公元 140 年）	105	1075	70 ㎡	9,698,630	27.5%

资料来源：周长山《汉代城市研究》（北京：人民出版社，2001 年）。

叛乱者王莽所建立的短暂的"新朝"因战争和经济危机而终结。其间，旱灾与水患频仍，黄河下游决堤，以至入海口迁移数百千米。凡此，使东汉初年人口锐减七成，城市数字亦减约半，至半世纪后，情况才有改善。公元 140 年，城市回增至 1180 个，但仍然远少于西汉末年（表 7-2）。

概言之，汉代的城市分布与帝国的政治和宏观区域发展吻合。在西汉，城市可分为三等：

1. 首都长安，城墙内占地面积为 36 平方千米，人口约 50 万；

2. 郡治，城墙平均周长为 3000—5000 米，城内平均面积为 3.5 平方千米，人口约 5 万；

3. 县治，城墙平均周长为 1000—3000 米，城内平均面积为 0.7 平方千米，人口约 1 万。

　　在北部边疆也有一些级别更低的军事要塞，一般城墙长度在 1000 米以下，军民总数在数百至数千人之间。汉代城市已在西、南和西南边区出现，丝绸之路上亦出现了不少新城，如河西的 4 个郡治和西域的 12 个国际城市（图 7.2）。

　　长安自然是全国的首都，而一些郡治也发展为重要的商贸城市。其中洛阳、临淄、宛、邯郸和成都为全国大都会，江陵、寿春、沪、番禺等为区域性商业中心，或一方大都会。在这些商业中心间有跨区域的大道相连（图 7.3）。后者显示西汉时已形成了八大经济区。

　　王莽篡汉导致长安及首都地区的衰落。在这个本来是全国最城市化的东西 300 千米、南北 100—200 千米的地区，原本有 40 个城市。自光武帝起，汉朝首都迁至洛阳。历东汉 200 年，洛阳一直是它的首都。在东汉初年，整个中原地区不少人口南迁至长江中下游，导致北方人口减半。总言之，南方人口在这期间增加了 900 万人，城市的分布和城市化亦因而向南方倾斜。最明显的对比是：北方八郡在西汉公元 2 年时有城市 115 座，总城市人口为 161 万，但在东汉公元 140 年时，城市减为 71 座，总城市人口为 52 万。在此期间，南方的城市数目占全国的比例由 23.5% 升至 29.3%。

　　前述的技术与管理进步令南方农业经济蓬勃，而远洋贸易和本地商业亦很发达。以印度商人和波斯商人为媒介，东南亚、印度和中东地区与汉朝南方之间的贸易蓬勃发展，促使长江下游沿江和东南沿海的一些城市兴起，如会稽（今绍兴）、丹阳、豫章（今南昌）、番禺（今广州）和合浦等。

汉代的城市结构

秦始皇重法家而贬儒学。他对秦朝军力的自信使他不为其都城筑墙，他的宫殿和别苑也散布在渭河两岸的广大地区上（图 7.4）。为了报复六国抗拒他的军队，以及体现其大一统的哲学，他采取了"隳名城"的政策，即毁灭六国都城而将体现城市文明的财富和人才集中于他的京城。汉初，对被破坏的旧城的重建显然不是朝廷的施政重点。高祖刘邦只保留了秦朝的兴乐宫，并改称长乐宫以为新都长安的宫殿，其后才加建了未央宫（图 7.5）。至此，西汉京城仍未建有城墙。15 年之后，在汉惠帝时，长安才始建城墙。汉初诸帝，包括文、景二帝均依从道家策略，"无为而治"，这对主要城市的发展有重要的影响。因此，相对战国时代，西汉城市的规模缩小很多。京城长安则是个例外，拥有 36 平方

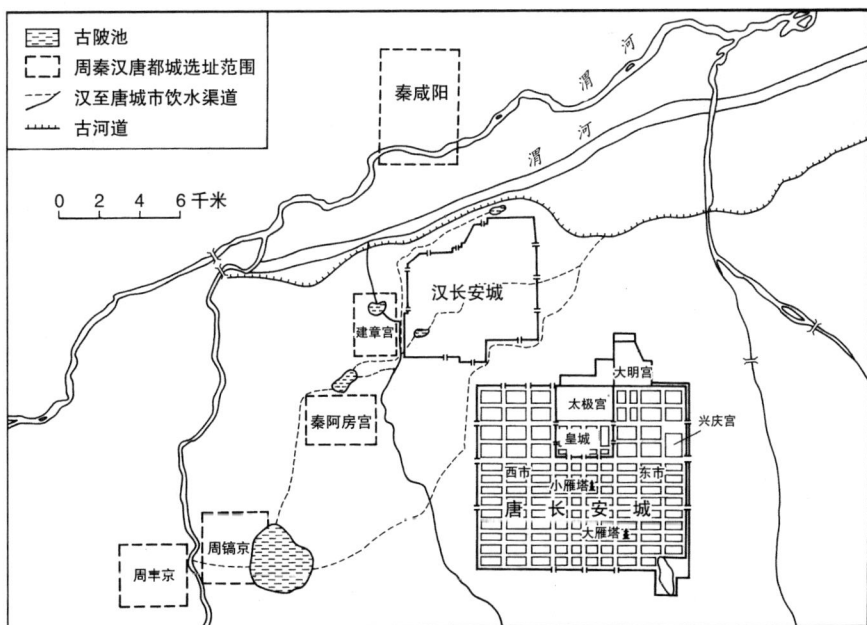

图 7.4　汉唐两朝长安城选址比较

千米的面积。一般而言，西汉城市的大小和重要性已脱离战国七雄竞争的格局，其规模大小和功能、结构，逐渐与新的行政级别相对应。

另一个特点乃汉代城市，包括京城长安，只有一道城墙，使内城与外城合而为一。不过，事实上整个城市只是"内城"，城墙转变为内部安全的设施，并不为全城，特别是一般市民和工商业，提供对外的防卫。因此，汉代城市之内，环境挤迫，人口密度很高，而战国城市之内，特别是在郭城，仍有大量空地和农业活动。在汉代，只有在很特殊的情况下，才可看到两重城墙的影子：在京城长安，天子的大朝与寝宫和宗庙社坛分离，并且分别建有围墙。

以下，将简介京城长安，以及全国性大都会洛阳、临淄、宛、成都和邯郸。

长　安

汉长安城遗址的考古发掘始于 1956 年，现已基本印证古籍对于它的土地利用结构的记录。城址距今西安市只有 10 千米，在渭水南 2 千米。它保卫着函谷关以西的广大地区，在秦故宫基础上，自公元前 202 年起被改成西汉的首都。但长安城城墙的修筑在公元前 190 年竣工，共费时 5 年。如图 7.5 所见，长安城近似方形，四边城墙各开 3 道门，主干道直通城门。城的正门和宫殿正门均向南，两市都位于城的北部。这些都与《考工记》规定吻合。在它的 36 平方千米的总面积里，宫殿占了三分之二。未央宫位于城内最高处，是大朝所在。天子大朝更建在高 15 米的夯土台基上。因此，它虽不是全城的地理中心，却以其高度而掌控全城。城中还有大型武库，以及中央和首都地区官员的官署。城北住宅区有贵族宅邸。在西市旁边是大型的官营作坊区，包括制陶窑址、冶铸遗址和一个占地 1 平方千米的铸币区。两市共占地 2.66 平方千米。

起初，宗庙和社坛都位于城墙内。王莽在城的南郊修建宗庙，其规模和华丽程度更胜以往（图 7.5）。在公元 2 年时，城墙内人口约 24.6

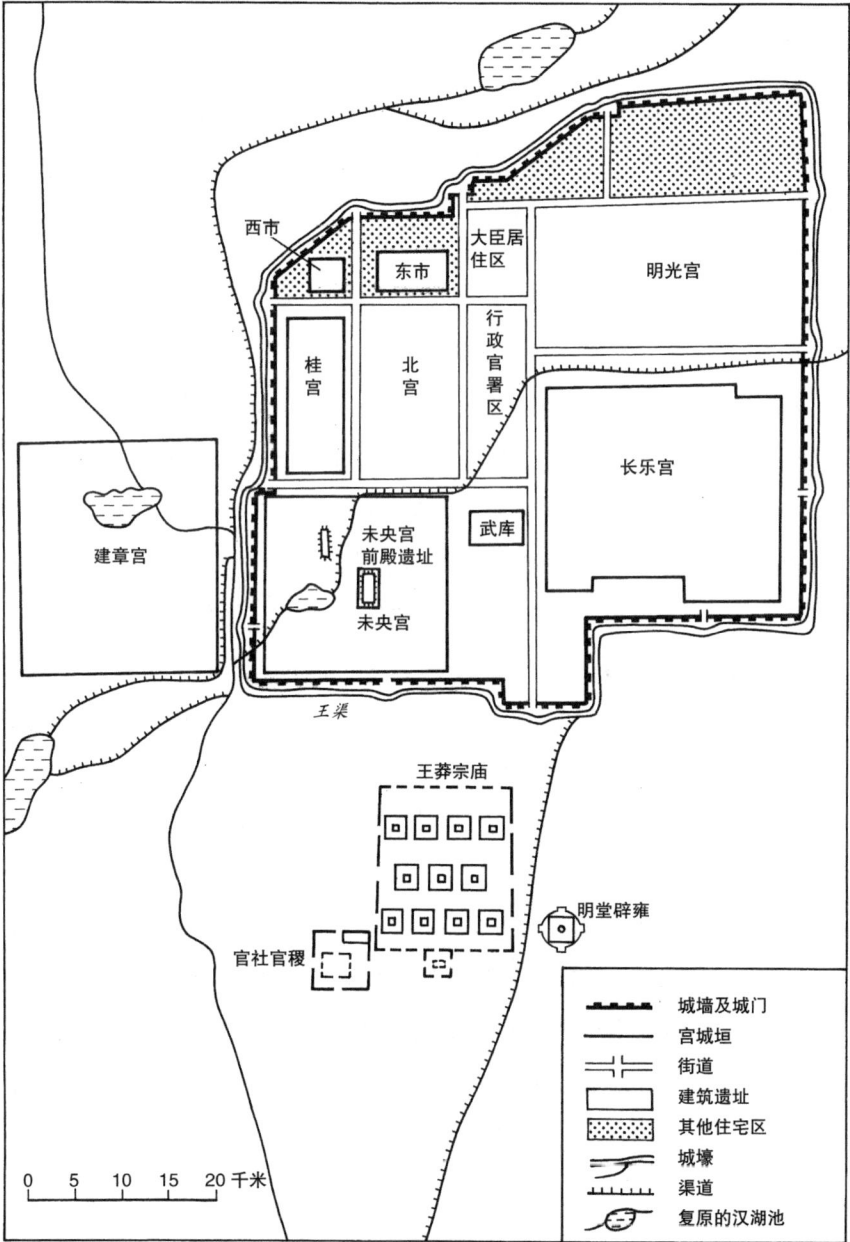

西市
大臣居
住区
东市
明光宫
桂宫
北宫
行政官署区
长乐宫
建章宫
武库
未央宫
前殿遗址
未央宫
王渠
王莽宗庙
官社官稷
明堂辟雍

城墙及城门
宫城垣
街道
建筑遗址
其他住宅区
城壕
渠道
复原的汉湖池

0 5 10 15 20 千米

图 7.5 西汉时期的长安城图

万，仅次于临淄。之前，在武帝公元前 120 年时，城内高峰人口达 50 万，长安城成为全国最大城市。此外，武帝迁各地豪强大户至京师，以便于监控他们，形成了稠密而富裕的郊区人口。其中一个郊区县——茂陵，在武帝时人口达 28 万。

长安是首个几乎完全按照预先规划并在空地营建的帝都。它虽然严谨地依循《考工记》的规定，但由于地形的影响，在外观及土地利用布局上难免稍有偏离。

洛　阳

城址南北为九汉里，东西为六汉里。它位于今日的偃师市，东距东周的洛阳 15 千米。城墙之内的面积为 9.5 平方千米，共有 12 道门，东西墙各 3 门，但北墙只有 2 门，南墙有 4 门（图 7.6，图 7.7）。这是按照道教学说而对《考工记》规定的修改：北方煞气大，少开一门；南方乃生气之源，多开门以迎之。此外都城坐北朝南，北有靠山，而南有环水聚气，有明显的阴阳五行指导原则，这一布局亦为后世所依循。城中中轴线明显，主要干道和重要功能区沿中轴线分布，体现了儒家的主流原则，即秩序、中庸和等级等礼乐观念。这亦是在中国早期首都规划中比较明确地应用这些原则的例子。图 7.7 按古籍记载将主要建筑标出以体现中轴线的明确性。

在全城面积中，宫殿区占了约三分之一。洛阳的三市，只有一市（金市）位于城墙内，亦是汉代抑商的体现。图 7.6 的洛阳城亦是个变相的"内城"，因为主要人口和经济活动都在城墙之外。

洛阳在西汉初只剩 500 多户，经西汉 200 年的发展，到西汉末增至 5.2 万多户。洛阳成为五大都会中仅次于长安的第二大都会。

临　淄

汉代的临淄继承了它在战国时的二重城墙格局，其内的小城是齐王

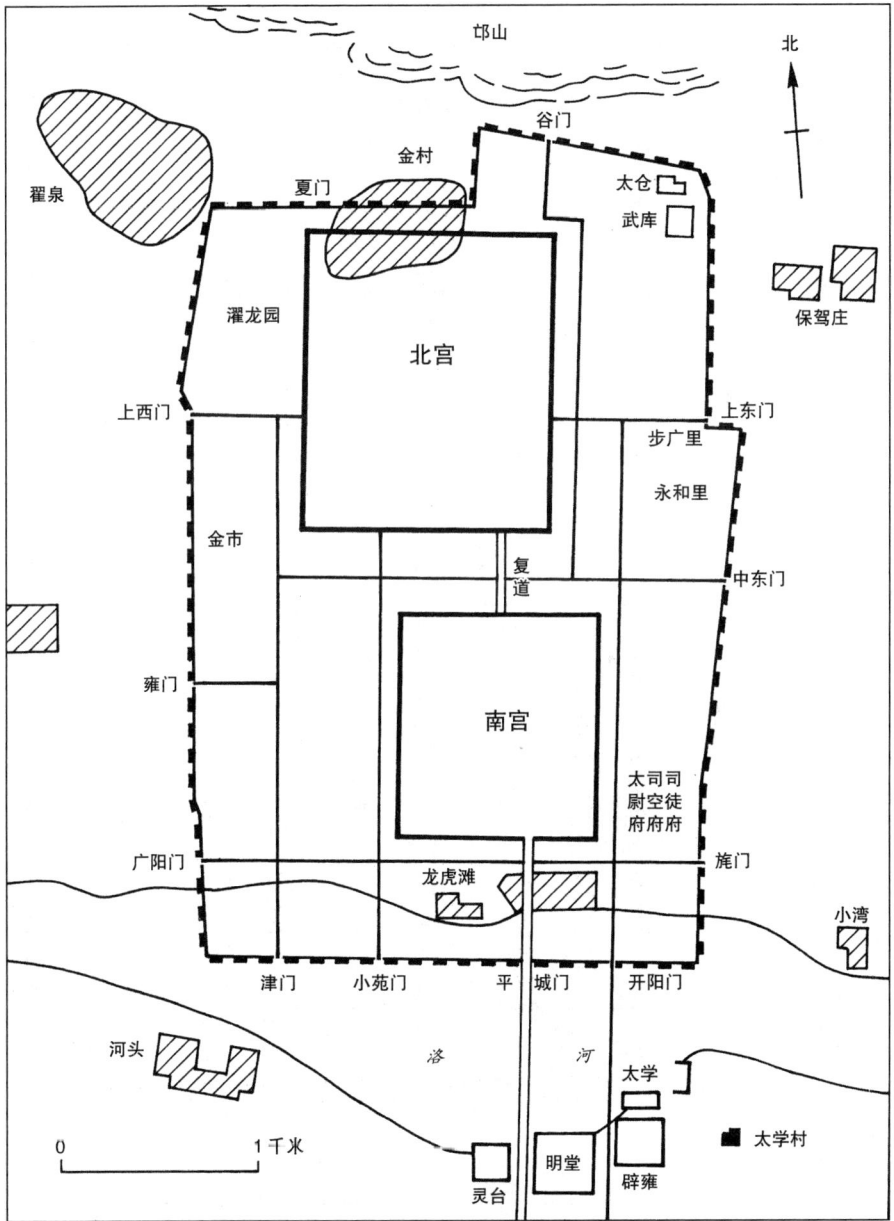

图 7.6　东汉洛阳城平面图

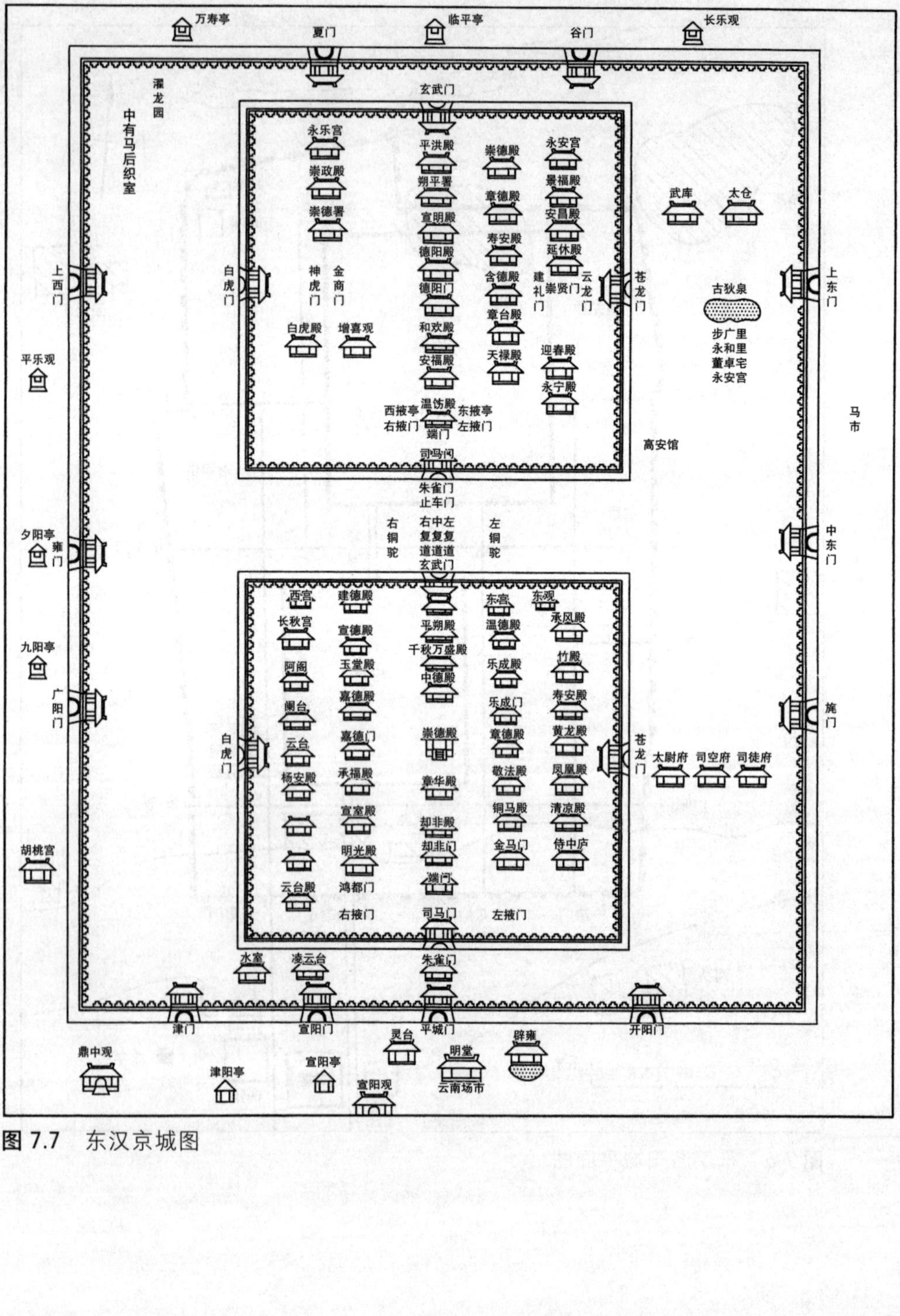

万寿亭　夏门　临平亭　谷门　长乐观

玄武门

灈龙园　中有马后织室

永乐宫　平洪殿　崇德殿　永安宫
崇政殿　朔平署　章德殿　景福殿
崇德署　宣明殿　安昌殿
白虎门　德阳殿　寿安殿　延休殿
神虎门　金商门　德阳殿　含德殿　云龙门　苍龙门
白虎殿　增喜观　章台殿　崇贤殿　建礼门
和欢殿　天禄殿　迎春殿
安福殿　永宁殿
西掖亭　温饮殿　东掖亭
右掖门　端门　左掖门
司鸣阙
朱雀门　止车门

高安馆

武库　太仓
古狄泉
步广里　永和里　董卓宅　永安宫

上西门　白虎门
平乐观

上东门
马市

右铜驼　右中左复复复道道道玄武门　左铜驼

西宫　建德殿　平朔殿　东宫　东观
长秋宫　宣德殿　千秋万盛殿　温德殿　承风殿
阿阁　玉堂殿　中德殿　乐成殿　竹殿
阊台　嘉德殿　乐成门　寿安殿
云台　嘉德门　崇德殿　章德殿　黄龙殿
杨安殿　承福殿　章华殿　敬法殿　凤凰殿
宣室殿　铜马殿　清凉殿
却非殿　金马门　侍中庐
明光殿　却非门
云台殿　鸿都门　端门
右掖门　司马门　左掖门

太尉府　司空府　司徒府
苍龙门

夕阳亭　雍门
九阳亭
广阳门
胡桃宫

中东门
旄门

水室　凌云台　朱雀门
津门　宣阳门　灵台　平城门　开阳门
鼎中观　宣阳亭　明堂　辟雍
津阳亭　宣阳观　云南场市

图 7.7　东汉京城图

的宫城，大城或外城是百姓所居，以及工商业所在。临淄的规模虽然比之前缩小，却仍覆盖 15 平方千米，并在西汉初年拥有 50 万人口，规模比国都长安还大。那时，它的主要功能为区域工商业中心。在西汉时，它有 6 个冶铁作坊、2 个炼铜作坊、2 个铸币作坊、4 个制骨作坊，以及丝织等其他官办手工业。事实上，它是西汉最大的冶铁中心。

宛

宛是南阳郡的郡治和著名的冶铁中心，位于江、河、淮、汉几大水域之间，具水陆四通之便。它是黄河以南的最大商业中心，人口有 4.75 万户，自西汉至东汉一直在迅速增长。由于南阳盆地铁矿资源丰富，铁矿开采点星罗棋布，南阳郡人口由西汉时的 194 万增至东汉时的 243 万，该郡成为全国最大的郡。宛的城墙周长约 15 千米，并有护城河。除了是郡治，它主要是铁官所在。1959 年在城内出土一个庞大的作坊区，面积为 2.8 万平方米，包括熔炉基 4 座、水井 4 眼、水池 3 个。此外铸铜遗址南北长 60 米，东西宽 52 米，铸造车、马饰物和日用铜器。制陶遗址约 1.8 万平方米，发现 4 座西汉陶窑。

成 都

此城由老城和新城组成。新城建于西汉初年以安置从中原迁徙来的 5 万名秦人。较小的老城是郡县治，也主要是本地百姓居住区和商业区。新城亦是蜀侯、相和郡守的治所，但盐铁官、市长及市令、衙署均位于老城，以便管理主要商业区和民居。自武帝拓展西域起，城市有较大发展，成为长安与西南地区的贸易枢纽。此外，城中还有重要的官营专利，包括城南的官营蜀锦纺织工场和金银器制造工场。

邯 郸

原赵都邯郸的宫城在秦军攻破时被全部烧毁，是有名的"墮名城"

案例。其北城却延续使用至西汉。由于它位于重要交通干线交会点上，在汉代仍是一个重要的工贸中心，是王莽时全国的五大都会之一。刘邦曾封其子赵王于此，并在北城西北部建宫城。景帝时，赵王参加了"七国之乱"，赵王城破，城被毁坏。其后，刘秀时该城亦受兵祸。然而汉代对于邯郸的记述不多，自东汉中期后更是很少听闻，代之而起的是40千米外的邺城。

结论：行政型城市主导了统一帝国的城市文明

秦汉二朝 400 多年的中央集权和地方行政改革，加上连通全国的驰道和商业干道的开通，创建和巩固了大一统的帝国和国民身份。至东汉末，儒家思想经过 4 个世纪的复兴与独尊已成为中国传统的主流思潮。它的政治哲学和社会价值观以天命、礼乐、教化和德治为核心，崇尚秩序、稳定与和谐，因而契合新统一王朝的全民认受性的要求，使它得以绕过宗法制血缘至上的观点。

而王朝的稳定也不再建立于封建诸侯及"尊王攘夷"的旧制上。帝国的权力牢牢地掌握在皇帝的手里。对全国的管治，皇帝要靠一个直属中央且主要官员由皇帝直接委任的郡县体制来实现。这个新体制因而需要一个忠于皇帝、有效、公正，而且建基于公开考试和道德行为的新官僚体系予以推行。儒家提出的忠君、仁爱、齐家、治国、平天下的方略正配合大一统帝国所需。"罢百家、尊儒术"因而是对新帝国迫切需要优秀管治人才的适时响应。在一个领土广袤的农业大国，这个以儒士和儒学为主体的管治新班子，才是政权稳定的最佳保证。士成为新的官僚骨干。城市作为士的活动平台和对周边农业腹地具有服务机能的中地，自然在功能分区、结构和性质上体现出基本的儒家观点。

是以自汉以来，中国历史和城市的发展，以及城市文明的演进，与士阶层和帝国的行政需求互相配合。城市的大小序列、主要功能和空间布局逐步向儒家的原则靠拢，并通过交通网络的支撑，覆盖了长城以南三大流域的广阔地理空间，形成了传统中国城市文明的特点。

第八章

唐代：
儒家模式的黄金期

魏晋南北朝的分裂至隋唐的大一统

王位继承的内争、外戚与宦官之专权最后导致汉室衰落。旱灾和水患亦相继令帝国的农业经济疮痍满目，农民起义此起彼伏。其中的黄巾军和五斗米道蔓延至广大地区，令各地将领和侯王或自保，或如曹操等"挟天子以令诸侯"，最终起而问鼎，汉家天下从此四分五裂，开始了220—280年的三国分立（图8.1）。西晋在265—317年间短暂地统一了中国。然而，西晋不久被以匈奴、鲜卑、羯、氐和羌为代表的塞外民族侵略而弃守北部领土。这些北方民族在今中国北部建立起新的朝代，并且日渐汉化。在304—439年，他们在北方大地先后建立了16个主要政权或小国。晋朝同时退守淮河流域以南的南方地区直至公元420年，史称东晋。

随着晋室南迁，儒家文化的核心也跟着南移，儒家文化的延续有赖于只控制半壁江山的"汉族"王朝，即东晋、宋、齐、梁和陈（317—589）。与此同时，北方的小国逐步被强大的北魏吞并。北魏的先祖是东胡的分支（和商族同源）鲜卑中深受汉化的拓跋氏。拓跋氏提倡胡汉通婚，尊孔崇儒，复兴礼乐，并将中原王朝的士族门阀制度推广，将胡汉士族定为九等，根据家族名望任官。北魏国都平城的建设，也严格地依循《考工记》。北魏这种采纳儒家理论和以汉代为典范的士族官僚体

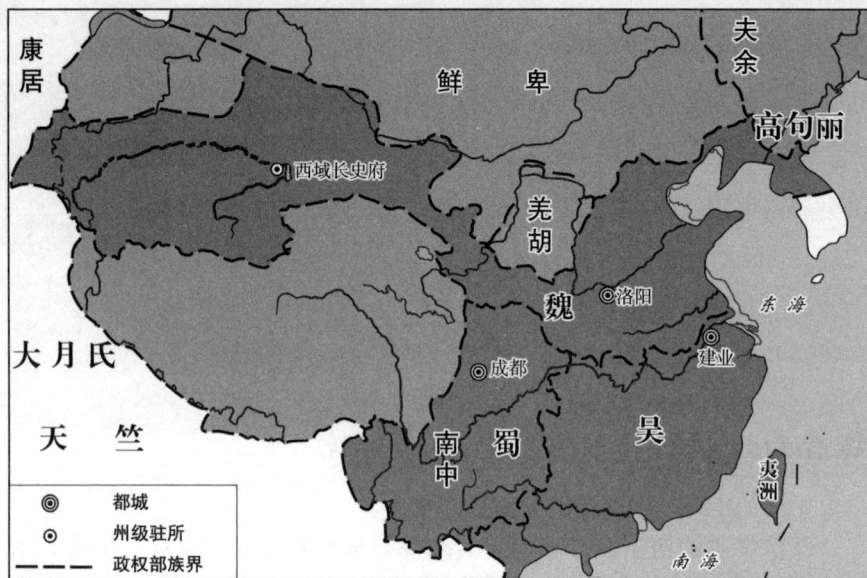

图 8.1 三国形势（262 年）

系催生了高效率的行政，因而北魏政权日渐强大。在北魏统治的后半期，王室更迁至洛阳，以之为新都。

概言之，南北朝的对峙说明了万里长城并不能将民族分隔，汉与非汉的政权与分野只是观点与时代的角度问题而已。正如前面数章所述，在东亚大陆上，文化与民族的融合从未间断，而农业和畜牧经济的地域分界线也从来是模糊的。五胡十六国时代说明了北方的民族在采纳儒家的发展过程中，不断融入中华民族的大家庭，逐渐归于中华文明之中。

在南方，儒家思想亦与道家思想和"进口"的佛学融合，为中华文明史增添了新的内容。此时，道家已世俗化而成为道教——一个本土宗教。然而一些南朝君主，特别是梁朝的皇帝更笃信佛教。单在梁朝首都建康（今南京）便建有 480 所佛寺，有僧侣 10 万人。在北朝，少数民族建立的政权亦往往推崇佛教，以避免过分倚重儒学。遗留至今的云冈和龙门佛教石窟，显示出当时北方学佛的盛况。

在南北朝这一分裂和战乱时代，总人口从西汉时的峰顶跌至 221 年的最低谷——1410 万人。北魏较长期和有效率的统治曾使北方人口在 476 年回升至 3240 万；在相近的 464 年，南方的人口仍只有 470 万。后者似乎没有包括蜀国的约 200 万人（表 8-1）。

表 8-1 魏晋南北朝、隋、唐的更替与人口变化（220—907）

朝代	时期（年份）	人口（年份）
三国	220—280	1410 万（221）
西晋	265—317	2090 万（280）
北朝	386—581	3240 万（476）
南朝	420—589	470 万（464）
隋	581—618	4600 万（609）
唐	618—907	2060 万（640） 4590 万（713） 6000 万（752） 3840 万（813） 3900 万（907）

资料来源：赵文林、谢淑君《中国人口史》（北京：人民出版社，1988 年）。

581 年，杨坚迫周静帝下诏禅位，自立为帝，定国号"隋"。杨坚是为隋文帝。在统一北方之后，文帝灭了南方的陈国和西梁，结束自晋末以来的分裂局面。在隋的统治下，即 581—618 年间，两代君主的文治武功都是历史上少有的。炀帝努力安定边疆和拓展版图，多次攻打吐谷浑、契丹、高句丽、林邑（位于今越南南部），并重开丝绸之路。此外，他们还完成了庞大的基建。其中最重要的是长"三百余里"、连接潼关和首都大兴（今西安）的广通渠，以及长 2700 千米，连接余杭（今杭州）、洛阳和涿郡（今北京）的大运河（图 8.2）。这些运河的建设有效沟通了黄河流域和长江流域的广大地理空间，除了促进南北经济互补和共同发展，亦加深了古代中国的战略纵深，加强了中华文明的持久力和韧性。

然而建设这两条水道动用了 360 万名民工，即全国人口的十分之

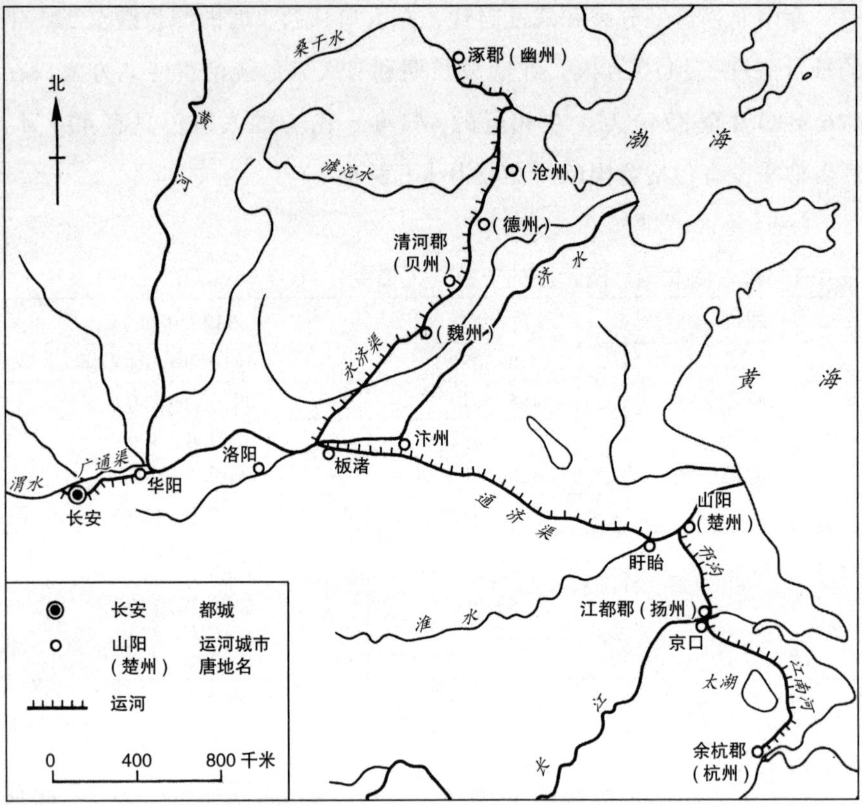

图 8.2　隋唐大运河示意图

一，伤害了隋朝的经济元气。除了这两大项目，还有修筑长城和建设新都城大兴等，使本来在慢慢恢复元气的农业经济受到了严重打击，引起广泛的农民暴动，缩短了隋朝的统治。不过这些巨大工程使后世特别是其继承者唐朝得利。隋朝还恢复了传统的礼乐制度和汉魏以来的官制，使君主专权的三省六部的中央机构得以确立；沿用了府兵制并对军队指挥系统和兵役制度做了调整，使皇帝权力扩大；又开始科举制度，放弃九品中正制，并确立了县佐必须回避本郡、任期三年、不得连任等规定，使用人制度翻到了新的一页。这些做法都被唐朝继承。

　　唐朝开国君主李渊是有鲜卑血统的关陇大族出身，其祖父为西魏八

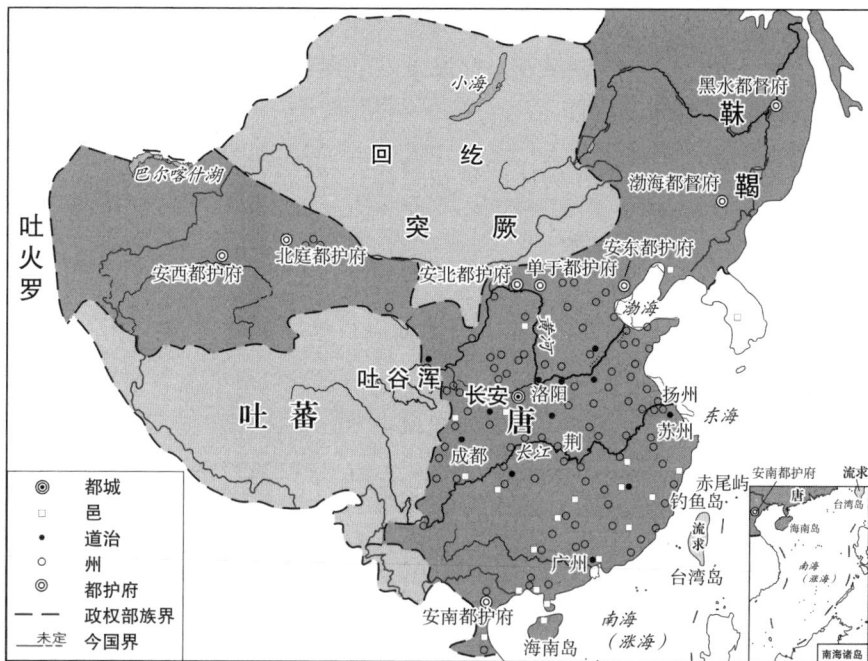

图 8.3 唐时期全图（741 年）

大柱国之一，死后封唐国公。在隋时李渊为太原道安抚大使。隋炀帝被杀后，李便建立唐朝称帝。在唐高祖的文治武功下，唐朝政治统一，国力强盛。开元天宝之际，其疆域东至朝鲜半岛，西至中亚，南到今越南，北边包括贝加尔湖，四至分别设立安东、安西、安南、安北等都护府，计有边区少数民族的羁縻府州 856 个，本土郡府 328 个和县 1573 个（图 8.3）。有唐一代，不但开创了中华文明以儒家文化为主导的黄金时代，而且还通过对外交往把中华文明向亚洲乃至欧洲推广。

其实在很多治国体制上，隋是唐的先行者，唐却使它们得到落实。比如，唐如隋制，在国内重要城市建设官仓、官办学校，并制定法典，将传统的礼乐制度发展至历史的新高峰，又通过礼乐制度来明确不同身份的人的不同社会地位。唐代所定的《贞观礼》《显庆礼》和《开元礼》，其涵盖范围远超三代的礼制，由君主到百姓都要了解礼和行礼，改变了早期"礼不下庶人"的局面。具有真实意义的"礼治"格局,通过确立天人关系、君臣关系、官吏之间的关系,乃至中国与周边国家的关系等申明了统治的合法性。

官学体系和科举致仕的体制更在大儒孔颖达和颜师古的官定五经正本及其解释,即《五经定本》及《五经正义》的基础上建立起来了。它们对儒学的影响比汉武帝罢黜百家独尊儒术更为重大。儒家思想和行为规范不但成为社会主流,科举制度亦彻底打破了士族垄断仕途的局面。到玄宗时,中央和地方的高级官职已主要由科举出身的新官员出任。不过,唐代的崇儒并不构成对佛、道的排斥,后两者往往受到皇帝的大力支持。皇帝多次资助和鼓励高僧出国以求佛经(图 8.4),使佛道两家在唐朝进入全盛时期,显示出儒学的包容性和实用性。佛教在唐朝也形成

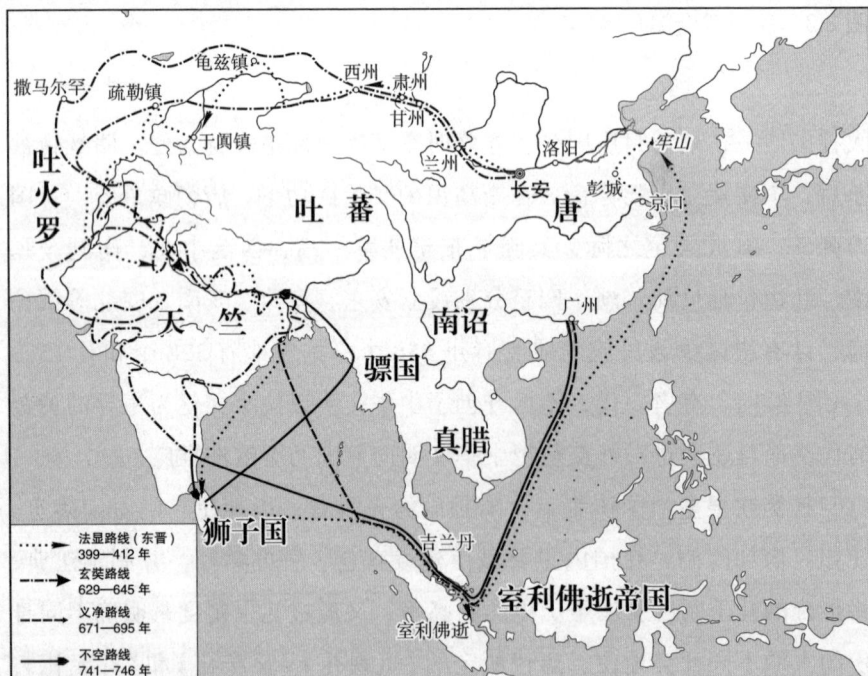

图 8.4　中原佛僧往印度取经朝圣路线示意图

了四大宗派（包括在本土形成的禅宗）。按854年的统计，唐朝有佛寺4600间，圣地4万处，僧侣26万人。

西方学者认为唐朝是东亚的政治和文明核心，为周边地区，包括日本、新罗、南诏、吐蕃、越南、回纥等学习效仿。以日本为例，它自4世纪起已开始积极与中原王朝交流，学习了灌溉农业、制铁技术、汉字、行政管治体制、宗教与汉学。在唐朝时，日本更积极主动地向唐朝学习，在630—895年的260多年间，奈良时代和平安时代的日本朝廷一共任命了19次遣唐使。使团成员除了正副史等官员，还包括了卜部、阴阳师、医师、画师、乐师、译语、史生，造舶都匠、船师、船匠、木工、铸工、锻工、玉工等各行工匠，以及留学僧、留学生等。遣唐使带回唐朝的文明，推动了日本社会的发展。日本的大化改新就是在留唐学生和学问僧参与策划下进行的一次重大改革，对日本文明与历史进程的影响比19世纪的明治维新更深远。以天皇为中心的中央集权制，即律令体制，就是以唐制为蓝本的。

通过丝绸之路，唐文明亦传播至地中海沿岸。在盛唐752年时，中国人口回升至6000万（表8-1），其主要原因除了国家的统一，还要记功于儒家礼教统治的推行。

唐代政治体制与社会

唐太宗说："为君之道，必须先存百姓……国以人为本，人以衣食为本，凡营衣食，以不失时为本。"这确定了以儒家思想治国的总方针："偃革兴文，布德施惠，中国既安，远人自服。"唐朝的皇帝因而有远见地将儒学提升至国家宗教的高度，又大力推广教育，不但提高百姓对统治者的认受，也为国家培养忠心、可靠和高效的官员。儒学也使国家避免过分地倚重军人，同时也削减了高门大族的影响。

第二任皇帝太宗在 630 年诏令天下普建孔庙，又令地方官员定时祭孔。10 年之后，太宗恭亲祭孔以树立天下表率。647 年，太宗更下令将儒家 22 名先贤列为圣贤并立石于孔庙之内，接受拜祭。自此，该习惯延续至今。祭孔之外，祭天地和祭祖先亦是皇帝和主要官员的重要职责。这些礼仪使皇室家族扩大为包括主要大臣、官员在内的大一统"政治大家庭"。这个大家庭融会了传统天人（包括人地）关系、崇拜祖先和尊崇儒家等级宗法观念。这就成为"以民为本""以文治国"的礼治的具体写照。城市是这些礼仪的展示平台，因而礼治所涉及的规范就成为城市功能和其主要土地利用规划的原则。

唐承隋制，强化了中央集权式的官僚体制。中央机构主要有三省、六部和九寺：三省是中书省、门下省、尚书省；六部是吏、户、礼、兵、刑、工；九寺是太常、光禄、卫尉、宗正、太仆、大理、鸿胪、司农、太府。另外，设立御史台以为中央的最高监察机关。在地方政府方面，基本上是州（府）县两级制。

因为"以文治国"，国家的主要功能乃通过皇帝和各级官员身体力行地推广儒家道德观点和教育百姓。在中央和地方，唐朝建立了一个教育网络。中央在国子监下设六学（国子学、太学、四门学、律学、书学、算学）二馆（崇文馆、弘文馆），收皇室、官员子弟约 8000 人。地方州县设官学，学生达 6 万多人。同时，政府亦"任立私学"。这些学校的毕业生，通过公开考试（制举、常举）而出仕为官。科举制度代替了名门望族的血缘关系，成为人才选拔的主要办法，使唐成为世界上最早全面落实文官制度的国家。

上述是唐朝儒家统治模式的主要内容。以儒家思想为代表的传统价值观和行为准则因而完成了它的第二次历史性的复兴。随着唐朝扩大版图，以及推行宽容的外交政策，这一儒家统治模式亦为周边国家所景仰和模仿。正如前述日本在 645 年的大化改新，基本以唐朝的体制为依归，这一体制奠定了日本至今的主流文明的基础。

由于皇室有鲜卑和蒙古血统，因此在文职和军队中任用非汉人民族亦成为唐朝的文化特点。不但边区的都护府如此，朝廷中亦有不少少数民族官员。是以唐朝不但对外来文化包容，其本身亦是东亚社会的典范——一个双向的开放社会。

唐初，突厥是亚洲强大的民族，管治了回纥和契丹等北方民族（图8.3）。583年，突厥在隋的离间下分裂为东、西突厥，两部分别在630年和657年被唐灭亡。唐朝与靺鞨、吐蕃和回纥等都建立了很好的外交关系，将不少边境地区建成羁縻府州，归中央管辖；又或赐姓封王，使来朝贡，承认唐朝的宗主国和皇帝的天可汗地位。然而唐版图和影响力的扩大，并不只靠武力，还依靠传统的怀柔政策——和亲。唐太宗曾经对大臣说，对待寇边的少数民族政权，无非有两种对策，一是征兵讨伐，二是"若遂其来请，结以婚姻，缓辔羁縻，亦足三十年安静……朕为苍生父母，苟可利之，岂惜一女？"唐王朝在近300年间先后与突厥、吐谷浑、吐蕃、契丹、回纥等8个边境民族共计和亲28次。

最著名的案例乃文成公主入藏。文成公主入藏时带去了包括锦帛、珠宝、生活用品、医疗器械、生产工具、蔬菜种子等大量物品，还有释迦佛像，以及经史、诗文、工艺、医学、历法等书籍，推进了藏族社会的发展。文成公主还亲自在藏区推行汉族的先进耕作方式，使粮食产量得到提高；教藏族妇女纺织和刺绣，使吐蕃家庭手工业迅速发展；她还向藏民传授建筑技术，设计和协助建造了大昭寺和小昭寺。自文成公主入藏后到松赞干布去世共10年的时间内，吐蕃从未与唐朝发生军事冲突，这有利于两国人民的来往与经济发展，使中华文明推广至西藏和新疆地区。唐帝国亦因而西越葱岭，与中亚和南亚国家建立了友好关系。

初唐推行府兵制。适龄男丁服兵役，3年拣点一次，21岁入役，60岁免役。府兵是均田制下的农民，平时种地，农闲时操练。玄宗以后，由于年年战争，加上均田制败坏，人口流失，遂用募兵替代府兵，并将沿边分成九区，各由一节度使领兵。其后节度使又被授以地方政治和经济大权，发展成为强大的割据势力。唐代武功的关键之一乃唐初皇帝对战马的喜爱和因此而建立的强大骑兵队伍。国家在北方和西北边区建立了大型战马养殖场，在 7 世纪时的高峰期共养马 70 万匹，包括阿拉伯和吐蕃的良种马。其后吐蕃和突厥的多次侵犯破坏了这些养马基地，导致马匹流失，最终削弱了唐军的攻击能力。

在农业方面，南方的发展，特别是一年两造（早熟）稻米，以及插秧（即先育秧苗，长大至某程度才正式下种田里）的普及，使稻米增产，可达每亩年产 400 斤。北面的黄河平原地区，粮食产量也比以往增加四分之一，虽然亩产只有约 103 斤。由于中央政府、军队和大部分人口都集中于北方，大规模的南粮北运成为帝国的必要工程（表 8-2）。南北大运河成了沟通长江流域稻米主产区和北方的粮食通道（图 8.2）。735 年的记录显示，在之前的 3 年，大运河共运输粮食 700 万石。运河上繁忙的交通也促进河两岸城镇的手工业和其他商品的生产和贸易，包括与外国的进出口活动。

表 8-2　唐代人口的空间分布　　　　　　　　　　　　　　（单位：万人）

年份	北方	南方	边区（东北和西北）	总数
640 年	700	920	350	1970
752 年	3050	2290	380	5720
812 年	1230	1940	420	3590

资料来源：赵文林、谢淑君《中国人口史》（北京：人民出版社，1988 年）。

此外，唐朝亦将前朝的驰道扩充为一个总长 5 万千米的全国驿道系统。这个以长安为轴心的干道网，每 30 千米路程便设一驿，驻有官员以检查往来人员、货物，收纳关税（图 8.5）。全国共设驿站 1643 个，中央和地方政府亦向符合资格人士发放通行护照。安史之乱（755—763）后，从中原到中亚和南亚的陆路重新阻塞，中国南方沿海的商港

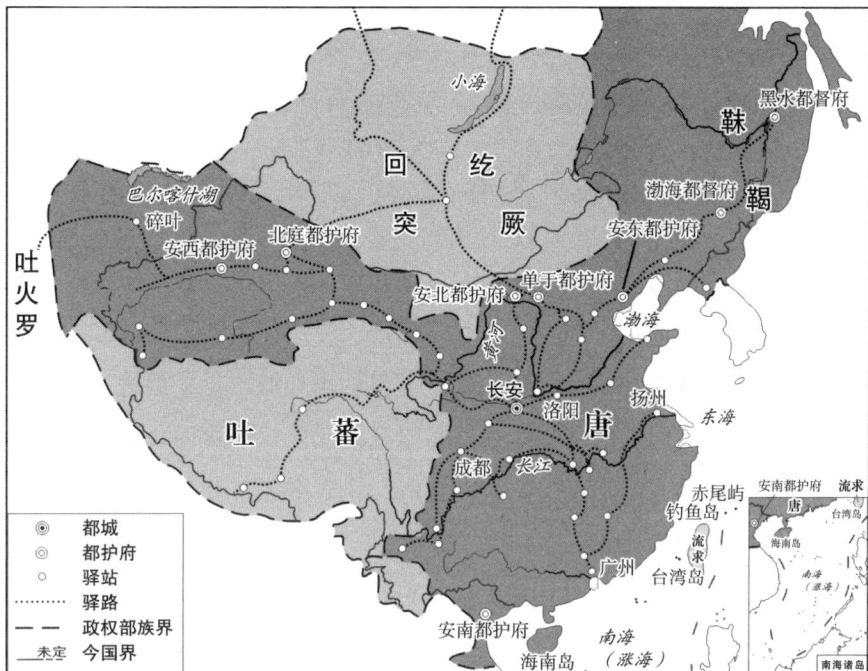

图 8.5 唐时期驿道图

因而兴起，成为新的中外贸易门户。

安史之乱导致人口再一次南迁，不但削弱了北方豪门世族的影响，也加速了南方农业的扩张。当南方的贸易与文化发展至高峰时，中唐（780—850）亦倚重于南方。朝廷因此在南方建立了数个专营事业，其中盐的专营提供了国库年入的一半，而茶叶专营则贡献了年纳的十分之一。大量的商品流通和贸易活动导致了9世纪末"柜坊"和"飞钱"的出现，后者是最早的支票。商人在京售完货物后，可将现款交给进奏院，而在回乡后凭进奏院的"公据"取款。此外，还有私办的"便换"，都具同一功能。而自中唐以后，在南方一些大城市，如扬州，商贸活动已冲破坊门，开始沿街设店，同时也出现了夜市和城外的定期集市——草市等。商业的繁荣使自周代以来严格管理城市基层住民和工商业活动的行政体制坊市制度开始崩溃。

唐代的城市化和城市发展

中国城市作为行政中心和为农业地区服务的中地,自然也随着人口南迁和南方农业的扩张而在南方长足发展。在唐朝西部、北部和西北边区,节度使的设置和羁縻府州的建立亦促使当地城市化,促进了中华文明在广大地理空间上的传播。这些可以通过比较汉、唐两代南方城市的数目和密度来体现(比较图 7.2 和图 8.3)。表 8-3 亦将东汉和中唐的城市空间分布做相应比较:

表 8-3　汉代及唐代城市分布情况

朝代	年份（年）	黄淮地区		长江－珠江地区		西北地区		总数	
		数目	百分比	数目	百分比	数目	百分比	数目	百分比
东汉	140	700	59.3	383	32.4	98	8.3	1181	100
中唐	740	615	37.5	964	58.8	60	3.7	1639	100

中唐的城市比东汉时增加了 400 多座,新增城市主要集中在南方的长江流域和珠江流域,特别是在岭南道,即现今的广东省珠江三角洲。在 740 年时,珠江三角洲共有 314 座城市,数目是黄淮地区的一半。唐朝的城市化显示出如下的新规律:

一是南方涌现新型大都会,即升州(今南京)、江陵(今荆州)和益州(今成都)三大都会,以及润州(今镇江)、扬州、睢阳和番禺四大港口城市。中唐时,益州和扬州的税收,包括盐、茶等专利收益占了全国岁入的九成。

二是运河城市。自隋统一中国后,中国的政治和军事中心迁回北方，隋唐的人口增长也随之以北方为重。贯通南北的大运河的兴建，解决了南北之间人口与农业生产的地域不协调的矛盾。大运河亦成为延至清代而不衰的新增长带，使两岸的城市都繁盛起来。在中唐，这些城市包括四大都会楚州（今淮安）、扬州、苏州和杭州，七大商贸城市华州（今渭南华州区及其周边）、隋州、汴州（今开封）、宋州（今商丘）、泗州（今盱眙）、润州、常州，以及 28 个州治（图 8.3）。

三是长江沿岸城市。水利和灌溉之利是长江沿岸重要城市发展的主因，特别是在长江与大运河交汇的那一段。中唐时，这些重要城市包括十大城市和 20 座州治。较出名的有江陵、益州、升州、扬州和润州。

四是东南的海港城市。自六朝以来，中国东南沿海的海港城市因与东南亚的贸易发展而兴起。中唐时，吐蕃与突厥一度阻断了丝绸之路，使南亚及中亚商人被迫由海路而来，开通了海上丝绸之路，促使东南沿海城市如广州、潮州、泉州、福州、温州和明州（今宁波）发展为海港城市。一位阿拉伯商人于 879 年记载：广州城内有 12 万名阿拉伯人、犹太人，以及基督教和祆教人士。在长江口的北岸，也有重要海港城市如扬州、蓬莱、明州、泸州和平州（今卢龙）。

五是行政及军事重镇。正如前述，大部分城市都是各级行政区域的治所，但在边区设有兼具行政和军事功能的 11 个镇。唐朝的府和州约等于汉代的郡。这些最高层次区域的总数在唐朝有明显增加，特别是在淮河以南（图 8.3）。在以少数民族为主的边区，一些层级较低的聚落被提升为羁縻府或州以强化边区的防卫。因此它们的数目很多，甚至比一般的府和州多，如在 740 年，后者只有 317 个，而前者却有 856 个。

中唐以后，一些在城市之外或在农村地区贩卖农、林、牧产品的草市，由于贸易和人口较大而被提升为县，并成为县治。政府在这些地方设有管理机构。这是中国最早的在交通便利地点上因商贸发展而形成的城市。因而商贸活动首次在中国成为城市化及城市建设的新动力，并且不受城中官市的限制，推动店铺在大街两旁开设，甚或脱离城的限制而沿大道、运河和大河延伸。后面的案例，即唐末的扬州，见证了这些新发展。

唐代的城市结构

儒学的第二次复兴对中国城市的结构自然产生了明显的影响，使汉以来已经慢慢演化出来的中国城市特色在唐代得以巩固：

1. 城市空间的布局体现了秩序、等级和统一性等礼乐原则。
2. 由城市主干道形成的南北中轴线贯通全城，体现执中和规律性的礼乐原则。
3. 官殿（大朝和寝宫）形成一个专区，与城市其他地区分隔，并位于全城北部的中央，显示皇权的至高无上。
4. 由于官城位于北部，市被移至南部的住宅区内，使传统的"前朝后市"颠倒过来。
5. 宗庙和社坛两个重要的儒家礼乐建筑仍按传统，即"左祖右社"，在皇城内分布。这个新位置使相关礼乐活动成为公众可见的活动。

上述的布局使宫城和一般城市居民的距离拉远。不过唐延续周至汉代的抑商传统，居民更受里坊制约束。除了三品以上的高官，其他人皆不能凿开坊墙，向大街开门。城市的商贸活动亦由官方严格控制，并只准在市肆内进行，而市肆亦只许人口过 3000 户的州治和县治开设。商贸及手工业的蓬勃使同一类商品在市肆中某一区集中，同时同类商贩也结成行会。唐代记载共有 220 行，行的头人负责商品质检及监督买卖合同的执行，也协助市肆负责人——市令对商品质量分级和为商品定价。

晚唐时，夜市也在一些大城市中出现了。

唐代一些城市还特别为蕃商专门设市，体现唐代对外贸的鼓励和它的包容性。宗教建筑，包括道教、佛教和西方一些宗教的寺庙成为长安、广州和扬州的城市特色，尤其是高耸的佛塔。不过北朝时仍保留了外来文化特征的佛塔，在唐朝终于被汉化而成为"宝塔"。这些宝塔的形态彰显了新时代的理性逻辑，为以往城市中较平的天际线增添了起伏和节奏感。

在较小的城市里，上述特点有明显变化，但依然坚守儒家的相关原则，如城市的核心乃官署，其附近更有官学和考场。这些主要的功能建筑都是南向的。城的南北向干道形成中轴线并穿越核心区。轴线两旁分别布置了文庙（孔庙）和武庙。下面我们先简介魏晋南北朝时的 3 个案例邺城、洛阳和建康，然后讨论唐朝的首都长安和最大工商都会扬州，以体现不同时期的城市演变和城市文明。

邺城（曹魏都城）

邺城在邯郸以南 40 千米，汉时为魏郡治。曹操在公元 204 年建为国都，后来东魏、北齐在邺城南兴建邺南城，曹魏都城又称邺北城。邺的规划除了遵循《考工记》原则，还因应东汉以来豪强世族和庄园经济的社会背景，强化了门第相隔的封闭式形态。儒家思想的传统特点被保留下来：宫城居中，左右对称，棋盘式路网（图 8.6）。但森严的居住划分是其新特征，如图内中央宫殿区的西边是苑囿，有冰井台、铜雀台和金虎台等，东边为戚里和衙署。全城大约呈长方形，面积为 3.6 平方千米。宫城设计为前朝后寝，宫城和郭城的中轴线明显。

洛阳（北魏都城）

493 年，北魏将首都从平城（今大同）迁至洛阳，实行汉化政策以控制汉人为主的北方。新城由汉人李忠规划，因此重建的洛阳亦大体依

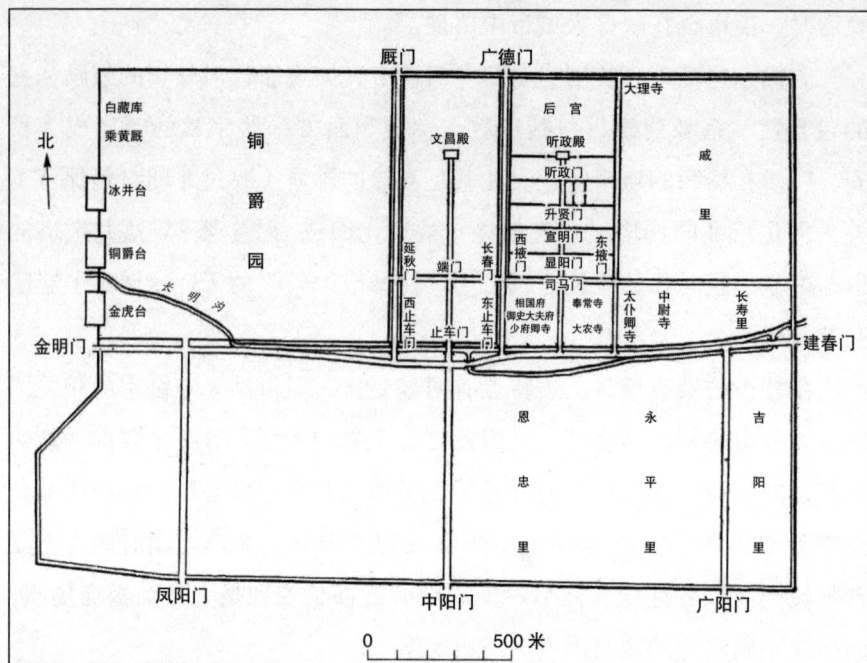

图 8.6 曹魏邺城平面复原图

照儒家的传统。它为三重城（但仍未发现外城墙），城墙内面积共 20 平方千米，人口约 50 万。新城强化了中央集权意识，将前朝后寝合为宫城，并位于北部中央位置，南向全城（图 8.7）。由宫城正南门往南延伸的是全城南北主轴铜驼大街，它的两旁分布着官署、宗庙及社坛，后两者呈左祖右社分布。全城街道亦为棋盘式，内城墙上共开 13 门。全城共有 4 个市，3 个在郭城，1 个在内城。后者在内城北部，一如《考工记》要求。南部的四通市为外商贸易之所，其南的 8 个坊主要是外族所居。邺城的严谨等级制度及规整布局比汉长安城更贴近儒家精神。此外，洛阳城中普建佛寺，共 1367 座，可见洛阳是北朝重要的佛教和商贸中心。

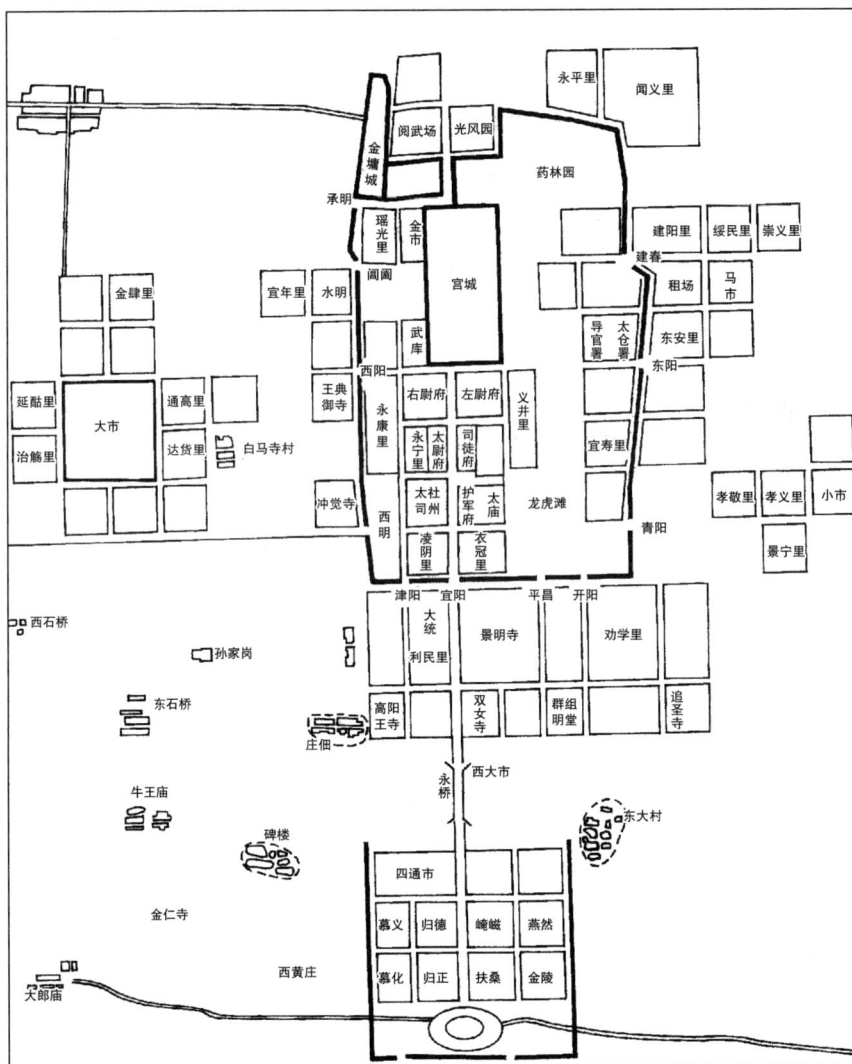

图 8.7　北魏洛阳城平面复原图

建康（六朝都城）

建康位于今南京，在三国时称"建业"，为东吴首都，原称"金陵""秣陵"。据载，金陵之名源于秦始皇为了破坏其城中虎踞龙盘的帝王气势，将一金人埋于城中，故称金陵。后因城市荒废，成为野草丛生之地，始改名为"秣陵"。南北朝时，偏安南方的东晋改称其为建康，自此，建康城便历东晋、宋、齐、梁、陈，为六朝国都。

建康在长江南岸，三面环山，正是"山围故国绕清江，髻鬟对起，怒涛寂寞打孤城，风樯遥度天际"，一派居位优良的气象。东晋和南朝时的建康基本保持了东吴时的格局，宫城居中偏北，占全城四分之一。御道长 7 千米，为全城中轴线，两旁分置官署，太庙和太社均设在郭城，亦呈左祖右社分布。建康城亦是三重城，郭城开 12 个门，南北各 4 个，东西各 2 个。城内的市和坊亦有严格规划和管理。由于战术要求，城郊广设军事堡垒，如石头城、越城等。梁朝时，全城有 28 万户，约 100 万人。当时的建康亦是南方的佛教中心，有佛寺约 500 多座，僧尼约 10 万众（图 8.8）。

长安（唐朝都城）

自隋至唐末，长安成为统一王朝的首都达 300 多年。它的衰落来得并不偶然。763 年时它被吐蕃洗劫，883 年被黄巢叛军攻破并严重破坏，最后唐叛将朱温在 904 年时将全城居民逼迁洛阳。自此，长安从未恢复中原王朝首都这一地位。

唐长安城建基于隋的大兴城。它是首个将大朝、寝宫和中央官署放在一起的都城，使三者形成了都城的核心——宫城（图 8.9，图 8.10）。唐初，大朝位于太极殿，自 662 年起被移至大明宫。后者位于俯览全城（但在城外）的战略高岗，但也由于这样，全城本来大约方正的外形被稍微改变了。

唐代长安也将"三朝"体制确立下来：内朝，是皇帝处理日常事务

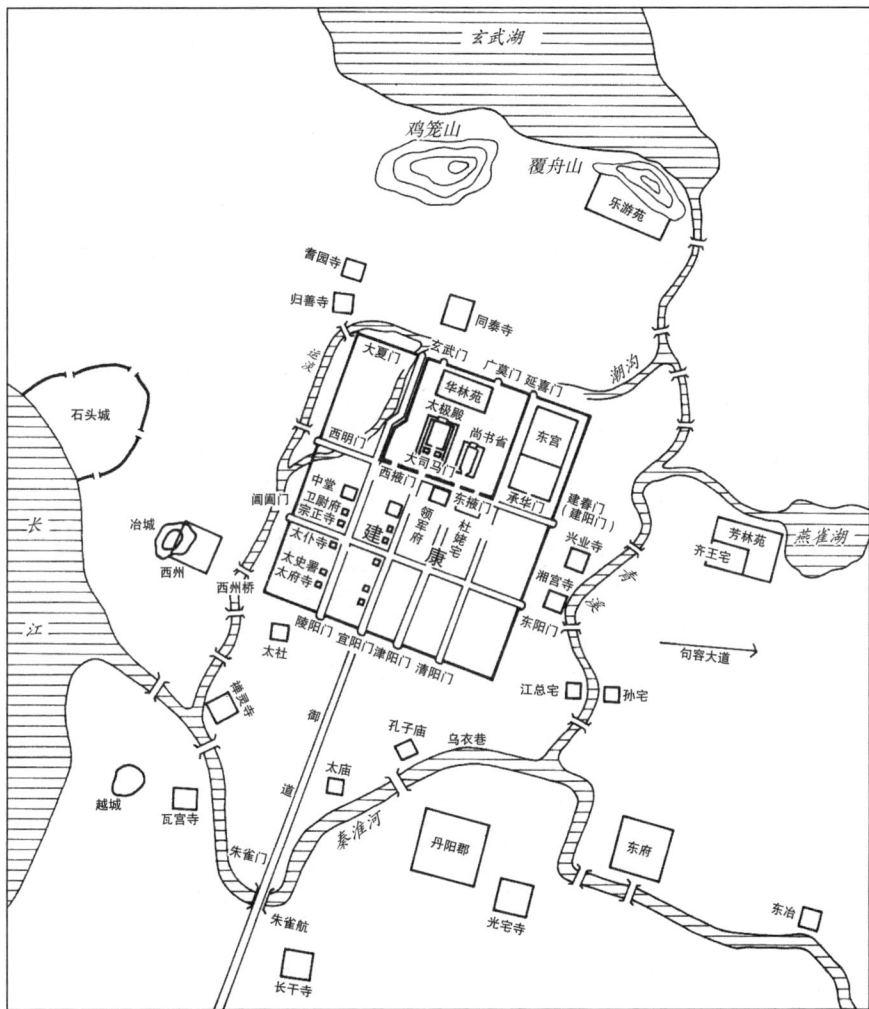

图 8.8　六朝建康城示意图

的寝宫，位于大朝后；中朝，即大朝，是皇帝和百官商讨重大国政及举行重要国事活动之所；外朝，即宫城正门——承天门外的广场，是大型集会和庆典活动举行的地方，如庆祝新年，庆祝战争胜利等。这些安排，严格遵循了《考工记》的前朝后寝规定。在空间上，"前朝"的范围于宫城外沿中轴线南延，形成承天门至皇城正门朱雀门间的御道两旁的

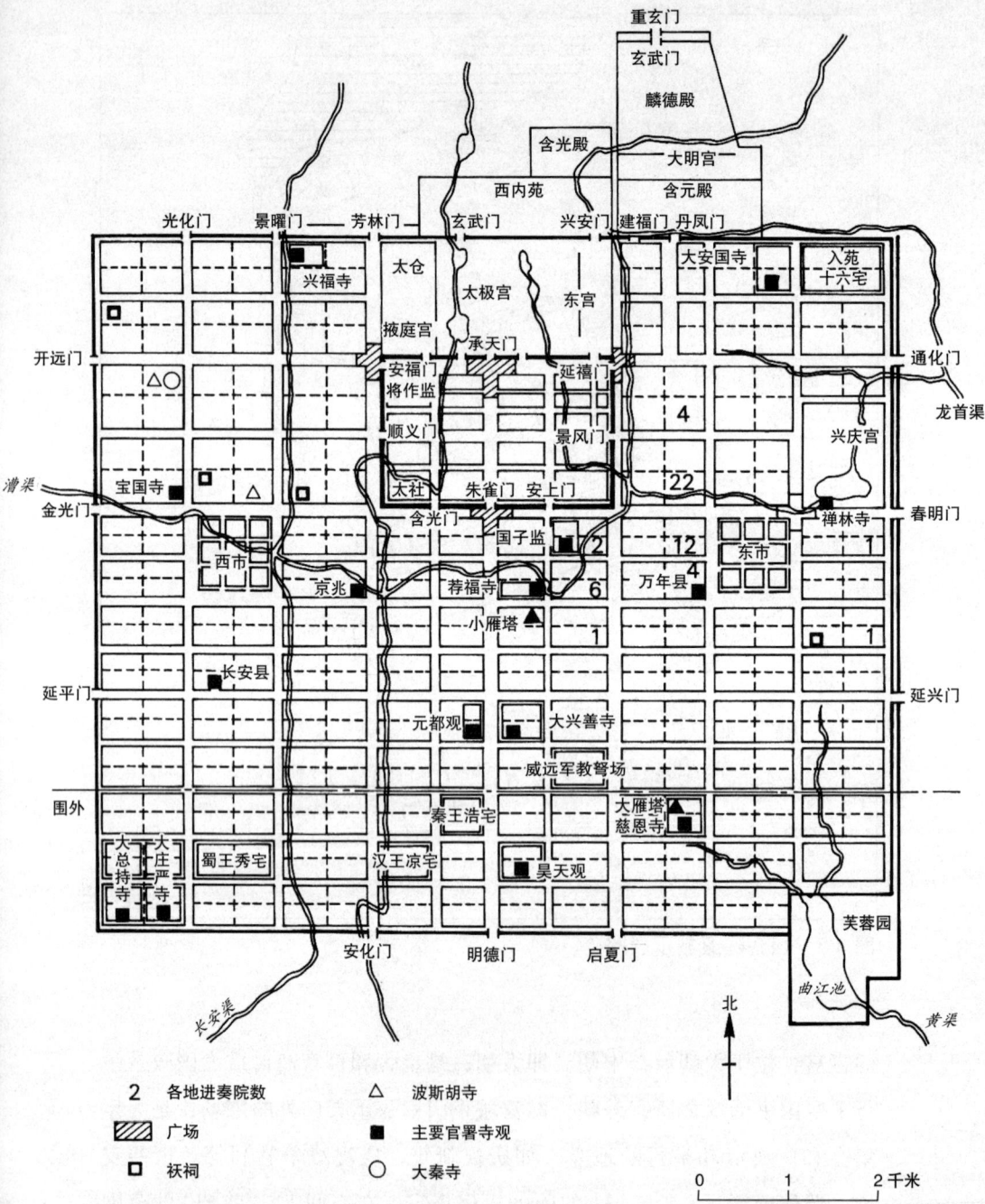

重玄门
玄武门
麟德殿
含光殿
大明宫
西内苑　含元殿
玄武门　兴安门　建福门　丹凤门

光化门　景曜门　芳林门

兴福寺
太仓
太极宫
东宫
大安国寺
入苑十六宅

开远门

掖庭宫
承天门
安福门
将作监
顺义门

延禧门

延福门
景风门

通化门

龙首渠

4

兴庆宫

漕渠
金光门

宝国寺

太社
朱雀门　安上门
含光门

国子监
荐福寺
小雁塔

禅林寺　春明门

22
2
12
东市
6
1

万年县
4

1

西市
京兆
长安县

延平门

元都观
大兴善寺
威远军教弩场

延兴门

围外

秦王浩宅
汉王凉宅

大雁塔慈恩寺
昊天观

芙蓉园

大总持寺　大庄严寺
蜀王秀宅

安化门　明德门　启夏门

曲江池
黄渠

北

2　各地进奏院数　　△ 波斯胡寺
▨ 广场　　　　　　　■ 主要官署寺观
▢ 祆祠　　　　　　　○ 大秦寺

0　　1　　2千米

图 8.9　唐长安城平面复原图

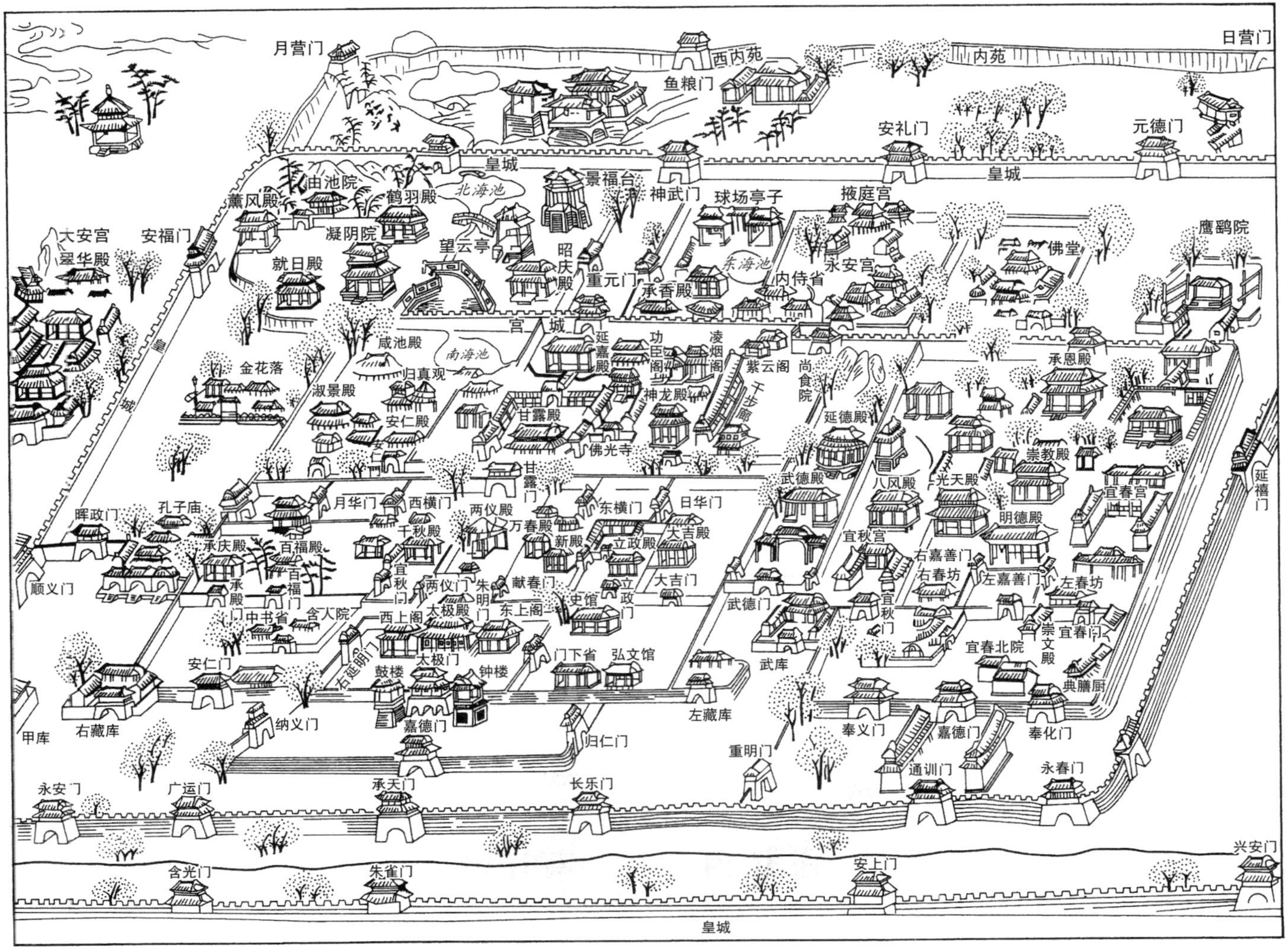

图 8.10 唐长安皇城立面示意图

各部官署。而宗庙及社坛就在御道两边分置（图8.9）。

长安城的路网也按照等级规律地安排。作为中轴线的御道最宽，宽约150米。其他干道都是南北或东西走向，形成排布严密的棋盘状，路宽按其等级为40—70米不等。

皇城东、西、南三面由外城或郭城围绕，后者亦有城墙，汉代都城则只是宫城和皇城有墙，大部分居民住在城墙之外。外城共13个门，东、西、南各3个门，北墙中央无门，但在宫城东、西两侧共开4个门，这是缘于道家学说——煞气来自北方，因而避之。城内设108坊，坊的平面呈方形或长方形，均有坊墙封闭分隔，形成坊内的居住小区。傍晚时街鼓被击800下后坊门便会关闭，五更二点时再鼓而坊门开，这些做法依汉制形成了一个严密有序的城市居住管理系统。

两大市肆东市和西市也设在外城，各占两坊，即约1平方千米大小。市内设市局及平准局管理，半天交易，即日中至日落。市内有四条南北或东西向的街道将坊分成9区，区内四面店铺临街。二市共有220行。此外一些店铺及工场亦散落在临市的各坊。西市是外商，主要是印度（天竺）和波斯（大食）商人交易的地方，因此其邻近坊里多酒楼及胡女。

长安的规整及其呈现出来的等级观念，比汉代及魏晋南北朝时更为严格。唐长安城是在统一王朝的首都中最早完善了三朝制度的，成为成熟的中华城市文明和城市结构的典范。日本的太平盛世时期（724—781）是主动输入唐朝文明的极盛时代。除了典章制度、生活习俗（如主要节日）、科技、文学和思想观念，当时日本新都的建设也完全仿照唐长安城，甚至一些主要宫殿和街道的名称也一如长安，如太极殿和朱雀大街（图8.11，图8.12）。

唐代对外来文化和非儒家思想的包容也可以从长安城的各类宗教建筑上看到。据640年的统计，长安城内有佛教寺庙106座、道教寺观36座、波斯祆教祠2座和大秦寺（基督教寺院）4座，部分重要寺庙见

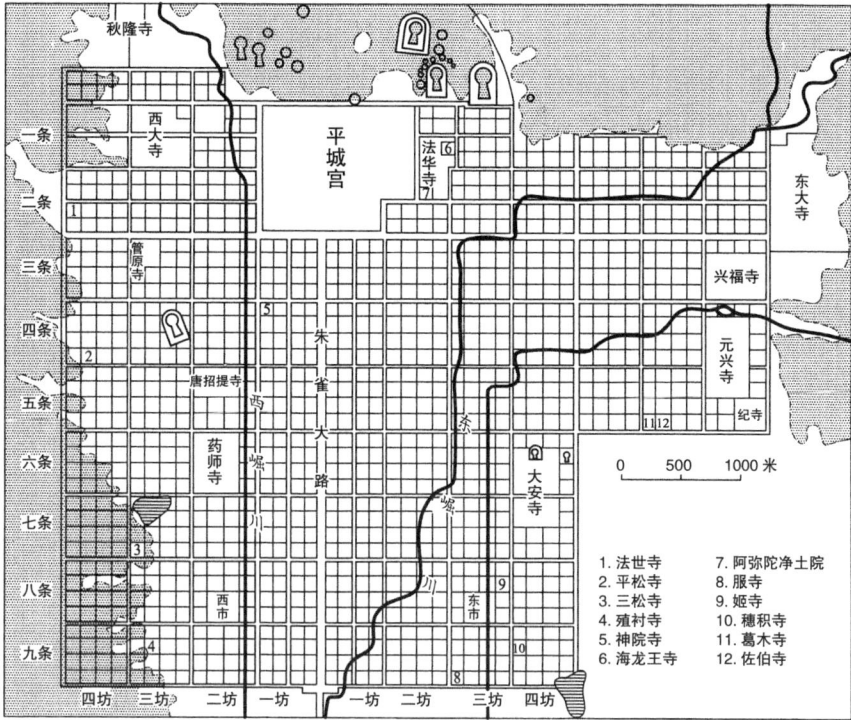

图 8.11　日本平城京平面示意图

图中标注文字：

秋隆寺　西大寺　平城宫　法华寺　东大寺
一条　二条　三条　四条　五条　六条　七条　八条　九条
菅原寺　唐招提寺　药师寺　兴福寺　元兴寺　纪寺
大安寺　朱雀大路　西堀川　东堀川
西市　东市
四坊　三坊　二坊　一坊　一坊　二坊　三坊　四坊

0　500　1000 米

1. 法世寺　　　7. 阿弥陀净土院
2. 平松寺　　　8. 服寺
3. 三松寺　　　9. 姬寺
4. 殖衬寺　　　10. 穗积寺
5. 神院寺　　　11. 葛木寺
6. 海龙王寺　　12. 佐伯寺

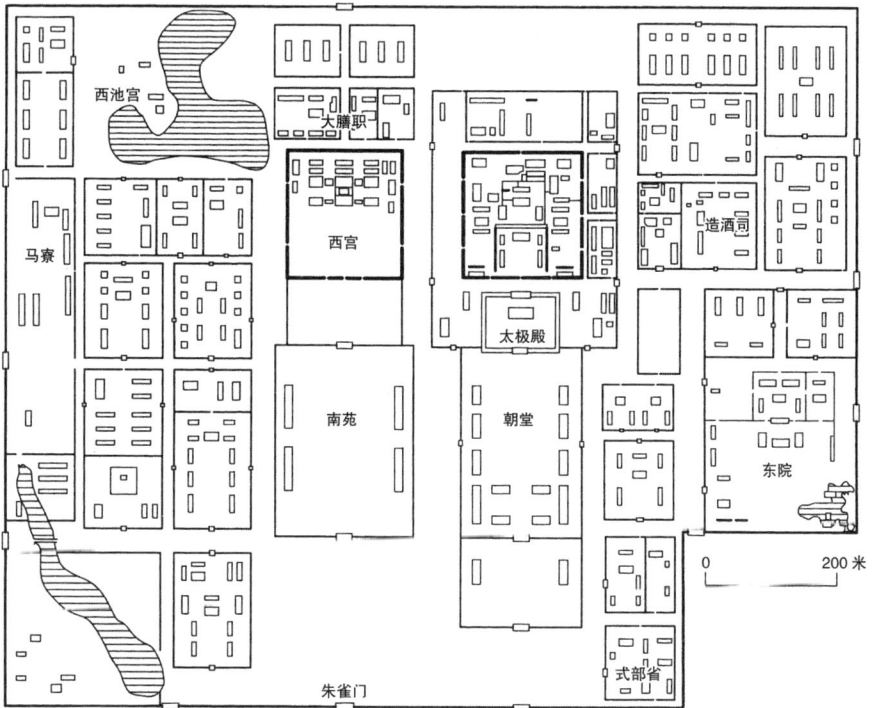

图 8.12　日本平城宫平面示意图

图中标注文字：

西池宫　大膳职　西宫　造酒司　马寮　太极殿　南苑　朝堂　东院　式部省

0　200 米

朱雀门

图 8.9。当年城内共有外国人约 10 万名，其中 8000 人为留学长安的学生，包括波斯、大食、新罗、日本和安南人等。

唐长安城的面积为 87 平方千米，城墙内人口达 100 万，另在城外郊区还居住了约 100 万人。它成为当时世界上最大的按预先规划而建成且有城墙的城市。此外，长安和稍后的中世纪欧洲城市相比，是一个更自由、更开放的城市，各种民族、文化、宗教和商品在此受到包容。尽管如此，长安的里坊制显示了它仍是个管理严谨的城市。与西方不同，中国的儒家传统认为，个人的自由要求诸荒郊而不是在繁盛的城市里（Schirokauer 1991）。

扬州（中晚唐都会）

扬州地处江淮平原南部，近长江与东海。春秋战国时它是吴国的都城，始建城墙，秦时为广陵县，汉时为封国广陵国。隋朝开通大运河后，它成为长江、运河和东海水运的交汇点，也成为漕米、海盐、茶叶、瓷铁和丝绸等产品的集散地。唐朝中期，广陵为扬州州治，朝廷还设盐铁转运使驻扬州，使其成为全国最大的工商城市，谚称"扬一益二"。扬是扬州，益是成都，与益州合称朝廷最大的税收来源地。

每年通过扬州北运漕米达 400 万石。扬州也是淮河盆地海盐的集散地，又因通海，加以唐开大庾岭道，外商在广州登陆后可沿此道及沿江至扬州，因此外来商品亦极盛，并推动了扬州的造船业和手工业。唐朝中叶时，扬州设有 10 个造船厂。当时到来经商的日本、新罗、波斯、大食及东南亚各国等商人多至数千人。

唐中叶时的扬州人口比唐初增 5 倍。盛唐后城市的坊墙被拆去，高楼筑起，店铺面街，与作坊连成十里长街，此时出现市井相连的现象，更出现了夜市。如图 8.13 所示，小市及大市已不再单独或隔离地存在，而是连为穿城而过的东西向及南北向的十里长街。城市内亦有大面积的作坊和近城墙的仓库区，都与运河支河相通。

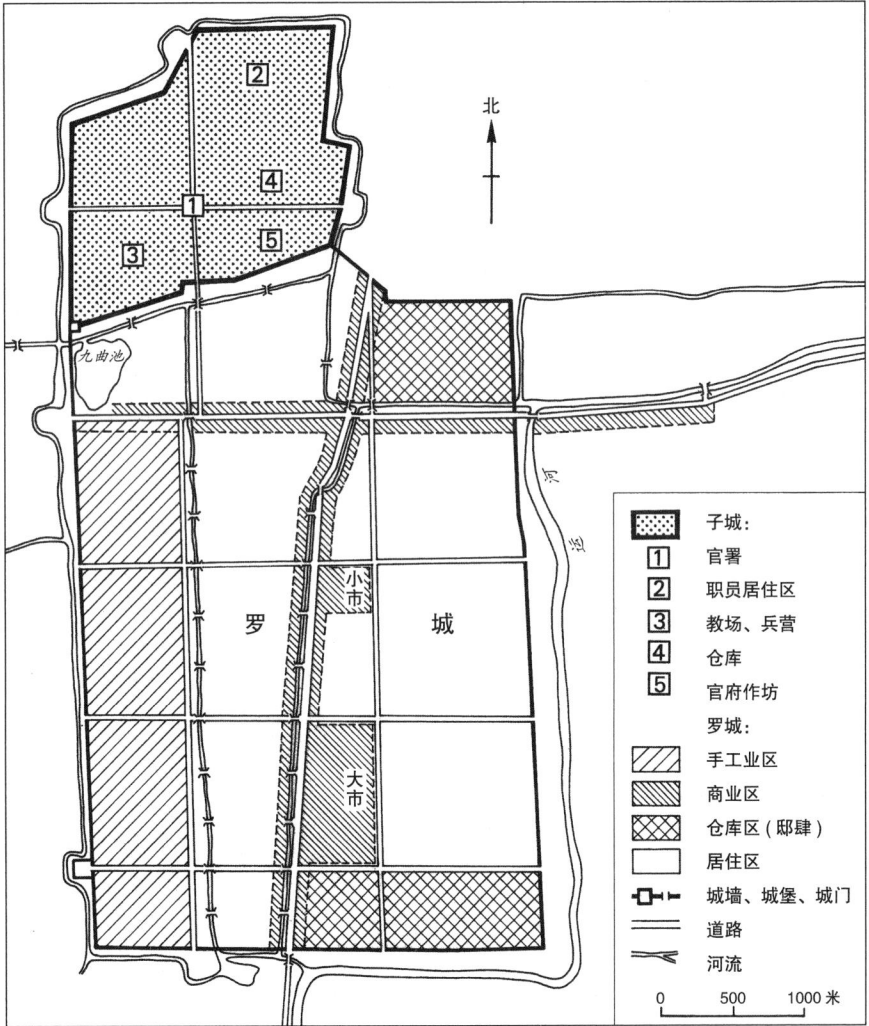

北

图例：
子城：
1 官署
2 职员居住区
3 教场、兵营
4 仓库
5 官府作坊
罗城：
手工业区
商业区
仓库区（邸肆）
居住区
城墙、城堡、城门
道路
河流

九曲池

小市

罗　城

大市

运　河

0　　500　　1000 米

图 8.13　唐扬州城功能结构示意图

杜牧咏扬州云:"街垂千步柳,霞映两重城。"子城,即行政中心,位于战略高地蜀岗上,罗城为郭城,是工商区及住宅区。全城总面积约20平方千米,人口达10万。

结论:唐代体现了中华大一统下的城市文明特点

魏晋南北朝时,北方纷乱,人口多次大规模南迁,使以儒家文化为主导的中华文明和农业经济在南方得到前所未有的发展。而城市化趋势和传统儒家城市文明更向南方扩散。南北朝的政治和军事强化了汉末以来的门阀式和庄园式自给经济。在城市的结构上,唐长安城也成熟体现了宫城居中、三重城、中轴线等古代中国都城的特点。

在皇帝的大力推崇下,大一统的唐朝将儒家文明推向新的高峰,亦展示了对外来宗教、文化与民族的宽容,特别是对佛教的扶掖。唐朝的武功当然有助于儒学的对外传播,但它的发展主动力来自科举制的推行。雕版印刷的发明更使教育和文学流传,后者以唐诗为代表。更缘于德治与礼义之邦的睦邻传统,不少邻国主动以唐朝为治国教化的榜样,因而我们认为唐代是中华文明儒家模式的黄金时代,它的影响广被整个东亚地区。

唐代的城市反映了唐代的历史进程与社会脉搏。在魏晋南北朝的基础上,其城市结构和规划都比汉代更符合传统的礼乐和等级秩序的主要精神。同时,它也引入了不少外来元素,如佛塔,体现了新的国际价值观和视野。唐朝城市等级分明的规划与其行政等级相契合,这些原则均成为邻国城市化和城市规划的蓝本。

我们认为隋唐时期有两方面的重要发展:

一是新的基建,如全国性的驰道网、运河网和高效率的官僚架构,使中国的地理空间一体化,亦促成了一个巨大的文明核心区的形成;

二是中唐以后，由于连接核心区与中亚的陆路交通中断，使本来正在汉化的边境邻国与中原的联系被切断，促使中华文明向南发展，最后使经济、人口和政治核心南移至长江流域；而这一时期的中原王朝也更关注海洋贸易，使海港城市成为这一轮城市化的另一个特色。

　　唐朝的覆灭，使一个伟大城市长安及一个伟大朝代成为历史，也终结了中原王朝对海洋发展的努力和与边境游牧及半游牧民族结好的自信。然而，这一时代的儒学复兴，为下一次的文人社会和中华传统城市文明的演进打下了新的基础。

第九章

宋代：工商业发展与新城市文明

中华文明的又一高峰

傅路德（Goodrich 1962）说过，北宋盛时的中华文明冠绝全球。虽然北宋幅员（图 9.1）只及盛唐的一半，但北宋确是当时世界上最富有、

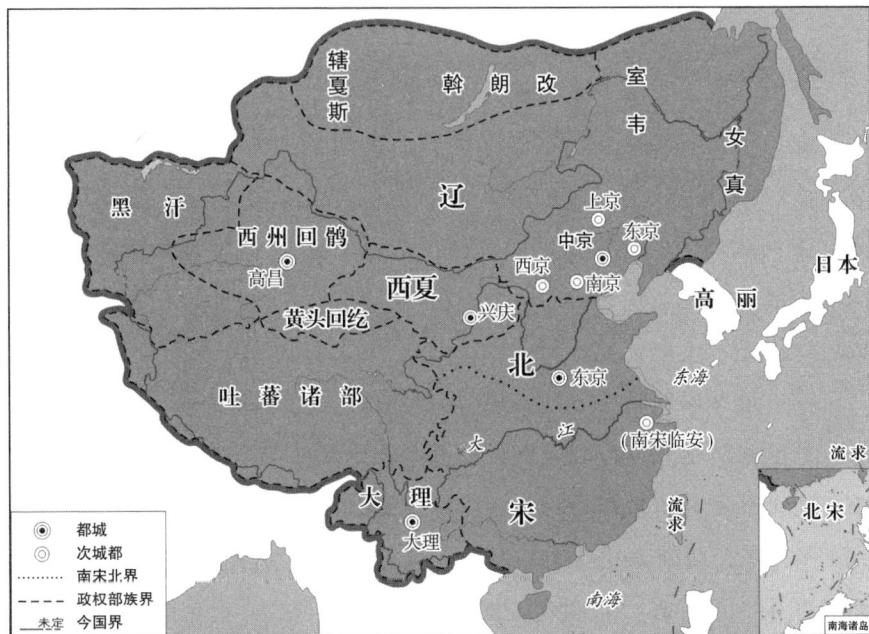

图 9.1 辽、北宋时期全图

最文明和最城市化的国度。这是因为唐末混战及五代十国大乱之后的中国式文艺复兴造就了一个崭新的新世界。正如谢和耐（Gernet 1985）说："与唐帝国的贵族和半封建社会相比，宋代在政治风气、社会习惯、阶层关系、军事取向、城乡关系及经济发展上都很不相同。拥有现代中国的基本特色的新世界已在北宋出现了。"

这些学者所说的"新世界"是指建基于中国历史上第三次儒学复兴的中国社会。最突出者乃理学的到来，以及一个新的士大夫阶层的形成。这些被称作"儒"或"士"的人大多来自城市里的富有家庭。他们除了有丰富的知识、能独立思考，更把行为道德，以及为国、为天下任看作自身标榜。与这些发展相契合的是一个新型的商业社会和新的城市化进程，推动了中华文明走向一个新的阶段。

两宋社会的特点

李唐的覆灭，使中原政权出现了另一次全国范围的大混乱。在宋之前，北方的黄河流域出现了 5 个政权，即所谓"五代"，在时间上共延续了 53 年（907—960）。同时，南方地区亦先后出现了 9 个政权，加上北方河东地区的北汉，它们被称为"十国"。这些地方割据政权都是由唐末藩镇割据演变而成的。北方由于长期战乱，城市被破坏，从而导致人口南迁，土地荒芜。

南方地区虽然政权分立，却因为没有独大的军事力量，大体相安无事，地区经济得到恢复和发展，形成了数个繁荣的区域经济，全国经济重心再度从黄河流域南移至长江流域。据北宋初年统计，北方人口只有 100 多万户，而南方共有 250 万户。南方诸国因为经济繁荣和社会稳定而兴礼乐、设百官、立制度、促文教。因此，在 10 世纪前半期，蜀及南唐已成为中国的两个文化中心。雕版印刷的发明、制茶和喝茶的推广、词的普及，更使五代十国时期奠定下了两宋新文明或中华文明进一步发展的基础。

抑军政策

后周是五代的最后一个政权。太祖郭威推行一系列新政，恢复生产，发展经济，招贤纳能，改革兵制，加强了中央的军事力量。其养子柴荣继位后，遂开始了统一全国的计划。可惜世宗柴荣突然病死，由7岁的幼子继位。960年，后周军队哗变，将黄袍加于赵匡胤身上，拥他为王，推翻后周，建立宋朝。赵继承世宗志，利用外交与军事力量，分别击破蜀、南唐等南方政权，到他逝世的976年时，除了包括现今河北、北京和天津在内的燕云十六州和北汉，中国大部分已经统一。其弟太宗后来兴兵征讨燕云十六州，不幸失败。自此宋代版图失去了长城和十六州的拱卫，不断受到来自北方的辽和金的军事威胁。加上西北地区亦被西夏占据，宋朝失去了大型牧马基地，其战斗能力也被进一步削弱（图9.1）。

因此，宋代的政治和军事形势非常复杂。在两宋的319年间，北宋共经历了9位皇帝，为时167年，南宋亦有9位皇帝，为时152年。与两宋共存的有多个地方政权，其中辽、西夏、金三个政权最为强大，控制了北方地区及不少汉人（表9-1）。

表9-1 两宋及与之并峙的政权

政权	统治时期	统治民族	疆域
北宋	960—1127	汉	北至今河北霸州，西至甘肃东部，西南以岷山、大渡河为界
南宋	1127—1279	汉	淮河以南
辽	907—1125	契丹	阴山、太行山以北，北至今蒙古国中部，西至阿尔泰山
西夏	1038—1227	党项	今宁夏、甘肃西北部、青海东北部和陕北地区
金	1115—1234	女真	原辽朝东部，延至淮河一带

辽朝是当时东亚最强大的政权，统治着东亚的广大地区，包括今天的蒙古国南部和中国北部（图 9.1）。它的 30 万骑兵使北宋无法收复燕云十六州，而只能接受侮辱性和约"澶渊之盟"，每年要向辽纳贡白银 10 万两、绢 20 万匹。约在 1038 年，羌族的一支党项在甘肃建立西夏政权。在此之前，这支势力向北宋称臣，建国后则成为北宋敌国。辽和西夏虽然是少数民族政权，但非常汉化，而且其统治范围内有大量汉人农民。这两个政权采用了汉胡分治的双轨制，以部落方式管治本族人民，而随唐制管治汉人。两个北方政权的中央统治机构和首都规划大抵遵从儒家思想，因此，它们是中华文明地理共同体的一部分，应被看作中国的一分子。

在东北地区，女真族（后称满族）在 11 世纪后期强大起来。不久，金朝建立起来，其后打败了辽，令其余族逃至中国新疆和中亚地区建立西辽。1126 年，金大败北宋，抢掠了首都开封。宋室被迫南渡，在南方立足而为南宋，并与金在 1164 年议和，以淮河为界，保持长久的相对安定。因此南宋版图约是北宋的三分之二，明朝的三分之一，以及清朝的五分之一。金朝统治淮河以北的土地，估计此地有汉人 4000 万人，而南宋的人口在 1131 年时为 4500 万（表 9-2）。以民族和人口计，金和宋不但是一家而且势均力敌。

表 9-2　两宋的人口

朝代	年份	人口（万）
后周	959	1607
北宋	970	2110
	1003	2810
	1020	3990
	1060	4540
	1110	8560
南宋	1131	4440
	1180	4850
	1234	5130
	1274	4220
	1275	2950

由于幅员与人口的不足，两宋缺少大一统朝代（如汉、唐）时的军事力量。它在西北和西面的扩展受制于西夏和吐蕃，在北面则受制于辽（其后是金），而南面又被大理国约束。导致北宋采取"守内虚外"政策的还有两大原因：一是唐后期的藩镇割据和五代十国的大分裂；二是因宋太祖由军队哗变、"黄袍加身"而得位，北宋对军人权力持有戒心。

因此，两宋除了将政、财、司法、军事大权集中于皇帝一身（虽然表面上皇帝在决策过程中退居二线），在军事上更往往采取守势，而且将军队的指挥权交由文官代理。宋代的常备军比以往庞大，由宋初的37万人增至徽宗时的140万人，却很少进行积极的战略进攻，南宋初时的岳飞北伐是个例外。在军事和外交上，宋朝以保守为基调，即务求稳定及和平，而没有如汉、唐两代一样寻求领土的拓展，故而使自身成为一个积弱并苟且偷安的朝代。然而数目庞大的军队成了宋"积贫"的重要原因之一，因为军费开支竟占了北宋政府财政支出的70%、南宋的60%。不过，两宋还是因上述这些政策达致了相当长时期的内部稳定，避免了军阀割据和国家再度分裂。

文人官僚政治的形成和儒学的复兴

北宋建立后，"兴文教，抑武事"，尊重知识，提倡读书，大力改变唐末和五代的重武轻文倾向，重建和完善了以儒学为基础的科举制，并据此选拔文臣任要职。宋太祖一朝，先后的9位宰相全为文官，其中科举出身的占6人。在两宋主要大臣中的724位枢密使、枢密副使（掌军队的主要官员）中，文臣占659人。科举制度在公平、开放和实用上达致新高峰，不再像前朝只考诗赋、帖经、墨义，而以经义、论、时务策为主。官俸亦大幅增加以求养廉，门第观念因而更形淡薄，使宋朝的中国古代公务员式的官僚制度走向成熟。J. A. G. 罗伯茨（Roberts 1999）指出，在1148—1256年间，六成进士的家庭背景显示，他们以上三代从未被任命为官。科举考试和地方州县学考选已成为士大夫进入官场的必经之路。

皇帝亦对大臣放权，将自己放在决策的第二线，由中书门下（宋神宗后改设为门下、中书、尚书三省）制定经济和税收政策，枢密院则负责控制军队。皇帝只在政策交由六部推行前加以审核。当然，一如前朝，御史台负责监察官员并直接向皇帝负责。这些文官从国家利益出发，制定了一系列约束皇帝权力的制度和章程，形成了皇帝与士大夫共治的新中央集权政体。职业军人不但丧失了以往的权力，社会地位也随之下降。

文官政治与儒学的复兴直接相关，其中司马光和朱熹的学说更具代表性。他们不但重申儒学的基本思想是治理国家的主要原则，而且使这些原则和理念支持了君主权力的合理性，又鼓励个人在道德修养上重视通经致用，专注于现实的实践。他们使儒学向新儒学——理学迈进。司马光的政治理想为：明君在位、国泰民安。他主张任官以才，"怀民以仁"，恪守"祖宗之法"。朱熹主张穷理格物，先知后行，知行合一。他所格的"物"乃天理、人伦和圣言。

理学对儒家经典的新解读成为科举的基础。这些较开明的治学态度，也促进了士大夫在哲学伦理与文学之外对艺术、科技、自然、数学、政治、社会，甚至城市规划有了新的兴趣和看法。由于富裕的士人家庭增加、雕版印刷得到推广、闲暇时间增多，以及官办学校和私立书院蓬勃发展（据记载，私人书院至少有124家），理学得以广泛传播。简言之，这是一次中国式的"文艺复兴"，一个新知识年代由此全面展开。正因如此，两宋在经济、文学、艺术和科学发展上，都达到了历史高峰。宋代的词、小说、瓷器、山水画、丝绸、制图、造船、家具和室内设计都成为中华文明的经典。

两宋社会还增添了其他重要成分，包括以商店主和手工艺者为主的新阶层，以及在城内形成的，如店员、奴仆和其他雇员（贩夫走卒）等的城市低下阶层。这些新阶层在人数上占了城市人口的多数，而他们的喜好和日常生活亦与上层人士（士大夫、贵族和官员）明显不同。为了迎合他们，城市中产生了大众文化和娱乐，包括说书、卖艺及其他城市娱乐活动，构成了宋代城市中的勾栏和瓦子等新的城市空间，使宋代城市文明出现了新的景象。

商业国家

北宋经过开明宰相如范仲淹和王安石的改革后，农业生产大增。长江下游的围垦造田和在南方坡地推行的整修梯田，使宋朝的耕地面积比唐时倍增。南方也普遍种植经济作物——茶，广东和福建等地亦引进棉花。以往的租庸调制以田租、力役和实物为主要缴付手段，宋代赋税则主要以产量估值计算，并可以用银钱支付。因此，货币经济开始向农业覆盖，促使农业商品化并使农产品大量进入贸易渠道。

在非农经济领域，如商业和手工业，宋代也以商业税和产品税来控制市场和产品价格，也直接控制了手工业。当然国家仍通过专营而成为一些关键产品的直接生产者和商人，为军队筹措经费，如英宗时，各类官办矿冶所达271所。官营手工业仍占主导地位，但工匠已主要是招募而来的雇匠，他们对官府和私人坊主的人身依附关系被进一步削弱。

在中国历史上，宋代也是首个积极推动海上贸易的政权。除了对东南亚和南亚派遣贸易代表团，南宋在秀州（今嘉兴、上海松江一带）、密州（今青岛胶州一带）、明州、泉州和广州专设对外的海上贸易管理机构市舶司，依市舶法对外商进行管理。南宋时，设有市舶司的港口贸易城市有临安（今杭州）、明州、温州、秀州、江阴等。两宋期间，与宋朝保持贸易关系的国家有50多个。市舶司的进出口税收约等于货值的10%—40%。按1189年的记录，该年的税收达6500万贯（一贯相当于1000钱），比北宋初年的500万贯增加超过10倍。科特罗和摩根（Cotterell and Morgan 1975）认为，两宋的海上贸易总额已超过欧洲的总和，宋朝是世界最大的贸易国。

按国家财政收入估计，在北宋的经济中，非农与农业经济各占一半，因为政府来自商业税和专营的收益和农业税的收入相等，至 1077 年前者更占总收入的 70%。商业税和专营税大部分来自城市，南宋时两种税收一直超过了来自农村的收入，占国家总税收的三分之二以上。因此，宋代经济可称为"新经济"，亦可称为"货币经济"，因为其中的支付手段和前代不同，已由现银取代了实物。大量的现银交易亦使货币的种类增加，除了以贯为单位的铜钱，大量纯银也进入流通渠道。1073 年时共铸钱 600 万贯，流通量却有几十倍，达 2 亿贯（Gernet 1985）。其背后的原因乃新货币的出现。

1024 年起被成都商人采用的私人银票，发展为州政府推动区域间贸易的"飞钱"，以便利大额跨境贸易并减低现银交收和运输的风险。这些不同形式的"代币"至南宋（12 世纪）时发展为"会子"，即官方印刷的货币，其流通量达 4 亿贯，是北宋铜币高峰期流通量的两倍。南宋纸币的影响更是国际性的，它成为不少亚洲国家的通货，如日本。

图 9.2 显示了北宋时官营专利，以及主要城市的商业税收和经济作物税收（只包括茶叶）的分布，以说明北宋商业经济的空间分布和由它促成的城市等级体系，反映了两宋时商业和城市的蓬勃发展。由于图 9.2 的资料并不涉及大量没有税金的私人贸易，所以它并没有充分反映宋代商业社会的全貌。

宋代城市文明的新动力

城市的工商业发展

耕地的开拓、新技术的应用和农业税的改革提高了生产率（特别是水稻）并让经济作物得到推广。土地市场得以形成，但也导致了农地的兼并和大庄园的出现。在 11 世纪时的北宋，14% 的人口拥有全国

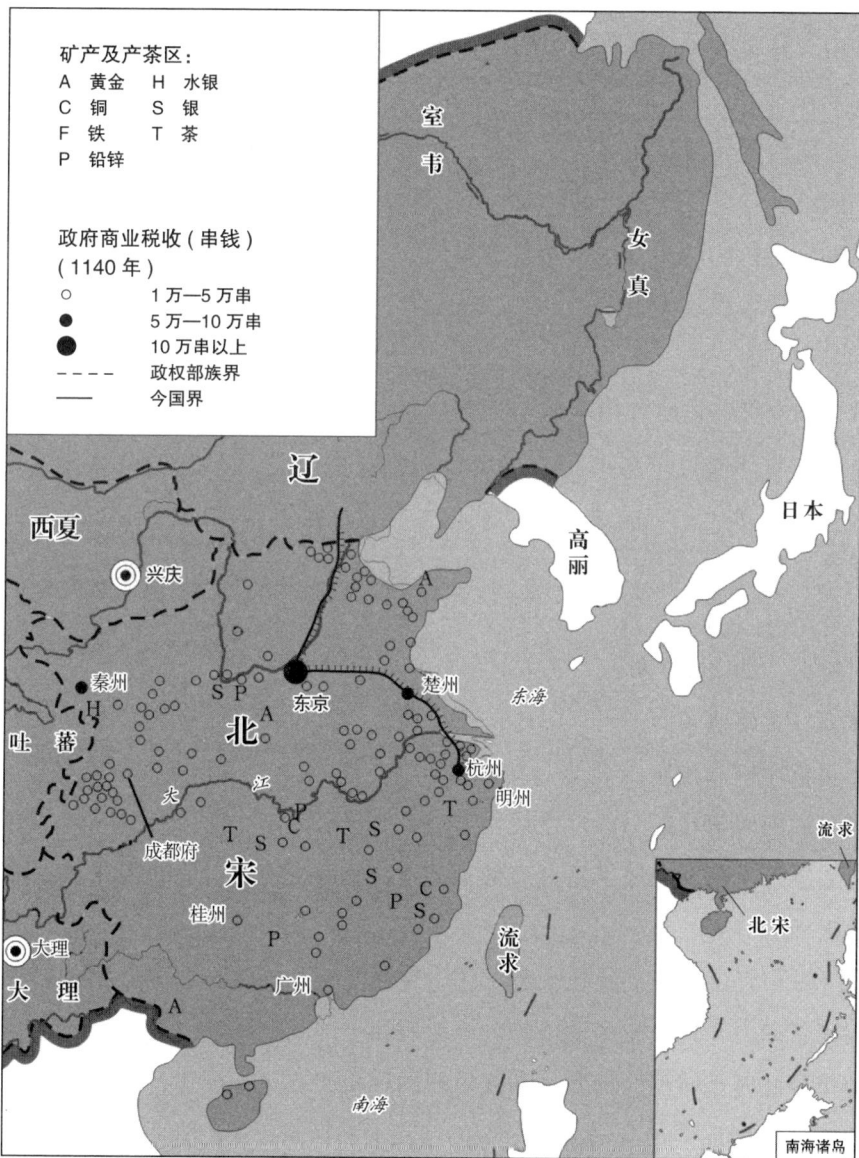

室韦

女真

辽

西夏

兴庆

秦州

吐蕃

成都府

大理

大理

北

宋

东京

楚州

杭州
明州

高丽

日本

东海

流求

流求

南海

桂州

广州

大　江

北宋

流求

南海诸岛

图 9.2　北宋非农经济分布图

77.5% 的耕地（Roberts 1999）。因而不少农民失去土地，被迫流入工商业及服务性的行业，促进了非农经济和城市化的发展。这个发展同时也改变了以往工商业依赖于皇室和官僚的传统，由以制造和营销奢侈品为主，转向以大众消费品如食物、日用品等为主，引致工商业的扩张和普及。

国内贸易和对外贸易亦得益于全国已完备的 5 万千米水路网、新海船的设计，以及航海工具如定向舵、指南针和新船帆的出现和推广。纸币和金融机构的出现也使贸易规模因交易便利和风险降低而得到扩张。上述的技术和政策因素，再加上新儒学的实用和理性主义，均促成了新的城市革命。概言之，两宋在经济、技术、思想等方面的创新，让宋代社会的发展达致欧洲国家在 18 世纪初资本主义初阶时期的水平。

正因如此，虽然北宋人口由初期 970 年的 2110 万增至 1110 年的 8560 万（表 9-2），农业人口的比例却在下降。农业的高效生产使粮食年产 3 亿石（1 石约等于 51.5 千克），即人均约 3 石。仅大运河就每年漕运 700 万石。五代十国时期，南方的区域间贸易已很蓬勃，至南宋时更盛。如图 9.2 所示，北宋时出现了区际的经济分工，如河北盛产钢和铁，太湖地区产稻米，福建产茶和甘蔗，四川和浙江造纸，成都和杭州主营印刷和出版，湖北、湖南和浙江产漆器，开封和浙江产瓷器等。当时的国内贸易以一般消费品为主，而外贸则集中在奢侈品如香料、珠宝、象牙、珊瑚、犀牛角、药材、沉香、丝绸，还有上等的茶叶和瓷器等上面。

城市经济的发展使社会和文化出现新变化，特别是在城市发展上出现了新动力，也改变了城市的传统性质和土地利用结构。汉唐的行政型城市至此时已转型为商贸型和娱乐型的新城市。正如前述，繁华的工商业在这些城市中培育出了一个新的城市居民阶层——"市井之徒"。随着城市经济越来越繁荣，规模越来越大，两宋在户籍制度上更把居住在镇、寨和城市中的居民定为"坊郭户"。这些居民要向官府缴纳房产税和地基税，并承担劳役。首次出现了城市地租和新的户籍身份，后者与农村户籍明显不同。

商业镇与草市的出现

此外，晚唐以来商业中心兴起，至两宋时大盛，更促成中国历史另一个城市发展的新起点——商业镇的出现。北宋人高承将镇定义为："民聚不成县而有税课者，则为镇，或以官监之。"这些县以下的镇级聚落的发展，主要依托于自身的经济功能而不是行政功能。它们其中一些是唐末废置的军事型镇所，但大部分不设城墙，在交通便利处以手工业或贸易发展起来形成了小城市。当这些小城发展至一定规模时，政府便赋予它们新的城市行政身份。

1080年，在全国1135个县中，共有1810个此类镇，其中23.5%设有税馆（Ma 1971）。不少镇是在大型商贸城市周边出现的，如在开封府便有31个镇，河南府有22个镇，大明府有20个镇，成都府有19个镇。在农村边缘地区也出现了在镇之下更低层次的商业点——草市（即墟市）。它们为农副产品提供了定期的交易场所。政府亦在草市设官收税，其中一些草市甚至被升格为镇。

沿河、沿海和沿边的空间分布

国内贸易和商品经济（特别是奢侈品如丝绸、茶叶、瓷器等）的蓬勃，促进了本地产品和进口奢侈品之间的交易，催生了外贸。宋代对外贸的鼓励及造船和航海的发达，使兴旺的海港成为当时城市化的另一动力，新型城市出现了。在唐朝，广州是唯一设有市舶司的城市，而在北宋，这样的城市便有6个，南宋时更加添了3个，即镇江、温州和江阴。大部分海港城市位于南方，邻近出口产品的主要产地（图9.2）。

在空间分布上，经济兴旺、人口众多的城市集中在长江沿岸和沿海地区。陆上的重要通道口亦得益于政府的边贸政策（如茶马互市），出现了重要的商贸城市，如天水等（与吐蕃和西夏相接）。在北宋，人口过 10 万的大城市超过 40 座，而唐朝只有 10 座。因此，两宋城市规模已超越中世纪时期的欧洲，两宋拥有当时全世界最大的 10 座城市中的 5 座。图 9.2 更明显表示中国南方的城市在数目增加和重要性上均领先于中国北方。在下表中，我们以南方四州和北方河南的两级城市数目在唐朝和宋朝的变化以资证明：

表 9-3 唐宋府（州）、县治数目的变化

地区		府（州）治数	县治数
南方：四府（州）	唐	35	170
	宋	48	243
北方：河南	唐	18	132
	宋	17	99

北宋末年，北方大量人口南迁，而宋与辽、金的连年战争也使北方人口和城市受到摧残。明显地，南方的城市数目急剧增加，而北方的城市数目则在下降。

新市民社会的出现

新的城市资产阶级

农村生活的艰苦及城市工商业的繁荣，使得大量人口由农村向城市迁移。两宋的官僚体制也规定了官员们要随着任命的转变而不停迁徙。廉价而便利的交通、功能众多且多样的城市聚落，以及城市累积的财富和丰富的娱乐活动，成为新的城市向心力，并成就了两宋新的城市文明。

由大小商人构成的新城市资产阶级，不但人数众多，而且在财富的

影响力上更胜士阶层。他们的生意不再仰赖于对皇室、贵族和官僚的供给。他们的市场来自对出口的大量需求和广大百姓的日常需求，甚至对于奢侈品，新资产阶级的需求亦十分庞大。他们广建雅致的园林，并且在内中陈设讲究的家具和艺术品，又衣着奢华，追求美食。所有这些都成了中华新城市文明的一部分——城市内舒适且高水平的生活环境。

与此同步发展的，有广受欢迎的城市表演艺术，以及由新城市民众需求孕育出来的民间专业艺人，包括风水师、面相师、说话人、戏曲师、棋艺师、傀儡戏师、影戏师、杂技师等，同时还有大量的酒楼、茶馆、妓院、浴堂、酒肆和赌场内的雇员等。

规模庞大的城市普通民众

城市民间技艺和娱乐事业的兴起亦与政府对城市的新定义和转变了的城市管理模式有关。五代末期，周世宗在即帝位前曾经做过商人，故即帝位后，对城市商业采取较为自由的政策，如允许在首都开封的汴河上建立邸店。宋太祖继承了周世宗的政策，即位第 6 年就正式在京城弛夜禁，准许开夜市："诏开封府，令京城夜市自三鼓已来，不得禁止。"在中国城市发展史上，这是个划时代的巨变，意味着传统的市场管理模式的消除。至北宋中期，封闭型的里坊制度已全面崩溃。商业的经营方式和城市的空间格局向开放型转变，形成许多繁华热闹的商业街及新型的服务业和娱乐行业（如浴堂、茶馆、勾栏等），令商人、小贩、卖艺者及他们的客人——城市居民成为城市的最重要部分。

在中国的城市发展史中，北宋开封是首个以大量市民商贩的娱乐需求而构成主要土地利用和功能分布的都城例子。这些以大众需求为目的的综合性土地利用被称为"瓦子"。瓦子以一个或数个有遮盖的表演场所"勾栏"为核心，周边有众多贩卖各种商品或提供占卜、医疗等服务的摊档，以及酒楼、茶馆、食肆和妓院等。当时的开封城共有 6 个瓦子，其中最大的瓦子里有 50 个勾栏（图 9.3）。南宋的首都临安中有 12

金水河

五丈河

马行街

宫城

鬼子市

牛行街

鱼行

1
2　　A

3 4 *　　* 4

B　　5 ● 6

10 9 D　　Y
C 11 7
8

曲院街

12 *

汴河大街

沿汴河大街

果子行

果子行

郭　城

御街

太学
国子监

北

肉市

面市

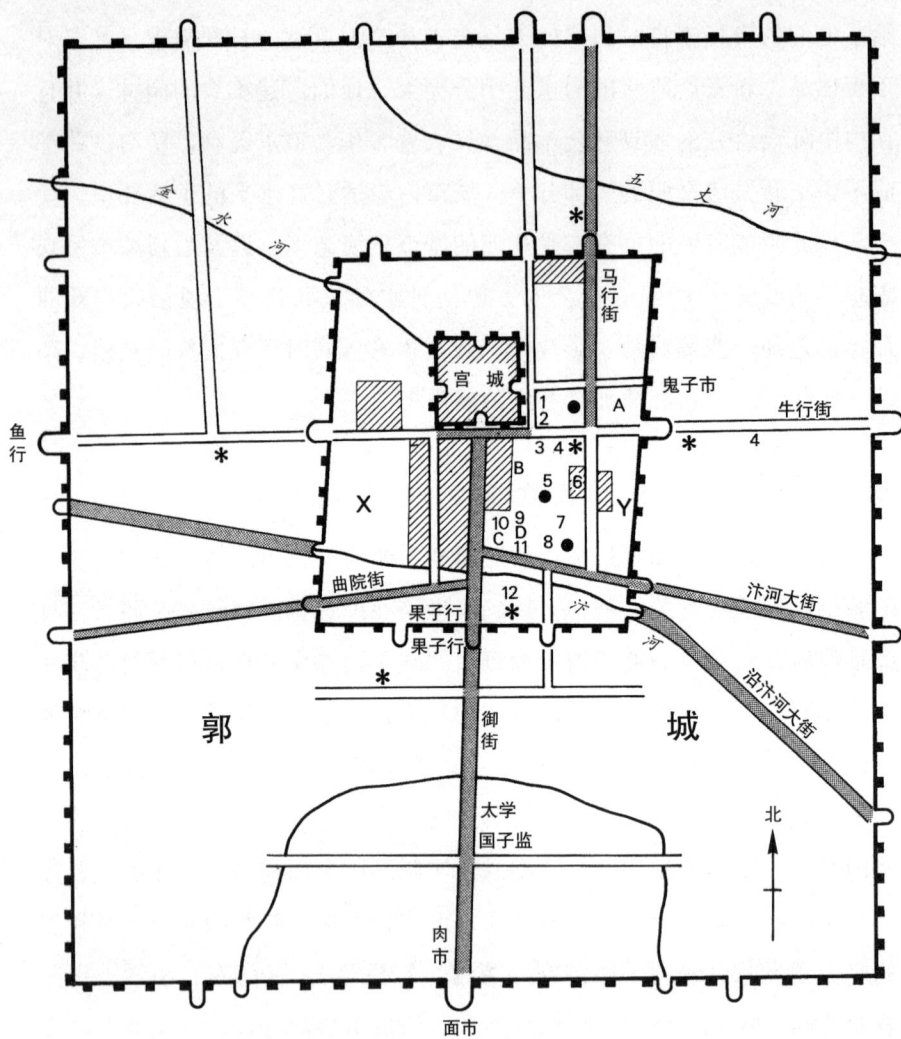

▬▬ 商业街	Y 太庙	1. 衣料铺	7. 织物街
▨ 行政及军事官署	* 瓦子	2. 真香	8. 书籍铺
⊔⊓ 城墙、城门	● 妓院	3. 珠铺	9. 杂货铺
═ 主街	A 马市	4. 药铺	10. 金银铺
～ 河流	B 姜行	5. 金银交易行	11. 漆器铺
X 社稷坛	C 青鱼市	6. 商税及商号管理	12. 州桥夜市
	D 肉市		

图 9.3　东京（开封）三重城结构及主要行市分布示意图（北宋末年）

个瓦子（图 9.4）。不少瓦子是通宵开放的。因此，两宋的城市生活、功能区空间分布和广大市民的文化习俗，都明显与前代不同。在狭义上说，民众生活在一个新的城市文明之中。

城市功能与城乡关系变化

在两宋的城市中，由商贸、制造业、娱乐业和服务业孕育出来的新城市文明，凌驾于传统的行政功能之上，为中国传统城市文明在性质、内容和空间格局上增添了新的内容。有了新发展的两宋城市文明自然塑造了新的城乡关系。汉唐的行政型城市是对周边的农业地区具有服务功能的中地。在两宋的商业社会中，城市与农村的区别变得明显，各有不同的生活节奏、内涵和方式，生活其中的人也有不同的素质和追求。

两宋城市亦相对地较为独立：富有者不一定是农村地主，贫贱者亦多与农村土地脱离关系；而城市的繁华主要建基于国内外贸易，就算是工业生产，也不以地区市场为主要营销目标。因为这些独立性或与传统的地域脱离，在市民阶层中，人与人之间的互助成为心理上和现实生活中的必要。以贸易、制造业等行业组成的行会和以乡土联系结成的同乡会成为当时城市的另一特色。同样，各宗教亦成为新城市文明的内涵之一。

对两宋的城市和城市文明的演变，我们可以简单概括为如下九点：

1. 居住里坊瓦解，代之以开放式的街巷；
2. 对居民的严格时空管制转变为市民在生活和活动上的自由；
3. 受严格管理的封闭式"市肆"转变为 24 小时营业和开放式的商业街和小区；
4. 居住区和商贸、服务等活动的空间呈线状或带状沿主街、河道和交通路线交叉点分布；
5. 城市居民被定为坊郭户，城市居民的义务与农村居民的不同，首次出现了"城市居民"的概念；

6. 城市生活的巨大改变，包括丰富的文娱和演艺活动，而且这些活动主要由私人出于营利目的提供；

7. 因为城市的规模和密度增加，而且生活节奏加快，所以火灾风险大大提升，促使政府开设了城市防火灭火的官方机构；

8. 对城市沿路、沿河植花树等绿化措施的重视，这些措施也成为规划和建设城市的基本原则之一；

9. 战场上的攻击性火器改变了城墙的防卫性设计；城墙改由石砌或铺以砖，替代夯土墙，并且建有敌楼、箭楼和深沟。

然而在城市的空间格局上，宫城仍是首都的中心，在各下级城市中，官署仍占有核心位置。

宋代城市案例

以下，我们以两宋的都城和主要大城市为例，印证此一时代的城市文明，包括城市化和城市结构的新形态。

开　封

开封是北宋首都，亦称"东京"或"汴京"。唐朝它被称为"汴州"，城墙于781年建成。它位于大运河与黄河的交接处（图9.2），是自隋唐以来，南方漕粮支援京师大兴和长安的战略要地。五代时期，它成为梁、晋、汉、周四朝首都。后周将它扩充，建设了外城城墙。新墙内所包括的土地面积比旧城或内城大3倍。

由于开封处于十里平川的黄河谷地平地，无险可守，因而需要建筑多重坚固的城墙以为防守之用。因此开封城拥有高大的城墙和深壕以抵御新的热兵器（如火炮）和来自北方的铁骑。如图9.3显示，城的平面近方，总面积约 32 平方千米，是一个拥有三重城墙的大都城，中心为宫城。宫城，亦称"大内"，格局为前朝后寝，是天子办公和居住的禁地。皇城，亦即内城，约等于唐时汴州的范围，面积约 4.5 平方千米。由宫城正南门开始的御街是皇城和全城的中轴线。两旁分列文、武官署，是全国的行政中枢。在皇城南部，按《考工记》的"左祖右社"分设有宗庙和社稷坛。简言之，宫城和皇城基本承继儒家规定的都城的布局和性质，以"奉天承运""天人合一"和礼乐为原则，并以行政为主要功能。

然而北宋的开封，其皇城内亦是商肆和娱乐场林立的。图 9.3 显示了马行街、御街、曲院街等街道沿线的主要商业区，其中出售从日常用品到奢侈品的商品，如杂货、珠宝、金银器等，另外还有 6 个瓦子及 3 个妓院区。皇城内汴河上的州桥一带（图 9.3 注 12）更是全市最大的夜市。四条河流流过开封，其中汴河的商贸最为繁忙。河上的货运量占了首都水运量的九成，主要是米和盐，以供应皇室、官府和军队的庞大需求。单米粮一项，每年运量便达 300 万—700 万石。城内东南角的两条沿汴河大街是全城最繁忙的仓储和商业区，因为漕运是由此入京师的。

《清明上河图》便是按沿汴河大街为其实景绘成的。在唐时，汴州城（即北宋内城）只设有两个封闭式的市场，至北宋中期，市场已被开放式的商业街和商业区取代。后者多沿大道及河道两旁呈线状分布，有时亦和居住区混在一起。为了方便税收，官府在城中重要商业中心设税局和商贸管理机构（图 9.3 注 6）。当时开封的商业税领先全国，主要分为进城的商品税和仓储税两大类。在 1015 年，开封的两税全年税入为 40 万贯，至 1085 年增至 55 万贯。另外，官办工贸专营还雇有很多人，为政府提供另一财政来源。单是为王室和贵族制造奢侈品的工艺师便有八九千人，还有专门生产兵器的工匠约 3700 人。私营的制造业多在外城，也是十分繁盛。

全城道路以宫城为核心向外延伸，让城内布局状如棋盘。南门外的御道为主轴，宽约 300 米，亦是主要商业街。其他道路多是 15—20 米宽，比唐代窄。全城有 6 大娱乐区——瓦子，分布在内城和外城不同地段。商店、酒家、食肆遍布全城（除了宫城），以汴河和主干道沿线最为集中。这些瓦子和商业街成为开封一大特色，也是中国历代都城和城市文明自北宋以来才有的新元素。

开封也是北宋的文化和教育中心。据 1102—1106 年的记录，城南的太学有学生 3600 人，此外还有其他官学和私学，这些地方除了教授儒家经典，还授武术、医术、法律和数学等科。开封还具有国际化的宗教气氛，城中有各类宗教寺庙 913 座，佛道等宗教人士约 2.5 万人。

自从里坊制被破坏后，以往的坊墙变为开放式的街道，不少住宅和商铺临街开门，同时多层式楼宇也出现了。楼宇结合了工、商、住等三种功能，而且其高度和密度增加了，使自后周起的城市灭火组织发展得更为完备。开封城的内城被划为 14 个消防区，外城则为 8 个，消防区内每隔 450 米的距离设有一个消防站。站内有瞭望楼、救火设备和值班的消防员。全市共有 3400 个士兵充任消防员，全职防火和救火。

取消旧的里坊制后，内城被分为 4 个城区（厢），共辖 46 个分区（坊）。外城分为 4 厢 74 坊。1021 年时，宫城共住了约 3.5 万户，皇城约 6.2 万户，而外城 10 万户。加上约 40 万人的军队和官员，全城人口约 100 万，开封城是当时世界上最大的城市。

如前述，自后周起，开封采取了城市绿化政策，在运河和干道旁遍植杨柳和花树。北宋晚期，在宫城外东侧更加建了皇家园林，即 600 米长、500 米宽的"艮岳"，其内遍布从太湖等地运来的奇石，又有花木亭台。艮岳建设的奢侈和豪华虽开创中国城市园林特色，但亦是导致北宋灭亡的原因之——醉生梦死的城市生活。

临　安

临安是隋代杭州的治所。五代十国时，它是吴越国的都城。至北宋，它是中国南方最大的丝织、酿酒和印刷中心，是个重要的工商都会。989年，朝廷在此开设市舶司以管理海上外贸。自1129年起，它成为南渡宋室的安居之所，改称"临安"，一说意为临时安居之所。临安于1138年成为偏安一隅的南宋国都。

临安与历代国都有两大分别：城市外形不规则，呈新月状，而不是正方或长方形；整个城市面向北方，包括主城门、大朝、宗庙等也是北向（图9.4）。除了受到西湖、钱塘江和南面高地的影响，政治是个重要考虑因素。城市的新名称显示了朝廷对重返中原旧京，收复故土的强烈愿望。

与旧京开封比，临安面积较小，只有约10平方千米。它只是个二重城，包括皇城和外城（图9.4，图9.5）。皇城约等于宫城，在城南高地，依靠凤凰山而面向北。外城或郭城包括一般皇城内的官署、宗庙、社坛等建筑，还有宋代兴起的各级官学。外城墙十分坚固且富有防御设计，但其城门数目及分布与《考工记》规定的各边三门有很大出入。

由于城市狭小，不少人口和活动越过外城城墙发展至西湖和沿运河的郊区（图9.4）。估计城内人口有70万—80万，在规模上与城内范围（面积10平方千米）相若的郊区也有同等人口。因此城市的实际总人口达150万。

和开封一样，工商业和娱乐事业遍布全城，特别是沿河和主干道的两旁，大小店铺"连门俱是"。工商行业比北宋时更多，共有414行。大型的农副产品市场则集中在主城门外，如菜市、鲜鱼行、柴行、蟹行等。城内不少建筑采用临街而不是四合院方式。狭小的空间也导致建筑物向高空呈多层式发展。城内外共有24个瓦子和不少街头艺人，可见临安是个繁盛的工商贸和消费城市。图9.4显示出城内外12个瓦子，其中城北的众安桥瓦子最大，内有勾栏13座，演出的技艺有说话、相扑、杂技、影戏、舞番乐、诸宫调、杂剧、傀儡戏等。

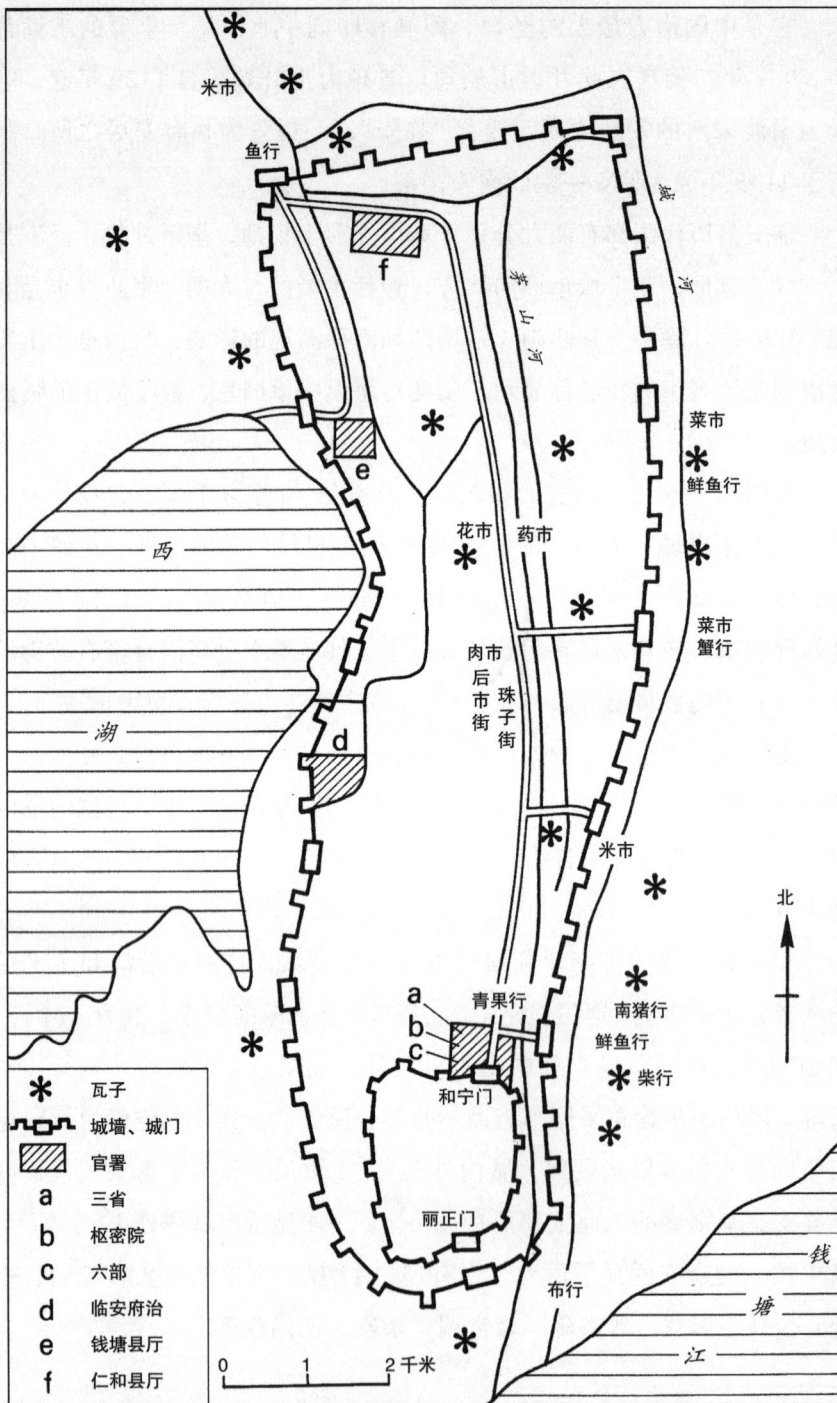

米市

鱼行

西

湖

茶山河

城河

f

e

花市　药市

肉市
后市街
珠子街

菜市
鲜鱼行

菜市
蟹行

米市

d

a　青果行

b

c

和宁门

丽正门

布行

南猪行
鲜鱼行
柴行

北

钱
塘
江

图例	
✳	瓦子
城墙、城门	
斜线	官署
a	三省
b	枢密院
c	六部
d	临安府治
e	钱塘县厅
f	仁和县厅

0　　1　　2千米

图 9.4　南宋临安的行政及商业功能分布

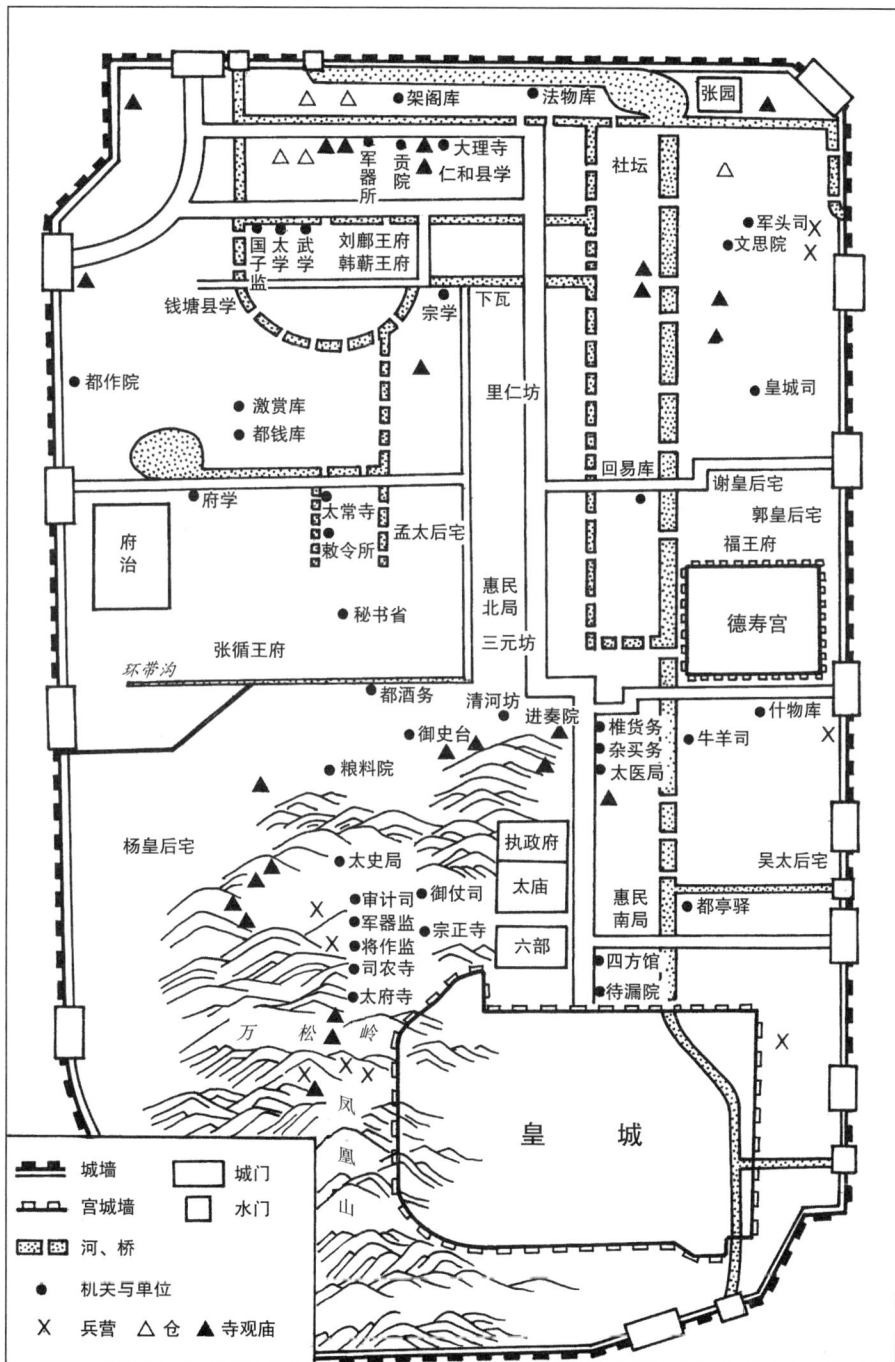

图 9.5　南宋京城图

平　江

平江（今苏州）是战国至西汉时期江南唯一的都会。在唐时平江称"苏州"，仍是江南最大的商贸基地，比杭州繁华。北宋 1077 年，苏州收纳商税达 7.7 万贯。1113 年，改苏州为平江府。在 1130 年时，南宋被金兵入侵，平江大部分遭毁，经半个世纪才逐渐恢复。

南宋经济中心南移，促成平江与临安同为天下两大都会和文化中心。江南粮产多经平江集散，平江城内因而工商繁盛。南宋 1229 年,《平江图》刻成（图 9.6），是中国最早的城市地图。从图中可见平江城为南北向长方形，面积 10 余平方千米。治所称"子城"，位于城市中心，是府衙所在。子城南为官署，多为行政功能，子城北多为住宅。城内分为许多坊，但只有小区名称，实际上并没有坊墙，店铺都是沿街开设。主要商业区在城西北。由于平江地处水乡，城内河道纵横，形成水网，又有桥共 398 座。水路交通与陆路交通同等重要，平江因而被称为"东方威尼斯"。图 9.6 中还见贡院、文庙等，反映平江还具有重要的文化教育功能。

明　州

明州即今宁波，是两宋的重要海港城市。自唐代起，它已开放外贸。城市位于余姚、奉化和甬江三江汇合处，并与大海相接，便于集散和出口广大腹地（包括安徽、浙江、江苏）的丝绸、茶叶、瓷器和铁器。在北宋，明州已是一个繁忙的国际贸易基地，城中设有高丽和波斯等国的使馆，还有管理外贸和外来船舶的机构，如市舶提举司、市舶务厅事，另有大型船厂等（图 9.7）。北宋哲宗时，明州与温州每年各造官船 600 艘，占全国 2900 艘的约 40%，居造船业首位。明州更是以制造大型海船以供应高丽和南洋而著名。

西夏、辽和金的城市

宋代周边政权如西夏、辽和金都先后采用了唐代的行政体制，是中

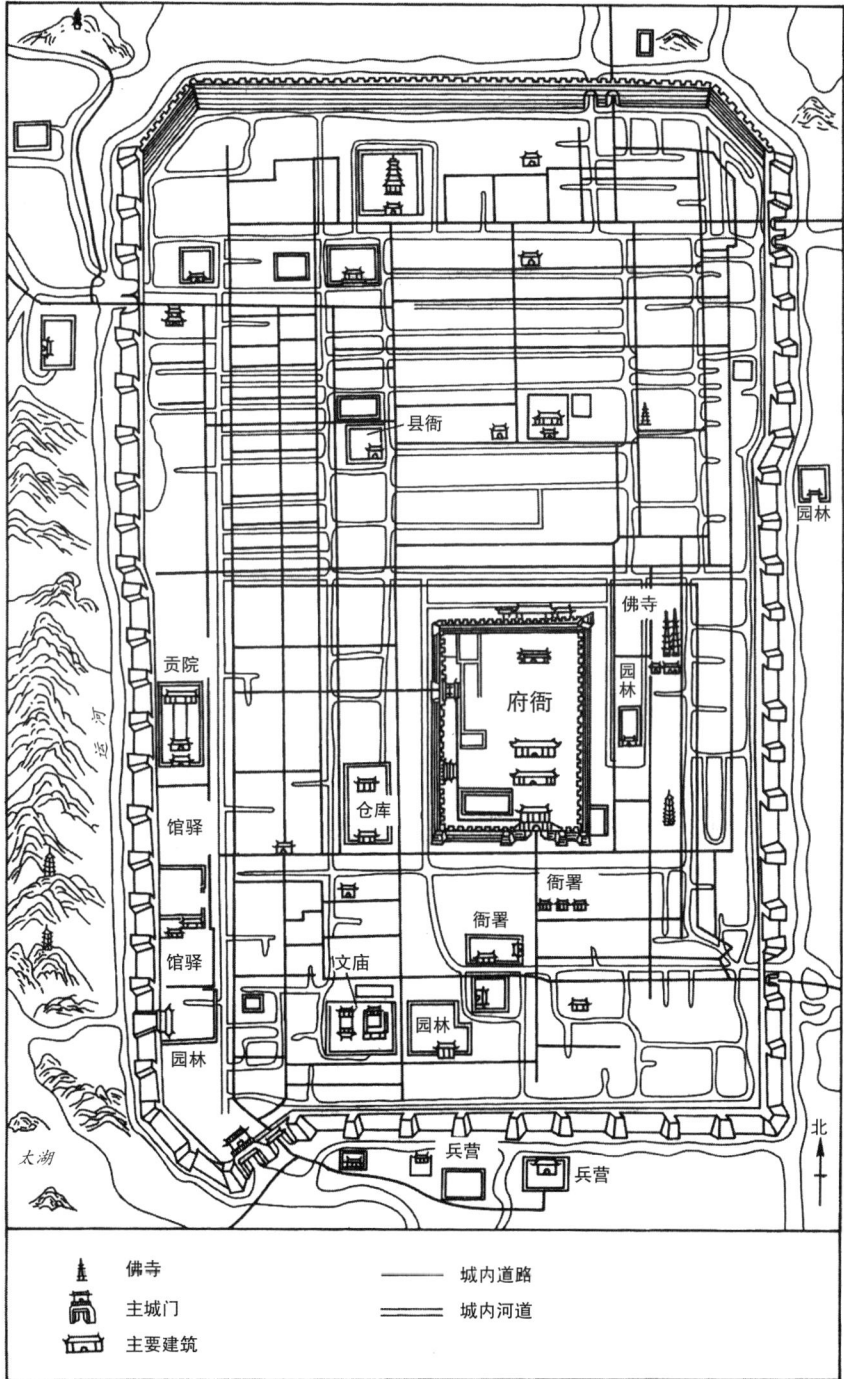

图 9.6　南宋平江府城图

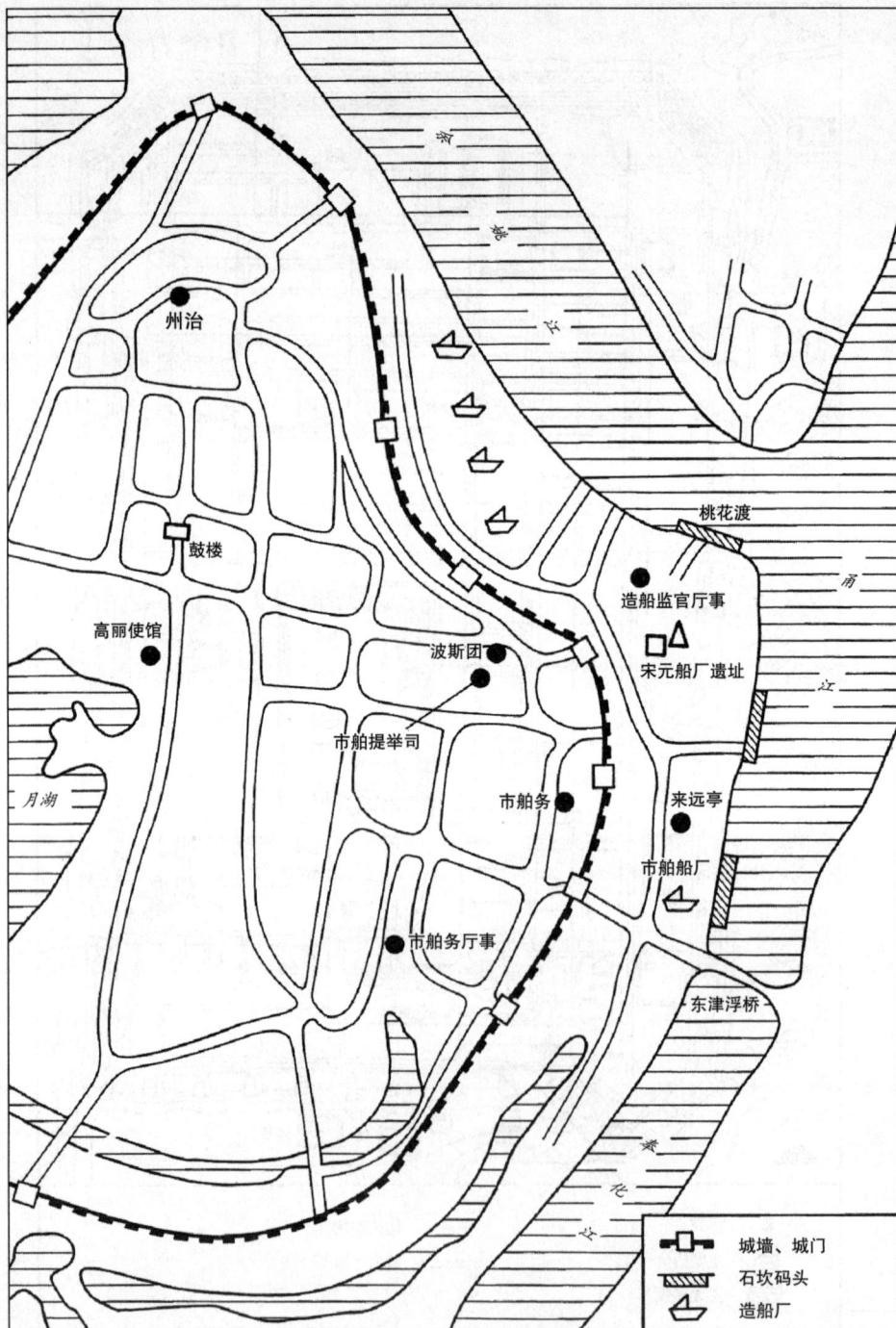

州治

鼓楼

高丽使馆

波斯团

市舶提举司

桃花渡

造船监官厅事

宋元船厂遗址

市舶务

来远亭

市舶船厂

月湖

市舶务厅事

东津浮桥

	城墙、城门
	石坎码头
	造船厂

图 9.7　北宋明州市舶遗址示意图

华文明的一部分，特别是在他们治下的以汉人为主的地区。如金就将国家分为 179 个州和 862 个县，因而形成以州治、县治为实的 1350 座城市的城市体系。这些政权也采用了科举制以选拔汉人和契丹人。金朝引入唐制，目的是将其统治合法化。最后，金更将国都迁至中都（今北京）。作为金朝 60 年的国都，金中都严格地按《考工记》规划，并采用了开封的三重城制。该城面积约为 22 平方千米，但其内部没有宋都繁盛的工商业和娱乐业，因而城墙之内不少是空置的土地。这个表面庞大的都市，主要是个行政和军事重镇，人口只有 20 万。西夏都城兴庆府的情况和金中都大致一样。

结论：概念与制度创新促进了城市文明发展

在唐末至五代十国的纷乱中产生的统一政权宋，虽然在军事上和领域上远逊于汉唐两代，然而自领风骚，成为中国历史上又一伟大时代。其背后有三大原因：其一乃被罗伯茨（Roberts 1999）称为"中世纪经济革命"的过程，它缔造了一个与 18 世纪的欧洲近似的商业社会；其二乃一次中国式的文艺复兴，导致理学的兴起和一个新的人文社会的形成（Gernet 1985）；其三乃城市居民，即坊郭户的出现，它所涉及的居民身份和房产税，是城市和农村分离且出现不同性质的开端。虽然两宋的城市仍拥有重要的行政功能，但上述三个社会过程打破了自商周以来传统封闭式城市的两大体制——里坊（或闾里）制和官办市肆。

两宋的城市居民享受到前所未有的从事手工业、贸易、演艺和娱乐的自由。这种自由虽然导致城市渐渐与周边的农村地区出现差异，但在两宋城市内几乎不受时间和空间的限制，并创新了城市，让城市在性质、功能、土地利用和空间结构上迈向了新的境界。我们通过上文对开封和临安的介绍，体现了大规模繁忙的工商贸活动沿主街和河岸延伸，大型的瓦子亦印证了新的城市化动力——新的城市文化和新的市民群体或社会的出现。"城市"这一名词，因而在两宋被赋予了新的含义，而近似西方的城乡分离亦开始在中国产生了。

因此，西方自19世纪以来所说的城市经济、城市社群和城市化动力，自两宋以后已开始成为中国城市发展和城市文明的一部分。因此两宋在儒家思想进一步向前发展的前提下，并没有对工商业的发展造成障碍，相反，我们见证了在《考工记》的原则下，传统的行政型城市拥抱了新的工商业发展动力和市民阶层，发展出新阶段的中国城市文明。而这个"新"，与儒家思想并不相悖。在士大夫、私人工商业者和新的市民阶层中，两宋的主流价值观理学仍源自传统的儒家思想。同时，两宋务实、开明的治学与做人态度，更推动了艺术、建筑、文学（宋词、话本）和科技的发展。其中科技的创新更达到当时的世界顶峰，成就了古代三大发明——活字印刷术、火药和指南针。它们不但是中华文明在两宋阶段又一标志性成果，更为人类进步与世界文明的发展，特别是欧洲文艺复兴运动的出现与成功，做出了重大贡献。

第十章

明代：中华城市文明的重建

元代是中国城市文明的黑暗时代

蒙古是古东胡族的一支，原居于今天的东北地区。他们与鲜卑和契丹同种同语，最早在中国史书出现时约为 6 世纪，时名"室韦"。在南北朝和唐朝，鲜有关于他们的记载。突厥称他们为"鞑靼"（Tatar），因而鞑靼成为西方对他们的称呼。世界对他们的认识约始于 1206 年，当时铁木真统一了蒙古各部，自称为"成吉思汗"，并建立了大蒙古国。蒙古建国后，首先灭了最弱的邻国西夏，1234 年又灭了金，又攻打朝鲜。之后，成吉思汗之子窝阔台领蒙古军多次西征，在 1210—1240 年先后征服了中亚、斡罗思、波斯、东欧，直达爱琴海，震撼亚欧。窝阔台的侄子蒙哥在经历一番波折后继承汗位，命弟弟忽必烈南征大理国，后又与忽必烈一同进攻南宋。忽必烈在 1260 年继大汗位，于 1279 年灭南宋。

宋元朝代更替，中华文明延续

1234 年蒙宋联军攻破蔡州，金哀宗自杀，金朝亡。蒙古铁骑惯用凶残的策略，对抵抗他们的城市必定劫杀一空，以作为迫降的手段。起初，他们在汉地北方亦采用同一策略，甚至一度建议将北方变成一个大牧场。由于金降臣耶律楚材的劝谕，窝阔台汗才采纳一些儒家的治国办法，并于 1238 年举办科举，为统治华北选拔了不少儒学人才。1246年窝阔台的儿子贵由即位。1251 年，蒙哥继承汗位，推行中央集权制度，在汉地、中亚与伊朗等直辖地设置行中书省，以其弟忽必烈管理汉地。忽必烈任用了大批汉族幕僚和儒士，巩固了在华北地区的统治。1258 年蒙哥南征南宋，来年在合州战死。忽必烈停止南征，北返夺位。1260 年忽必烈在部分宗王和蒙汉大臣的拥立下成为蒙古皇帝（又称蒙古大汗）。

忽必烈登上汗位后，采纳了刘秉忠"以马上取天下，不可以马上治天下"的劝告，广揽文士，免儒户赋役，修缮燕京文庙，采用汉法，整顿政治和经济。他在 1260 年设立中书省，1263 年设立枢密院，1268年设立御史台等中国历朝的传统国家机构；又设置大司农司以鼓励农业发展；尊孔崇儒，大力发展儒学并推行汉法。忽必烈更为了成为皇帝，于 1267 年迁都大都（今北京），在 1271 年公布《建国号诏》，取《易经》中"大哉乾元"之意，将国号"大蒙古国"改为"大元"，建立元朝，并宣布新王朝为继承历代中原王朝的中华正统王朝。之前，窝阔台已采取耶律的建议，建立太学，忽必烈更设立第二所太学，并于 1306 年在大都建成孔庙。

元朝第四至第六任皇帝仁宗、英宗和文宗亦大力推行"以儒治国"政策。仁宗将《大学衍义》《贞观政要》和《资治通鉴》等书译为蒙文，令蒙古人与色目人诵读。1312 年元仁宗将其儒师王约特拜为集贤大学士，并在 1313 年恢复科举制度，以程朱理学为考试的内容。1320 年太子继位为元英宗，继续以儒治国，加强中央集权，沿用官僚体制，并于1323 年颁布元朝法典——《大元通制》。元文宗于 1329 年设立了奎章阁学士院，该官署负责掌讲经史之书，考察历代治乱。

忽必烈推行重农政策，再加上南宋城市少有抵抗蒙古军队的情况，均使当时南方的城市文明和地方经济在有元一代得到保持和发展，南方因而成为元朝经济和文化最发达的地区，其中的制瓷业和丝织业非常兴盛。忽必烈也下令重整了大运河，并且开凿了约 125 千米长的会通河和约 82 千米长的通惠河，使大运河延伸至大都。经济的发展使人口由 1279 年时的约 5530 万增加至 1351 年的约 8760 万（表 10-1），虽然如此，这比金宋两代高峰期的 1 亿总人口仍有所下降。这 8760 万人口亦绝大部分（91%）集中在淮河以南的地区，在北部和四川则分别只有400 万人和 140 万人。

表 10-1　元明两代的人口

朝代	年份	府数	县数	人口（万）
元	1279			5530
	1330	392	1127	6180
	1351			8760
明	1368			6380（5740）
	1381			6780（5990）
	1398			7180（6340）
	1491	399	1144	9200（8100）
	1552			9620（8460）
	1660			9830（8620）
	1626			10,000（8730）

注：括号内的数字表示只包括政府人口登记册所记录的人口。
资料来源：赵文林、谢淑君《中国人口史》（北京：人民出版社，1988 年）。

到 1270 年，蒙古帝国的版图已经横跨亚欧，包括了元朝和其他三大汗国（图 10.1）。这个横跨亚欧的庞大帝国，以及完善的以大都为中心的驿道系统，促进了亚欧的陆上交通。当时的驿道东连高丽，北面到达吉利吉斯，西通三大汗国，南接安南，共拥有驿站 1500 处，规模超越前代。中国的重大发明因而在 13 世纪和 14 世纪纷纷传往欧洲，包括罗盘、船舵、风车、水磨、机械钟、冶铁炉、火药和武器制造，以及活字印刷术、拱桥建造法和纸币制度等。中国也从西方引入萝卜、葡萄、棉花，以及炼糖和玻璃制造等技术。

虽然大蒙古国在 1230 年已统治今天的中国北方地区，但自建立元

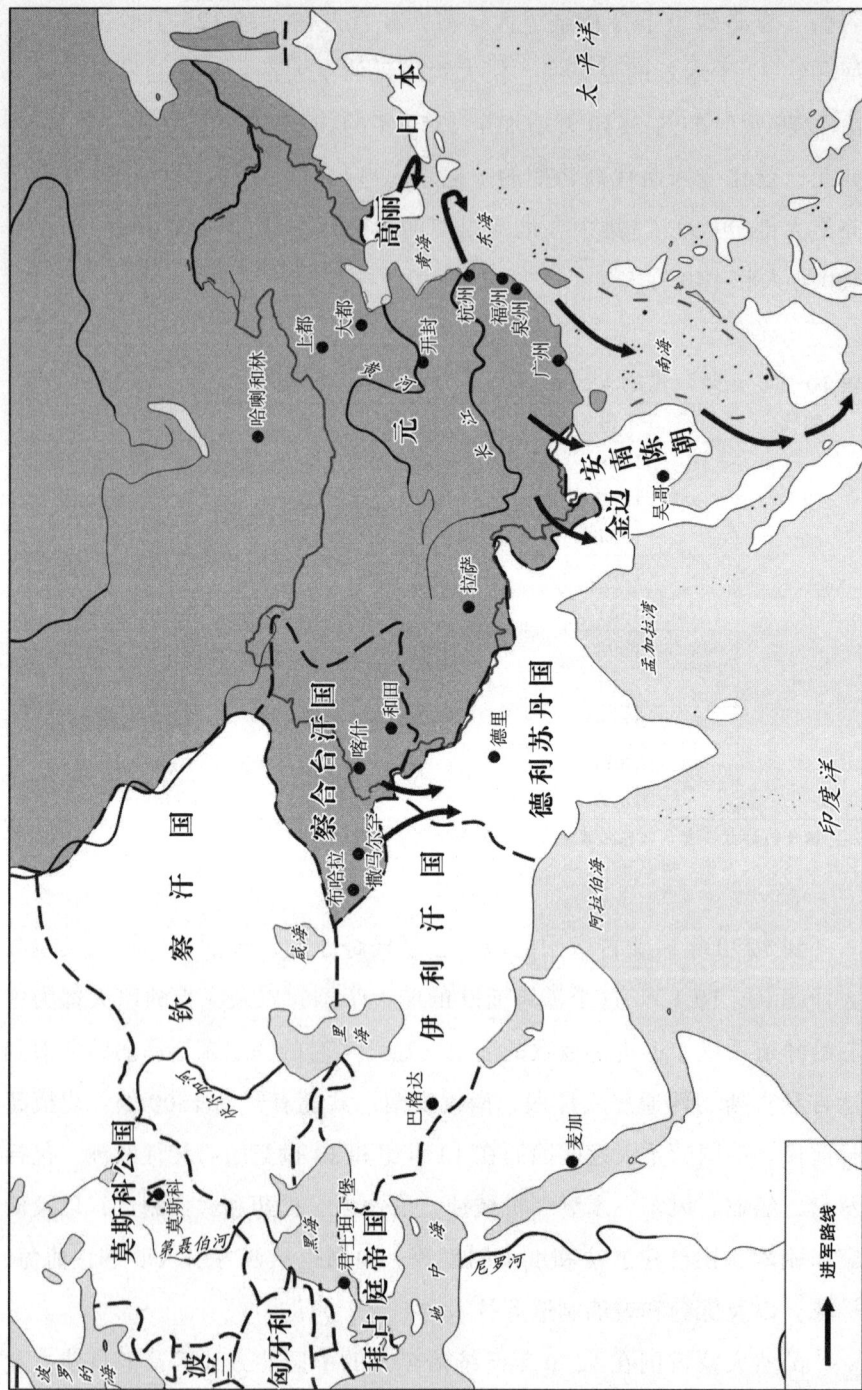

图 10.1　元时期全图

朝起，即自 1271 年至 1368 年，只历 11 帝共 97 年便灭亡了。

民族政策阻碍文化与经济发展

总的来说，元朝的统治阶层对汉文化不甚积极。虽然中央政府表面上采用了一些汉、唐乃至宋的治国体制和儒家礼仪，但基本上保留了民族倾斜政策，自视与中原主体文化和民族有别。这是元朝不能真正达致民族融合、百姓归心、睦邻友好，以致国家不能持久的主要原因。为了防止汉化，元朝同时采用西亚文化与汉文化，提倡蒙古至上主义，并且一直在法律与政治上执行民族歧视政策。这在元朝的文武官制上，乃至科举考试上有明显体现，如设置"蒙古、色目人"和"汉人、南人"两场分开的考试。

元将全国各族人民分为四等，以蒙古人为先：

第一等为蒙古人，即"国姓""自家骨肉"；

第二等为色目人，除"汉儿""高丽""蛮子"，皆为色目；

第三等为汉人（汉儿），包括汉、契丹、女真等淮河以北原金国内人士，以及云南、四川、朝鲜半岛人士；

第四等为南人（蛮子），新附的原南宋境内人士。

从这四等人的分类中可见，元朝对蒙古以外的民族是以政治地位及地域为首要原则来看待的，因而将原金国、高丽人士，以及云南、四川等地诸民族统称为"汉人"，而把原来从中原南迁的人士归为"蛮子"。在元朝，"汉"一词因而并非指一个民族。更甚者，在"自家骨肉"为先和"敌对"力量为次的歧视下，"诸蒙古人与汉人争，殴汉人，汉人勿还报"，中央和地方官"其长则蒙古人为之，而汉人、南人贰焉"。此外，不准蒙古人和汉人、南人通婚，汉人、南人也不能经商。

因此，商业贸易成为蒙古贵族、官僚，色目商人和寺院豪夺民利的工具。最厚利的盐、铁、茶、酒、醋、农具、竹木等由政府专营。但瓷器则为例外，多是私营，这使制瓷也成为最蓬勃且遍及全国的产业，单景德镇就有200—300座民窑。外销瓷器亦因而成为最大宗的出口生意。

在宗教上，元朝提倡藏传佛教，把它置于儒教与道教之上，在政治上大量使用色目人，使儒者的地位下降，还长期没有举办科举。这些举措，使唐宋以来的士大夫文化和高效的官僚体制式微，却令属于中下层的庶民文化迅速抬头。这个现象体现在政治方面是重用胥吏，在艺术与文学方面则是发展以庶民为对象的戏剧与艺能，其中以元曲最为兴盛。

城市化天平倾向南方

城市化在元代的发展处于低潮期。元灭金时，北方人口十减其六七。对于较繁盛地区的城市人口，元特设官署管理并称之为"府治"，北方有24府，南方则有77府，其中浙江一地共30府，反映出北方的衰落和人口流失。元代不但城市数目较前代少，而且个别城市的人口规模也逊于以往，可从当时的四级城市体系中见证：

1. 首都，即元大都，人口约50万；
2. 重要都会，如杭州和平江（今苏州），人口约20万—30万；
3. 重要商贸城市，如湖州、广州、福州和临清，人口约5万—15万；
4. 第四级城市，如嘉兴、松江、江阴，人口约1万—5万。

概言之，元代城市商业受制于不合理的政策，未能达到两宋的水平，对城市的发展造成阻碍。不过，元代海运和大运河的漕粮运输，以及海上和陆上对外贸易的畅通，亦造就了一些城市的发展，如江苏刘家港（今太仓）、直沽（今天津），以及山东的密州（今诸城）、登州（今蓬莱）等港口，还有沿大运河的淮安、临清、东昌（今聊城），对外海港泉州、广州和松江，丝绸之路上的甘州（今张掖）、肃州（今酒泉）、哈密力（今哈密）、别失八里（位于今新疆吉木萨尔县）、阿力麻里（位于今新疆霍城县）等。

元大都的规划体现了忽必烈的汉化倾向。由汉人刘秉忠和阿拉伯人也黑迭儿负责规划和修建的新都城，受《考工记》影响很深，体现出左祖右社、前朝后寝、中轴对称、三重城墙、城墙方正且各边三门、"南面而王"等合乎礼乐和"天人合一"的传统原则（图 10.2）。不过，大都也增添了一些道教原则，如北墙只有二门，缺中间一门，以防止大城受北方煞气影响。

此外，大都也反映出元是个多民族国家，宫城内有若干盖顶殿（瓢状）、畏吾尔殿、棕毛殿等。殿内装饰亦富于蒙古的毡帐色彩。与唐宋都城不同，大都的文武官署亦较分散，而市场数目和规模亦较逊色。大都的商贸只由约 2000 名色目商人经营。元朝对宗教包容，大都内各种宗教建筑很多，但以喇嘛教最多。

大都是唐朝之后最后一个平地而起的全新建成的都城。这个当时世界上最大的都城，面积约 49 平方千米，但其高峰人口只有 50 万（包括官员和军队），因而其外城北部有大片空地。

重拾自信与复兴中华文明

军事大国与版图的巩固

忽必烈于 1294 年去世，成宗即位。此后的 39 年间，帝位更迭 7 次。元代没有采用中华文明的宗法制度而依循蒙古人自己的民族习惯。蒙古族没有一个明确的继承制度，加上新帝即位都要大赏宗亲，造成财政负担，导致多次内乱。蒙古人、色目人、汉人和南人之间的巨大鸿沟也是社会不稳定的原因。自 1344 年起，黄河多次溃决，灾害频仍。于是由白莲教始导的农民起义最后令其中的红巾军能迅速在各地建立数个政权。其中朱元璋一支灭了势力最大的陈友谅和张士诚，着手北伐和统一中国。北伐成功后，朱元璋在 1368 年即帝位，定国号为大明，以应天

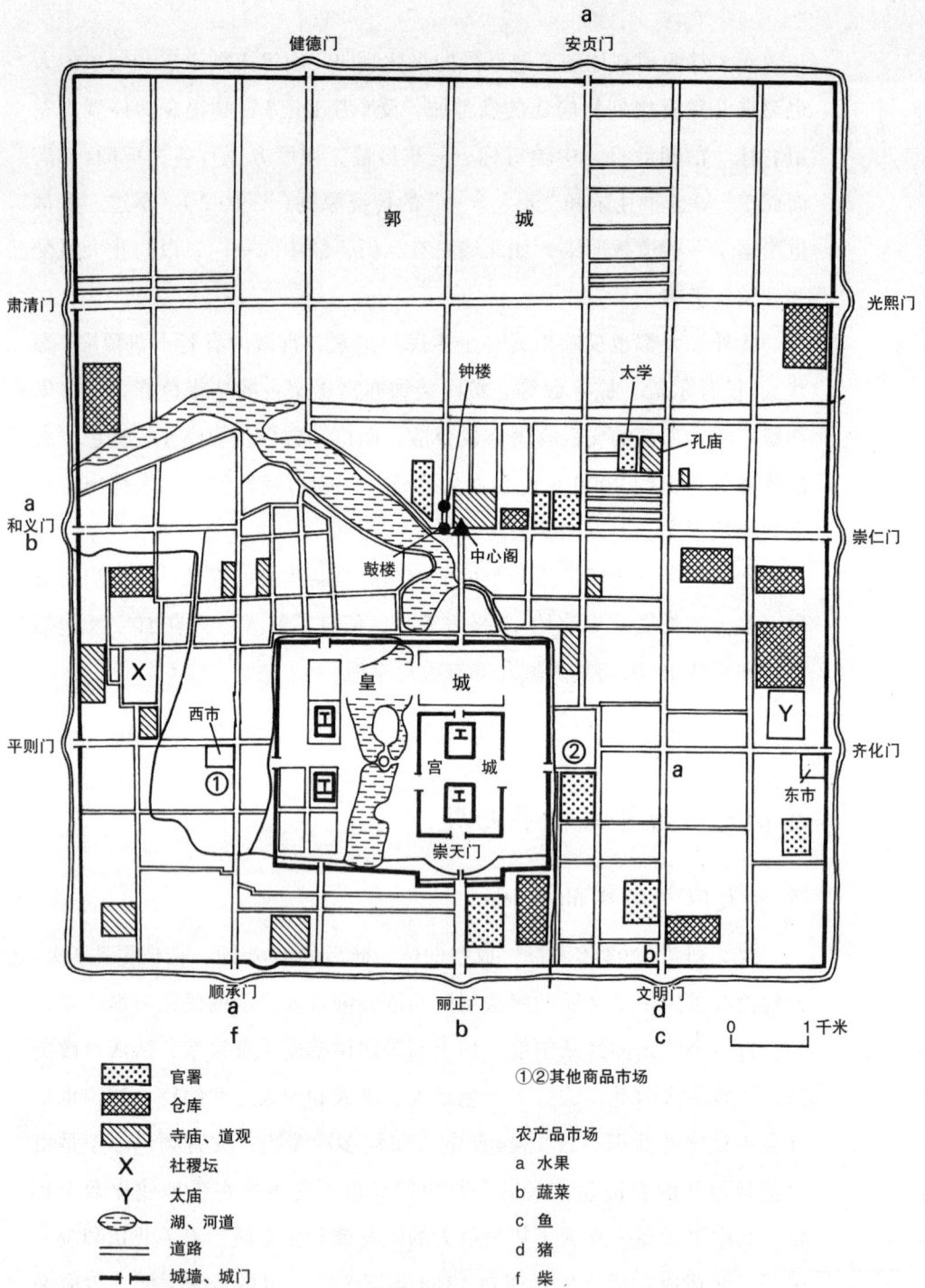

图 10.2 元大都平面示意图(1341—1368 年)

图中标注:

健德门 安贞门 a

肃清门 光熙门

郭 城

钟楼 太学

a 和义门 孔庙
b

鼓楼 中心阁 崇仁门

X 皇 城

西市 齐化门
平则门 ① 宫 城 ② a

Y

东市

崇天门 b

顺承门 丽正门 文明门
a b d
f c

0 1千米

图例:

图案	说明
▦	官署
▨	仓库
▩	寺庙、道观
X	社稷坛
Y	太庙
⬭	湖、河道
═	道路
I I	城墙、城门

①②其他商品市场

农产品市场
a 水果
b 蔬菜
c 鱼
d 猪
f 柴

府（今南京）为首都。

明朝历 1368—1644 年，共 276 年 16 帝。它是又一个稳定且繁盛的朝代，重建了秩序，显示了自元之后中华文明的新活力，以至清朝不得不在明的坚实基础上继续以儒学精神来巩固政权（Schirokauer 1991）。

谢和耐（Gernet 1985）将明朝分成三个阶段。洪武至永乐年间的 56 年（1368—1424）为明代军事重振及经济重建阶段。自 1351 年的红巾之乱起，元朝虽然表面上专崇儒学，但对农业经济和百姓的管治因偏离了中华文明的"德治"和"以民为本"的准则而彻底失败。气候变迁与其他灾异，加上行政腐败，蒙古人和色目官员盘剥百姓，财政失调导致通货膨胀等，均显示元朝已经失去了天命。朱元璋因而得以提出"驱逐胡虏，恢复中华；立纲陈纪，救济斯民"，携天命和民意夺回大都，将元帝逐回漠北，统一了全国。其大将继而平定山西、陕西、甘肃、宁夏、辽东、云南、安南、戈壁，并在青海一带和乌思藏（今西藏）设都指挥使司，将它们归入明朝版图（图 10.3）。

简言之，在 1406 年，明朝以其军力将版图扩大至西边的哈密、东边的松花江流域（包括库页岛），其南疆跨云南而囊括了今天的越南。若将蒙古其余势力所建立的瓦剌、鞑靼和亦力把里政权计算在内，明朝的幅员实际上比唐还大，即使不计上述政权，其疆域也比汉代大。永乐帝更派郑和率领庞大船队（规模最大的一次共有 317 艘船，27,870 人）七下西洋，所到之处包括东南亚、印度、中东、东非，最远到达好望角。自中唐以来便失落了的中国中原地区的武功和自信又在世界上重新展现。

1449 年土木堡之变的军事失败后，积极的边防措施开始弛废。明自洪熙皇帝和宣德皇帝起，对来自北面和西北面的蒙古等外患改而采取了"息怨和边"的安抚政策，"下西洋宝船"也停摆了，交趾布政使司也被废除。自 16 世纪起，葡萄牙人、西班牙人和后来的日本海盗（倭寇）不时抢掠沿海地区，威胁该地区的安全，明朝因而自中期至明末采取了海禁政策。明朝在北边的长城工程始于 1405 年，长达 200 年而从未停止。

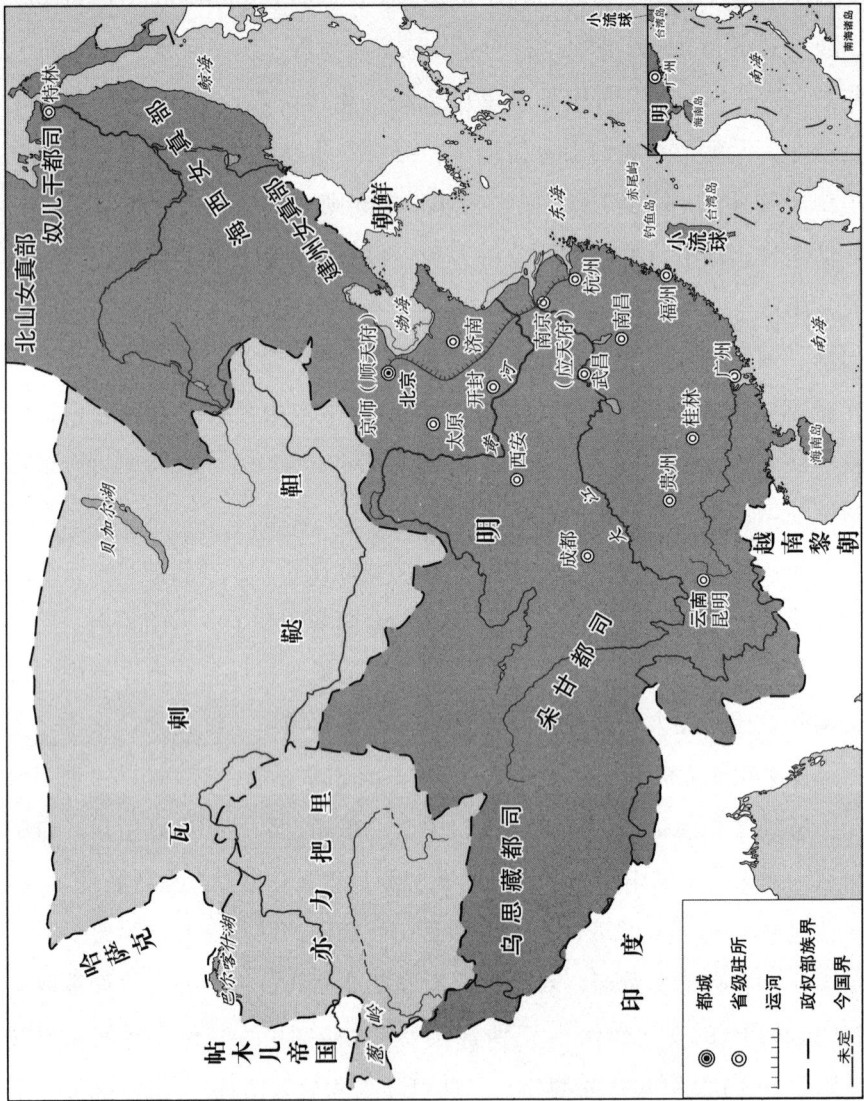

图 10.3 明时期全图

沿边地区亦建设了九镇以为防御，使明朝增加了一种特殊的边境城市。

礼义之邦、德治与教化的重建

明代的政治以中央集权为主。内阁在 1402 年成立，自 1425 年起逐渐掌权，由皇帝直接掌控以代替以往各部行政机构做决策。不过朱元璋依循中华文明传统，将礼乐政治与文官政治视为主流政治，尽力拉拢儒士出仕。这个传统的政治理念，既包含对君主权威的肯定，同时也要求士大夫以道统为原则，通过"三公论道"参与君主政治体系。这里隐含了对皇权的重大制约：士大夫以"道""德"或天命，即"公天下"的理念来制约皇权。自明初洪武起，儒学亦已成为官（国）学。万历年间的东林党，从儒家"以天下为己任"的道德责任出发，谋求改变皇帝和内阁专权的现状，以实现让广大士大夫参政，正体现了这种"公天下"的传统儒学治国精神。

虽然中明至晚明的皇帝大多专制和无能，导致宦官和外戚干政，但中明是宋以后的新"文艺复兴"期，出现了中国历史上重大的经济、社会和思想上的转变。特别是 1575—1582 年间，重臣张居正对教育、科举、税收和官制的成功革新，使财政状况好转，国库银粮丰足，百姓又能休养生息，达致儒家治国的理想状态。神宗时，皇帝 20 多年不上朝，任由宦官弄权。因此不少官员感到朝政不稳，对中央失去信心，并自暴自弃而成为贪官。政治的腐败却形成了一个以改革为主题的时代特征。王守仁从正人心出发，对儒学大旨做出新阐释，让儒学走向又一新阶段——心学（或称阳明学）。他的两大命题为"致良知"和"知行合一"，反映了儒士在明朝时代背景下进行思想学术探索的心路，推进了社会教化，让当时的社会以注重自我、实学、突破传统藩篱为特色。

自明初设国子监和在各府、州、具设立学校后，恢复了科举制度及官学生致仕的"公务员"体制，全国各地生员可通过科举入仕。中央一级的进士科，有明一代共考了 89 次，成为进士者有 280 人。每年在国子监就读的学生达 8000—1 万人，最高纪录为一年 5 万人。国子监毕业生可免科举而直接出仕，这是文官的另一重要来源。各级官学的普及使识字率提高，教育遍及出身贫寒者。永乐帝更在 1420 年建大殿以祭天地，并把朱熹的解释定为科举经问的标准，令儒臣编成朱熹的理学精义《四书五经大全》和《性理大全》。1407 年编成的《永乐大典》，共 22,877 卷，是当时最大的类书。

活字印刷的推广，带动了出版及彩印，促进了科学、民间文学与艺术的发展。明代继承了宋元的大众文学，如章回小说《水浒传》《三国演义》《西游记》和《金瓶梅》等都受到广大平民阶层欢迎，成为明代的四大奇书。戏曲亦进一步发展，出现了昆曲——今天京剧和越剧的前身。医学方面则有李时珍成书于 1578 年的《本草纲目》。该书是中医药的经典，内含 1892 种中药和 11,096 种药方，记有天花、伤寒的疗法，对后世中国人口的增加有一定的贡献。

经济新发展

明初亦是中国经济自元代之后的重建时期，其经济发展和物质繁荣达到两宋的高峰。史书记载，有明一代是积极有为的朝代，其间可数的大型工程共有 40,987 项，包括灌溉，在西南低洼地、沿海及南方其他地区建造梯田和围垦，进行长期绿化工程如种植了 10 亿棵树，将 564 个城市的城墙改造为砖墙，自 1403 年起改造和延长了长城并使之直达河西走廊，修建及加深了大运河并加建多处船闸以便大船能在其上通航，等等。复修后的京杭大运河接替了元末的海上漕运，使北京和东北边境守军每年的 400 万石米粮得到保障。大运河由杭州通往北京，全长近 1800 千米（图 10.3），每年单是运送漕粮便需船 1 万艘和兵卫 12 万人。自 1522 年后，每艘漕船可私带 16 石免税商品并自行买卖，令运河沿线成为重要的商道。这些基建的努力，使得农业和工商经济复苏，人口繁衍，以致明代中叶趋向和平和稳定（表 10-1）。

明代农业科技并没有明显的进步，但明初普遍采用深耕方式种植早稻，使收成增加。全国七成的粮食来自稻米，它的增产稳定了农村经济，也支持了人口的增长。明朝在中晚期时从美洲大陆引进了玉米、花生和番薯，但它们要到清初以后才被推广，对人口增长的作用也在那时才显露出来。在农村最明显的变化乃棉花的普及。在官府的大力推动下，棉花成为轮种的作物之一。在长江三角洲，棉花更成为主要作物，占有总耕地面积的七成，致使当地要由外地调入稻米。棉花亦促进了一个新的农村产业——棉布手工业，并使棉织品成为重要的城市商品。棉织品的大量贸易亦影响了明代城市体系的结构。

明代的经济以农为主，政府的税入也以农林土地税和盐税为主，因此官府需要进行土地普查并设法防止农民流失。明初制定了限制城市化的政策。1381 年编制赋役黄册，将百姓分为民户、军户和匠户三种。各类人户以籍为定，世代相袭，不许擅自更易或迁徙。离开原地百里以上就要官府批准和给以"路引"。

明初的手工业承元制多为官办。登记匠户有匠人 30 万名，助手150 万人。自明中叶始，户籍制度开始崩坏，富户和官员并购土地，地租又改以赋役或现银支付，贸易和私办手工业的兴旺等亦冲击了户籍制度。不少民户因失却土地而流入城市工作或成为佃农。由于官办手工业的没落及赋役的货币化使私营手工业（特别是棉纺织业）兴盛，手工业的贸易量也随之扩大，导致中国历史上"第二次商业革命"和工商型城市的出现。这次"革命"表现为以下特点：

1. 区域间的粮食贸易增加。

2. 经济作物增长。

3. 货币得到普遍应用。

4. 主要制造业出现了详细的工序和分工，如景德镇单官窑每年就产瓷器 44.3 万件，经流水线分工序生产，"共计一杯工力，过手七十二，方克成器”。

5. 大量工业制品出口，如出口瓷器每年达 4430 万件。

6. 出现了雄厚的商业资本，最著名的乃徽商和晋商。他们主要经营盐、粮食、木材、茶叶、文具、药材及资本出贷业。虽然这些商人有些富甲一方，但他们在明的地位仍较低，不少商人通过让子弟科举入仕以提高地位，被称为"儒商"。

但晚明仍未能步入资本主义时代。其中最大原因乃生产技术的改进采取了渐进而缓慢的方式。同时，非常发达的商贸网络及大量廉价劳工的供应也使生产不存在瓶颈现象，缺少动力将手工业推向使用机器生产的资本性大型工厂。

明末的 50 多年间（1590—1644），君主独断且不理朝政，宦官弄权，朝臣无休止地相互攻击，均使国家成为政治泥潭。虽然如此，在士大夫的影响下，明朝社会仍保持相对稳定。明末的动乱，如果不是以下两大原因，亦不致出现危难从而结束了明朝的统治：一是全球经济大衰退影响了明朝茶叶和瓷器的出口，令进口的白银大减；二是错误地长期对高丽用兵，大伤国力。

明代的城市化

与汉、唐和宋代一样，由于行政体系和城市体系紧扣，明代的政府亦主导了城市化的进程。明代共有四级行政单位：

1. 两京（北京和南京）和 13 司（布政使司，俗称省），其后布政使司增加至 15 个。

2. 府，140 个（宋有 30 个）。

3. 州，193 个（宋有 254 个）。

4. 县，1138 个（宋有 1284 个）。

府和州可视为同一级（等同于汉代的郡），约等于今天的地级。府多是边地单位，拥有军事功能。在府、州之上有道，以监察府与州的行政。各级行政单位的治所成为该行政区所依托的城市，是城市体系中最清晰的指标。南方持续繁荣的经济亦成为城市南北分布不平衡的主因：南方有 849 座城，而北方只有 138 座。这亦因为明代疆域向西南扩大，将云南、广西和贵州正式纳入中央政府直接管辖之下。

明代于 1370 年进行了一次全国人口普查，为合理估计出明代的人口建立了基础（表 10-1）。在 1368—1626 年间，人口由 6380 万增至 1亿。其间，北方人口也增加了 3.4%。然而在 1430—1450 年，人口增长受到了黄河泛滥、虫祸、疫症和对女婴的杀害等因素而变得迟缓。

自 15 世纪初至明末，明朝出现了不少工商业城市，其中主要者由33 座增至 52 座。官府在这些城市内设"钞关"以负责收税。同时，国内逐渐形成了四大工业区，达致一定的工业分工，包括纺织工业区（如松江、潞安等）、丝织区（苏州、杭州）、染布区（芜湖）和制纸区（宣山）。区域性的手工业专业化自然也促进了区际贸易，而这类贸易中心一般依托于邻近产品产地和交通路线交会处的行政治所。这些中心可分为四大城市组别：纺织城市，如南京、杭州、苏州、潞安、成都；粮食贸易城市，如开封、济南、常州、芜湖、荆州、武昌、南昌；漕粮转运及商业城市，如扬州、淮安、济宁、临清、德州、直沽；沿海的外贸城市，如福州、泉州、广州、宁波等。

除了上述主要的工商业城市，明中期以后亦出现了不少较低层次的工商业市镇。其中，南方共有这样的市 166 座、镇 205 座。这些市都是规模较小的，人口约 100—300 户，镇的人口较多，约 1000 户，一些大镇如景德镇，人口更达 1 万户。江南地区自南宋以来已是中国经济最发达的地区，人口、农业生产、商品经济、税额都占了全国很大的比例，甚至在人文、政治上都起了主导全国的作用。

由于江南商品经济的发展，出现了资本主义萌芽，工商业市镇迅速发展为各具特色、专业分工明确的市镇。其中丝绸市镇有南浔镇、乌青镇等，棉布业市镇有枫泾镇、魏塘镇、南翔镇等，米业市镇有枫桥镇、平望镇、长安镇等，还有窑业市镇千家窑镇，冶铸业市镇炉头镇，盐业市镇新场镇，木竹山货业市镇唐行镇，烟业市镇屠甸镇，榨油业市镇石门镇，制革业市镇章练塘镇，刺绣业市镇光福镇，以及交通业市镇乍浦镇等。

明在北面修长城、置九镇以防北元南侵，在东南沿海则建筑了"卫""所"等军事聚落以防倭寇，形成了以军事为主、商贸为辅的新型沿边城市聚落，有些聚落更发展为相当大的城市（图10.3）。

明代城市案例

明代的城市在数目和规模上都超过元代。明代最少有5个城市的人口超过百万，即两京及苏州、杭州、开封3个商贸都会，而30万—50万人口的大城则比比皆是。

南　京

南京是三国时的吴国都城，元朝时被称为"集庆路"。朱元璋于1356年时将它改名为"应天府"，但由于他原属意以开封为都城，因而称应天府为"南京"。府城先由刘基等卜地和规划。1378年，南京改称为"京师"。南京城规模宏大，为四重城，包括外郭城、应天府城、皇城和宫城（图10.4）。外郭城城墙围合面积超过230平方千米，依山带江，利用自然土坡垒成。应天府城约43平方千米。南京是当时世界第一大城。

皇城和宫城见方，依《考工记》有规律地布局。宫城在皇城中央，正门为南门（午门），与皇城正门（洪武门）、应天府城正门（正阳门）位于一条轴线上。宫城内前朝后寝，午门外左祖右社。中央机构设在洪武门内中线两侧。皇城位于应天府城东部，后者还有部分城墙完整保留下来。应天府城呈不规则形状，主要包括防卫性的高地堡垒，如石头城。秦淮河流贯应天府城郊区，部分穿过应天府城南部。然而两组重要礼仪建筑先农坛和天坛，则建在应天府城正阳门外（图 10.4，图 10.5）。

自两宋起，城市的工商业已脱离严谨的《考工记》的限制。应天府城东部是市区，西部是军事区。市区内工商业云集，秦淮河穿城而过，其两岸商业极繁盛，有 13 个大市场，铺户贸易有 103 行（每行有 10—20 间小铺）。南京手工业发达，有织造、印刷、造船和建筑等四大部门，官府匠户共约 4.5 万人。定淮门外近长江的"龙江宝船厂"是全国三大造船基地之一，每年能造海船 200 艘。郑和下西洋的海船大部分都是它造的。

南京也是全国教育和文化中心。有官办的太学、府学、县学和私营的书院。国子监学生达 9000 人，包括朝鲜、日本、暹罗等国的留学生。

明初时南京人口约 28 万，至 1367 年，包括皇室、官员和军队在内总人口达 78 万。明中期时，人口又增至 120 万。

北 京

明将徐达攻克元大都后，改元大都为"北平府"。明第三位皇帝成祖于 1403 年升北平为"北京"，改府名为"顺天府"，并于 1406 年起大规模营建北京城。1421 年正式迁都，始称北京为京师。北京城依托元大都的东西二墙，但因元大都城北部空虚，所以废北墙，在其南约 2.5 千米处建新北墙，将其旧南墙南移约 700 多米（图 10.6）。北京城规模巨大，建设费时约近 20 年，动用民工约 30 万人。在建城前，明政府先打通大运河至北京的水运，以利用漕运补给新京师。

北京是按《考工记》、南京城的定制和中央集权精神而规划的：宫城（紫禁城）居中，所有主门都为南向，左祖右社，前朝后寝。它的中轴线

郭 城

承天门

北安门
玄武门
皇城
宫城
午门

社稷坛
太庙

洪武门

金水河

正阳门
A B

玄武湖

大学

今 市 区

钟楼
鼓楼

秦淮河

应 天 府 城

狮子山

清凉山

仪凤山

龙江宝船厂

秦淮河

长 江

0 1 2 千米

X 社稷坛
Y 太庙
A 先农坛
B 天坛
● 主要酒楼和饮食区

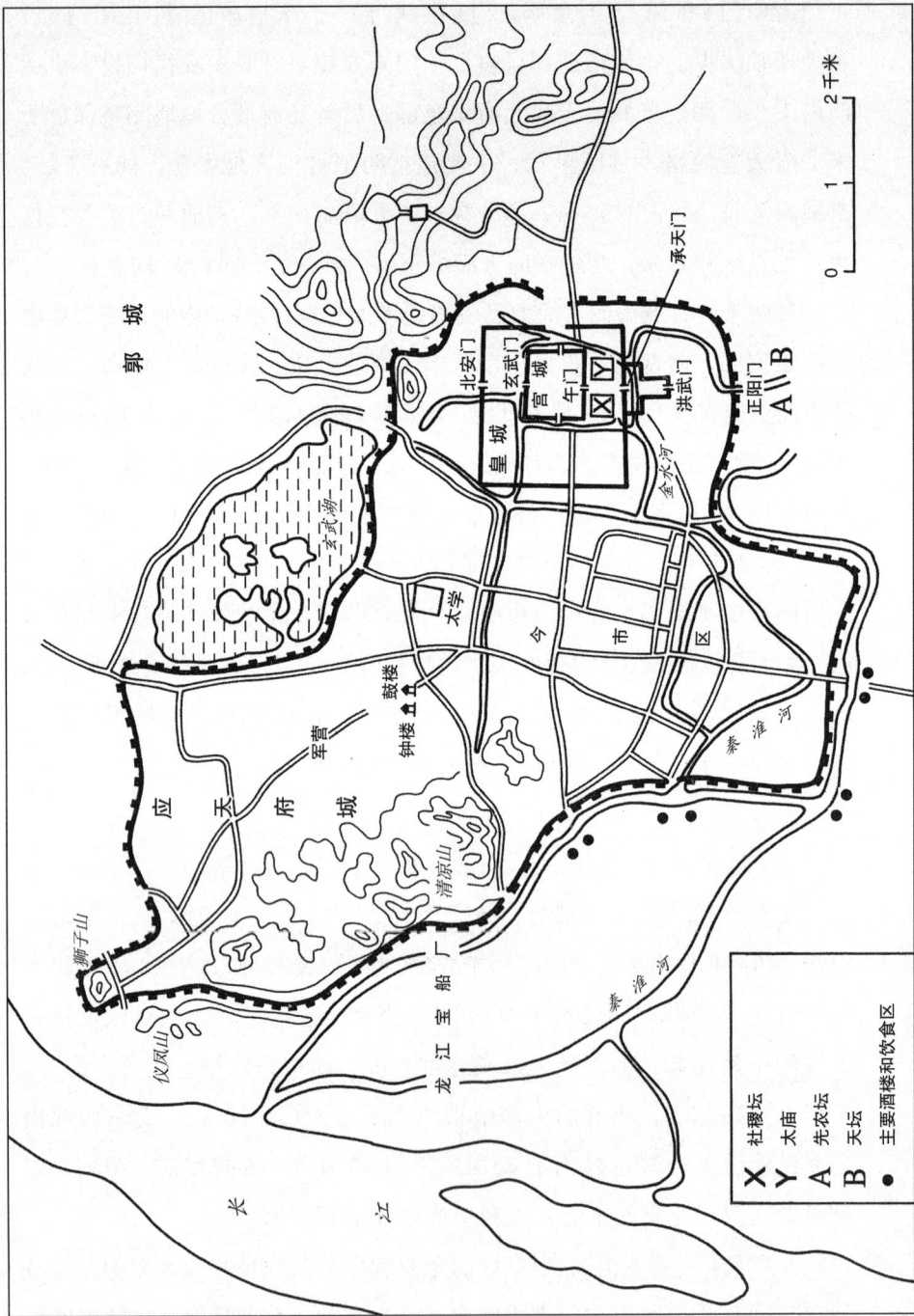

图 10.4 明南京平面示意图

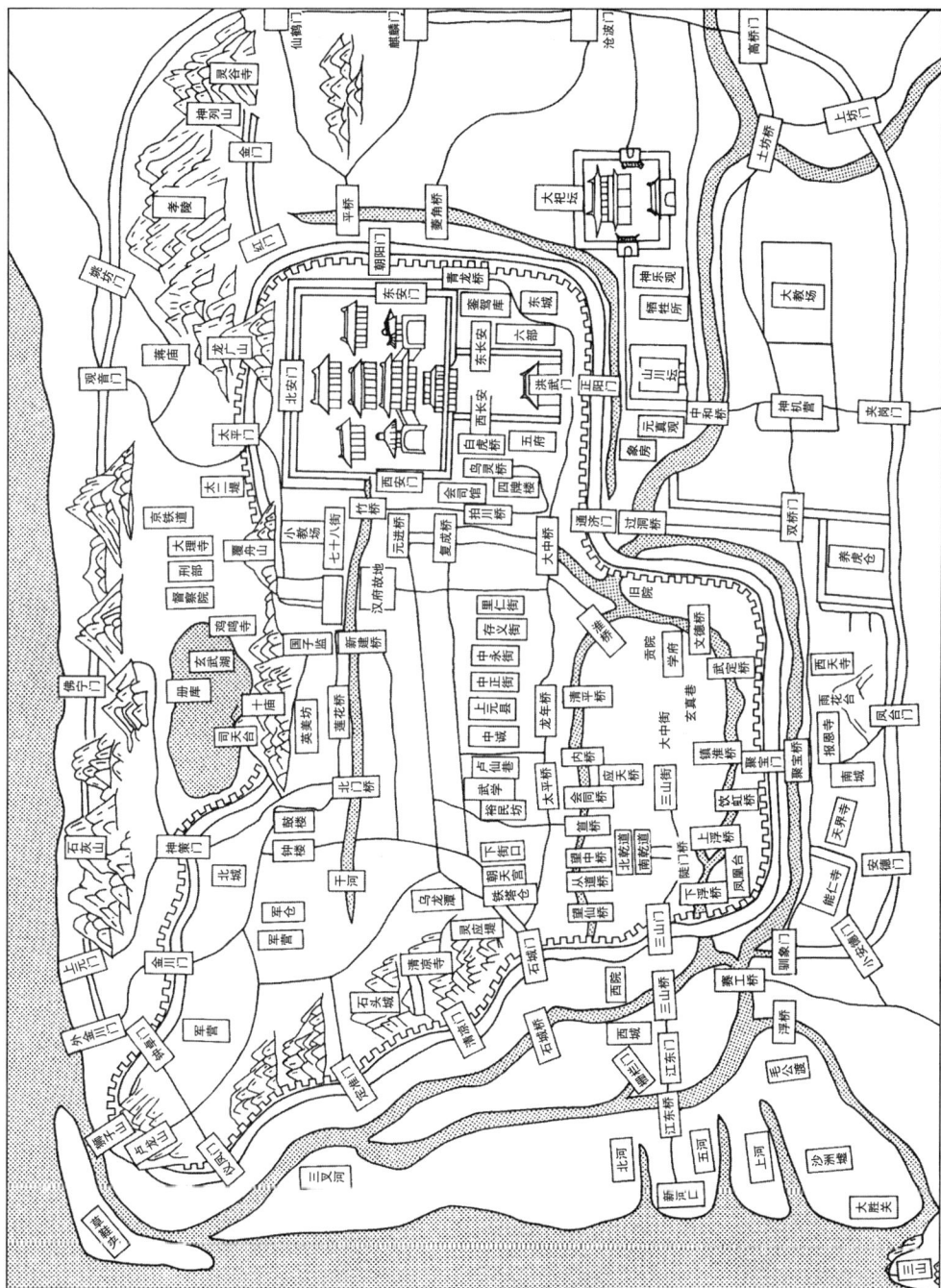

图 10.5　明南京城图

由钟鼓二楼经宫城南门（午门）向南延 7.5 千米至外郭城南门（正阳门）。新北京原为三重城。宫城是大朝和皇帝寝宫，处于阴阳相交、生气勃然的位置，突出了皇帝的至高地位。受到道家的影响，规划师特挖取宫城西侧、元太液池南侧泥沙形成南海，又将淤泥堆积在宫城北面的人造山——煤山上，称之为"万岁山"，又称"镇山"。此处原是元大都宫苑所在，在此建万岁山一以封压着元的气运，二乃让其成为宫城镇山以挡北方煞气。

宫城内的内金水河和皇城内的外金水河形成两重保护，使在交泰殿阴阳相交所生的生气能留于宫城和皇城之内，令风调雨顺，国运亨隆。皇城以行政和礼乐功能为主，因而亦是中央官署以及宗庙和社坛之所。外郭城是其他次级行政机构、军队驻地和百姓居住地，亦拥有多个市场以供应三重城的居住者所需。这三重城按其高低等级由内至外有序地分布。北京的规划因而体现了自夏代以来逐步形成的《考工记》规律，也吸收了道家理念的其他城市规划标准，达到完善境界。

自 1403 年起，永乐帝从各地和南京迁入 2 万户富豪及 4.5 万个匠户。在明中晚期，北京人口一直保持在百万左右。1553 年，北京始建第四重城墙，将天坛、山川坛两组礼仪建筑，以及南郊的繁盛商贸区和人口包围起来。由于受蒙古军队威胁且资金不足，这重城墙只能草草建就，只及原来计划的南部。这个新罗城因而只建有外城南侧一段，使北京城整体上呈"吕"字形。到清代，新罗城仍多空地，证明第四重城并不必要。旧城和新城共有面积约 62 平方千米，至今仍然存在，特别是其核心——宫城，仍保留明清时的原貌。

临 清

临清是明运河城市的例子。城墙包砖，建于 1449 年，长约 3 千米。城内约四分之一的面积为粮仓，可储粮数百万石。砖墙外有 10 千米长的石墙，其内乃工业区和商贸区。由于诏令要求每艘漕船运 40 片砖或瓦至京师，所以在大运河沿岸有 30 千米长的官窑区，其中有 384 个窑

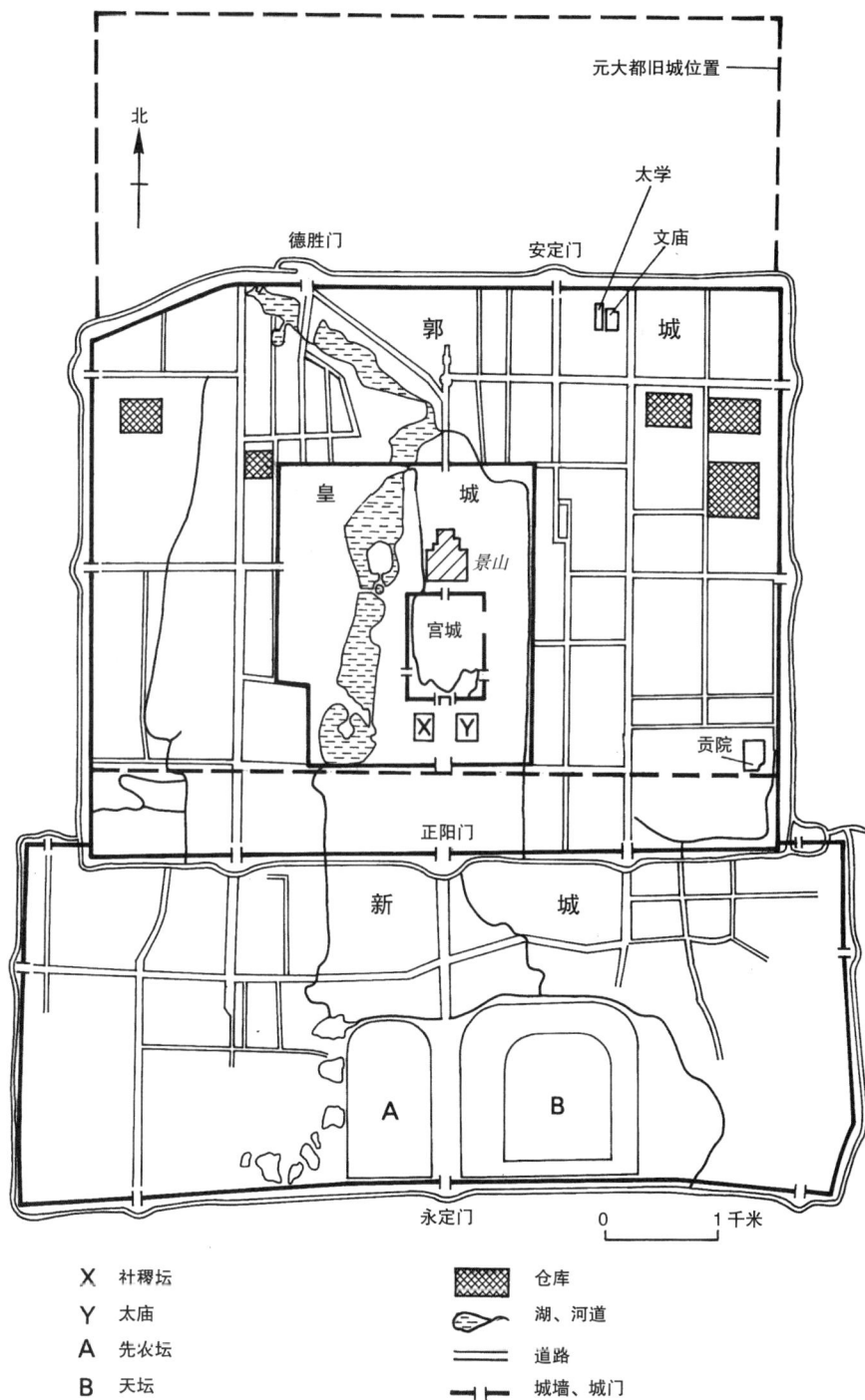

元大都旧城位置

北

太学

文庙

德胜门　　　　　安定门

郭　　　城

皇　　城

景山

宫城

X　Y

贡院

正阳门

新　　城

A　　　B

永定门

0　　　　　1千米

X　社稷坛　　　　　仓库
Y　太庙　　　　　湖、河道
A　先农坛　　　　　道路
B　天坛　　　　　城墙、城门

图 10.6 明代北京城建示意图（1573—1644）

制造砖和瓦以供应皇室。在工业区内亦有 70 多家皮毛作坊、73 家棉纺作坊和 32 家丝织作坊，都是为宫廷服务的。在晚明，临清有 3 万户和庞大的流动人口，是一个数十万人的大型城市。

大　同

它是 9 个边镇之一，建于明初。原址为辽代的五京之一，亦是金代的陪都。1372 年，明代大将徐达将之建成军事重镇。

城墙见方，外包青砖，有众多防卫设计和深壕（图 10.7）。城墙周长约 7 千米。明太祖的第十三子——代王的宫殿位于城的中央北部（图 10.8）。两条南北、东西向的主干道交会于城中，并与四城门连通。在代王府西是总兵衙门。城内亦有府衙和县衙、仓库、教场等。在其鼎盛期时（1403—1424 年），城内驻兵约 13.5 万人，马骡共约 5.1 万匹，约是全国兵力的十二分之一。

城北于 1450—1457 年加建北城以供驻军之用。1457—1464 年，加建了小东城和小南城，以便自 1438 年开放边贸以来茶市和马市发展之用。

结论：中华城市文明的重建

明初显示出王朝的军事能力，然而明朝的皇帝基本是内向的，在国内谋求安全与稳定，对外主要是采取军事守势。明朝的治国重心之一在于大运河的修通和农业灌溉等促进农业经济的工程上，有时甚至对外国人采取了回避态度。明初七下西洋的壮举也只在宣扬天朝这一礼义之邦的德治和文化，而不夺取外国哪怕一寸土地或一个臣民。这与元朝因日本与爪哇国不称臣而动用大军跨海征伐明显不同。

在明代的 276 年间，人口缓慢增长，最高峰达致 1 亿人。然而这亦只是南宋和金高峰时的南北方总人口。因此，中国人口在南宋至明末的

图 10.7 明代及以后的军事重镇多以砖砌城墙，并有众多防卫设施

500 多年间并没有明显增加。原因之一乃以当时的技术，中国农业经济的发展已达致饱和。同时，自晚明以来，新的外来作物及新医药和卫生条件的发展，要到清代才体现出其对人口的影响。虽然如此，明中期以来城市化的步伐在加快，这是由于户籍制度的崩溃，新的税制使百姓对土地、户籍和地区的依附关系变得松弛。虽然没有确切的统计，但明中期的城市化水平应和两宋相当。

长期的和平和经济作物的普及，特别是棉花的种植，成为贸易和私营工商业的新发展动力，促使新工商型城镇的出现。虽然如此，主要的工商型城镇多是府、县或边镇治所。这个现象从另一角度体现了明代的政治现实和中华文明的传统。中国传统城市所体现的儒家精神，即执中和有序性，因而亦在明代主要城市发展至高峰。这可以从两京和大同等城市的规划和功能结构得到验证。

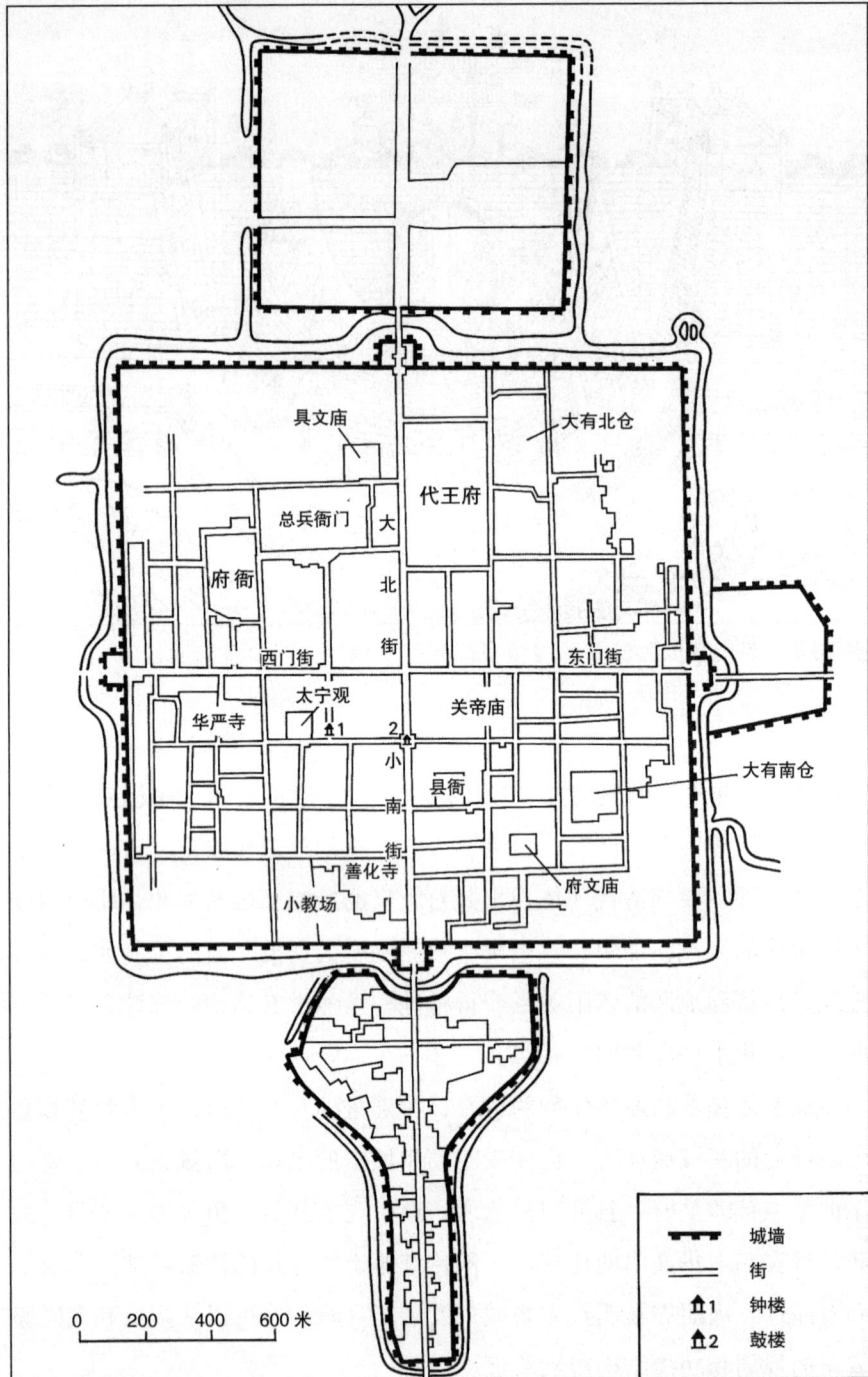

图 10.8 明清大同城图

图中标注文字：

具文庙
大有北仓
代王府
总兵衙门
大北街
府衙
西门街
东门街
太宁观
关帝庙
华严寺
小南街
县衙
大有南仓
善化寺
府文庙
小教场

图例：
城墙
街
1 钟楼
2 鼓楼

比例尺：0 200 400 600 米

第十一章

清代：由新儒学到西力东渐

清代：中国城市文明又一分水岭

女真：又一个继承大统的边族

清代自 1616 年至 1911 年，共历 12 帝（表 11-1），是中国历史上统治时间较长的朝代之一。皇室是满族，源自东北的女真。自新石器时代以来，中国东北就是中华民族的发源地之一。古商族、肃慎、挹娄、勿吉、靺鞨、女真各民族一脉相承，是居住在中国东北地区的满族的祖先或邻居。自商以后，在辽金元时期，先后有居住在东北的民族在北方地区建国，如契丹族建立辽，女真族入主中原建立金。这对于东北民族与中原、岭南各民族的融合和发展，对中华民族和中华文明，乃至东北地区的社会经济文化发展，都产生了积极和深刻的影响。

明朝时满族称女真，分为建州、海西和东海（又名野人女真）三大部。1403 年，明朝在东北正式设置建州卫，任命当地首领为指挥使，赐汉名李思诚。从此，明王朝逐渐在黑龙江、乌苏里江流域成立了 131 个卫，其范围东南起日本海，包括库页岛，西至鄂嫩河，南接图们江，北抵外兴安岭，把黑龙江中下游和辽河流域大片土地正式纳入了明朝版图。

表 11-1　清代的分期和清代人口

时期		年号	年份	人口（万）
前期	统一	顺治三年	1646	8800
		顺治十八年	1661	9100
	稳定与繁荣	康熙元年	1662	9100
		康熙六十一年	1722	12,400
		雍正元年	1723	12,400
		雍正十二年	1734	13,100
		乾隆六年	1741	15,900
		乾隆四十年	1775	26,300
		乾隆六十年	1795	30,200
后期	统一	嘉庆元年	1796	29,800
		嘉庆二十五年	1820	38,000
		道光元年	1821	38,100
		道光二十年	1840	41,800
	半殖民状态	咸丰二年	1852	44,000
		咸丰十一年	1861	41,200
		同治十三年	1874	36,000
		光绪二十四年	1898	39,600
		宣统三年	1911	40,900

　　1411 年明朝正式开设奴儿干都司，为明政府管辖该地的最高地方行政机构。奴儿干都司受辽东都指挥使司统辖，其首领受明政府册委；其属民若要迁徙到新的住牧地区，都须呈报明政府批准；其军队听从明廷征调；各级首领每年都要到北京朝贡。各卫还与内地通过互市，以其马匹、人参、貂皮、松子等土特产换取内地的服饰、粮谷、铁锅，以及耕牛和农具等。自明开拓东北起，历 200 多年，女真各族更加汉化。

　　1574 年，女真首领王杲自称建州右卫首领，并以明朝断绝贡市、剥夺女真生计为由，举兵进犯辽阳等地。明辽东总兵李成梁将王杲诛杀，不过在战乱当中，努尔哈赤的祖父和父亲也被明军误杀。努尔哈赤因而发誓要替祖父和父亲报仇，推翻明皇帝。明政府承认错误，对努尔哈赤赔偿及封官。努尔哈赤更成功隐藏仇恨，表示"忠于大明，心若金石"，换取了明辽东主管30多年的信任，后者还让他领建州卫，因而使他坐大。努尔哈赤开始逐步统一女真各部，建立八旗制度这个军政、兵民一体制，又主持创建文字，并于1616年称汗，建立金国，史称后金。

努尔哈赤的儿子爱新觉罗·皇太极继位后，于1636年改国号为"清"。皇太极是为清太宗，其改国号的背后原因乃他迷信易学，因"明"为火德，火克金，以"金"为国号不吉，而"清"为水德，水克火，因此可以克明。这反映出满族深厚的汉化思想。他们不但服膺儒学，并且大量起用汉人担任文官和将领。这得益于明朝对东北的教化政策，因为明朝规定该地官员的主要任务之一乃广办官学，推广儒家教化。正因如此，满族比他们的先祖女真更为汉化，实际是中华民族和文明的一部分。女真族内的"包衣"（家奴）多是俘获或购买来的汉人（山东和河北人士），数代为满人贵族服务，最后成为清朝宫廷和地方上的可靠助手，帮忙管理大型官办作坊，并出任皇帝的特使和顾问等。

天下一统，华夷一家

明崇祯帝于1644年李自成率领的农民军攻破紫禁城时在景山（煤山）自缢身亡。当时清朝有满洲军278队、蒙古军120队和汉军（包衣）165队，并拥有汉人提供的火炮。不过在入关时，清军的总兵力只有18万人。但明朝宁远总兵吴三桂手握重兵，在山海关镇守，而福王朱由崧亦于南京称帝。导致大局转向对清朝有利的是，当吴三桂正欲"归顺"李自成时，得悉父亲在京师被李自成的军队活捉并受其刑罚，爱妾为李的部将所夺，只得转而降清。

此外，闯王李自成建立的大顺政权往往杀戮明遗臣、将领，也使后者倾向清朝。因此清军打着"天下一统，华夷一家"的口号，拉拢明官、明将和地主阶层。同时，顺治帝在入京后昭告天下："本朝定鼎燕京，天下罹难军民，皆吾赤子。"他还为崇祯皇帝发丧，答应减免赋税，并主张满汉平等，积极礼聘明遗臣参与军政大事，并立即重开科举。

康熙亲政后，确立了国政三大事：三藩、河务、漕运。他还将这三件事写下来，挂在宫中柱子上，夙旦谨念。其中两件就是与农民和农业有关的。诛除鳌拜后，康熙更亲诣太学，向孔子牌位行二跪六叩首礼。由此可见，清朝统治者一如汉、唐、宋、明等朝代的皇帝，以儒家道统、中原王朝制度的天命继承者自居，而并不是以一个外族征服者的姿态出现。而且，在国家政治体制上，清朝基本上沿袭明制，甚至在清初时仍沿用明代官服。

因此，北方在几乎没有征战的情况下归顺了清朝。在南方，明遗臣在少数地方顽抗，这些明遗臣的抵抗约于1661年被大致平定，而且是由吴三桂和东北三降将（都是明总兵毛文龙的养子，因养父被袁崇焕擅杀而投清）带领入关后招募的60万名汉人绿营兵的征战功劳。四人中有一人战死，因而"四藩"变为"三藩"。其后对清统治的威胁就主要来自"三藩之乱"（1673—1681）。三藩乃平南王尚可喜、平西王吴三桂和靖南王耿仲明，他们在清初为清朝扫清明遗臣的反抗，得以被清廷赐地封王。到康熙时，清政府怕他们权大而开始撤藩削权，引致三藩作乱。三藩统治的地区富于盐、铜、金矿，更是清朝担忧的原因之一。另外，郑成功在福建和台湾的反清活动也严重打击了沿海贸易，直接导致清政府在1644—1683年的长期海禁政策，以及将外贸限制在广州的十三洋行代理的公行（1757—1842）。但因为民众觉得三藩是明、清两朝的叛臣而不予以支持，加上他们集团内不和，三藩不久便被清朝消灭。

重农、德治、教化

清代在中国城市文明发展史上的重要性在于在清初将新儒学带引至高峰，强化了其中关键的传统观念，如德治、教化和高度中央集权（Gernet 1985）。其中的具体概念还包括天子的集权，以及皇帝治国的主要任务乃通过增加耕地、兴修农田水利、推行拜天敬祖的礼治教化使以农民为主的平民百姓安居乐业，并赢得他们的归心。此亦是自汉唐以来，帝王德治的核心内容。清朝在这些方面都严格依照前朝，如废除明末的"三饷"，推行有利于农民的新政策，包括"更名田""摊丁入亩"及"盛世滋生人丁，永不加赋"等。保留北京城和继续以之为国都便是其中最具象征意义的：清朝的皇帝和明朝的皇帝（自明成祖起）使用相同的大朝和寝宫。

由于清把为明复仇、继承明的天命作为号召军民的旗帜，明清的朝代交替并没有太大的军事动荡和社会经济政策的变更。在清朝悠长的历史中，从康熙到乾隆共134年的统治可以说是基本上天下太平而且经济十分繁荣，该时期可归为清前期（表11-1）。在一个推行重农政策和中央集权且高效、廉洁、进取的政府的统治下，亦即新儒学治国的框架下，晚明所引进的新作物及在医药卫生方面的发明都开始产生作用，促进了农业、工商业和人口的发展，使清朝成为当时世上最富有，贸易和制造业最兴盛的国家。由清政府直接管辖的幅员也达到最广大的地域，即1315万平方千米（图11.1），有共约3亿人口（占世界总人口的三分之一，约等于欧洲的总人口）。可以说，清朝达致了前工业化时代最大的发展。新儒学作为一个价值体系其统治思想亦达到了高峰。科特罗和摩根（Cotterell and Morgan 1975）认为，清代因以儒家理想治国，也不幸地将晚明的内向策略夸大，演化成极端的闭关主义。

当以新儒学为统治基础的开明君主在清朝封闭的地理大环境里实现了内部统一安定和经济繁荣时，地球另一边的西方世界已从16世纪的地理大发现进入了18—19世纪的工业革命和新一轮的全球性扩张。欧洲国家自从在这些社会改革过程中崛起后，已拥有新技术、财富，也迎来了新的欲望和问题。在军事方面，海权成了西方国家向全球扩张的压倒性优势。当我们将西方这时期的特征与处于前工业化社会的清朝对比时，前者就能特别衬托出清朝中后期缺乏新动力的经济、严重软弱的海事力量和保守的贸易及科技政策等。因此，在列强来华欲望加强之后，晚清便迎来了它的新命运，掉进了一条可悲的历史轨道。

从 1840 年英国人发动对华第一次鸦片战争起，外力便强行加入中国的历史进程，正面挑战中华文明、中国国家安全和领土完整，迫使它接受半殖民地半封建社会的现实。作为一个社会过程，中国的城市文明发展也首次出现了二元化。对外通商口岸及租界体现了来自境外的城市文明营造力，让国人对传统文明失去信心，反而在治国与社会发展方略上开始向西方文明求索。

因此，清朝中后期是中国历史和城市文明进程的一个转折点。在整个清朝盛时，新儒学达致峰顶，而中华文明也覆盖了包括今西藏、新疆、东北地区和蒙古国在内的整个中华地理大空间。但在晚清，西方影响以前所未有的规模进入中国城市文明，造成了空前的文明冲突与损害。

清代前期的城市化：传统的中国城市文明

城市化动力

正如前述，清朝基本上采用了明朝的治国理念和政治体制。但在一些重要事务上仍有一定程度的民族歧视，即"首崇满洲"精神。清初期在内阁和六部之上增加了议政王大臣会议，体现了满洲贵族的政策特权，后来又设立军机处。二者都设在宫内，由皇帝控制和主导。各政府机关实行满汉复职制，军队又分八旗军和绿营（汉军），而绿营将领每三年便更调一次，使满人能操控军政大权。除此之外，以儒家的治国标准来看，清朝确比明朝贴近理想：重视农业，奖励垦荒，减免赋税，兴修水利，使农业生产增加、农民税收负担减少。为了防止官僚贪污，清政府采用了"高薪养廉""宽严相济"等办法，严厉执法，严肃吏治。康熙帝更废止"迁海令"，勤学儒家经典，尊孔崇儒，开博学鸿儒科，又修《明史》以缓解民族矛盾，揭开了政治清明、经济发展、道德恢复且社会稳定的"康乾盛世"。

康熙、乾隆任内还修编了两部大图书——《古今图书集成》和《四库全书》，以及《康熙字典》和多种百科全书，对中国传统学术的保存、传播和发展做出划时代的贡献。因此，清前期的康乾盛世赢得了士人及农民的支持。全国耕地由 1753 年的 7.5 亿亩（1 亩约等于 666.667 平方米）增加至 1794 年的 9 亿余亩。18 世纪时，番薯、玉米和花生等作物得到推广，经济作物如棉花、桑叶、甘蔗、烟草、茶叶、花卉、蔬菜的种植面积都扩大了。在著名产棉区长江三角洲和东南沿海地区，棉花地占了耕地一半以上。

在康乾盛世，对于东北、西南、漠北、新疆和西藏这些以少数民族为主的边疆地区，清朝"因俗而治"，采用了将军辖区（东北）、盟旗制度（漠北）、将军辖区和伯克制（新疆）、驻藏大臣领导下的政教（黄教）合一制（西藏）和土司制（西南）等（图 11.1）。此外，清政府还有效地将在这些领土上建立的地方机构所在地城市化，并将其融合至全国的城市体系中。这些城市聚落的主要功能为地方行政，其具体内容乃促进周边腹地的农业，在天灾时赈灾和提供福利服务，以及成为地区的教育中心。在一些军事战略地点，这些聚落也成为驻军之地。满族的东北故乡一共设立了 59 座新县治，新疆也新添县治 30 座，西南则有 40 座（图 11.2）。随着清帝国的版图扩大，城市化也因而向边区延伸，覆盖了整个中华大地的自然地理范围。

区域间贸易与城市类型

正如上述，清继承了明的经济发展趋势，棉花种植、棉纺织业、制茶工业等都十分繁荣。总的结果乃在全部农业产品中，有 20%—30% 成为远途贸易的商品，一些产品更出口到国外去。

以下一些大约的年均数字说明了区域间大量贸易的普遍性：由东北

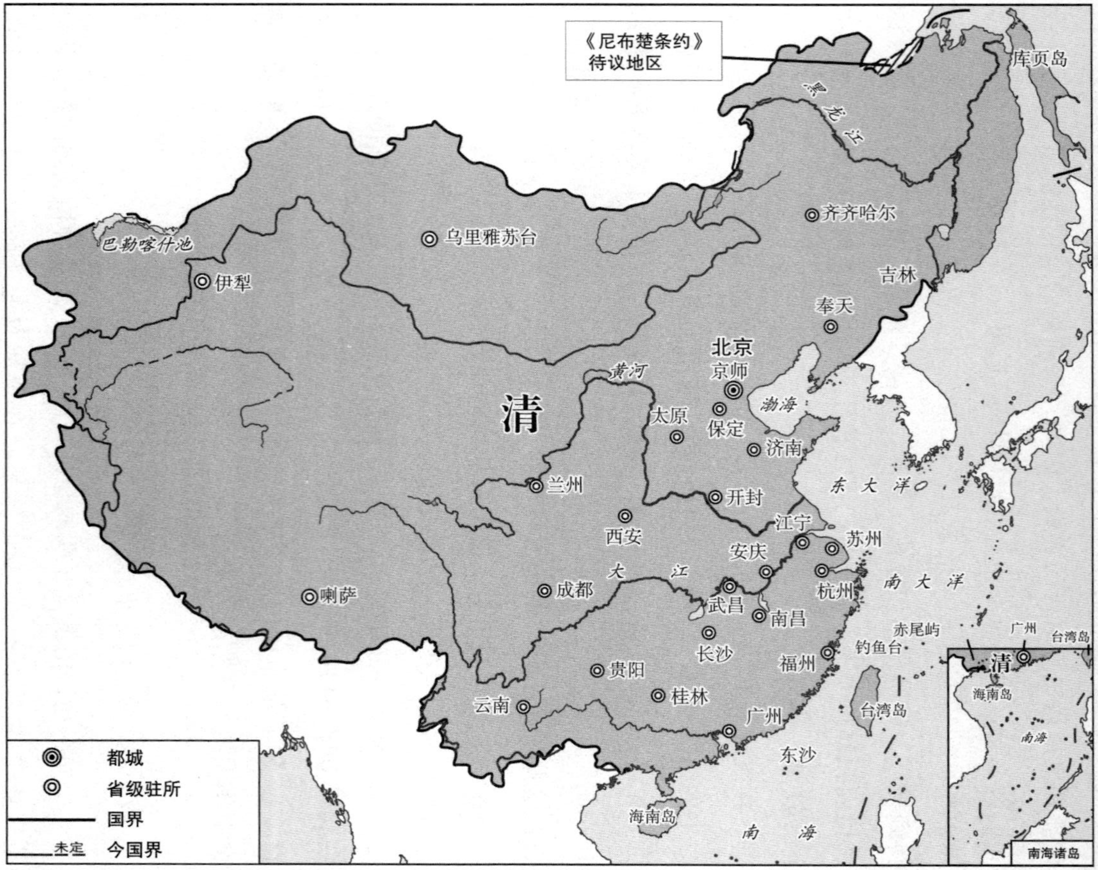

《尼布楚条约》
待议地区

清

北京
京师

库页岛

黑龙江

齐齐哈尔
吉林
奉天

渤海

乌里雅苏台

济南
保定
开封
太原
黄河

江宁
苏州
杭州
安庆
南昌
武昌
长沙
桂林

福州
广州

东海

南大洋

钓鱼屿
赤尾屿
台湾岛
东沙

南海

西安
大江
成都
贵阳
云南

兰州

喇萨

伊犁
巴勒喀什池

海南岛

海南诸岛

广州
清
海南岛

南海诸岛

都城
省级驻所
国界
今国界
杰定

图 11.1　清朝版图示意（19 世纪初）

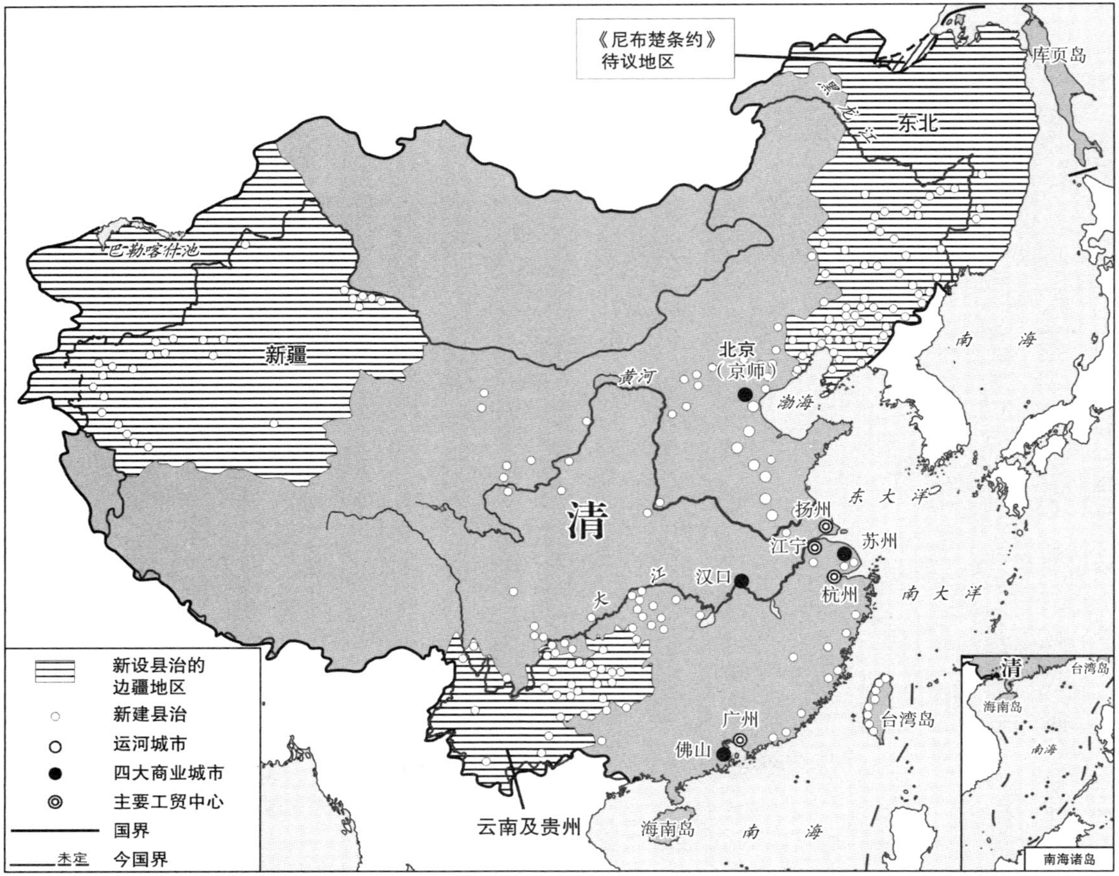
《尼布楚条约》
待议地区
库页岛
黑龙江
东北
巴勒喀什池
新疆
北京
（京师）
黄河
渤海
南海
东大洋
扬州
清
江宁
苏州
汉口
大江
杭州
南大洋
台湾岛
广州
佛山
云南及贵州
海南岛
南海
台湾岛
海南岛
南海
南海诸岛
新设县治的
边疆地区
新建县治
运河城市
四大商业城市
主要工贸中心
国界
未定
今国界

图 11.2　清朝主要城市分类

经海运出口到上海的豆麦为 1000 万石；浙江通过河运向湖南和四川输入大米 1000 万石；江浙由安徽、江西输入大米 500 万石。此外还有大量的豆麦和米粮分别由东北及南方输往京师。光是这些远途运输量每年便共达 3600 万石，约为明朝高峰时的 3 倍，其中商品粮为 3000 万石，亦为全国粮食商品量的 21.6%。其他主要的商品如棉布，单苏州和松江两地便每年向全国供应 3000 万匹，其中 1500 万匹供应京师和东北，1000 万匹供应广东（其中约 100 万匹出口外国）。估计远途贸易的全国棉布量每年为 4500 万匹，约等于全国年均总产量的 15%。

自明代起日渐完善的以山西晋商、安徽徽商为主要经营者的银号和银票的全国性资金流通制度及网络，便利了大量的远途贸易。这些商业和资金流通活动也成为行政和军事功能以外城市发展和城市化的新动力。由商人组成的行会、帮会等行业性和地域性商人组织，亦成为主要城市内除了官府机构的标志性城市组织。富有商人的奢华府邸和生活也成了城市多姿多彩的地区文化特点。

在空间分布上，清代的商贸发展也深受明代城市化的空间分布影响。图 11.2 揭示了其四大空间分布及主要城市分类：

1. 四大都会，时称"天下四聚"。包括国都北京、全国贸易及轻工业轴心苏州、长江航运中心汉口（今武汉）和南方新兴起的制铁和制瓷重镇佛山。后者得到邻近的广州这个唯一的对外通商口岸的支持。

2. 八大工商业城市。四大都会再加上南京、杭州、广州和扬州便是这八大工商业城市。南京和杭州是自宋代以来在苏州之外全国最大的丝织中心和区域商贸中心，广州是最大外贸中心，扬州则是自唐宋以来大运河上的主要商贸城市。

3. 沿大运河城市。图 11.2 标出了杭州、苏州等上述城市之外的沿大运河城市，它们每年处理全国 21.6% 的粮食运输及由苏州、杭州和扬州出口的一半丝绸。

4. 其他工业城镇。包括景德镇、宜兴和德化，都是以瓷器手工业为主要职能的。

新的全球化因素

全球经济一体化也成为清代城市化动力之一。在康熙时，海禁自1683年被取消，使设有通商口岸的四个城市广州、漳州、宁波和上海又进入经济繁荣期。之后，在漫长的1757—1842年间，广州又成为唯一的对外开放商埠。然而，这些城市的出口限制很多，如茶叶每年不许超过50万石，生丝每船限制土丝5000斤、湖丝3000斤，还禁止粮食、金、银、铜、铁、铅等矿物出口。不过与欧洲的贸易往来并未因这些限制而停滞不前。

作为全球最大的纺织业国家，中国的生丝或丝织品和棉布在欧洲有大量需求，成为和传统的瓷器一样的大宗出口商品。自16世纪茶文化传入欧洲后，喝茶已在17世纪成为西方上层社会的生活习惯，促使自17世纪中叶起，大量茶叶出口至欧洲。以价值计，1683年的茶叶出口为260万英镑，至1762年便增至2330万英镑。货物的大量出口对本地就业和经济的贡献，自然远大于政府的关税的收入（年均为50万—180万两）。欧洲对这些产品的大量需求，使得欧洲每年输出1000万两白银至中国以为支付，造成了中西贸易的不平衡。这时期的中西贸易对全球流通的巨大影响可以以一些简单数字予以说明：1571—1821年间，由南美洲出口的4亿两白银中至少一半是被欧洲挪用来支付上述贸易的。

至于中国在全球生产和出口上的巨大贡献如何影响了它的城市和城市化，不但资料缺少而且鲜有人研究。不过，在上述四大海港城市中，广州在整个清代都是对外开放的，全球经济一体化对它的城市结构的影响甚为明显，我们将在本章后段再讨论。

表 11-2 清代的财政收入 （单位：百万两）

年份	土地及赋税	盐税	商业税	其他	总额
1653	21.3（8.7%）	2.1（9%）	0.1（4%）	0	27.5
1683	27.3	2.8	0.1	0	30.2
1725	30.1	4.4	1.4	0	35.9
1766	29.9（73%）	5.7（14%）	5.4（13%）	0	41.0
1850 年代 *	30	5—6	4	1	40.5
1890—1895*	32	13	38（23%）+	5	89
1900—1910*	33	13	53（39%）+	4	103

注：＊表示估计年平均值；＋表示括号内为关税。
资料来源：Jacques Gernet, translated by J.R. Foster, *A History of Chinese Civilization*, Cambridge：Cambridge University Press, 1985。

新儒学的城市文明

自清朝于 19 世纪中叶被迫打开国门后，更多的西方学者对中国产生了研究的兴趣，包括研究它的历史和城市文明。其中罗威廉（Rowe 1984）认为："在中国，从来未出现过真正的城市，因为城市存在的前提——市民社会，从没有在中国成形。"他的两大原因是：政治上，中国的城市直属于中央政府，并不存在城市自主，其主要功能乃容纳皇室居所或进行有效行政管治；城市精英以集体行为和郊野田园生活为其价值观的构建基础，但不利于形成真正的市民阶层。这些观点指出了新儒学的城市文明与西方学者所标示的西方城市文明明显不同。事实亦如此，至清前期，中国城市文明体现出如下特点，与西方经验迥异。

在城市功能方面：

1. 行政功能为主：为周边农业地区提供中地服务。
2. 军事为次要功能：一些城市成为边防重镇或驻兵之地，推动帝国的版图扩大。

在城市主要特色方面：

1. 地方政府的治所，即衙门（官署）所在地。

2. 儒家教化中心，即国子监、地方官学（县学、府学）、科举考试
   试场、孔庙（文庙）等儒家思想和价值观传播的机构的集中地。

3. 清代城市多了民族隔离的特点，在主要城镇中，八旗军与八旗
   子弟占据城的一部分，这些地方称"满城"，与城市其他部分分
   隔且有其防御围墙。这个民族隔离特点在北京和重要行政、军
   事中心，如广州、西安都存在，反映出汉满人口的极端比例
   100：1，以及满族人由此产生的危机感。

清代后期的双轨城市化：半殖民地城市的出现

西方霸权的入侵

自 1840 年在中英鸦片战争战败之后，清朝饱受外国侵扰。西方对
清朝的政治、经济和社会的影响因而日渐加剧，直至清朝于 1911 年灭
亡时仍然如此。

乾隆自 1775 年后的专权跋扈及他对贪官和珅的宠信打击了清王朝
的统治效率。乾隆大兴土木扩建有"万园之园"美誉的圆明园及其他皇
家园林，以及 6 次南巡江南，加上对新疆和西藏多次用兵，花费了大量
国家财富，国库储备在 1786 年的总额 7000 万两被逐渐花光。和珅及
其党羽不但贪污索贿、卖官鬻爵，造成了政治腐败的局面，也盘剥农
民，让他们背负沉重负担。和珅死后被抄出家财共 1 亿多两。贪赃的官
员更挖空了兴修水利的经费，使基本农业设施废弛，这是 1798—1820
年间全国 7 次大水灾暴发的主要原因。朝廷没有按儒家利民思想办事，
社会矛盾自然容易激发，导致了下层民众持续起义。

在上述常发问题之外，乾隆朝以来的"闭关锁国"政策（只开放广
州开展有限外贸活动）亦逐渐成为中外矛盾冲突的导火线。中国历史上

的"闭关"时间并不长，但清中期以后近乎长期闭关。虽然如此，外贸仍然对国计民生产生巨大利益，直至 1820 年代仍如是。但对外贸的自然需求的过分压制，导致了非法的走私活动，特别是鸦片的走私。这是由英国东印度公司发明的解决西方对中国严重入超（即贸易逆差）的阴险办法。清朝进口鸦片由 1729 年的 200 箱（每箱 140 磅，64 千克）增加至 1829 年的 16,257 箱，导致大量白银流出国外，清帝国成为入超国（表 11-3）。

表 11-3 清朝对外贸易（1828—1904）

出口项	1828 年	1867 年	1884 年	1904 年
生丝（%）	11	30	27	26
丝制品（%）	6	4	7	5
茶叶（%）	47	64	42	12
其他农产品（%）	0	0	0	6
棉制品（%）	4	1	1	10
其他（%）	28	1	23	41
出口总额（百万英镑）	24	19	19	36
进口项	1828 年	1867 年	1884 年	1904 年
鸦片（%）	46	50	35	10
纺织品（%）	14	25	37	51
米、糖（%）	0	3	1	7
烟草（%）	0	0	0	1
火油（%）	0	0	0	8
棉花（%）	22	×	×	×
白银、银票（%）	6	×	×	×
金属（%）	4	×	×	×
其他（%）	8	22	27	23
进口总额（百万英镑）	25	22	21	51

注：× 表示没有数字，或包含在"其他"内。
资料来源：David R. Meyer, *Hong Kong as a Global Metropolis*, Cambridge：Cambridge University Press, 2000。

外贸的转变因而成为清廷的经济和外交大事，加之大量白银的流出也使国内钱币贬值，如一两银在 1820 年可兑 1000 钱，但在 1845 年则可兑 2200 钱。由于国税是以白银缴纳的，铜币的贬值直接地打击了农民和一般民众。对于列强走私鸦片的不法行为，软弱的清朝海军却无法制止，反使中国变成任由列强宰割的对象，后者亦往往借故挑起中外海战。中华地理空间上的东部沿海地区主要是三条大河出海所形成的三角洲平原地区，无险可守，对京师及主要工商业城市而言亦缺乏战略纵深。因此，欧洲强大的海上军事力量，加上西方文明的掠夺性，改变了中国数千年的传统战略优势。在清后期，列强因而能轻易地从海上进犯，以武力打开了中国的大门，将它们的政治和经济要求强加于中国，使中国沦为半殖民地半封建社会。

列强主导的城市化

在西方海洋文明下的列强（包括后来的跟随者日本），特别是英国、法国、西班牙和荷兰，自 17 世纪起通过一连串征伐在亚洲建立了一系列殖民地，将它们的影响扩展至东方（图 11.3）。它们的一个重要策略乃在战略性的亚洲大陆沿岸，建立起一系列通商口岸。关于这些特别的港口城市，罗兹·墨菲（Murphey 1953，1978）介绍了它们的性质和功用：

> 西方在亚洲建立的所有殖民地或半殖民地港口，是它们外来系统的滩头堡。这些港口对本地的对外贸易具有半专利性质，亦有机械化生产、银行、保险、资本市场和远途贸易。同时这些港口还发展应用了最先进的技术，普及教育，开设了全国性的新闻传播业，促进了知识界的发展并激励了亚洲民族主义的抬头……
>
> 这些城市的国际性及中西方的混杂状况令人关注到它们的一个新功能，即海上贸易。它们作为推动国家统一的新核心，通过这个功能成为迟来的中西方冲突的交接平台……

只有两个庞大的大陆帝国——中国和印度——仍保有其传统的内陆国都。不过，就算在它们的国度里，其最大的城市和现代化程度最高的中心，都是这些殖民地和半殖民地的港口，即加尔各答、孟买和上海。

　　和19世纪、20世纪初的其他亚洲国家相比，外国对中国主权的蚕食最初是依赖于18世纪和19世纪初的非法鸦片贸易。其后，他们通过了1842年的《南京条约》及1843年的《虎门条约》和《五口通商章程》，确立了鸦片贸易的合法性和在中国的治外法权，开始掌握设立通商口岸等权力。但在这些条约中，中国对广大的农村国土和农业仍保有其主权。其后1895年签订的《马关条约》使外国的影响扩大，加深了中国的半殖民地化程度。谢康伦（Schirokauer 1991）对不平等条约体系对中国主权的剥夺和其侵占性质与过程有如下简约的描述：

1. 强迫中国开放部分港口：《马关条约》前共43个（中国自行开放的有29个），《马关条约》后再加26个；
2. 向中国索取大量战争赔偿；
3. 控制中国的关税管理并将之冻结在平均5%税率的低水平；
4. 在中国境内取得26个租界、数个殖民地和治外法权；
5. 取得中国无条件授予最惠国待遇，以使每一列强取得的利益，其他列强可自然分占；
6. 在通商口岸内可建外国教堂及医院，外国人有在中国传播宗教的自由；
7. 将鸦片贸易合法化。

　　在1841—1900年的60年内，中国一共缴付了7.43亿两条约赔款，等于1840年全国全年财政收入的20倍，或等于1900年代的8年财政

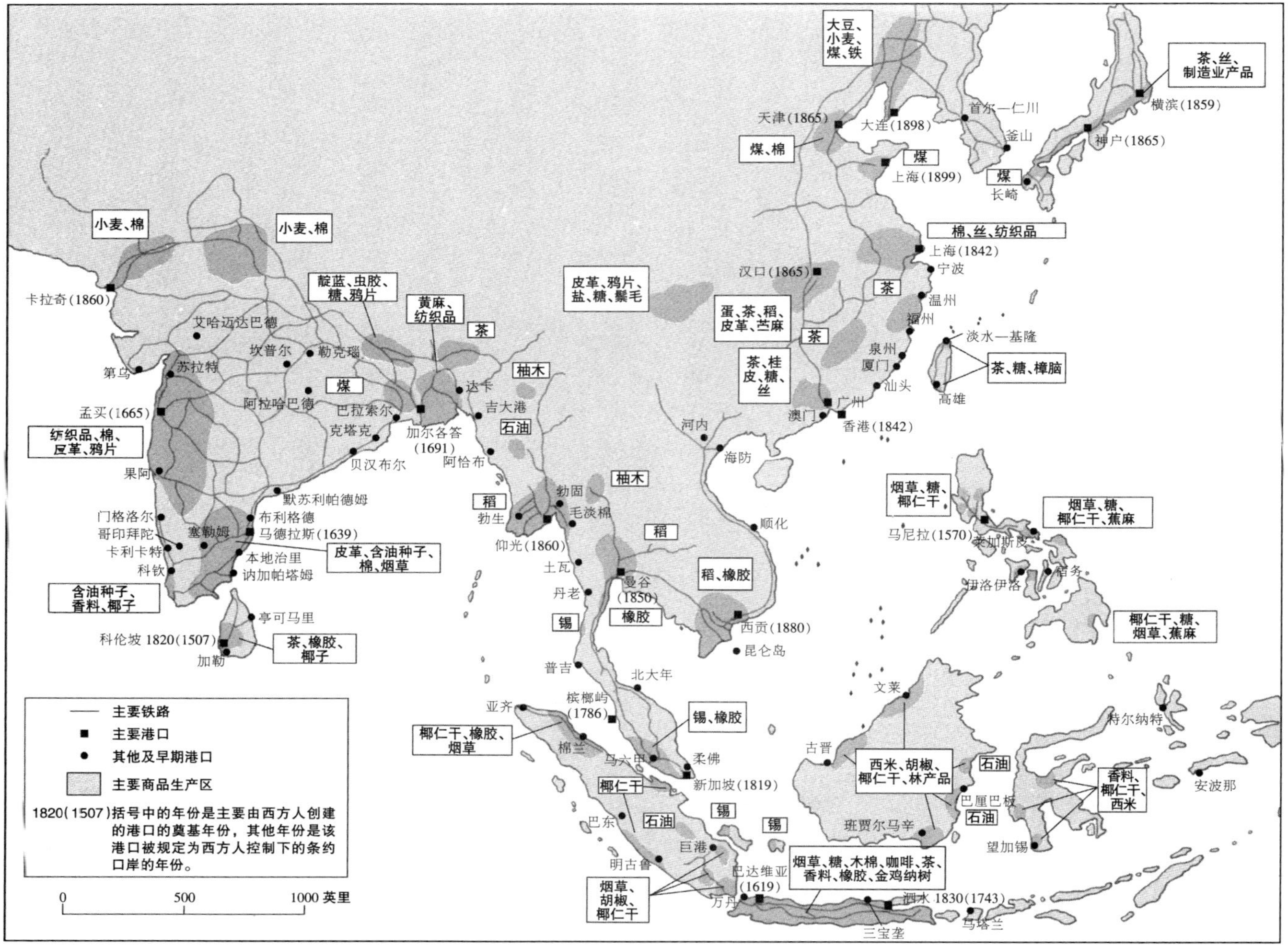

茶丝、制造业产品(1859)

横滨(1865)

煤

长崎

神户(1865)

釜山

首尔-仁川

大豆、小麦、煤、铁

大连(1898)

煤

上海(1899)

天津(1865)

煤、棉

棉丝纺织品

上海(1842)

茶

宁波

温州

蛋、茶、稻、皮革、苎麻

汉口(1865)

茶

福州

泉州

厦门(1842)

汕头

茶

广州

茶、桂、皮、丝

澳门

香港(1842)

皮革、鸦片、盐、糖、羊毛

顺化

海防

河内

稻、橡胶

西贡(1880)

昆仑岛

稻

柚木

曼谷(1850)

橡胶

北大年

柚木

毛淡棉

土瓦

丹老

普吉

茶

仰光(1860)

勃生

锡

石油

吉大港

阿恰布

达卡

黄麻、纺织品

加尔各答(1691)

靛蓝、虫胶、糖、鸦片

巴特那

贝拿勒斯

默拉德巴德

煤

阿拉哈巴德

勒克瑙

坎普尔

阿格拉

德里

小麦、棉

本地治里

马德拉斯

纳加帕塔姆

皮革、含油种子、棉、烟草

门格洛尔

哥印拜陀

卡利卡特

特利切里

科钦

茶、橡胶、椰子

科伦坡 1820 (1507)

贾夫纳

加勒

含油种子、香料、椰子

小麦、棉

孟买 (1665)

纺织品、皮革、鸦片

第乌

卡拉奇(1860)

小麦、棉

烟草、糖、椰仁干(1570)

马尼拉(1570)

淡水-基隆

茶、糖、樟脑

高雄

椰仁干、糖、椰仁干、蕉麻

安波那

烟草、糖、椰仁干、蕉麻

香料、椰仁干、西米

望加锡

澳门

西里伯斯

望加锡

烟草、胡椒、椰仁干、林产品

西米、椰仁干、糖

文莱

古晋

班贾尔马辛

烟草、糖、木棉、咖啡、茶、香料、橡胶、金鸡纳树

锡

巴达维亚(1619)

万丹

井里汶

烟草、糖(1830)(1743)

马格兰

三宝垄

泗水

石油

巨港

明古鲁

椰仁干、橡胶、烟草

亚齐

新加坡(1819)

锡、橡胶

柔佛

槟榔屿(1786)

锡

马六甲

棉兰

石油

烟草、胡椒、椰仁干

主要铁路

主要港口

其他及早期港口

主要商品生产区

1820(1507)括号中的年份主要是由西方人创建的港口的奠基年份,其他年份是该港口被规定为西方人控制下的条约口岸的年份。

0   500   1000英里

图 11.3 西方列强在亚洲建立的殖民地及其资源分布示意图

收入。合法的鸦片贸易及低关税率亦造成了一种不利于中国本地经济的新的中国外贸形态，令大量白银流出国外，造成本地币值下降，加深了农民的不满，动摇了儒家以农立国和以民为本等理念（表11-3）。

为了平衡财政，清政府在1853年开始了新的内贸征税制度——厘金，对本地手工业和农户造成进一步的经济打击（表11-2）。这更使一直比同类进口产品更有竞争力的本地棉布和照明用桐油等受到进口产品排挤，因为后者除了关税较低，亦免付厘金。同时，清军在海上和陆上更大败于日军，相关的停战条约《马关条约》亦成为另一个对清廷的沉重打击。新条约使列强取得了在中国内地开矿，贸易，运输和经营制造业、建筑业的新权利，导致列强开始全面盘剥中国。

嘉庆年间开始的由白莲教和天理教领导的农民起义延续了约半个世纪，使清朝耗用军费2亿多两。之后大型的太平天国运动又在1851—1864年间席卷了约半个中国，单是太平天国之乱就直接导致2000万人死亡。持续的动乱相继动摇了清朝儒学治国的根本。

列强影响下的新城市类型

在清后期，一些沿海、沿江城市在不平等条约的规范下被纳入列强的直接或间接管治或影响范围（图11.4）。它们可分成三类：

1. 直接管治型，包括1895年后由列强直接控制的东北城市、4个割让地区（如香港）、6个租借区（如旅顺、大连和青岛）、7个由外国铁路公司控制的铁路城市，以及3处由法国和德国占用的地区；
2. 有租界的通商口岸，一共包括11个城市中的26个租界。除了香港的新界（1000平方千米），上海拥有最大的租界（46平方千米），其次是天津（15平方千米）和汉口（2平方千米）；
3. 其他沿海和沿江的共70个通商口岸。

对于西方列强对中国城市和城市文明所造成的影响（如通商口岸）应如何评价，已成为一个重要的学术命题。不少西方学者认为通商口岸对中国的政治、经济和社会的现代化做出了重大的贡献（Bergère 1981；Henriot 1993）。相反，亦有人指出列强对中国的农村和农村经济渗透不足，因而对整个中国社会影响并不大。有的学者如罗兹·墨菲（Murphey 1974）甚至认为，通商口岸所代表的列强影响导致中国在1949年后重新推行闭关政策："通商口岸代表了依循西方模式的一种新的和大体上局限于一些城市的现象。同一时间，中国其他地方仍以农村经济为主体，而这些地方的城市迥然不同，反映出它们与所处的农业腹地之间的互相依存的生态关系。通商口岸在法理上同样与其他城市有着严格区别……没有一个通商口岸在其租界外拥有行政和政治功能……这些明显地与亚洲其他地方的通商口岸，甚至中国本地的传统城市都大不相同。上述印证了通商口岸与中国整个城市体系的分离，以及解释了为何它们的办事模式不能成功向外扩散。"

通商口岸的"失败"自然和中国幅员广大、其农村经济的自给自足，以及中国传统经济和商人的高效率有关。当时，内地的主要商品仍如过往一样以传统的办法生产、运输和交易。罗兹·墨菲觉得通商口岸的"示范效应"（demonstration effect）是消极而非积极的，足以说明为何清代以后的历任政府对通商口岸的经验一致地予以否定。不过，无可否认的是，他们在中国传统的城市系统中增添了一个新的子体系，形成某种程度上中国城市空间和城市化过程的二元性。通商口岸因此代表了一个海洋性和侵略性的外来动力，影响了其后的中国城市的性质、城市化过程、城市文明的历史进程，以及城市体系的空间优先次序，并且延续至1949年中华人民共和国成立之后。

其他现代城市和城市化的空间分布

在1865—1895年间，清政府推行多个现代化计划以图自强，特别

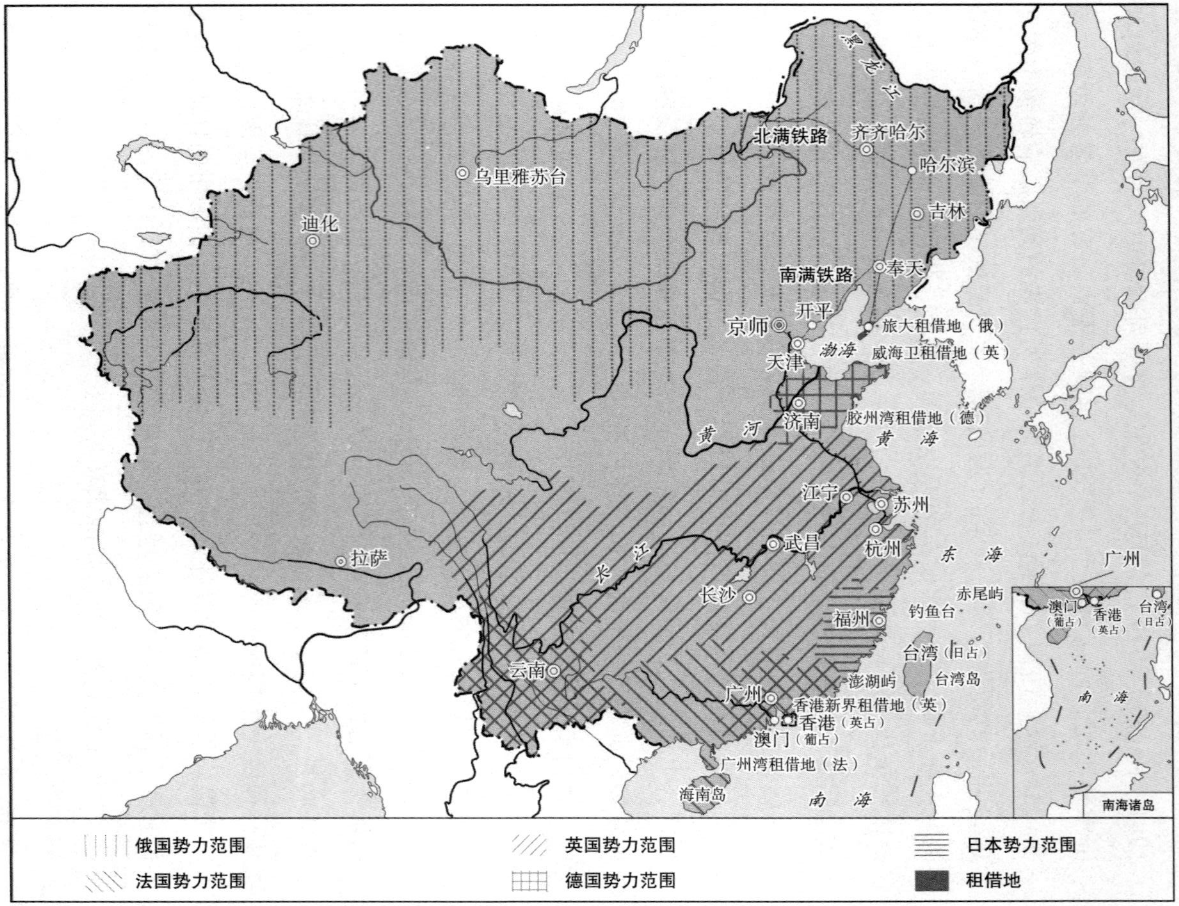

图 11.4 1900 年外国在中国的势力范围

图例：

俄国势力范围
法国势力范围
英国势力范围
德国势力范围
日本势力范围
租借地

地名标注：
瑷珲、哈尔滨、齐齐哈尔、吉林、奉天、旅大租借地（俄）、威海卫租借地（英）、
胶州湾租借地（德）、开平、天津、京师、北满铁路、南满铁路、
济南、苏州、杭州、江宁、武昌、福州、台湾（台湾岛（英））、
澎湖列岛、香港新界租借地（英）、广州、澳门（葡）、广州湾租借地（法）、
长沙、云南、拉萨、乌里雅苏台、迪化、海南岛、南海诸岛、
钓鱼屿、赤尾屿、台湾（日占）、香港（英占）、澳门（葡占）、广州、
黄海、渤海、黄河、长江、东海、南海

是建造铁路，设立现代军火、机器等重工业和现代采矿业等。私营的相关活动亦得到了官府的鼓励。无锡、南通、沈阳、济南、长沙、郑州等现代工业城市因而兴起。主要现代矿业城市如唐山、阳泉、抚顺、本溪、萍乡、鞍山，以及铁路城市如徐州、石家庄、哈尔滨等亦相继出现。

考虑到列强的外来动力及清朝本身对现代化的要求，我们觉得施坚雅（Skinner 1977）所陈述的 1843—1893 年的中国城市化地区分布并不可尽信（表 11-4）。施氏的分析只包括了 40% 的清朝国土面积和拥有县治以上的行政单位的城市。自明代以来，主要城市附近的特殊功能镇的增长十分迅猛，景德镇便是一个例子。它已成为一个中等人口的城市。在长三角以丝和棉制造为功能的镇则更多；有些镇则靠粮食等农产品的加工，或成为主要商品的市场，或处于主要交通路线的交会点上，从而发展为具有相当规模的城市。它们作为城市，与所属的行政单位无关。施氏没有将这些城市纳入他的分析，因而导致了比现实较低的城市化比例，比如他说清朝当时的城市化比例只有 5.1%—6.0%。不过表 11-4 亦反映了农民起义和太平天国动乱大大降低了长江中下游的总人口。

总而言之，至清末（1900 年），中国的城市化分布大约如图 11.2 所示。

清代城市案例

在此节内，我们以具体案例来反映清代前后期不同城市的特点和其背后的发展动力。

广　州

广州作为一个重要城市始于秦朝，当时建有面积较小的任嚣城，位于今城的中西部（图 11.5）。汉至唐，城市规模仍很小。只是到了宋代，

表11-4　清朝城市化的区域人口和都市统计（1843—1893）

地区	面积（千平方千米）	1843年				1893年				1843—1893年的变动	
		城市人口（百万）	城市数目	百万人口城市	城市化比例（%）	城市人口（百万）	城市数目	百万人口城市	城市化比例（%）	总人口	城市人口
北方地区	747	112	416	4.7	4.2	122	488	5.8	4.8	+	+
西北地区	771	29	119	1.4	4.9	24	114	1.3	5.4	-	-
长江上游	424	47	170	2	4.1	53	202	2.5	4.7	+	+
长江中游	700	84	303	3.8	4.5	75	293	3.9	5.2	-	+
长江下游	193	67	330	4.9	7.4	45	270	4.8	10.6	-	-
东南沿海	227	27	125	1.5	5.8	29	138	1.7	6.4	+	+
岭南地区	430	29	138	2	7	33	193	2.9	8.7	+	+
云贵地区	470	11	52	0.4	4	16	81	0.7	4.5	+	+
共计	3956	406	1653	20.7	5.1	397	1779	23.5	6	-	+

注：不包含东北地区、西藏、青海和新疆，但包括县治或更高行政级别的城市。
资料来源：G. William Skinner, 'Introduction: Urban Dvelopment in Imperial China', in *The City in Late Imperial China*, G. William Skinner, ed., California: Standford University Press, 1977。

因为发展海上贸易，广州城才兴旺发展。现存旧城墙建于 1380 年，规模比唐城大数倍。明起，城市向南在珠江岸边发展，也向东西郊伸延，并在南部加建新城墙，形成新城（图 11.5）。

清代，广州依然是岭南的行政和军事中心。它是两广总督衙门和番禺、南海两县县衙所在（图 11.6），亦是广东巡抚、广州将军等的驻所，有常驻旗兵 4.7 万人。后者及其家属集中在旧城西，形成和广州城其他区域以墙分隔的满城，体现清代城市民族分隔的特色。

除了行政和军事功能，城市经济，特别是城市的文化，由集中居住在城内的岭南一带地主、对外贸易公行的富户和科举及第的士人所构成的本地显贵主导。与科举致仕和教化有关的官学、私学、贡院和文庙成为城中突出的机构。此外慈善和福利事业也相当多。这些文教和福利单位多在旧城的东区。

因为广州在清代一直是个对外通商的口岸，而自清中叶至 1842 年间更是唯一口岸。官方准许的十三行（有时增至较多，最多 50 家）每年可和外商在广州直接交易 9 个月。这个特殊外贸区成为广州一个外向型的城市功能区，位于新城外的西南边，接近沙面（珠江上一小岛），而沙面其后亦被英国和法国占领（图 11.6）。十三行对外贸易的利益吸引了众多各地商人，因此这些商人亦在其周边建立了潮州商会、宁波商会等。富有的商人亦促使邻近地区出现众多的福利机构，如广仁善堂及爱育善堂等。他们还在邻近的西郊和珠江对岸的河南岛北岸广建园林大宅。1840 年时的广州人口估计为 87 万。但因为外商不能携眷且交易完便要离开，每月只能到城内其他地方旅游 3 次，因此他们和他们的眷属并不直接影响到城市的土地利用和小区结构。当然，在 1861 年后，这个情况有所改变，沙面便是首个主要是外国人居住的英、法占领区。

西　安

唐都城长安在唐末毁于兵火。宋代，在旧皇宫原址上建了新城。在

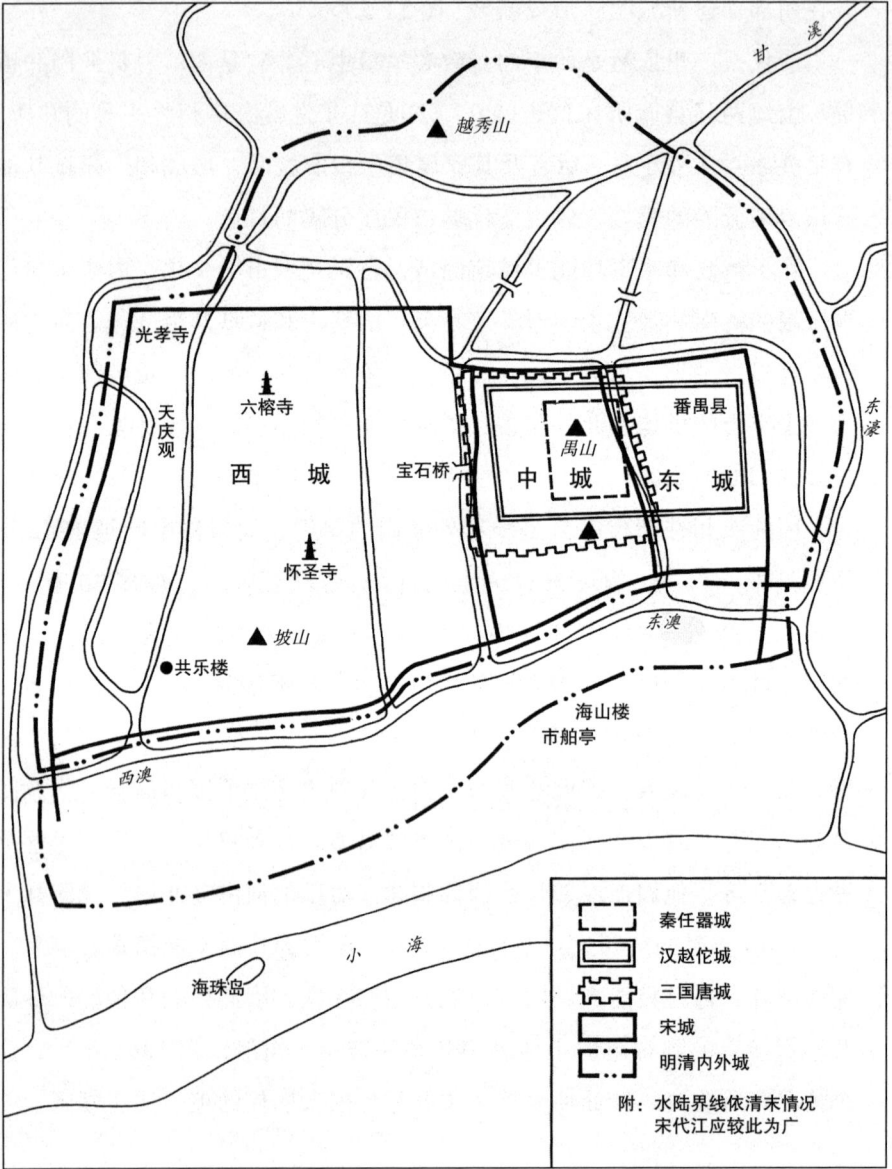

图 11.5　历代广州城址图

图例：
- C 医院及福利机构
- ✪ 华人商会
- 🏛 教育机构
- 衙 衙门
- 卍 庙宇及地方孔庙

- 道路
- 城墙
- 县界

东郊

大沙头

养老院（男）
省会堂
盲人院
考场（日后的师范学院）
番禺孔庙 卍
番禺县衙
政法学堂
养老院（女）
城隍庙 卍
州孔庙 卍
四海书院
南海县
番禺县
旧城
总督衙门
巡抚衙门
丰城书院
南海县衙
满城
旗兵指挥（使司）
南海孔庙 卍
广仁善堂
广济医院
南海堂
广州孔庙
商会
潮州会馆
十三行
宁波会馆
文澜书院
爱育善堂
华林寺 卍
惠州会馆
西郊

沙面（英占区）

珠江

河南岛

番禺县
南海县

0 400 800 米

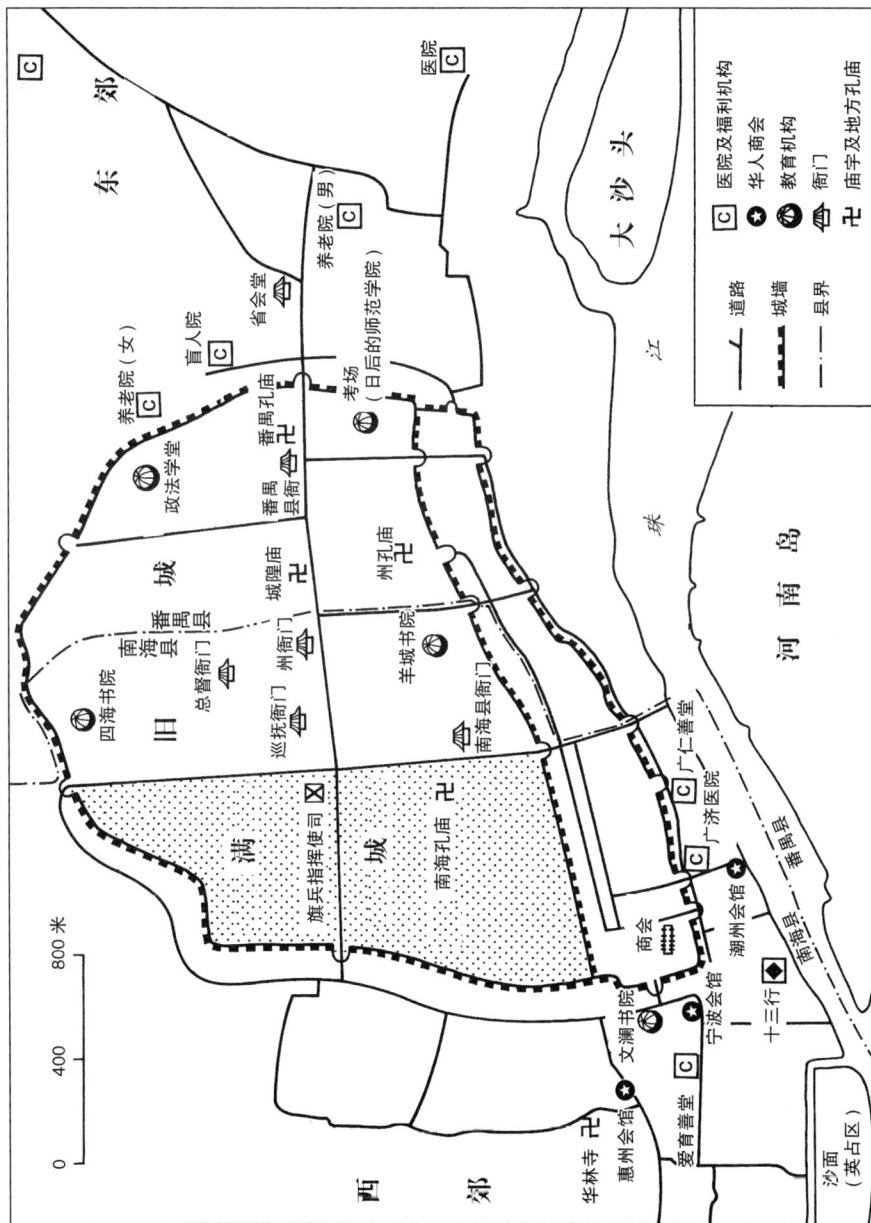

图 11.6　1895—1911 年的广州城

明代，它是"安定西北"的西安府，由朱元璋子秦王领兵驻守。秦王将新城扩大四分之一，并以之为他的封国的首都。因而明西安城当时面积为12平方千米，今天的钟楼即是当日城中南北大街和东西大街的交会点。新建的宫城位于全城的东北部。

在清代，明时的宫城被改为满城，是一个四周以城墙隔离的设防城堡，以便和汉族居住区分离（图11.7）。当时一些较重要的地区中心城市内部都设满城，而西安的满城占全城面积的三分之一，是清代最大的满城（北京除外）。明宫殿已被拆去，原址成为八旗兵的校场。满城共驻有5000骑兵，以及眷属2万人。大城四门外各设一关以强化西安的防御能力。城的南部和西部乃"汉城"，驻有府县行政长官官署、贡院和更多的军事设施。

西安的满城和汉城最能代表清代以少数民族统治统一全国的不安，因而在有众多满人官民的城市采用民族分隔的城市结构和管理措施。这些措施，使市内交通和商贸活动不便，降低了城市经济的发展效率并阻碍市民阶层的形成。

西安是个有代表性的以行政和军事为主要功能的内陆城市。这些内陆城市在清后期因外部因素而与沿海城市分隔，成为当时二元城市化中传统城市体系的代表成员。与通商口岸和新工商业城市比较，它们发展缓慢，甚至倒退。西安在1937年时的人口减为15万余人，不及它在1843年的一半。

汉　口

汉口代表了清代前期传统农业经济和清代后期海外力量两种城市营造力量的交叉。汉口在明清时期为汉口镇，位于长江和汉水的交汇处。明代起，中国逐渐形成全国性的跨区商品交流。汉口镇"地当天下之中"，素称"九省通衢"。它利用便利的水路，成为四川与东南数省的商品转运枢纽。明代设汉口巡检司，清代分设仁义、礼智两司，并移汉阳

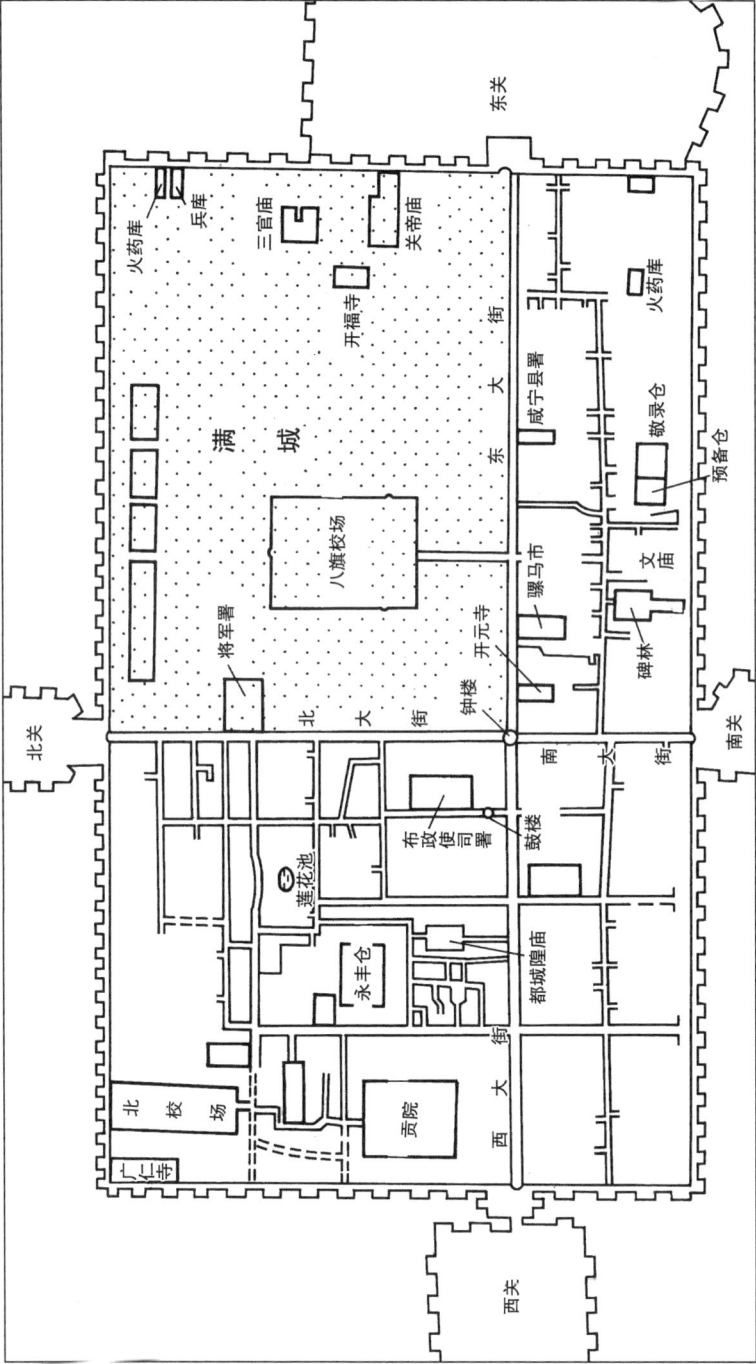

图 11.7　清代西安城区城建示意图

府同知于此以提高其行政地位。在清代中叶，汉口估计有行业数千家，其中以盐、典当、米、木材、花布、药材等六种最盛。据估计，汉口在乾隆年间的贸易额达一亿两，人口达20余万户。

汉口是在1858年开放的第二批通商口岸，其后设有租界（图11.8）。因此对外贸易及随之而来的金融（银行）业亦成为汉口的城市经济发展动力。城市的发展因为长江和汉水的水道便利，并没有如清后期其他非沿海传统城市一样陷入衰落。在汉口，强大的传统工商业社团依然在内贸、外贸和制造业上相当活跃，反映在图11.8所标示的湖州、山西、陕西、浙江宁波和广东等会馆上，体现出汉口在全国远途贸易的重要地位。此外，图中亦显示了外力在城市结构和经济上的新影响。城东北沿江的租界，以及其内的英国、美国、俄国的领事馆，说明这个传统城市已经参与了当时的全球化。汉口的租界面积为2平方千米，亦是在租界中较大的。受到外力影响，汉口现代工业亦有长足发展，因而在1930年代，汉口是全国三大现代制造业中心之一。1937年，外国在华设立的84家银行中约有十分之一（即9家）设在汉口。

罗威廉（Rowe 1984）对1889年的汉口做了详细的社会和经济研究。他认为当时的汉口工商界已经发展出了相对的自主性，加上城市中的现代产业和工人阶级亦相当多，均推动了市民阶层的成熟发展。他觉得一个以城市为基础的"汉口人"身份已在当地出现。商人们的财富和他们的商会组织，使他们在社会和政治议题上成为一股力量，并且在一些事项上担当了政府或半官方的功能。这正吻合西方以商贸和商人为基础的城市化过程。在这方面，汉口被认为已从传统的中国城市化和城市文明走出了朝向西方现代城市发展的第一步。

上　海

自北宋以来，上海因长三角的农业和以农产品原料为基础的手工业发展而逐步成为一个商贸中心。南宋时，上海设镇。元时，它属华亭

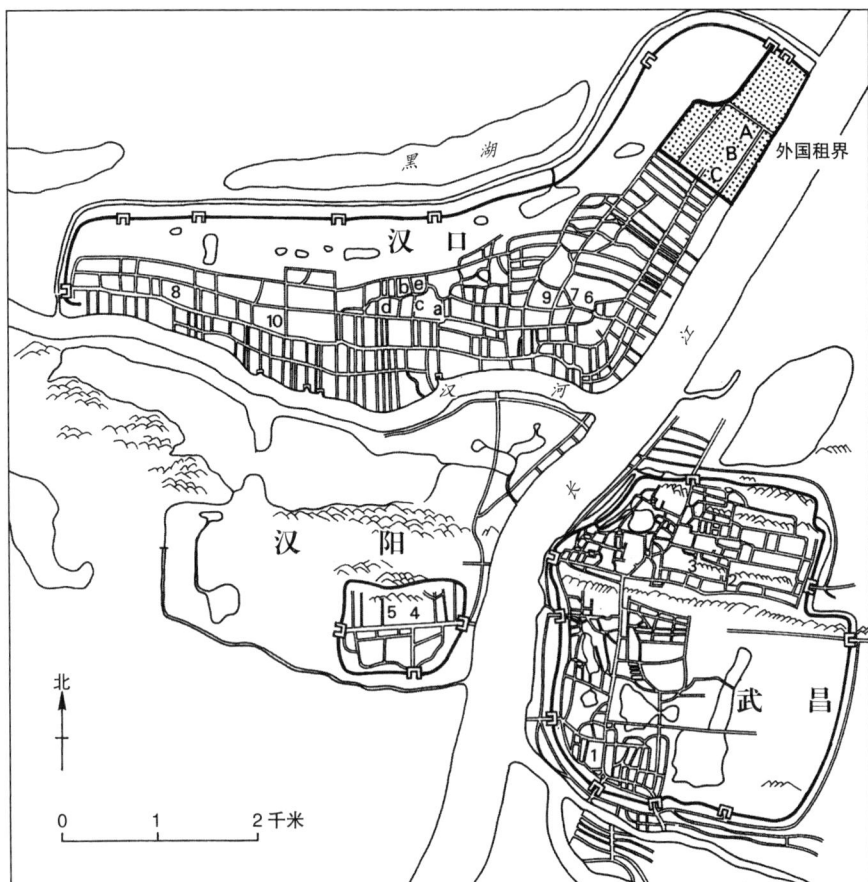

图 11.8　1865—1890 年的汉口

1. 湖北总督
2. 湖北巡抚
3. 湖北盐道台
4. 汉阳守巡
5. 汉阳按察司

6. 汉口道台及税关
7. 汉口分巡
8. 仁义审判厅
9. 礼智审判厅
10. 两淮盐分道

a. 湖州分馆
b. 山西陕西会馆
c. 浙江宁波会馆
d. 广东会馆
e. 药王庙及会馆

A. 英国领事馆
B. 美国领事馆
C. 俄国领事馆

府，亦是数个对外贸易港口之一。上海地处长江口，正是长江和沿海航道的交汇处，又享有对外贸易港口的地位，因此，自北宋起其内贸和外贸同样发达。但在明中期，贸易因为海禁而有所倒退。

1685 年，清朝在上海设江海关，对外贸易重新开放。虽然自 1757 年后，清朝将外贸局限于广州一港，但上海的内贸仍然繁盛。在清代形成的全国性商业网络中，上海的货运量已居沿海港口之首，上海成为苏州的外港。1840年代，上海人口已超过20万，其中相当部分已扩散至旧城墙之外（图11.9）。一位外国学者曾对1830年代的上海做出以下评价：上海已是全球主要海港之一，它的货运量已超越1830年代的英国伦敦港（Lindsay 1833）。

上海是1842年不平等条约指定要开放的首5个通商口岸之一，并且在1845成立了最早租界。其后租界逐步扩张，达46平方千米，成为香港新界之外的最大租界。加上列强以"越界筑路"方式进行的非法扩张，其实际总面积更达70平方千米以上。图11.9显示出旧城和不同时期的租界范围。不过，随着上海城市经济的发展，租界外由清政府管辖的部分的扩张亦很迅速。

因不平等条约开埠后，上海的外贸发展迅速。一些原在广州贸易的主要外商迁移至上海，以更贴近主要出口商品的产地，并且避开原有的广州行政干扰，使成本降低。因此在1846年，上海出口的生丝便超越广州；6年后，茶叶出口也超越广州。同时，上海的进口额也超过了广州的进口额，上海成为中国第一大对外商埠。1890年，上海进出口已占全国的45.5%；1894年，它更占全国的57.5%；在1936年，仍保持在55.5%。

外贸不单带动远洋航运及码头和仓库业务，将上海和世界主要海港连通，也促进了现代金融和工业的发展。1935年，上海有28家外资银行、11家信托投资公司和1家邮政储金汇业局，其资金占全国这些企业的可运用资金的47.8%。1891年成立了上海股份公所以进行外商股票交易。基于上述，上海是全国最大的金融中心。

此外，上海也是全国最大的现代工业基地。在1933年，上海的现代工业产值占全国的46%，工人数目占全国的31.3%，资本额则占39.6%。上海的现代工业行业包括纺织、印刷、制药、卷烟、饮食和公用事业如自来水、电力、煤气等。外资的示范效应亦使上海成为现代民

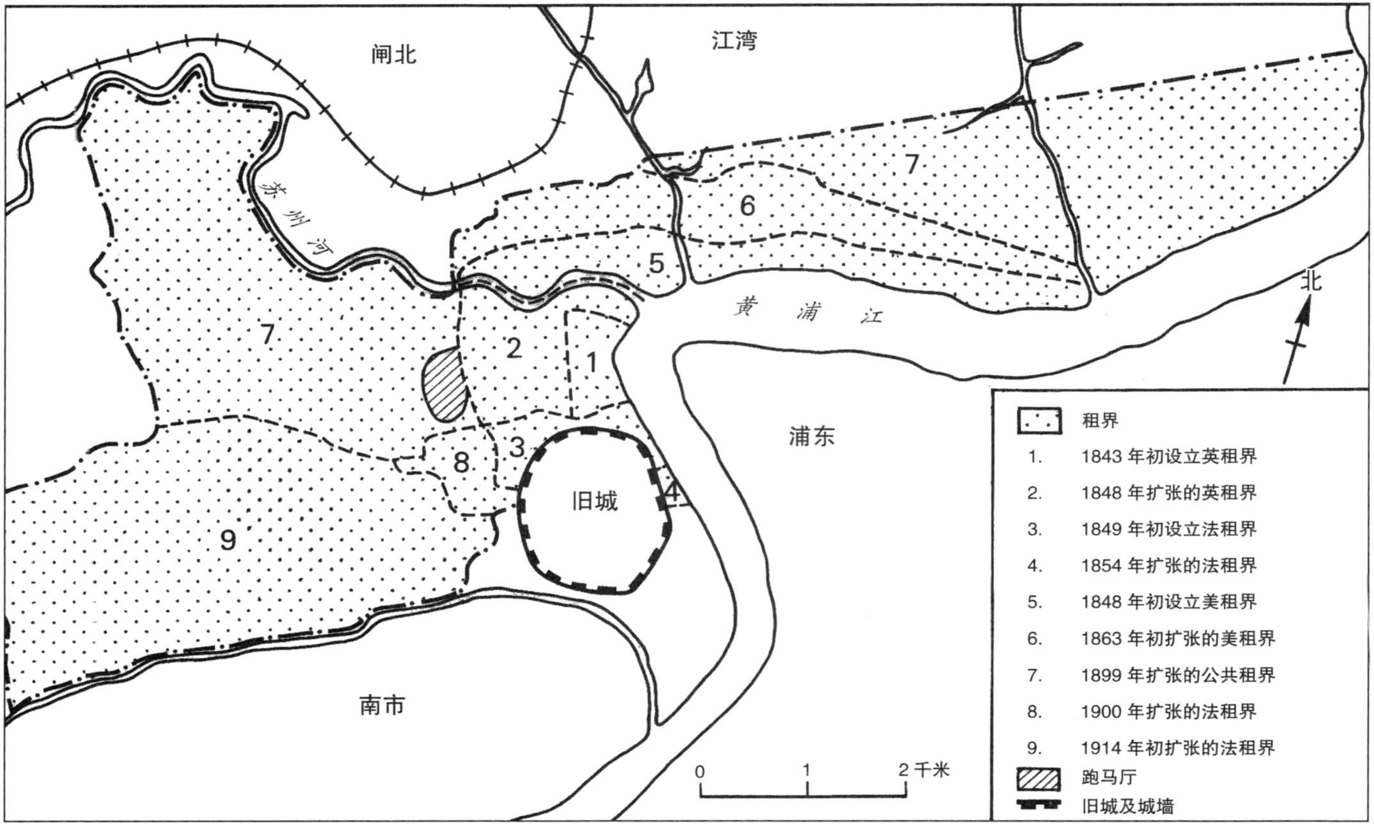
闸北
江湾
苏州河
黄浦江
浦东
旧城
南市
北
1
2
3
4
5
6
7
8
9
0
1
2千米
租界
1. 1843年初设立英租界
2. 1848年扩张的英租界
3. 1849年初设立法租界
4. 1854年扩张的法租界
5. 1848年初设立美租界
6. 1863年初扩张的美租界
7. 1899年扩张的公共租界
8. 1900年扩张的法租界
9. 1914年初扩张的法租界
跑马厅
旧城及城墙

图 11.9　上海租界扩张示意图

族工业和中国金融业的最大集中地。

作为"国中之国"的上海租界，不受中国传统官僚政策的干扰，其发展动力主要来自资本主义市场经济。因此，上海租界不但在城市规划、管理和基本建设上采用西方模式，形成了以中心商务区为核心的地租圈层和土地利用功能分布，还在建筑风格和城市面貌上与中国传统城市迥异（图11.10）。当然，在"国中之国"里，由于不同租界的背后列强不同（如英国、法国、日本），因此也出现了交通线路不衔接、规划标准不一等矛盾和问题。

在外力强逼中国开放的情形下，外国资本、技术、市场首先大规模且全面地对中国一些沿海（包括沿江）城市的经济和城市发展造成重大影响。中国亦因为对外开放已成必要而致力在这些城市和部分内陆城市中发展现代贸易与工商业。这些城市亦成了中华文明与西方文明交汇融合的平台，成为中国在19—20世纪全球化的前沿。沿海城市上海正是这个发展趋势下的最大得益者和最"洋化"的城市，也就成了中国进入现代社会的阶段中一个最大的工商城市。

1852年，上海人口增至54.5万。在1880年，它已是一个拥有100万人口的超大都市。

结论：中华文明与西方文明的冲突

清初的新儒学

直至19世纪初，中国的城市化体现了一个以农业为全国经济与社会组织基础的广域国家的特点。在这一传统中华文明之下，拥有城市性质的聚落大抵都是中地。在一个有效率的儒家理想的管治下，中央集权的王朝本着膺天命、以民为本的儒学治国精神，使防洪工程和农田水利得以正常运作和维修，令农业有所收获以养民，并且以轻徭役和低赋税

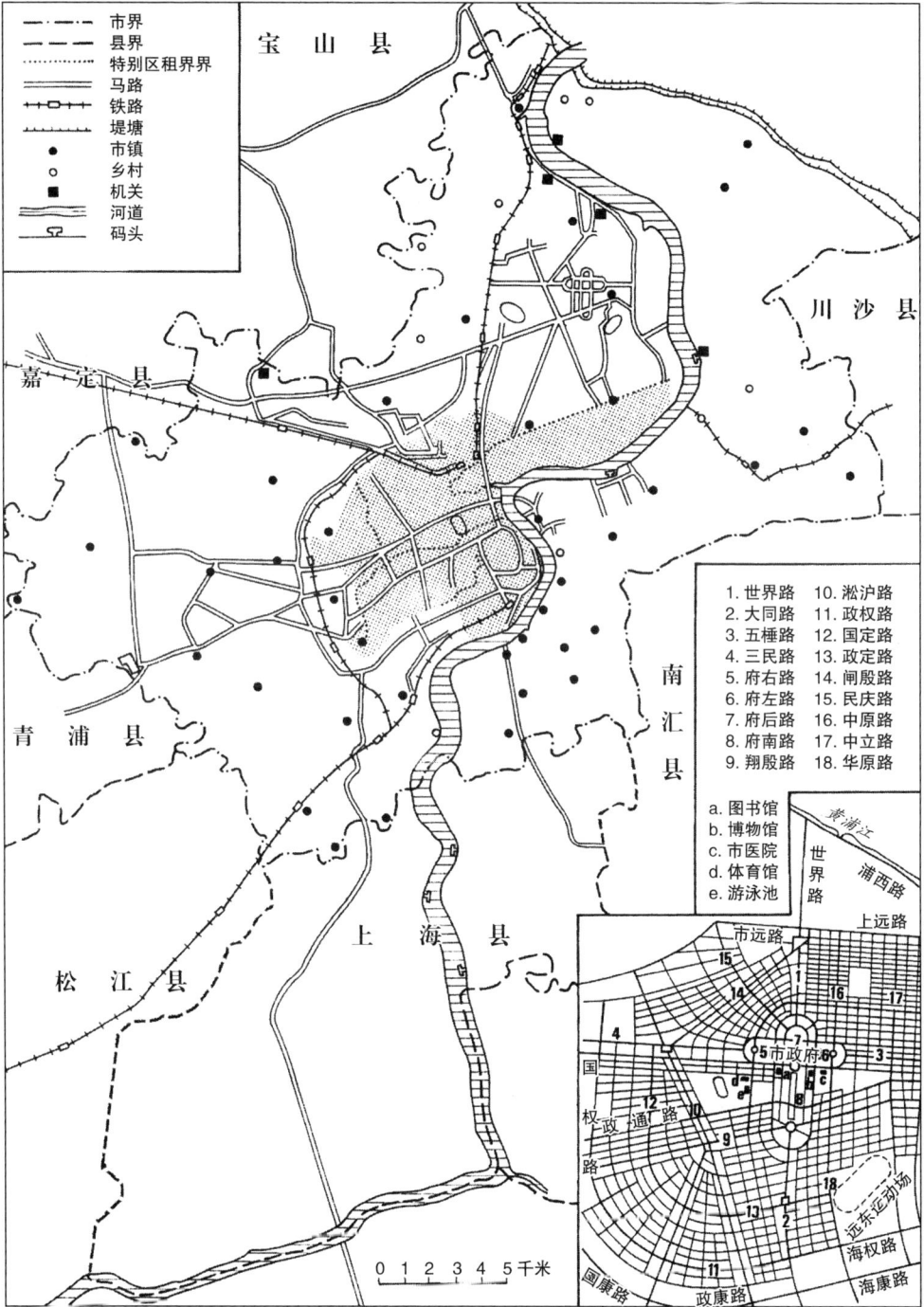

图例

- ─·─·─ 市界
- ─ ─ ─ 县界
- ·········· 特别区租界界
- ╫╫╫ 马路
- ┿━┿ 铁路
- ┼┼┼ 堤塘
- ● 市镇
- ○ 乡村
- ■ 机关
- 河道
- 码头

宝山县

川沙县

嘉定县

南汇县

青浦县

上海县

松江县

1. 世界路　10. 淞沪路
2. 大同路　11. 政权路
3. 五権路　12. 国定路
4. 三民路　13. 政定路
5. 府右路　14. 闸殷路
6. 府左路　15. 民庆路
7. 府后路　16. 中原路
8. 府南路　17. 中立路
9. 翔殷路　18. 华原路

a. 图书馆
b. 博物馆
c. 市医院
d. 体育馆
e. 游泳池

黄浦江

浦西路

世界路

上远路

市远路

国权路　政通路

市政府

远东运动场

海权路

政康路　海康路

国康路

0 1 2 3 4 5千米

图 11.10　租界时期上海市区图

取得民心。全国地方政府分层分级地负责落实中央的这些政策，对地方施以教化，并在天灾出现时救援百姓。因此，就算一些地区性的天气反常现象和自然灾害导致了部分农业的失收和人命财产的损失，所在地的中地的官员亦能及时提供适当的援助。这样，整个国家便能保持稳定与繁荣。

因而，在这个以农业为基础的国度里，城市体系和行政体系混合为一个有机体，以保持人与自然的大平衡。概言之，在新儒学的理念下，城市是中央政府为民服务的中介，负责在地方层面推行中央的各种政策，特别是教育、文化、法治等以端正民风，维持社会秩序与稳定。在实践上，这些功能体现在礼乐（通过各种祭祀和仪式）、官学和科举、各级衙门的税收、专营、负责河道和水利工程的有司等方面上。

简言之，数千年的实践显示，在中华文明里，传统中国城市的主要功能乃在广大的中华地理空间内，发展农业经济，理顺人与天地或人与自然的关系。换句话说，这也是王朝的主要职责。而且，这本身就是儒家的主要思想，即"顺天时""民为贵""尽人事而听天命"等理念。在宋明理学的发展下，新儒学亦加深了务实与理性的色彩，对科技和与外国交往持积极和鼓励的态度。因此，新儒学并不是封闭和反科学的。宋明时期的科技进步及郑和的七下西洋就是很好的证明。

在宋代，司马光已经明确地指出治国之道为贯彻礼的原则，主张"怀民以仁"和"明君在位，国泰民安"。清初，儒士黄宗羲和顾炎武在总结明亡清起的经验时认为，"天下之治乱，不在一姓之兴亡，而在万民之忧乐""我之出而仕也，为天下，非为君也；为万民，非为一姓也"；他们更大力推崇儒家的经世致用和法治观念，如"崇实致用""凡文之不关于六经之旨，当世之务者，一切不为""有治法而后有治人"等。因此虽然清朝是由少数民族满族建立的统一政权，但上至皇帝、朝臣，下至朝外的儒士和老百姓的基本理念都是一致的——"得天命者得天下"。而天命的体现就是百姓的福祉。

因此，清朝"满洲为先"的用人政策及主要城市内的满城式民族分隔只是"末"而不是"本"。清王室与满族的统治观念及其最终目的实与儒家思想一致。然而，清朝因以少数民族入主中原，的确有些信心不足，这使他们在政权稳定后趋于保守。乾隆在写给英国国王的信里表现出自以为天朝物产丰盛，反对外贸。他对西方的进口，包括铜版刻印技术，也只是用于歌颂他的武功，而不在乎经世致用。乾隆反而将庞大的国库储备用于个人的六下江南和大规模的皇室园林建设。这不但有违新儒学的精神，还错过了以大量农业剩余价值投放于科技和国防发展的机会，使中国在乾隆末年开始逐步落后于西方，也使新儒学的正当发扬受到掣肘。

一些城市中的手工业、商贸，以及边镇的防御功能，可以说是清朝这个广域农业大国因应地区性的特点而出现的微调。当然，在一些分裂和战乱的年代，这些功能对中国的城市化和城市发展来说会更为重要，不过其作用同时也被夸大了。总体而言，这些受到西方重视的城市功能和用以界定真正城市聚落的标志，对中国而言，只是整个城市体系中的一些附属性因素。一个明确的例证是：中国历代的国都在经济上都不单纯依赖其周边腹地，也并不靠工贸活动来支持其繁荣。其实所有省、府、州城市大都如此，它们基本上是地区行政中心，其他发展是次要的。它们是中华文明命运共同体的地理节点。

在本章及以上各章中，我们陈述了中华文明的主导价值观——儒家思想自唐以后出现的一些变化，自宋以后，我们称之为"新儒学"。虽然如此，中国自秦汉以来的历史进程、城市化动力和空间分布形态基本保持不变，而城市的结构和形态亦一贯依循礼乐和天人合一等传统观念。

中华文明的警钟：西方海权使中国失去地理纵深

自西方工业革命后，西方列强对中国城市、城市化、城市文明的演变等都逐渐产生影响。相对于历代周边游牧民族融入甚或入主中原，这个外力是完全不同的。前者往往在中原朝代更替周期的低潮时被吸引而来，而其成功者往往是已相当汉化并且重用汉人的支派。他们在入主中原后更以儒学的价值观为施政原则，务求让农业经济达致人与自然的和谐。因而他们都是中华文明的继承者和发展者。

清后期代表了中国城市文明史的另一个分水岭。传统的农业经济不但已发展至超饱和，还出现了重大且不可持续的危机。和新兴的现代工业化的列强相比，当时中国正面临着一个处于传统农业社会和现代工业社会之间的矛盾，而不是君主与民主体制的矛盾。其实，新儒学赖以支撑的传统农业在清中叶已经发展至其尽头，在没有新的农业技术下，本身已很难支撑下去。清廷因为过分保守且对汉人不大放心，往往控制民众思想，防止他们和外国接触。在农业技术停滞不前的背景下，人口压力已在道光年间出现。

顺治末年至乾隆末年，耕地从 5 亿亩增至 9 亿亩，人口却由 8000 万人增至 3 亿人，以致人均耕地在乾隆末年只有 2.25 亩，刚好达到自耕自足。按此数，中国只可养活 3 亿人。由此至道光中期，人口已增至 4 亿人，即有 1 亿人无地可耕，难以通过传统农业以自给。由此导致的田地、米粮的自然涨价，使新儒学以民为本的统治目标难以落实。农民起义自然是新一轮朝代兴替、天命争逐的体现了。在受到掣肘的新儒学和引入新技术、新思维之间该如何选择？其实两者的目标是一致的，重点在于要积极回应以下问题：如何在新时代使人与自然重新达致平衡？如何使新儒学向前发展，达成其经世致用的基本目标？

一些学者认为，中国理应在南宋或明朝前期进入工业化时代。若如此，中国的工业化会比欧美在 17 世纪末的起步早很多。但中国并没有这样做，其部分原因乃新儒学面临了专制皇权的效率和朝代周期的惯性作用等问题。正如前述，清代统治者以少数民族身份入主中原，对如何统治这个庞大的农业国家自然是信心和经验不足的。故而，谨守新儒学中维护传统农业和农村的原则，将其惯性作用推延，亦合乎逻辑。这样不但能得到晚明遗臣和士大夫（如黄宗羲等）对他们的统治的认同，更进而可笼络广大士阶层和老百姓。由于这种自信不足、谨小慎微的心态，清朝不但故步自封，反对开放，也大力压制言论。清代的封建保守还可体现在它对新思想和新科技的抗拒比晚明更甚，而且其闭关锁国的时间比明代更长也更为严格。

不过，全球局面在变，西方列强的坚船利炮及它们在全球争夺殖民地的主流思想，把一种单向的全球化和西方文明强加于世界各地，中华文明在 19 世纪亦遇到了这个新挑战。中国自明朝中期以来对海洋的忽视和海上防卫的落后，使东部沿海地区成为容易受外敌入侵的地方，也让自身失去了自然地理上的战略纵深。同时，中国内部的变革也将要来临。但不幸的是，内外因素同时起作用，加剧了中华文明在全球化时代的危机。不平等条约和通商口岸自 19 世纪中叶起已形成干扰中国发展的新力量，对清后期的政治、经济和社会产生了重大影响。城市发展和城市化作为主要的社会过程，自然亦深受其影响，一些学者将这些影响归纳为图 11.11，图中反映了中国近代城市一个新的空间结构模式，有别于明清时期以行政和礼教为主的城市结构（如图 11.12 的南通城）。这种新动力，不仅要求新儒学与时并进、谋求变革，对中华人民共和国的人地关系的新策略与新形态来说，也必然是一个重要的因素。

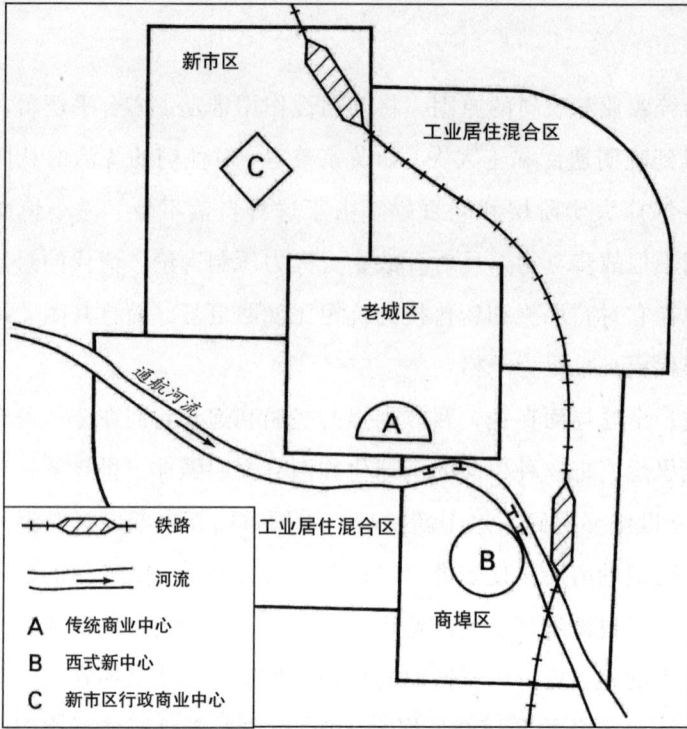

图 11.11 中国近代城市空间结构的基本模式

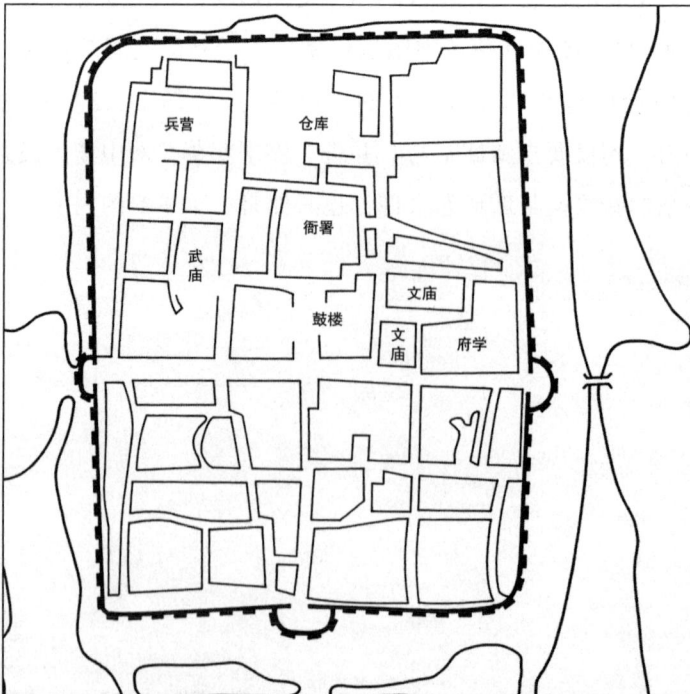

图 11.12 南通城的礼制布局

第十二章

现代中国：中华文明的社会主义探索

寻找中国问题的解决办法（1949 年之前）

谢和耐（Gernet 1985）对于 19 世纪中叶到 20 世纪中叶这一百年里的中国有以下评语："1850—1950 年间，中国严重缺乏安全感，它的恐惧来自外力的压迫和内战的纷扰。"对老百姓来说，这显示了清朝失掉天命，加上清政府屡败于列强、割地赔款，自然灾害频繁，于是农民起义遍及全国。影响最为深远的乃太平天国起义（1851—1864），它所建立的政权维持了十年之久，领土达清朝的近半壁江山。但和以往的历史经验比较，这次逐鹿中原比以往的朝代更替更为复杂，并明显有西方思想或力量的参与。

太平天国运动声势之大更甚于秦末的陈胜、吴广起义和明末的李自成起义。不过与历代农民起义不同，太平天国领导人洪秀全不但打出西方基督教招牌，以拜上帝会为起义组织与宣传机构，在起事之初更得到列强的包庇与暗中支持，而且打出自己的耶稣"天弟"的旗号，自认是西方天主教的主神耶和华（即天父）的第二个儿子，是天命所授之人。这是一个结合东西方文明部分传统以解决中国问题的首个案例。列强的压力和内部军阀的分裂态势，因清政府饱受太平天国之乱而日益加剧。清帝位继承多次出现问题，导致慈禧太后（1861—1908 掌权）的专权，以及她对 1898 年"百日维新"自强运动的扼杀。慈禧其后在 1901 年利用义和团以宣泄她对西方势力和洋人的极端怒火，最终引致八国联军对清廷的干预。其后《辛丑条约》的大量赔款和其他丧权辱国的条款，严重地伤害了中国的经济与军事能力，更清楚地向老百姓揭示了大清天命的丧失。

这些发展令袁世凯在 1901 年继承了李鸿章的军事强人地位，并利用手上的兵权，与地区军事领袖协商，将辛亥革命的果实据为己有，使孙中山领导的辛亥革命得以在 1911 年取得"成功"。袁能够在这过程中迫使孙中山退让，成为中华民国第一任总统，背后亦是因为列强，特别是日本和英国的支持。中国当时的外债达 2 亿两，袁和新成立的中华民国政府不得不继续向列强屈服。日本在 1915 年提出的贪得无厌的《二十一条》，把年轻的民国推向深度半殖民地化和内部动乱的深坑，亦使刚自立为皇帝的袁世凯及他的新"帝国"在尽失民心下一同灭亡。

袁世凯下台前任命了一批都督，这些都督均成为独霸一方的地区势力，直接导致了 1916—1928 年的军阀割据局面。其间位于北京的中央政府虚有其位，并不能号令全国，而南北各地的这些军阀背后亦各有列强在控制着。孙中山在苏联的大力援助下，于 1924 年在广州改组了国民党，以"联俄容共"及"三民主义就是共产主义"为口号，利用苏联提供的大量军械、高级将领和财政帮助，成立了黄埔军校，并组成了国民革命军。

1931 年，日本借口占领了整个中国东北，并建立了以清逊帝为首的傀儡政权伪满洲国。1937 年日军又借口侵占北平，对中国展开全面侵略。三年后，华北、华中和华东绝大部分落入日军手中。1939—1944 年，国民政府退居四川，以重庆为临时首都。1945 年，美军在日本投下两颗原子弹，日本宣布无条件投降。其间，由于国民党不同意苏联红军在东北强硬的撤军条件，以及向美国透露了中俄谈判的详情，苏联对其失去信心，并怀疑国民党会联美抗俄。因此，斯大林将东北的日军装备交给中国共产党，支持共产党在军事和政治上解放大陆。经过一轮失败的谈判后，共产党和国民党自 1947 年起展开了争夺全国政权的战争。

最后，中国共产党终于在 1949 年 10 月 1 日成立了中华人民共和国。

在 1850—1950 年的百年间，不同的新动力在中国形成，无论是农民起义、清政府的洋务运动，还是部分士大夫提出的"师夷长技以制夷""中学为体，西学为用"，都多少包含和吸收了一些西方政治模式和价值观。1872—1890 年间，清政府派出多批学生留学欧洲和美洲，学习西方的新知识，特别是工程、策略和科学。1900 年起，不少城市中出现了现代式的学校。外国的科技、政治、哲学、历史等学科被译成中文在这些学校中教授。因此，当时的社会特点乃西学的兴起与士阶层的衰落。其中一个重要标志乃清朝在 1905 年取消科举，使儒士彻底失去进仕途径和在政坛上的影响力。

民国时的南京政府对于由列强传入的西学自然无力抗拒。民国之弱势的一个主要标志乃其庞大的外债，同时民国财政的一个主要来源关税仍由外国人代收。在中国悠长的历史中，儒家经典和儒士首次失去了其用以应对中原王朝问题的传统地位。在中西文明的碰撞中，中华文明处于明显弱势。

自鸦片战争起的约一个世纪，国势衰弱，国门大开，权利尽失，西学东渐，不但使为官的士大夫阶层，甚至让民间的仁人志士都在努力寻找使中华民族与中华文明自强发展的良方妙药。这一求索成为一个时代的"中国梦"（薛浩然 2017）。在中华人民共和国的 70 多年历史里，我们看到这个梦正逐步成为现实。中国通过不断地更新应变将中华城市文明推向了一个新的历史阶段，即"一带一路"倡议，打造政治互信、经济融合、文化包容的利益共同体、命运共同体和责任共同体。

中国特色的社会主义与城市（1949—1981）

研究 1970 年代末改革井放前的中国学者一致认为中国有自己的特

色，并不属于一般的社会主义（即苏联和东欧式）、第三世界（发展中国家）或西方的模式（发达资本主义）。他们强调了中国城市化比例低这一特点，认为中国采用了"非城市化"的策略。中国政府被认为对城市化严格控制，特别是限制大城市的发展。与此同时，政府成功且大力地促进农村发展，将农村人口留在原地。持有这种看法的学者包括马润潮（1976）和 R. H. 托尼（Tawney 1966）。这两人认为中国政府采用了"反城市文明"（anti-urbanism）和"非城市化"（anti-urban）策略。

然而柯克比（Kirkby 1985）持不同看法。他觉得中国政府在经济和区域发展的策略上利用城市化来促进工业化，城市被视为工业发展的有效载体。陈金永等人（1993）认同这看法，并进一步提出中国的发展策略是"城市偏向"的。政府严格地使用户口和配给政策使城乡隔离，并在这过程中以农村的农副产业剩余价值作为城市工业的投资本钱，同时，在城市的发展中则尽量削减对消费性服务行业的投资，以期集中精力和资源使工业化高速发展。

在城市化道路方面，现代中国的策略根源可追溯如下。马克思和恩格斯的观点是：城市是丑恶的，工业布点要邻近原料以避免污染，靠近农业以防止出现大城市问题。斯大林的观点则是：现代城市为社会主义企业提供最有效率的平台，在社会主义建设中，发展一定大小的新城市和更快速的城市化是有积极作用的，但城市的发展要依从平等、高效率和公有制主导等基本原则。

在研究苏联和东欧的基础上，贝特（Bater 1980）认为社会主义国家的城市的主要功能为发展工业。此外，它们被赋予两种辅助性原则：尽量减少城市基本设施（或消费性活动）；充当社会主义的宣传基地。考虑到社会主义国家的一般原则和近代中国的国情，中国政府在制订新中国的城市化策略时，还于贝特的原则之外加了三点：一是国家安全的问题，二是中国是个发展中国家的现实，三是快速进入共产主义发展阶段的理想要求。简言之，在中国政府的策略下，城市的主要功能以经济和政治共存为立足点。现代中国的城市建设工作必须为社会主义工业化服务，而只有当城市的生产恢复和发展了，消费型城市转化为生产型城市，人民政权才能得以巩固。

简言之，中国政府的策略包含了以下的要点：

1. 改变过往空间分布的不合理性，即现代产业过分集中在沿海的通商口岸（1949 年的现代工业基本上集中在北京、天津、唐山和长江三角洲两处沿海地区，见图 12.1），以求达致工业城市更均衡的分布，并使工业生产邻近内陆的主要原料产地（图 12.2），这样也合乎国家安全的要求。

2. 将带有严重剥削性的消费型城市改造为生产型城市。城市应成为工业中心或以基本经济活动为主要功能。

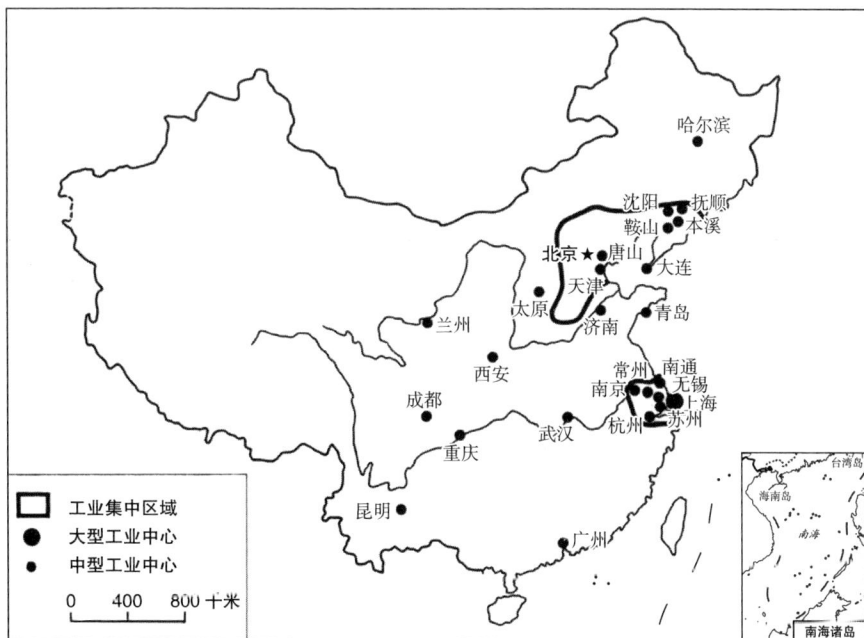

图 12.1　1949 年以前的中国工业分布

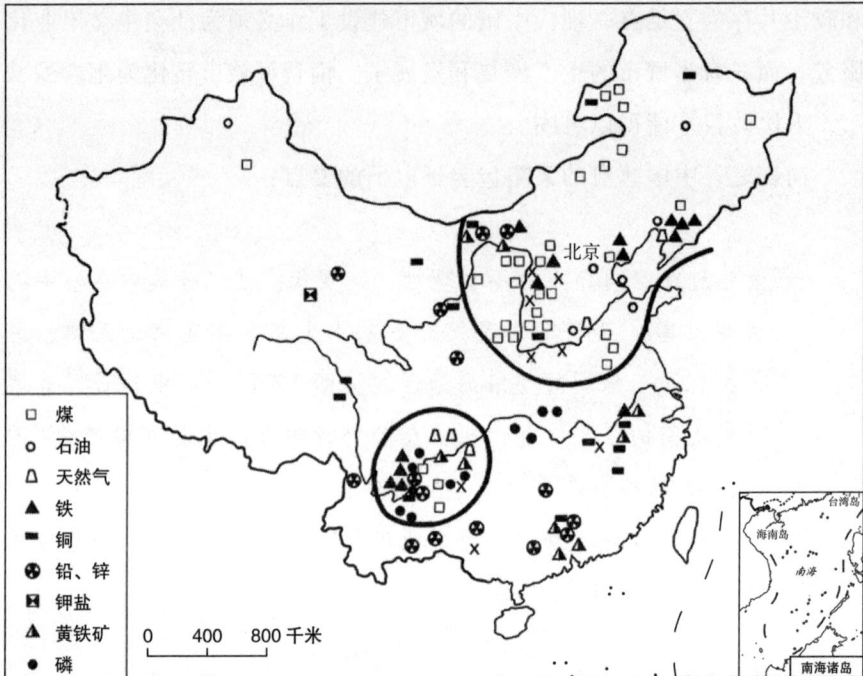

图 12.2 中国主要矿产资源分布图

3. 城市要促使"三大矛盾"（或称"三大差别"）被消灭。三大矛盾
   乃城乡之间的矛盾、体力劳动和智力劳动之间的矛盾，以及工
   业和农业之间的矛盾。

4. 在文化和政治上，城市的属性应是社会主义和民族主义的。

此外，中国政府力求在城市内通过设计自给自足的邻里小区，以达致城市人口在住房、交通和服务上的平等。中华人民共和国成立初期的城市还具有以下社会主义特点：居民的居住地与工作地点有牢固关系；生产与服务企业以公有制为主；城市中心点不再是资本主义的中心商务区（CBD）或传统的官署（政府机构），而是苏联模式的中央广场，以供公众开展活动。

改革开放前的社会主义城市化（1949—1981）

1955 年，国务院颁布了以市和镇为中国在省、州、地、县之外的基本行政单位并确立设市、设镇的标准的决定。这是继 1908 年《城镇乡地方自治章程》、1930 年《市组织法》（前身是 1928 年《特别市组织法》《普通市组织法》）之后，一改历史传统，引入西方观念的地方行政建制。1955 年的市和镇的设置标准为：凡常住人口 2 万人以上的居民点被列为市；2000 人以上而同时非农业人口占 50% 以上的居民点列为镇。1965 年，设市标准提高至 10 万人口，镇则必须具有 2500 人以上和占比 75% 以上的非农业人口。除了人口和非农业人口比例，省会和县政府所在地，以及重要工矿基地和军事、交通要地可保留市、镇的建制。

在中国历史上，这是首次在全国层面上将城镇定为独立的行政单位和空间单元，城镇同时还是具备有别于农村地区的经济和政治功能的独立行政单位。这些市和镇也成为中央与地方关系的基础和中央规划式的工业化的载体。自 1955 年后，中国推行的五年计划和国家的城市发展策略都建基于这些市镇单位。1958 年的国家城市发展策略就是明显的例子。它包括以下三点：

1. 合理建设和发展中型城市（人口为 20 万—50 万）；
2. 控制大城市（人口为 50 万以上）的发展规模，以及在特大城市（人口为 100 万以上）周边建设卫星城以疏散过密的城市工业和人口；
3. 限制农村人口流入城市，降低人口出生率，并组织大规模的城市职工"下放"，以控制和降低城镇人口增长率。

然而，1949—1981 年间的经验显示，中国政府缺乏一贯的城市化政策，而且经验和信心不足，导致在考虑多种国策（如快速的经济增长、发展上的区域性平衡）的前提下和在社会主义的政治要求下，出现了多次巨大的城市化政策的波动。我们可从这一时期的不同历史阶段予以说明。

根据 1930 年的《市组织法》，1949 年时全国有市 136 个。1955 年的设市标准实施后，至 1957 年，全国城市增至 179 个，其中 71 个是新设的。新市大多位于内陆省份，是依赖本地资源并以第一个五年计划的新建工矿企业为依托的新建城市，如包头、克拉玛依、白银、兰州、大同等（图 12.3）。在沿海地区，有 23 个原城市被取消了城市地位。这些发展体现了政府由沿海转入内陆的新的工业化空间政策，致使城市发展动力在空间上出现变化。1949—1957 年间，因应快速工业化和战后经济恢复的需求，城市化高速进行，城市化比例（城市人口比重）由 10.6% 升至 15.4%。

在三年"大跃进"期间，国家为了加快工业化建设，使城市过急地高速发展。在这种情况下，新建城市达 44 个，导致城镇人口急剧增长，1960 年时的城市化水平达 19.7%，攀至城市化新高峰（表 12-1）。这场运动不久就失败了，其间浪费了大量资源和劳动力，国民经济损失惨重。农业亦受到 1959—1962 年自然灾害打击，经济全面下滑。政府因而全面调整策略，包括提高设市的标准，要求人口在 10 万以下的居民点撤市。按 1960 年的城镇定义计算，城市化比例在 1965 年下降至 14%，而城市数目因撤市而减少了 33 个，出现了中国式的"逆城市化"。然而，这时期冶金部的"三大、五中"，即鞍山钢铁、武汉钢铁、包头钢铁三大基地，以及太原钢铁、重庆钢铁、马鞍山钢铁、石景山钢铁和湘潭钢铁五个中型钢厂都发展起来，促进了所在城市的发展。同样地，另一批城市如西安、哈尔滨、沈阳、洛阳、成都等，亦得益于机械工业的建设（图 12.3）。

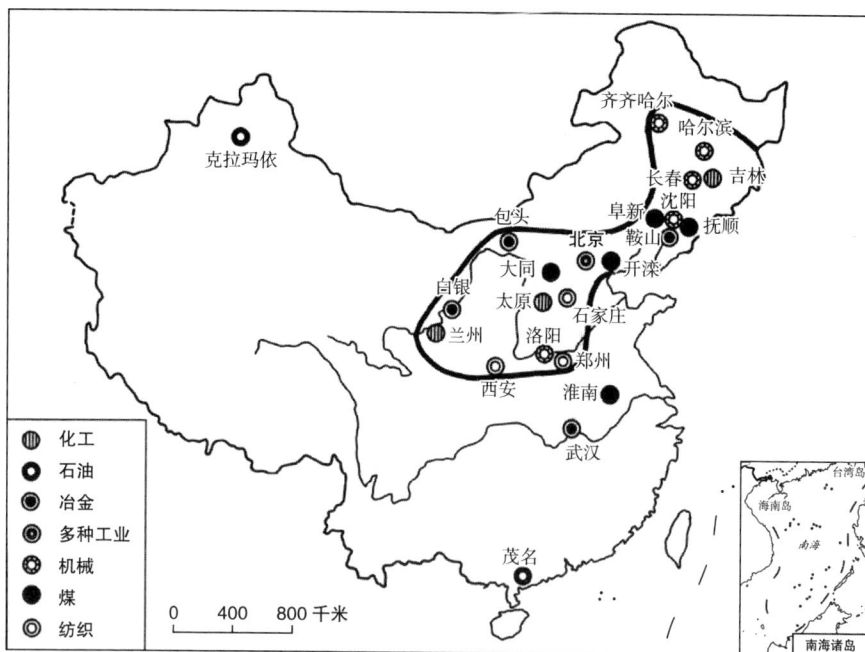

图 12.3 1950 年代建成的主要工业中心分布图

表 12-1 中国总人口和城市人口比重（1948—2004）

年份	总人口（亿）	城市人口比重（%）
1949	5.417	10.64
1951	5.630	11.78
1955	6.147	13.48
1958	6.599	16.25
1961	6.586	19.29
1964	7.055	18.37
1967	7.637	17.74
1970	8.299	17.38
1973	8.921	17.20
1976	9.372	17.44
1979	9.754	19.99
1981	10.007	20.16
1986	10.751	24.52
1991	11.582	26.37
1996	12.239	29.37
2001	12.763	37.66
2004	12.999	41.76

资料来源:《中国统计年鉴》。

总言之，在 1949—1965 年间，中西部的兰州、太原、西安保持最快的增长速度。沿海地区以轻工业城市为主、中部和东北地区以重工业城市为主的空间格局亦已出现。

1966—1976 年是"文革"时期。这时的经济和城市建设的特点为"三线建设"，即指自 1964 年开始，在西部地区 13 个省和自治区进行以战备为指导思想的大规模国防、科技、工业和交通基本设施建设。三线地区即内陆省份的广大地区，在 1965—1975 年间成为重点投资地区，占了当时全国基本建设总投资的 43.5% 和总工业投资的 47.7%。

在三线地区内，工业企业的布点以"山、散、洞"（靠山、分散、进洞）为原则。沿海大量技术人员、设备，甚至整个企业被迁移至三线地区。有些沿海企业由于选点不良且远离市场和相关行业，因而效益很低，很多企业没有形成生产力，并拖慢了沿海的工业发展。

三线建设也伴随着人口由城镇向农村迁移，这部分人口达 3000万—3500 万。当时，城镇人口的年均增长率 1.3% 比年均人口自然增长率 1.75% 低很多，形成第二次"逆城市化"。不过三线建设亦促进了一些地方工业的发展，并促使这些地方新出现了一些城市。图 12.4 显示出两个重要的三线地区，其中新工业城市如酒泉、攀枝花、六盘水、西宁、汉中、贵阳等都始建或扩建于三线建设时期。

其后中国政府在 1978 年推出了改革开放新发展策略，自此开始了社会主义市场经济的内部经济体制改革，并以经济全球化和市场为动力，迈向了发展经济的新方向。

改革开放前出现的城市文明（1949—1981）

由于新中国政府的价值观与过去的不同，且面临战后重建、经济现代化和受到西方国家敌视等实际问题，中国城市文明在 1949—1981 年

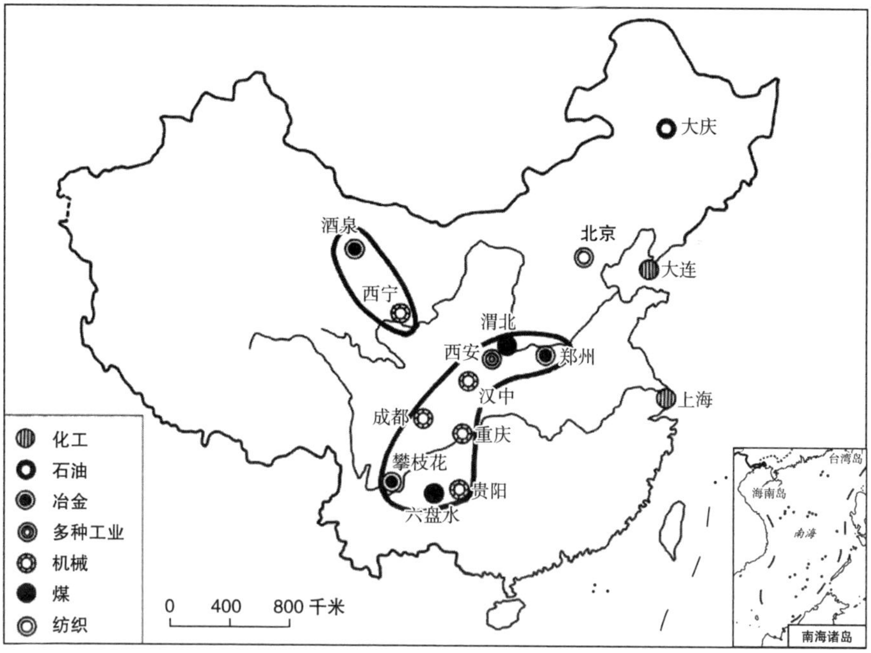

图 12.4 1960 年代建成的主要工业中心分布图

间走向了一条全新的道路，成为具有中国特色社会主义的城市文明。以下我们将分四个方面予以叙述。

大规模的人口迁移

在新中国成立初年，中国城市文明出现了城市内的企业、设施、服务、房产的快速国有化过程。因应战后的经济重建和恢复，在 1949—1957 年间，城镇人口以年均 7% 的速度增长。然而，自 1958 年起，城镇人口的增长受到政府严格控制。通过户口登记和生活必需品（食品、衣物等）的配给制度，这一时期的中国城市文明进程基本上是由官方控制的。城镇的发展紧密依附于政府的工业化政策和政治发展进程。这导致了两种全国性的大规模人口迁移：

一是由城市到城市的迁移，主要是由沿海大城市迁移技术、产业工人和管理人员到中西部和三线地区，以支持新建城市或原城市的新建工矿发展；

二是有组织的由城镇至农村的人口迁移，用以解决工业和农业间的发展不平衡问题，也包括在政治上达致"工农兵的再教育"和消灭三大矛盾。中国此时的人口大迁移，无论从其规模之大还是目的性的特别等角度来看，都是世界罕有的。

客观上，上述的人口迁移使中国城镇的空间分布较为均衡（图 12.5，图 12.6）。从大城市和特大城市来说，除了 3 个省级行政单位，在 1981 年每个省都有一个人口过百万的特大城市，而在 1953 年全国只有 9 个省级行政单位拥有一个特大城市。同时，沿海与内陆的发展差距缩小，亦因拥有技术和知识的人口向内陆和农村地区迁移，这些地区达致较高的文化和经济水平，区域间发展的不均衡状况也有所改善（图 12.7）。

然而从个别城市的人口结构这一微观层面上看，中央规划下的人口迁移造成了不少"畸形城市"的出现，如第一、第二个五年计划和三线建设下的新城市。这些城市的人口增长特点一是快，二是机械增长占绝对优势。如 1958 年开始建设的广东省石油城市茂名，在 1958—1960 年间，人口年均增长 79.6%，其中 99.7% 为机械增长；又如第一个五年计划期间开始大规模建设的株洲，1953—1960 年间的人口年均增长率为 37.1%，其中 95% 为机械增长。

这些城市的人口年龄构成亦具明显特征。图 12.8 中 4 个城市的人口金字塔，除了旧城江门属正常，其他 3 个新城市的表现均使人震惊。在这些新城市中，劳动年龄组的比例特别高，由于政策上不容许职工带眷，所以老年人和儿童的比例都十分低。此外，人口性别亦严重失衡，男多女少，一般比例为 6∶4，更甚者为 7∶3。若从不同年龄组来观察，则劳动年龄组的失衡更为严重（图 12.9，表 12-2）。虽然茂名在 1958 年已开始建设，至 1979 年已经历了较长久的发展，但是由于它是个以炼油为主的城市，男女比例仍是极端失衡的。汽车城十堰，由于同

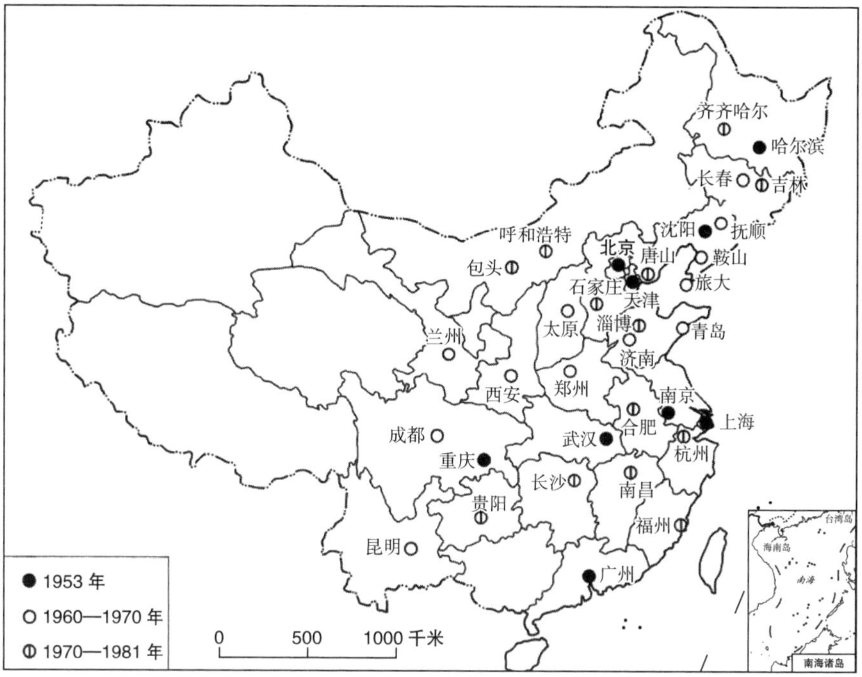

图 12.5 一百万人口以上城市分布图（1953—1981）

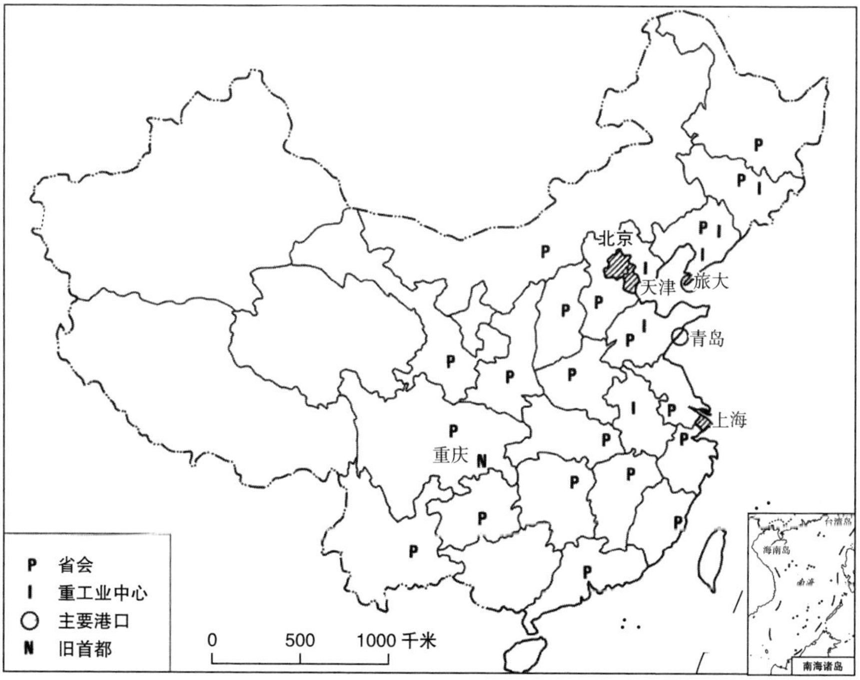

图 12.6 34 个百万以上人口城市按主要城市功能的分类及其分布（1981）

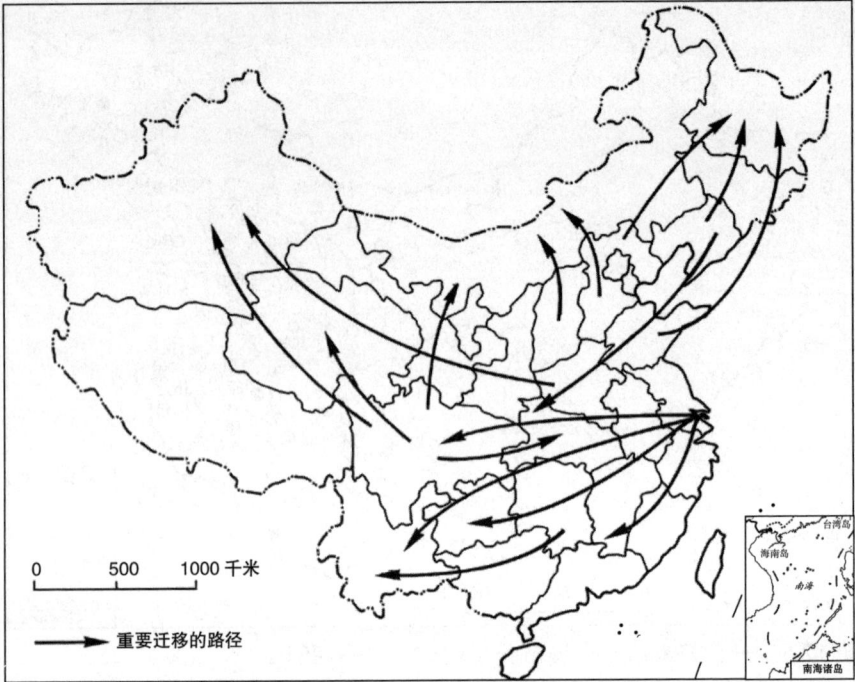

图 12.7　省际人口迁徙图（1966—1997）

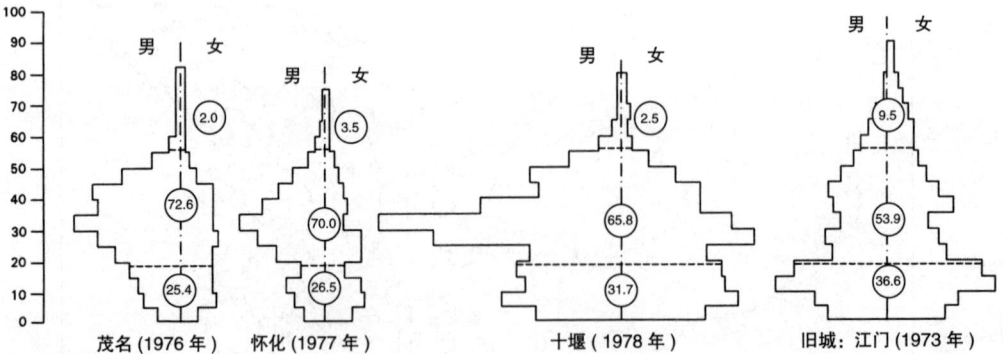

圈内数据单位：%

图 12.8　新城市年龄构成（举例）

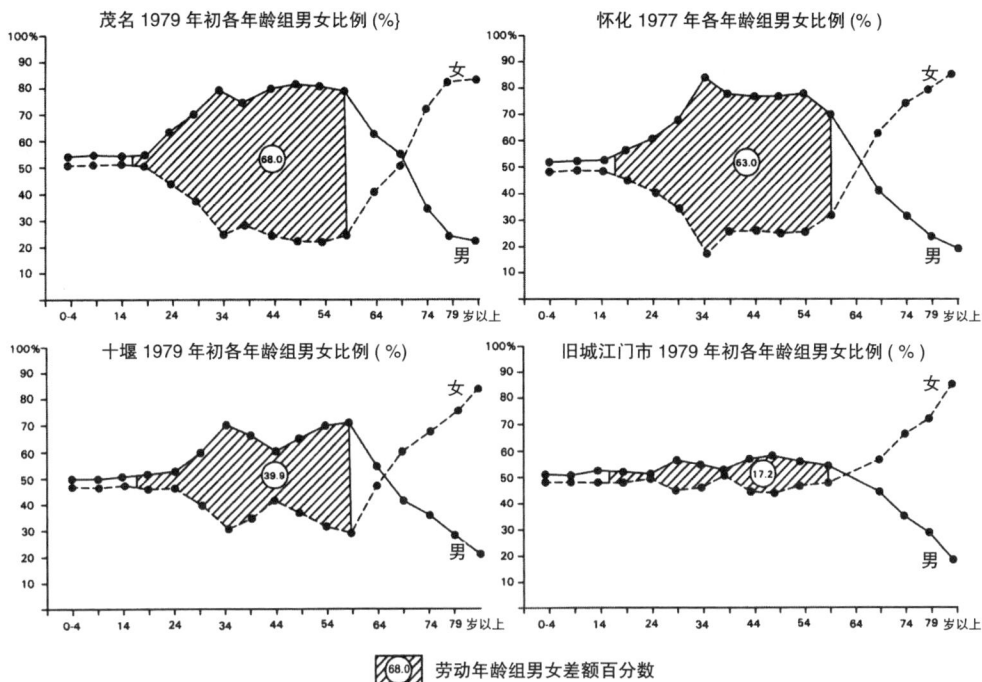

图 12.9　新城市当年人口的各年龄组性别比

表 12-2　部分城市人口男女比例

类别	名称	性质	年份	总人口		劳动年龄组		老人组	
				男	女	男	女	男	女
新城	怀化	铁路枢纽	1977 年末	66.5	33.4	73	27	30.5	61.4
	茂名	石油化工	1979 年初	66.6	33.3	72.7	27.6	41.3	58.7
	十堰	汽车制造	1978 年末	58.0	41.9	62.5	37.5	30.6	69.4
旧城	江门	轻工机械	1973 年	51.6	48.3	54.7	45.2	32.6	67.3

时拥有地方行政功能，男女比例稍好。新城市中的男女失衡现象，会因城市工业的主体不同而有差异：重工业城市攀枝花，女工只占全体职工的 12.2%；湖北轻纺工业城镇嘉鱼，则以女工为主，是一个"女人城"。总的来说，新城市多以重工业为主，城市男子职工中，有 40%－60% 难以在本城找到配偶。

这时期片面地贯彻"先生产，后生活"，对新城市社群的正常家庭生活造成很大的困扰，这也成为该时期城市化和城市文明的又一典型特点。

城市功能的社会主义改造

正如前述，中国政府将旧城市定性为消费型城市，其目的是要将这些城市改造为社会主义下的生产型城市，即以工业为主要功能的城市。因此，1949—1981年的城市发展动力明显是计划经济之下的工业化。固然，在这时期，城市亦成为全国性或地区性的发展中心（growth center）。由于自1953年起，城市经济已逐步国有化，城市内的投资和发展项目皆来自中央计划经济体系的安排和调拨。这一现实将城市体系和行政体系紧密结合，近似传统中国。不同者乃在古代中国，城市主要为周边的农业经济服务，而在社会主义中国，城市是为规划经济中的工业化服务；而城乡关系在新时代中亦是反过来的，主要是由农业和农村支持城市的工业化。

一般而言，重工业集中在省会城市，地区及副省级城市多发展较全套的城市经济和服务功能，而县级城市集中了"五小工业"，即小钢铁、小煤矿、小机械、小水泥、小化肥等为农业服务的制造业。亦因为如此，一些省会城市扩展为百万人口的特大城市，正如图12.6所显示。中国实行自给自足的发展策略，也使能源和原材料工业成为工业化的主力。反映在城市建设中，乃这类新城市的建设。1949—1981年间，在统计的94个新建工业城市中，44个为电力工业城市，24个为钢铁工业或采铁城市，12个是采油或炼油工业城市，8个是林业城市，4个是以水电为主要产业的城市。

1981年全国最大的15个城市的就业情况充分说明了政府对旧城市的社会主义改造的成功。这批城市的总人口占全国人口的5%，但它们贡献了全国36.3%的工业产值和三分之一的国民收入。他们对全国经济的影响也可从其中最大的3个城市（北京、上海、天津）反映出来。

三者对全国工农业总产值的贡献为 16.6%，单计工业总产值则是 21%。它们三者对一些重要工业产品的生产亦占全国领先地位（表 12-3）。

表 12-3　3 个特大城市对全国主要工业产品的贡献（%）

工业产品	上海	北京	天津	三市总额
电力	6.6	3.2	2.4	12.2
钢	14.2	3.4	3.5	23.1
烧碱	12.2	4.1	10.0	26.2
橡胶车轮胎	16.5	3.6	4.7	24.8
塑料	21.2	32.4	6.4	60.1
乙烯	27.6	49.4	0.2	77.2
机器工具	16.7	6.8	1.9	25.4
钢船	22.5	不详	不详	——
电视机	22.3	7.8	6.8	37.0
照相机	43.2	不详	不详	——
化纤	29.8	5.1	2.7	37.6
棉纱	12.6	2.2	3.4	18.1
棉布	11.7	2.0	2.9	16.7
自行车	23.4	0.9	18.9	43.2
缝纫机	23.2	5.3	5.4	33.9
手表	32.4	5.2	8.7	46.3

资料来源：Victor F. S. Sit, *Chinese Cities*, Oxford：OUP, 1985。

城市社会的失衡

在城市人口的结构中，可按人口是否属于就业年龄将人口分为劳动人口和被抚养人口。又从城市诞生、发展的观点出发，按劳动性质，将劳动人口分为基本人口和服务人口。因此，一个城市的劳动构成就是指基本人口、服务人口和被抚养人口的比例。对城市的生产性改造，就是要提高基本人口（主要指就业）的比例。城市建设中"骨肉关系"的"骨"乃指工业，即生产功能，而"肉"是指消费服务功能。

1945—1981 年的城市建设指导思想是"先生产，后生活"，即基本

	兰州（1975）	石家庄（1974）	株洲（1974）	湛江（1972）
第一个五年计划期间开始建设的新城市	47.4 / 33.4 / 19.2	42.8 / 42.6 / 14.6	38 / 44 / 18	51.5 / 29.6 / 13.9

	攀枝花（1974）	十堰（1974）	怀化（1976）	茂名（1974）
"大跃进"和"文革"期间开始建设的新城市	29.6 / 61.4 / 9.0	45 / 39 / 16	42.7 / 47.5 / 9.8	25 / 61 / 14

	市中心	以地方工业为主	以钢铁工业为主	以采煤为主
攀枝花所管辖的不同性质的城镇	27.2 / 53 / 19.6	33.9 / 41.5 / 24.5	24.7 / 70.5 / 4.8	35.5 / 59.7 / 4.8

■ 基本人口　　□ 服务人口　　▨ 被抚养人口

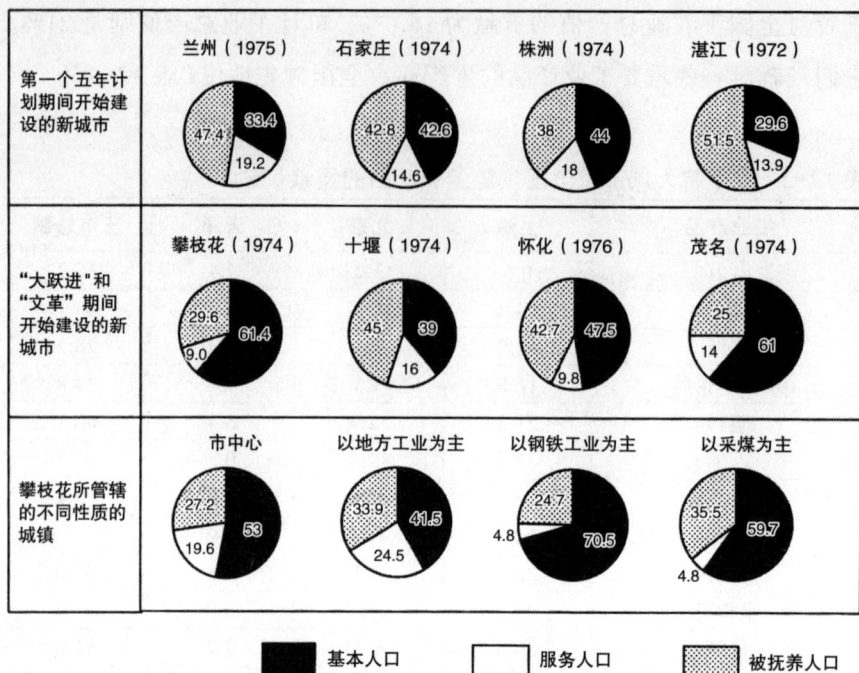

图 12.10　新城市人口劳动构成（举例）

人口比重要高，服务人口和被抚养人口比重要低。这种城市性质的转变，无论是特大城市或小城市都是如此（图 12.10）。在上述全国最大的 15 个城市中，基本的工业就业占总就业的 52.8%。服务行业，包括批发与零售、餐饮、旅店和个人服务等，一般被认为是资本主义消费型的，这些行业的就业比例只占 7.9%。"骨"与"肉"的失衡更可在这 15个城市的固定资本投资中体现：1981 年对生产型和非生产型的住房，以及服务行业的投资比为 100∶70∶43。上海的住房投资更只占全市总投资的 16.1%，是 15 个城市最低的。

　　"先生产，后生活"的倾向导致城市住房严重短缺，也对大城市的劳动人民不公。当时这 15 个特大城市的人均居住面积只有 3—4 平方米，远差于中小城市和农村。"后生活"的倾向亦导致城市公共交通不足。在 1981 年，这 15 个城市中每 1 万人只有公共汽车 2.32—6.51 辆，与亚太区同类城市的每万人 10—26 辆比相差很远。这也解释了当时中国的城市居民为何追求拥有自行车了。

不过，这 15 个城市有 7.5% 就业人口被雇用于教育和医疗这两类服务，比例远远比亚太地区的同类大城市高。这个现象反映出这 15 个特大城市在它们所处的区域的中地功能。就高等教育而言，北京、天津在接收生源时是面向华北和东北地区，甚至是全国的。可以说古代中国城市的中地功能在这些方面被保留下来了，并在计划经济中得到强化。

工农协调发展的城市区域（city-region）

自 1958 年起，为了逐步消灭三大矛盾，并保证城市的蔬菜和其他农副产品能从周边地区得到供应，中国政府将很多特大城市和大城市的行政范围扩大，以囊括周围的县，形成新的以城市为核心的行政单元——城市区域。由于物资短缺、交通运输困难，以及中央部门规划与调拨的行政繁复且容易失误，中央将不少特大城市周边的县纳入市政府的直接管理之下，名为"市辖县"，使城市能较易地从邻近地区解决粮食、副食品、饮用水等供应问题。此外，这些特大城市亦需要空间以从其核心区疏散过密的工业和常住人口。同时，市辖县亦可发展城市市场，并从城市取得化肥和农机等农用生产要素，包括旧时由城市取得的农用有机肥"夜香"（城市粪便）。因此，在上述 15 个特大城市中，只有哈尔滨没有市辖县。

在空间上，城市区域形成一个同心圈层体系，包括了不同规模的城市聚落和农村（图 12.11）。市，或核心市，其外围有一个以工业和附属居住区组成的郊区工业组团 / 带（或卫星城市）。这些地带都以工业为主要功能，附以自给的服务性功能。在其他郊区，农村景观特色浓厚，这些区域主要是城市的蔬菜及其他农副食品，如牛奶、肉类、蛋等的生产和供应基地，亦是主要环城绿化带。市辖县还形成远郊，除了县城和

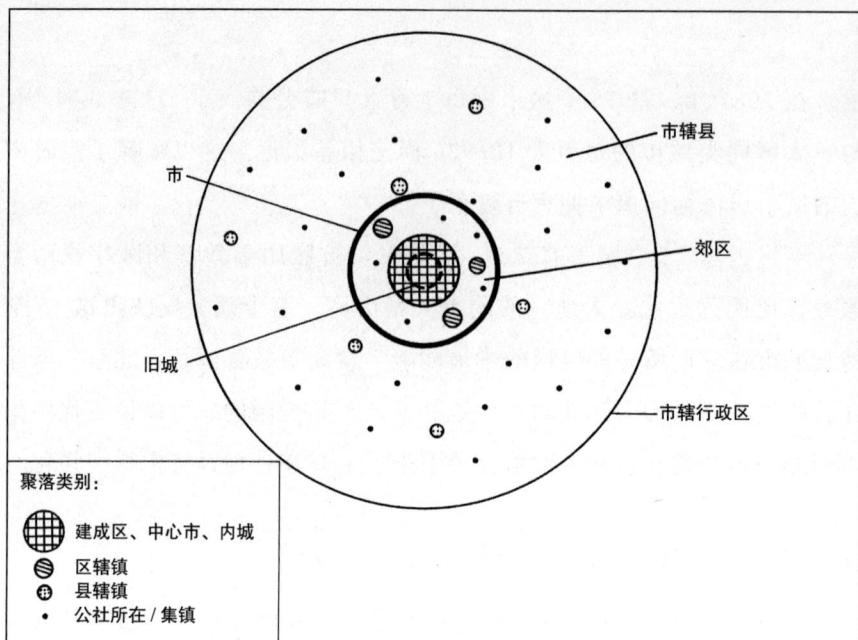

图 12.11　1958 年后中国城市区域空间构成示意图

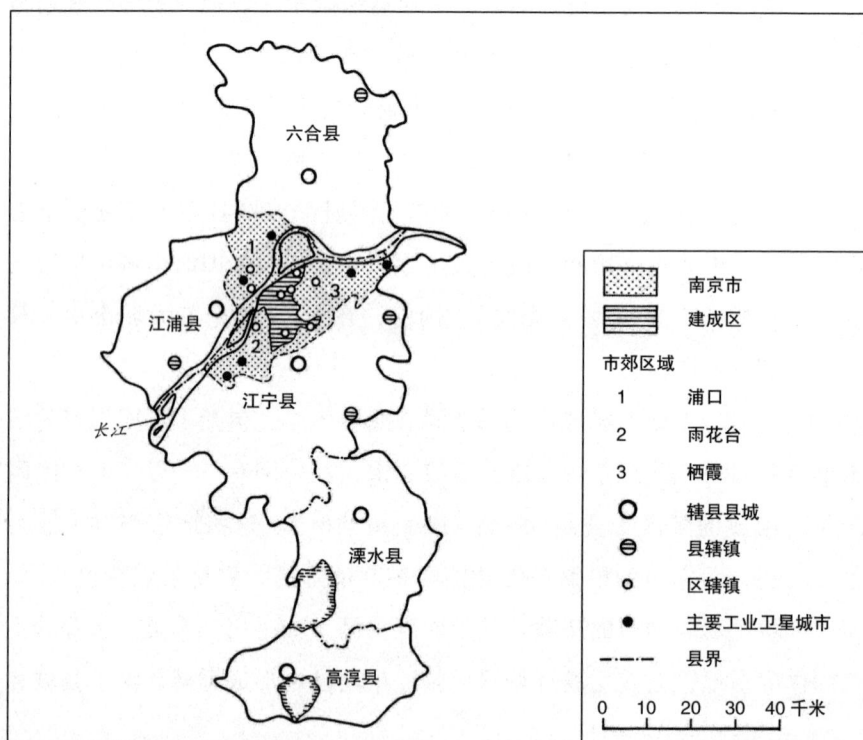

图 12.12　南京都市区域聚落分类

镇所在地，一般是农村地区。市辖县的城市化比例很低，如图 12.12 中南京的例子，则只有 6.5%。市辖县的城市聚落成为整个城市区域体系的第三层。远郊不但是核心市的主要食品来源，同时亦是多数干部接受劳动和再教育的地方。

　　城市区域将城市和周边农业腹地以行政方式结合为一个经济和生态系统，将城市与农村的隔膜打破，构成了互补和积极的城乡关系。虽然在性质上，这个新组合仍是为了促进社会主义工业化，与传统的以农业为基础的中地服务不同，但中国传统上的城乡一体和互补的城乡关系，亦因而在改革开放前以这特殊形式体现出来。同时，中国的城市概念亦是一个大单位概念，比如明清时的苏州往往就包括了整个苏州府而不单是城墙内的苏州城。

社会主义城市规划和城市空间（土地利用）结构

　　1949 年后的中国城市，除了跟随社会主义指导思想，还直接受到在 1954 年由苏联派来指导城市规划和城市建设的专家的影响。这些可从 1957 年北京的规划大纲乃至 1980 年代初对大纲的多次修改体现出来：

1. 重视基本人口和非基本人口的规划，二者比例为 1：1。
2. 采用以下严格的土地利用标准：
   工业用地——每千工人 7 万平方米；
   居住用地——人均 100 平方米；
   服务行业用地——每千人 10 万平方米；
   高等教育用地——每千学生 10 万平方米，另加每教职工 150 平方米；
   全市用地——人均 147 平方米。

此外，城市发展被严格控制在"规划市区"范围之内，并呈紧凑的同心圆式布局。1986年，规划市区的面积约等于全市（包括市辖县）面积的4.5%，但其人口为全市人口的82%。在其范围内有全部的全国性和市属行政单位，以及全市90%的科研单位和大专院校。规划市区内的建成区，主要由旧城和八大郊区构成（图12.13）。

因此，北京有个非常紧凑的核心。从这个建成区向外发展，主要采用"分散集团"形式，以避免过分蚕食近郊绿化带。这个新变化反映了1958年"大跃进"的政治号召和建立人民公社的决定，强调了向共产主义过渡和消灭三大差别。从1958年的规划大纲起，苏联式的城市结构被分散集团式的新布局取代。这个规划理念来自曾参加英国大伦敦规划的陈占祥（英国"规划之父"的高足）。北京一共规划并逐步建成了10个分散集团。

每个集团依托已存在的小聚落，发展为以工业生产为主、附有相关市政设施和服务、自给自足的卫星市式市区。每个集团与核心市之间和集团之间都以绿化带或农用地保持明显分隔。整个城市范围由8860平方千米增至16,800平方千米，形成城市区域。中心区要保持40%的绿地，绿地内还要种植农作物，做到市区既要有工业又要有农业，实现城市与农村、工业与农业、脑力劳动与体力劳动结合一体的政治理想。在居住区组织上，也按人民公社原则进行建设，让居民过上集体化生活。

自1981年起，北京地区采取子母城的布局形式，围绕市区发展了远郊的卫星城市，整合了自1958年以来建得太多、太散的卫星镇。不过母城仍沿用分散集团模式。

北京的远郊占北京地区（即城市区域）面积的95%，在1986年，其城市人口只有95万，却拥有庞大的农村人口（350万）。因此远郊的城市化比例只有20%，基本上是个农业地区。它除了为市区提供粮食和农副食品，还是市区的主要用水来源。

在市区或核心市内，居住区按苏联的"大街坊"制组织，后改为范围较大的小区，合理分布中小学、托儿机构、商店等设施，减少道路穿

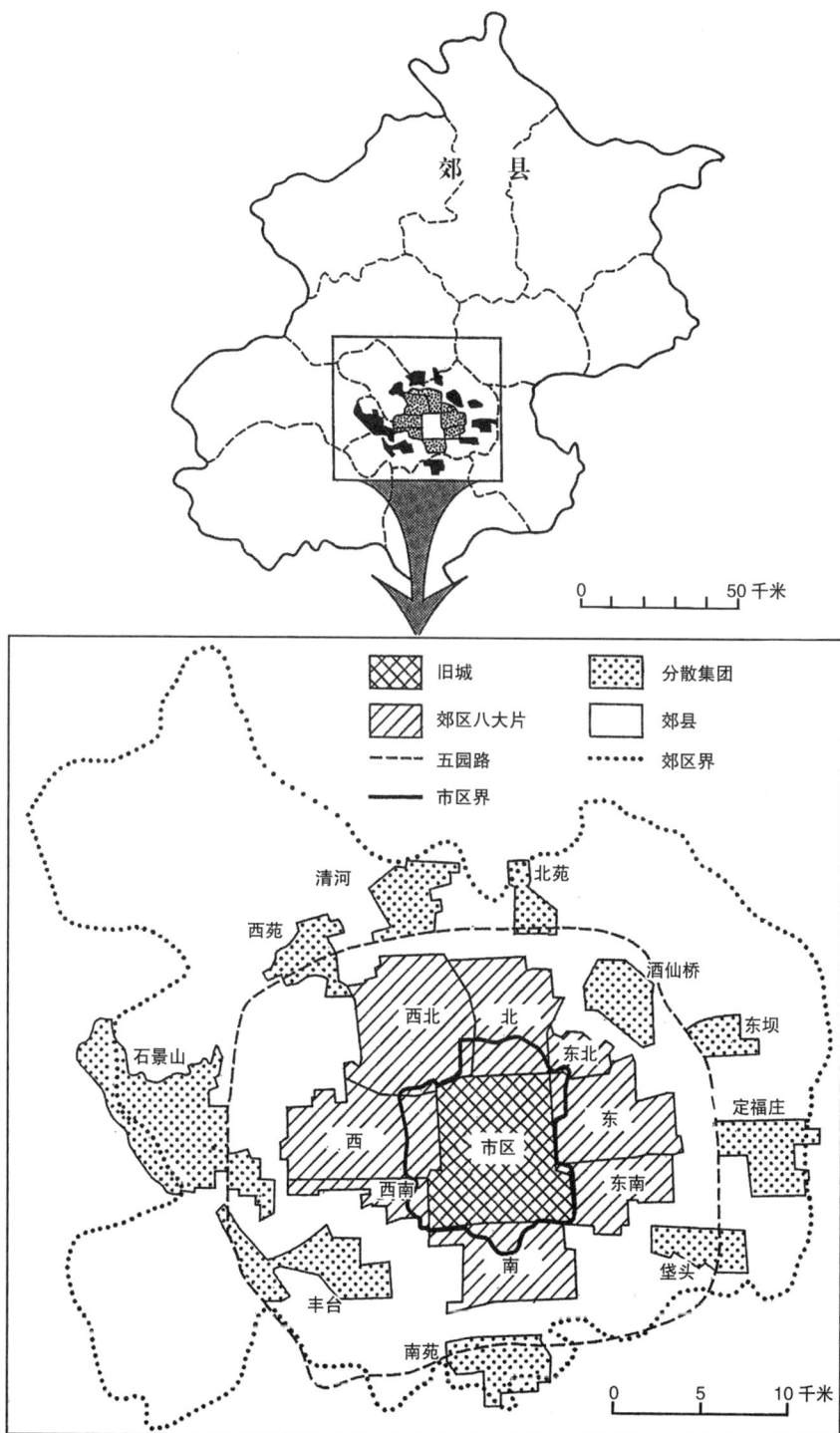

郊县

0　　　　　50 千米

旧城　　　　分散集团

郊区八大片　　郊县

五园路　　　郊区界

市区界

清河

北苑

西苑

酒仙桥

东坝

西北　　北

石景山

东北

定福庄

西

市区

东

西南

东南

南

堡头

丰台

南苑

0　　　5　　　10 千米

图 12.13　北京市工业区分布（1986）

越，建立自给和安静的居住环境。住房水平定为人均9平方米，但至1970年代末仍未达标。

建国初期10年间，北京的城市土地利用和景观特色乃是在市中心将天安门前地改造为大型广场，并在周边新建了人民大会堂、中国历史博物馆（今中国国家博物馆）、人民英雄纪念碑等，把这些建筑作为社会主义的象征和举行大型政治集会的空间。与明清时期宫城和皇城的主要位置和功能相比，北京市保持了中国传统城市以政治、礼乐为核心的精神不变。

向市场经济转型：转型期的中国城市（1981—2005）

后冷战时期的改革开放思路

邓小平在1978年提出了改革开放的新发展思路，即对外开放、对内改革，以社会主义市场经济体制取代过往的计划经济体制。西方学者称这种新经济体系为"转型经济"，泛指前社会主义国家在近30年来放弃中央计划经济，向资本主义市场经济转变。

前东欧国家一般在转型策略上采取"大爆炸"模式，它包括三种突变：由议会民主代替共产党领导；由市场代替中央计划；把国有企业快速地私有化。在1980年代和1990年代，这些前东欧国家的转型并不成功，经济比以前更差，失业严重，政局不稳，外资也不敢前来。

中国不但转型较早，同时采取了独有策略，即"渐进主义"。它的主要内容包括维持政治体制不变。不过政府大力改革，引入市场机制和外资，下放权力至地方，促进发展型政府。在这过程中，虽然市场逐步取代中央规划，但国有企业仍在重要行业占主导地位，不过，经济活动中的"产""销"已由企业自主进行，企业自负盈亏。同时，政府对城市交通、公共设施、教育、以至医疗卫生等领域的管理和规划也向市场和私人开放。新的法规和监管机构亦陆续建立，以营造市场运作的软环境。

新一轮经济全球化

外资，特别是外来直接投资（FDI）成为大受欢迎的境外投入。自1993 年起，中国已成为全球发展中国家中的最大 FDI 接受国。外贸和外资在中国境内的自由化，使外资成为自 1979 年以来中国发展，特别是中国主要城市在功能、土地利用和城市景观等方面变迁的一大动力。因此，在这一时期，沿海地区不少城市已逐步成为"转型城市"。国家经济亦逐渐和全球经济接轨。2008 年，中国外贸总额已达 25,616.3 亿美元，中国成为全球第三大贸易国。简言之，在改革开放后的 30 年来，中国不但成功地市场化，亦依赖全球化成为"世界工厂"，为全球市场提供所需的大部分成衣、玩具、手表、鞋类、家用电器、家具和办公设备等轻工业消费品。而中国整体的经济增长，以 GDP 计，保持年均 10% 的高增长。以经济总量计，2000 年是 1978 年的 4 倍。有学者把中国的转型过程进行量化（图 12.14），说明自 2005 年起中国经济已转型为市场经济。中国的转型被认为是最成功的，其主要内容被不少前社会主义国家采纳。

1978 年后的经济转型表明此前的发展模式和城市化只延续了约 30年。在其后的 30 年，一个由市场主导的社会主义市场经济模式成为新的城市文明和城市发展的动力。因此，转型期的中国城市文明发展和改革开放前有着明显的分别，我们特地把两者的比较列于表 12-4。

很明显，转型期的城市文明动力来自三大方面：

一是开放政策导致外资大量涌入，中国成为国外企业的采购和加工基地，中国产品因此大量进入国际市场。这些使中国东部沿海城市因为地利而成为主要受惠者。加上沿海城市在改革开放过程中亦是最早和最广泛地享有特殊的外向经济型发展和地方自主权等政策，如设置经济特区、14 个沿海开放城市、珠江三角洲经济开放区和长江三角洲经济

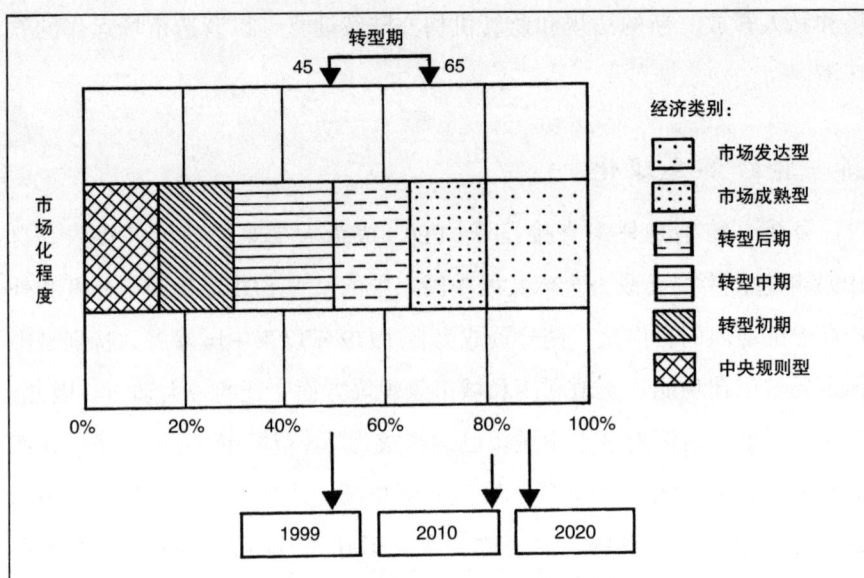

图12.14 中国经济的转型阶段及市场化程度

表12-4 中华人民共和国两个时期的城市化特色比较

特色	1949—1981年	1981—2000年
城市化水平	低（少于20%）	中（36%）
城市化增长率	低（年率少于2%）	高（大于5%）
人口机械增长	受限制（有组织的）	自由（以经济为目的）
区域政策	倾向内陆	倾向沿海
发展模式	资源偏向	FDI偏向
政府功能	中央计划	社会主义市场
城市生活水平	低	中等

注：表中数字只限于转型时代（1981—2000）的前10年。

开放区等。在2004年，中国的FDI流入共600亿美元，九成以上是流向沿海城市的。中国的加工出口产品占了总出口的55.3%，亦主要源于沿海城市。因此，外力配合开放策略促进了沿海城市近30年的转型与发展。

二是农村的农业政策、农村户口及经济产业（特别是乡镇企业）等方面的改革。农村全面推行家庭联产承包经营责任制；接着取消农副产品的统购统销政策，开放大部分农产品市场；其后，又容许农民自带口粮进入城镇务工、务商和从事交通、服务等第二、第三产业。这些与农业和农村有关的新政策，急剧增加了农村本已饱和的劳动力，促使这些劳动力转移至城市，大大促进了城市化和城市发展。

当时的潜在过剩农业劳动力达 3 亿人，而就近的城镇中集体和私人的乡镇企业在 1990 年代初吸纳了 1.5 亿人，造成了被称为"由下而上"（bottom-up）的"农村城市化"，即在中国农业区域内的小城镇增长。与此同时，由于户口管制放宽，入城打工（一般从事建筑业、制造业、家庭佣工和个人服务业等非农业活动）的农村人口亦达 1.2 亿—1.3 亿。大量农村人口向城镇迁移，导致转型期城市出现大量临时或浮动人口，这也形成了这一时期的城市化特色。入城打工的现象在空间上大量地集中在长江三角洲、珠江三角洲和京津唐地区，这些打工人口亦成为出口型加工工业和依附于它们的有关行业的劳动力来源，因此，这一城市化特点被概括为"外资驱动型城市化"（exo-urbanization; Sit and Yang 1996）。

三是对城镇定义的行政变更。由于改革开放的其中一个环节乃下放权力，城镇作为行政单位，经历了新的行政定义变更。以城市为例，10 万人口这一最低人口标准放宽了，而新的标准，如本地生产总值、工业生产总值、出口总值和开放地位等，成为较重要的设市考虑。就在变更最大的 1980—1990 年这 10 年间，全国新设市 400 个，新设镇约 1.6 万个，是中国历史上城镇数目增加最多的时期。就在城市化快速增长的同时，全国的县数正在减少，由 1982 年的 2132 个减为 1990 年的 1902 个，因为其中一些县在行政上已变为城市。

都会经济区：区域性城市群的出现

由于上述因素，在转型期出现了一个新的城市体系的二元结构。在出下而上的农村城市化过程中，出现了大量小城镇，特别是在经济发展较好和开放度高的沿海各省、东北三省和四川省。在其中的珠三角、长三角和京津唐地区，这些小城镇与邻近的外向型经济发展较好的大城市紧密连接，形成三片广大的城镇稠密区域。在每一城市区域内，新建的高效率高速公路及轨道交通将城镇和大城市融合为一个经济高度一体化的区域性城市经济体，实质性地构成了"世界工厂"。这三个以外向型或出口工业为主导的城市经济区域，被称为"都会经济区"（国内学者称之为城市群），形成了二元结构中大区域式的城市化发展特色。在1999年，对工业总产值、FDI 和出口总值的分析，证明了中国存在上述三大都会经济区（图 12.15，表 12-5；薛凤旋，蔡建明 2003）。

除了上述的城市化特点，转型城市在城市结构、景观和城市居民生态文明上，亦和 1945—1981 年间的有明显区别。城市的政治和行政功能

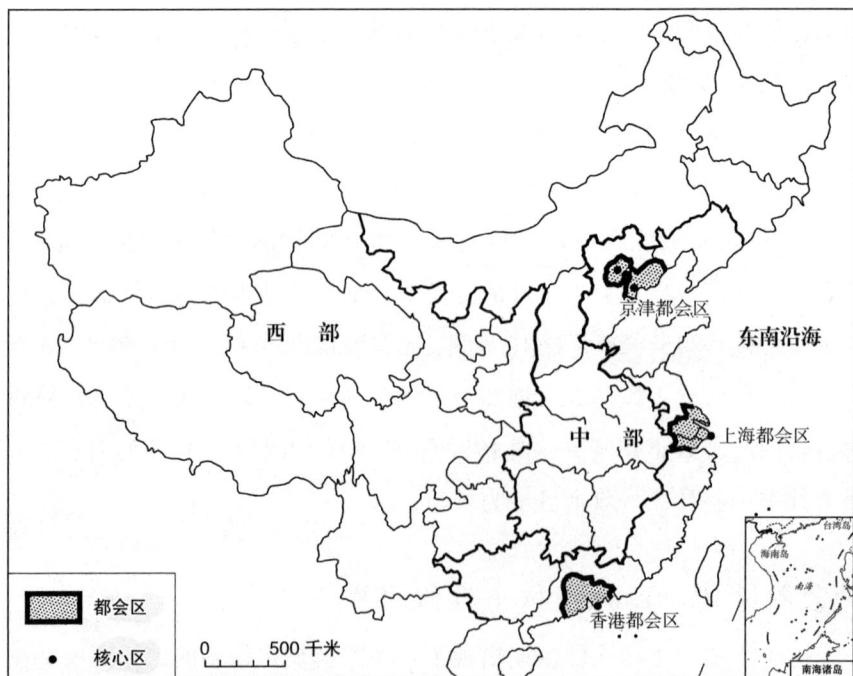

图 12.15 中国三大都会经济区

表12-5　三大都会经济区主要经济数据及在全国的位置（1999）

		面积 （平方千米）	人口 （万人）	GDP （亿元）	工业产值 （亿元）	实际利用 外资 （亿美元）	出口 （亿美元）
京津 都会区	核心市	3448	1262	786	1908	26	83
	内圈	8730	369	684	1222	11	34
	外圈	19,038	860	2632	2227	4	40
	总额	31,216	2491	4102（31.8%）	5357	41	157
上海 都会区	核心市	812	792	1153	1755	15	188
	内圈	5528	521	2881	4552	14	——
	外圈	35,256	2719	4520	9078	35	138
	总额	41,596	4032	8554（31.6%）	15,385	64	326
香港 都会区	核心市	1100	684	8091	2510	252	1000+
	内圈	2,044	443	1982	2079	28	282
	外圈	39,678	1862	4456	9375	93	392
	总额	42,822	2989	14,529（95.6%）	13,964	373	1674
三大都会圈占 全国比重		1.24%	7.53%*	30.7%*	26.7%*	73.0%*	73.1%*

注：＊表示全国总额包括港澳；＋表示包括香港转口的一半，即758亿美元；括号内乃出口额与
GDP的百分比。
资料来源：作者从相关统计年鉴计算。

出现了明显的淡化。社会主义时代居住地点和工作单位的结合，使居住
区与工作、行政从属互扣，但这个规律随着住房的商品化而慢慢地被打
破。工作单位的非政治化也强化了城市内地区性的政治化，而地区政府，
包括市政府和区政府，对本地设施和服务的提供也有较大的自主性。

　　至于城市空间和景观，在私有化的推动下，商业化和对利润的追求
催生了新的二元化的城市商业土地利用和景观：市中心出现了西方式的
中心商务区。这些中心商务区成为商业和高档生产型服务行业的中枢或
总部的集中地，集中了金融、贸易和信息部门的产业，反映转型城市的
商品流通控制中心的功能加强了。中心商务区以现代和后现代的高层商
业建筑群展现出新的级差地租规律。

　　与此相对的另一元乃是在市区内出现了发展中国家城市里的"地摊
经济"式的小商贩摊档，以及在市中心边缘出现的以临时人口为主要居
民的"棚户"。当然，在中国的转型城市中还涌现了与东欧转型城市不

同的功能结构，包括促进工业经济的高新科技发展区、经济技术开发区、大型的专门性商品及原材料批发和贸易区，如浙江温州的义乌小商品批发市场、嘉兴海宁的皮制品市场等。

在商业化、级差地租规律，以及居住地与工作单位的分离等的推动下，中国转型城市的居民生态亦进入了一个结构重组过程。社会主义的平等色彩和一体化的社会空间，出现了按生活水平和潮流分野的过程，使城市中社会空间的隔离愈加明显。旧区的重建和市郊优质环境中私人别墅的建造，推动了居民生态的重组。城市高低阶层的涌现，包括大规模的人口流动，使城市生态结构更加复杂，塑造了不同的利益团体且形成了更强烈的地区政治化。伴随而来的城市服务，特别是个人服务和娱乐，如大量的发廊、歌厅和夜总会，反映了转型社会的物质主义渐起，传统的儒家价值观和公益意识被忽视或淡化。

深圳：中国首个转型城市案例（1979—2005）

深圳是最早及最全面推行改革开放的城市，因此被称为"改革开放的样板和实验室"，在中国的转型城市中有一定的代表性。

深圳原属宝安县，1979 年 3 月设市，现时包括罗湖区、福田区、南山区、宝安区、龙岗区、盐田区、龙华区、坪山区、光明区和大鹏新区，总面积为 1997.47 平方千米，截至 2019 年末，常住人口为1343.88 万。1980 年 8 月成立的经济特区位于市南部，面积共 327 平方千米，作为对外开放和改革政策的主要实验区。在北部特区线外的面积共为 1577 平方千米，包括宝安县。其后，宝安县也改为市区。

深圳 1979 年时总人口约 35 万人，GDP 为 1.96 亿元。自设市后，外资（FDI）对深圳的总投资占有的表面比重一直保持在 15% 以上（加上内资在合资企业 / 项目的出资和银行贷款，涉外资金的比例更高，见

图 12.16）。至 2000 年中，外资比例明显下降，反映转型已趋成熟。

外资投入的行业偏向很明显，大部分集中在轻工业，特别是技术水平低、劳动密集的成衣、鞋类、玩具、家电等行业。外向型工业的发展促进了整体经济增长，因此 GDP 在 1985 年为 39 亿元，1995 年为 843 亿元，而 2005 年已增至 4951 亿元。在 1985—1995 年间，GDP 年增长率为 30%—60%，1996—2005 年间仍保持在 18% 左右（表 12-6）。

深圳市人口的增长，明显是由外向型出口工业带动的，不单人口增长速度惊人，而且增长主要来自临时人口，因而深圳被称为"移民城市"和"一夜城"。1980 年只有 3.6% 的总人口为临时人口，在 1986 年已增至 45%，实际人数为 40 万，几乎与户籍人口相等。到 2000 年，临时人口更是总人口的 82.2%，至 2005 年，虽稍回落至 78%，但实际数目为 647 万，约等于当时毗邻的香港的总人口。

在城市的空间结构上，深圳体现了中国转型城市的特色。不但罗湖区出现了 CBD，由于发展空间不足，邻近的福田区也被开发为新的 CBD，市内因而出现了双中心（图 12.17）。因应出口型轻工业的发展，深圳开发了多个工业区、高科技工业园和临海港的自由贸易区。随着经济和人口增长，城市住房和商业服务高端化，形成了多个自给性高、绿化好的次中心。整体而言，深圳的商业化程度很高，按交通的通达度和级差地租形成了一个多中心的城市。当然，庞大的临时人口亦导致了复杂的人文问题，小区间也有明显的分隔。

2005 年后的发展：和平崛起

1978 年的改革开放强调了全球资源、全球市场和国外科技的大量进口，为过剩的农村劳动力找到了国际加工市场，也为改善国家经济走出了重要的一步。在城乡关系上，充裕的农村劳动力向沿海城镇迁

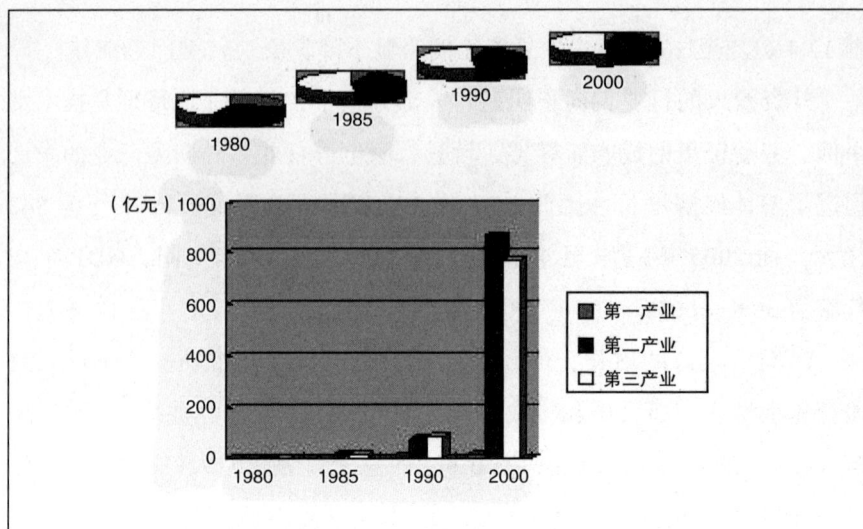

图 12.16 深圳市国内生产总值及其构成

表 12-6 深圳市主要指标年平均增长速度（1980—2006）

指标名称	平均增长（%）
年末常住人口	13.0
本市生产总值	27.4
第一产业	1.5
第二产业	36.3
工业	38.3
第三产业	26.3
人均 GDP	12.8
全社会固定资产投资额	32.9
地方财政一般预算收入	34.4
地方财政一般预算支出	32.3
社会消费品零售总额	28.7
进出口总额	37.0
出口总额	37.5
进口总额	36.5
实际外商直接投资额	26.7
国内金融机构人民币存款余额	40.3
国内金融机构人民币贷款余额	40.1
职工年平均货币工资	15.2
职工年平均实际工资	7.3
居民储蓄存款余额	40.7

注：表中数据以 1979 年为基期计算。

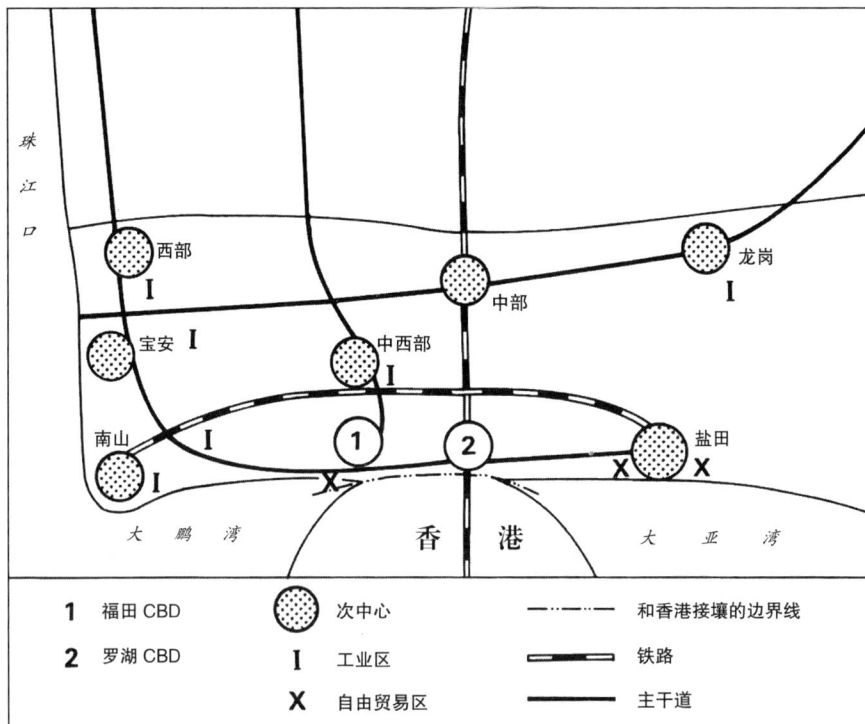

图 12.17 转型城市：深圳的空间及功能结构（2005）

移，促使沿海地区流动人口或非户籍人口急增并快速城市化。"经济发展""部分人先富起来""全面开放"等指导原则虽然并没有触及价值观并考虑到环境和可持续发展问题，但总的来说是十分成功的，使中国改变了1980年前的封闭落后面貌，成为一个世界经济大国。

按名义 GDP 总量来计算，中国在 2018 年的 GDP 约占全球总量的 16%，达到美国的 66%（1980 年为 10.8%，世界排名第七），中国成为全球第二大经济体。但按更能反映实况的购买力平价计算，中国在 2014 年已经成为全球第一大经济体。2017 年，中国以 2270 亿美元的出口额（相当于 2005 年的 3 倍）成为全球第五大服务出口国，同年也跃居全球第二大服务进口国。2018 年，世界 500 强企业有 110 家来自中国，接近美国的 126 家；中国也贡献了全球制造业总产出的 35%（Mckinsey 2020）。2015—2017 年，中国是全世界第二大外商直接投资来源国，也是第二大外商直接投资目的地。不但中国的经济已深度全球化，在知识与人文的交流上，中国亦已相当全球化。它已成为全球第一大留学生和游客来源地（留学生总计 60.84 万人，为 2000 年的 16 倍；2018 年中国出境游达到近 1.5 亿人次，为 2000 年的 14 倍）。

在出口型经济高速增长时期，中国投入了大量资金，其目的一是在于加强全国各地的交通联系，加建众多的高速公路、铁路、国际机场与国际海港。此举不但使中国的地理空间紧密相连，也促进了中国与全球各国的联系，使中华文明新的世界观与世界地理范围相契合。高速公路的建设起步于 1984 年，至 2018 年，通车里程已超过 14 万千米，成就了世界上规模最大的高速公路系统。高铁始建于 2004 年，到 2019 年总里数突破 3.5 万千米，占全世界三分之二以上，年客量 20 亿人。2008 年民航旅客运输量从不足 2 亿人次提高至 2018 年超 6 亿人次；10 年复合增速为 14.0%；年客运量过千万人的机场有 39 个。二是为了推广教育和科研，培养人才和储备科技。大学本科毕业生数目由 2000 年 100 万人增加至 2019 年超过 800 万人。国内研发开支从 2000 年的 90 亿美元增长到 2018 年的 2930 亿美元，位居世界第二。

政府不满足于纯经济发展及过分依赖于出口型的低端加工工业，在 2000 年提出"以德治国"和"西部大开发"，将区域均衡发展定为一个新的发展目标。其后更提出了传统的"以人为本""可持续发展""科学发展观""和谐社会"等新指导原则。自 2012 年起，还提出了绿色、环保、智慧城市发展，以及"一带一路"倡议。这些举措让中国城市文明向更高质和更全球化的方向发展。

西部大开发的四个主要项目"西电东送""南水北调""西气东输"和青藏铁路已于 2014 年完成，使中西部地区和沿海地区资源互补。中国亦大力开发可再生能源以缓解环境问题，于 2017 年便投入 1270

亿美元，占全球投资总额的 45%。中国在《巴黎协定》的承诺，即在 2005—2020 年间将碳排放量减少 40%—45% 的目标，已于 2017 年底达成。自 2013 年起 "一带一路" 倡议正逐步落实，截至 2021 年中国已与超过 170 个国家或国际组织签署共建 "一带一路" 合作文件，共商共建跨国经贸及文化交流与合作。

随着经济转型、中西部开发、全国公共交通网络的现代化和日趋完善，以及 "一带一路" 的展开，产业和人口的区域性分布亦发生了变化。2010 年中国城市人口为 6.65 亿，占总人口的 49.68%；与 2000 年相比，城市人口增加了 2.07 亿人，比重上升 13.46 个百分点。2019 年城市化率已上升至 60%，10 年上升了约 9 个百分点。因应国家的宏观策略转移，城市的发展亦趋向环保生态型和智能型。

中国自 1996 年开始推行建设生态城市。至 2011 年，287 个地级以上城市中提出生态城市建设目标的有 230 多个，提出低碳城市建设目标的有 130 多个。生态城市包括六类：景观休闲型、绿色产业型、资源节约型、环境友好型、循环经济型和绿色消费型。2012 年起，新一代信息技术创新也推动了智能城市发展，带动物联网、云计算、三网融合、下一代互联网、区块链、5G 等新兴产业的发展，同时也对医疗、交通、物流、金融、通信、教育、能源、环保等服务领域具有明显的驱动作用，对中国治理环境和传统城市病，改善老百姓生活，保障他们的健康与安全有很大帮助。至 2017 年底，中国已有超过 500 个城市明确提出或正在建设智慧城市。

结论：中华文明的复兴

清朝中晚期以来约 100 年的中西文明碰撞，其结果乃中华人民共和国的建立。中国共产党吸取了苏联革命的经验教训，新中国成立后又采用了社会主义制度。从一开始，中国共产党就结合中国国情修改了这个外来模式，使之与中国传统结合，以适应中国的实况，让中华文明发展到一个新阶段。在这过程中，中国核心的传统价值，如天命、以民为本、天人合一（即人与自然和谐）和礼义之邦（即国与国保持和睦）等，基本上保持不变。

中国在 1970 年代末展开了改革开放，积极参与全球经济一体化及推行了积极的外交政策。这个新时期的中国经济与社会体系被称为社会主义市场经济。21 世纪，中国采取更开放、更积极的态度，与全球各国谋求共同发展，主办和参与了 G20 峰会、金砖国家峰会、上海合作组织成员国总理会议，提出"一带一路"倡议，还成立了亚洲基础设施投资银行。绿色、环保和可持续发展理念亦更合乎中华文明的传统价值。

因此，中华人民共和国 70 多年的发展历程显示了中西文明连续不断的深度融合过程。中国人民不但重新站起来，亦使中华文明发展至另一高峰，为中华民族赢得了民族自信、制度自信和文化自信。这个发展过程的主要特色和多次起伏的历史转折点，都在新时代城市的人文与物质文化的演变中得到明显展现。当高铁网络、航空业、远洋运输高速发展，5G 网络在中华地理大空间内的覆盖率不断增加，以及"一带一路"带动了新型全球合作时，中国城市的空间分布、功能、结构与城市形态，将会在未来 20 年出现新一轮翻天覆地的变化，中国城市文明又将进入一个崭新的阶段。

第十三章

回顾与前瞻：
中国城市文明史的启示

城市是文明的载体

本书前十二章的讨论显示：城市作为文明载体，在中国文明与历史的演进中自身也不断地变化和发展。新石器时代中期出现早期农耕，原始聚落开始形成，孕育出中国不同地区的早期文明，形成多元的先民文化。在龙山城邦时期，中国处于传说中天下万国的氏族联盟的尧舜时代，但主要的地方文化进一步发展，已踏进了文明。接着便形成夏、商、周三代的早期世袭王朝，在中央集权体制下，三代统治者比氏族联盟盟主掌握了更强大的权力。这一时代正是饱含中华文明特色的封建时代，"帝"已出现，并在周朝时演变为"天子"，但王朝直接管辖的地区相对于今天中国的版图来说仍是较小的，因而当时的王朝是个诸侯国众多的复合型国家。广阔的自然地理空间仍主要由各诸侯和不同的化外民族直接管治。秦代化封建为郡县，开创了真正的帝国式中央集权制度。此时，中华大地除了个别时期（如南北朝、五代十国等），都是在中央集权的管治之下。

这个由新石器时代中期开始的多元文化体系，经过两三千年的发展进步，逐渐演变为以中原文化为核心的文明体系，而城市一直是这一体系的较集中的载体。文明的三重意义都在城市中充分体现。最高层次的文明元素（价值观和意识形态）当然集中在城市，体现在城市的统治阶层、官僚和士人上。他们对内推动德治与教化，对外实行礼义之邦的睦邻政策，同时亦拥有、创造知识并推动知识的应用和传播。第二阶层的文明要素（制度）亦集中在城市，并以城市为节点向全国和全民推广和落实。这些文明要素包括行政管治、税收、力役、军事、刑事等。最低层次的"器物"亦部分集中在城市，包括生产和交通工具、消费品、建筑、艺术等。

从中国发展的历史来看，上述三个层面的文明演进，虽然明显地集中在城市，但并不局限于城市。中国文明的主体价值观和行为准则，即儒家思想中的天人合一、敬天祭祖、仁义、孝悌、忠信、礼乐等观念，是没有城乡分别的，同样在农村中盛行，成为农民的普遍价值观和行为准则。更甚者，城市的载体功能和在城市集中的文明要素就是为周边的农村和整个农业经济服务的。如果我们肯定中国存在特定的文明，我们应理解这个文明是覆盖全国的，而城市只是其节点而已。中国城市是中国文明的载体，应从这个特定的角度来理解。因此，我们在本书讲述的中国城市文明史，实际上是指整个中国文明史。

中国城市文明发展历程

由早期农业的环壕聚落到进入文明的龙山城市

中国自 7000 年前左右已有相当发达的农业，因此，大型农业聚落在黄河中游的仰韶文化和长江中下游的大溪文化、良渚文化中已经出现了。姜寨一期的环壕聚落展示了母系社会晚期的高度组织能力。它将 5 个有血缘关系的氏族糅合为一个部落，让他们共同进行农耕、在同一聚落中生活。最关键的是，在当时的农业社会，经济、社会、政治和宗教的组织已初步具备中国传统文明的特点。这些特点亦体现在这个大型聚落内房屋的空间位置、功能、大小结构，以及聚落的其他用地上。大房子位于聚落核心，房的后半部分是部落头人的寝室，其前厅是议事厅，整体已具备前朝后寝的布局。大房子前是大型广场，是供祭祀活动和各族共同议事或举行庆典的空间，已具外朝的雏形。大房子门外有纪事柱（或图腾柱），由专人，即"柱下吏"或"柱国"，刻记重要事项，这些人大概是后来史官和丞相的前身。在大房子内所议的事当为与农耕及部落内的秩序和安宁相关的要事。大房子前面的广场，亦便于观天象及祭祀天地和祖先，即与宇宙（自然界）和先祖（过去世界）沟通，以从中得到荫庇与启示。在这个"通灵"的过程中，指定巫师和行政首长、分析"通灵"结果、向全部落发布准确信息等重要任务就集中在部落头人身上。因此，大房子不但成为其后初城的核心，也是当时农业社会的经济、政治和社会活动的核心，体现了当时的社会价值观和社会体制。

当酋邦出现后，一些大房子转变为大型酋邦的首都，如湖南的城头山，进入文明前的最后阶段——初城。这时，农业灌溉技术和其他水利工程的进步，促使一些有力人士争夺土地并控制和管理了大量劳动力，造成社会阶级分化，使部分氏族同盟发展为酋邦。酋邦都城的主人不再如大房子中的部落头人一般，而是与他所管治的酋邦农民具有血亲关系。因此，在扩大了的大房子聚落周围，出现了坚固的夯土城墙，而其核心区的宫殿和宗庙（前朝后寝和规范化的祭祀建筑）都建在夯土台基上：一来显示出主人的社会地位不同，二来可更接近天界和过去世界。到 2014 年止，中国境内已发现 13 个初城。

考古发现证明了在龙山时代，比酋邦更进一级的城邦已普遍存在。这时已进入了父系社会和铜石并用时代，达致文明。大型河道水利和灌溉工程，以及频繁的战争体现了男性在体能上的优势，代表了男性性征和力量的直线线条取代了母系社会中代表女性的怀抱与包容的圆弧线条。因此，龙山时代的城墙都是方形或长方形的。但当时的技术发展水平和社会组织能力有限，城的规模未能超越一定范围。城子崖城邦国就估计有领土达 2000 平方千米，全邦人口有 20 万。而要在这样广大的地区上有效管理农业经济，就需要一个拥有 40 个左右管理点的网络。这个网络构成了这个城邦国的三级聚落——都、邑、聚。城子崖明显具备了我们理解的城市特征，如土地利用、机构设施和景观特色等，但其功能和性质与大房子是一致的。因此大型环壕聚落经过初城的过渡往城市转变，到龙山时代已进入中国传统城市的首阶段。

在分散的邦国之上也存在着松散的邦国联盟，是部落联盟的进一步发展。这些联盟首领都是能为广大人民谋福利或德行特别显著的人士（或部落首领），如传说中的黄帝、尧、舜和禹等。这些人之所以能"服天下"或"得天下"，主要是因为他们对天下民生有利（以民为本），或德行高超，能得到上天的感应和赞许。这些都是后来天命和以民为本等价值观的来源，亦是大房子所代表的社会圭臬。夏、商、周三代经过长期的努力逐步地将这些价值观系统化和条文化，使之成为中华文明的基石，也成为中国城市的组织、结构和功能的主要原则。

夏、商、周三代奠定了传统的德与礼乐之治

其后的夏、商、周三代是中华文明进一步发展的重要时期，它们建立了以德治及礼乐为基本特色的中华城市文明。夏代开始了广域世袭王朝的初级阶段，也是铜器时代的发端。夏代科技的进步使农业经济向前迈进了一大步。更要指出的乃反映这些发展的王朝都城斟鄩（二里头），其面积比龙山城邦都城城子崖大 10 倍以上，人口更是后者的 20 倍以上。在其核心区中建于夯土台基上的巨大建筑达 50 座以上。其中 F1 的大殿比大地湾四期的宫殿式建筑大 30 倍以上，其后方的宗庙亦十分巨大。在宗庙后的大墓中也发现了以龙为造型的陪葬饰物，显示当时的君主已自视为龙的化身，是天子。斟鄩的大型铸铜作坊是诸城市中唯一用于制作大型铜器物的作坊，说明了王朝开始以铜器为礼器。通过掌握对铜矿的开采、制作和分配的专利，夏王对周边实行封建诸侯式的控制，以德及礼乐为治理新王朝的精神基础。其都城亦是体现礼乐之治的

典范。

商汤更明确了德及礼乐是治国的基本：对不尊天命、不重鬼神、不祭祀的诸侯葛伯，他号召天下人加以征讨惩罚；对不体恤民生的夏王桀，亦以武力取而代之。他还在《汤诰》内明言：天子之位，有道之人方可坐；天下不是一家所私有，是有道的人所共有的；天下只有有道的人可以治理，也只有有道的人可以长久安居。周武王举兵灭商纣王，亦提出同样的道理。他在《太誓》中说：殷王纣，自绝于天，昏乱无道，所以我替天行道，兴兵伐罪。史家称商汤和周武王此二事件为"汤武革命"。至周厉王时，他亦因暴虐专制导致民怨沸腾，被大臣赶逐，出现诸侯代行王政的"共和行政"达 14 年。因此，在三代的历史长河中已逐步建立了以天命、民本为主要内涵的价值观，要求王者治国以德，体现为敬天拜祖、合乎等级秩序的礼乐之治。这个平等的德治概念，使以后历朝在更替时涌现了不少农民出身的皇帝。而在另一方面，当少数民族入主中原时，他们亦一定奉这些基本价值观为治国标准。作为王权核心地域的国都，以及各级行政治所的城市，因而无不体现出德治与礼乐之治的原则。

三代为封建时代，青铜礼器是君主授权诸侯为一方之主的信物。与身份相配的青铜礼器和乐器在祭祀上的应用，可以用来检视天子乃至诸侯是否尊天命、敬鬼神和祖宗，以及谨守等级秩序。自姜寨一期的大房子以来，国都和城市的规划到周代已逐步完善和条文化，成为成书于周的《考工记》。《考工记》显示出天子居中、左祖右社、前朝后市等国都结构原则，以达致奉天承运、以德和礼乐治国的目的，同时也给予不同等级的城市一个按等级进行规划的标准。

由汉至清的儒学

我们称三代为礼乐形成期，指的就是儒家在这一时期总结了西周及以前所传承下来的文明价值观。但以后的儒家和儒学并不局限于这一时期的总结，还吸收了不少其他各家的观点，特别是道家、法家、阴阳家和来自印度的佛教等的思想。在唐以后，儒学更依据历史情况有所发展，我们将它称为"新儒学"，以涵盖宋明理学和明清的心学。这套思想学说，或简称为"中国传统的价值观"，为中华文明的延续提供了稳固的上层架构，因为它适应了农业经济和保持了农业社会的稳定及和谐。这或许是在古文明中，中国传统文明仍能延续至今的最大原因。

儒学的与时俱进，亦可以在政治制度（包括中央治权的继承和行政官僚的选任）、经济体制和城市的演变中得到体现。秦灭六国，改封建为郡县，实行新的中央集权式的帝国统治。在汉代，儒学亦适应和包容了这个表面由法家思想主导的体制，因为它并不和儒家的基本价值观相抵触，而儒士通过选任（包括自隋唐起的科举制度）亦成为行政官僚。对这个价值观的包容与官僚选拔制度的发展，使中央集权的郡县体制自汉至晚清延续不衰，我们称之为汉代至清代的儒学下的中央集权。

中华文明史的五个主轴

综合上述，中国长达5000年的文明发展史可以归纳出五个发展主轴：

1. 天人合一——适应和利用自然力量以发展经济，达致人口增长与温饱；
2. 宗法制度、礼乐之治——建立人与人间的秩序以达致社会的稳定及与周边国家、民族的和睦；
3. 德治、以民为本——制约集权以保持权力用于利民与保民等目的；
4. 科举制度——公平有效地选拔行政干部；
5. 教化——普遍推广道德操守和礼乐行为。

若是能够做到上述各项，国家必定会国泰民安，民富国强。一个政权若能奉行产生如此结果的治国方略，便是行"王道"或"正道"，而这个政权便是个有天命的政权，会得到百姓的拥护和支持。从传说的黄帝、尧、舜的个人行为与治国典故，到儒家经典、新儒学，至今天中国共产党的执政为民、以德治国，就是中华文明史中人与人、人与国、国与国共处和共谋发展这种最佳关系的探索与践行的过程。

在这个漫长的历史过程中，其始乃"天下为公"，即有能力的人不因私利而去掠夺他人，中央权力通过禅让制来传承。夏代开创了世袭的家天下中央集权制，但王权的地盘较小，只覆盖了中原大部分地区，对天下的治理就委托给了诸侯。这个王与诸侯共治的体制一直延续至西周，共历约1000年。能够保持这种政治版图的两大因素乃：中央的实力和诸侯遵守礼乐规定的等级秩序。春秋战国时代，中央能力下降，个别诸侯称霸，礼崩乐坏。因应天下一统的要求，自秦汉开始，中国历史走向了高度中央集权的郡县制。由于中央政权的资源增加了，王朝亦能够在广大的地理空间中建设连接全国的交通网络，使中华文明，包括中央管治、经济互补、民族融合等能到达边远地区。

封建时代的地方行政，主要由诸侯分封的世袭的卿、大夫出任。在郡县制下，汉晋时从世家大族及著名儒士中推举治国人才。由隋唐开始，以儒学经典为考核基础的科举制度逐步发展，至宋代便成为选任官员的主要办法，并且一直延续至清末。这些儒士以"齐家、治国、平天下"为人生目标。他们不只是政治中立的公务员，不会满足于仅仅执行行政命令和政策，因此中国历史上出现了特有的皇帝与士大夫共治天下的现象。然而皇帝亦往往重用身边的人——宦官和外戚，以平衡士大夫的影响。同时，士大夫出身的官员因政见不同亦往往结成朋党。中国各朝代的兴衰、更替，与皇帝、宦官、外戚、朋党这四种力量的纠缠是分不开的。但构成中华文明的五个主轴是一直不变的，它们支撑了中华文明的延续与发展。

清末中西文明的碰撞曾令中国的士或知识分子思考过西方不同的政

治体制，包括英国的议会制、美国的总统制、日本的君主立宪制、苏联的一党制等。这些制度，有些规定几年一次以选举产生的元首（总统或总理）只能连任两届，有些则没有这种限制。但它们一律规定公务员是终身制，而且要政治中立。中华人民共和国实行了民主集中制，以党执政为民、以德治国来应对天命，降低"家天下"的皇帝、宦官、外戚之间为争私利而乱德乱国的风险。此外，通过民主集中制，政府把各级别的干部纳入政策制定的群体，完善了政策制定的基础，并提高了政策推行的效率。同时中国共产党又以其施政方针与纪律统一党员干部思想，避免了朋党政治，且能够长期进行反贪反腐。

中华人民共和国的这些制度创新解决了 2000 年来因为权贵利益导致土地兼并、农民因没有生计被迫起义、朝代更替等问题，使广大国民成为主人，国家拥有主要生产资料，而人民通过人民代表参与国家的决策与行政，掌握了国家的命运。因此，中国在近 30 年中达致了有效决策、有效施政和规模效益，使社会稳定，经济高速发展，令中华城市文明奔向一个历史新高峰。

城市功能与结构的变化

春秋战国时代，出现了诸侯不顾等级秩序的礼崩乐坏局面。这个特别时代的城市亦和此前、此后的很不同，在功能、体制和结构上都偏离了《考工记》的规定，出现了僭越（规模和制度俨如甚至超越了周王朝都城）、重商和重军事的特点。在其空间布局上也一反以宫殿宗庙为核心的同心圈层形式，而别具一格地形成并列的大、小城或分隔的双子城。临淄就是个双子城，工商活动繁盛，其人口规模和城市面积都比周天子的都城大很多，是礼崩乐坏的证明，但也反映出战国时城市中的工商业发达且备受重视。

秦始皇一统天下后，大力推行中央集权的郡县制，并"隳名城"，建立了按严格秩序和等级规划的城市体系，以配合他的全国行政体系。表面上这是法家的方式，其实本质上就是见诸《考工记》的儒家礼乐观念及相应的等级秩序原则。由汉代至清代，中国的城市体系基本就是中央集权式的行政体系的载体：主要的城市都是地方官府和士人集中的地方，又是科举试场与官学等教育机构所在，一方面利于推行与农业经济直接相关的水利工程如整治河道，另一方面负责地区文化和社会的建设，包括提供教育、救灾、医疗、赏罚等服务。国都更是这个体系的核心，是全国最大的城市，其规划亦更接近《考工记》的礼乐原则。

汉代的长安是首个在中央集权帝国体制下，在平地新建的国都。其36平方千米的面积大大超越战国时的各大都会。由于汉长安没有建郭城，城内三分之二的面积属于宫城，"市"的面积占了约2.7平方千米。虽然城内人口只有24.6万，但汉长安有更多的人口居住在城郊，其郊区人口达28万。因此汉长安的实际人口应是52万。唐长安的规模达致中央集权帝国时代的高峰，城内面积为87平方千米，比明清北京的62平方千米还要大。唐代的长安城亦是新建的国都，能容易地按《考工记》规划。它承三国以来逐步的演变，完善了宫城三朝的体制和全城南北中轴线在棋盘式路网基础上的设计。

北宋的国都开封的宫城和皇城在设计和功能上亦紧依《考工记》。但开封打破了以往城市的里坊制（商业集中于市场的东市、西市，严格管控城市的工商业活动等），使工商业沿街、沿河分布，市民能更自由地参与城市的各种活动，推动了城市工商业和服务行业的经济发展，形成了新的城市市民阶层和文化。由北宋到南宋，农业的商品化和城镇非农产业的崛起，使两宋出现了以工商业为主导的新经济，也令城市除了传统的行政主导功能，出现了新的城市文明发展动力和庶民文化。

自宋以后，在国都之外，地方上工商业城镇的兴起持续地成为中国城市化、社会和经济的重要动力。在元代和清代，特别是在清代，中国城市亦多了一个新的元素——民族分隔。它体现在清代国都北京和主要城市如西安、广州等的满城的空间结构和居民居住区上。不过，满族自强大以来一直非常汉化，入关后也一直以儒学为治家和治国的唯一标准，比明代的统治者更甚。

综观中国城市文明发展历程，我们可发现以下几个中国传统城市特点：

1. 城市的核心区是行政和宗庙结合的功能区；
2. 背北面南成为重要的公共建筑布局的主导原则；
3. 科举和官学（包括私学）机构是城市的重要设施；
4. 城市的行政、宗教、教育等活动的服务对象主要是城市的腹地居民，而不限于市内居民；
5. 工商业活动一般在空间布局和经营上受到歧视和严格控制；
6. 城市虽设城墙和门卫，但一般人员出入城市和在城内居住不受限制。

简言之，中国传统城市代表了中华文明的特点，是按照儒家思想设置和规划的，负责向其所在的农村和腹地推广上天的德荫，亦是为农村经济和农民提供农业和社会所需的各种服务的平台。军事和工商业活动一直处于附属或次要地位。

中华人民共和国成立后，经历了社会主义改造和自1979年后的改革开放，中华城市文明吸纳了不少西方文明元素（特别是在制度方面优良的地方），结合中国的现状，经过转型经济的过渡进入了社会主义市场经济阶段，建立了中国特色社会主义。至此，中国的城市文明已超越了传统，逐步与世界融合。在2013年后，中国城市文明又奔向了一个新的发展阶段。它对中华文明与世界文明的发展将会有深远影响。下面我们将尝试探讨这一新阶段。

探讨中国现代城市文明的路向

中华文明有自己的特色

中华文明与世界上其他原生古文明一样，是人类在与自然磨合的过程中，发展了科技与组织能力而最终形成的。不过不同人类群体在求生存和努力应对自然的过程中，产生了不同的价值观与行为习惯，形成了不同的文明。在两河流域，宗教力量在文明的演变中是主导的力量，在古埃及宗教力量亦占主导地位，法老在时人的观念中是个半神半人的领袖（薛凤旋 2019）。在中国，宗教却被置于人之下，天、地、神都是人格化了的。一个好的领导人可以"德配天地"、得天命，而检验德与天命的是以民为本的施政。中华文明的价值观体系就以"修身、齐家、治国、平天下"为目的，所涉及的祭祀主要是祭祖先和天地，避谈宗教的怪力乱神。

在龙山时代及之前，在黄河流域与长江流域的几个主要新石器时代晚期文化中，已经出现了中华文明的雏形。我们认同文明是个社会现象，而不是政治实体。经过龙山时代的融合，以中原为核心地域的夏文明成为中华大地的主导文明，之后又历商、周的演变，成为我们今天所理解的、以儒家思想为精髓的中华文明。因此，自龙山时代至今，虽然在中华大地的地理空间内，中央政权的疆域曾多次扩大与缩小，但中华城市文明的演变从未停止，且其覆盖范围不断扩大。英国历史学家汤因比（Toynbee 1934）治史，一反国家至上的观念，主张文明才是历史的本位。本书各章叙说的中华城市文明发展的不同阶段，采取的就是与汤因比同一的角度。

中华文明的"自决能力"

人类各文明的存在和发展具有基本的一般规律，都会经历诞生、成长、衰落和解体四个阶段。文明兴衰的取决性因素是它所面对的挑战的严重性和它自身应对挑战的能力。这些挑战可能来自自然界，如气候变迁和天灾，亦有可能来自另一个文明或蛮族。如果一个文明能够成功地应对挑战，那么它就会成长起来，中华文明便是个例子；反之，它就会走向衰落、解体和被替代。两河流域文明、古埃及文明、古印度河文明，甚至是古希腊文明都是一度辉煌而其后消失了的文明。在应对挑战的过程中，场所发生了转移，即一些外来的挑战会从文明的外部环境转移到文明的内部，致使受挑战文明得到升华。在这种升华的过程中表现出来的"自决能力"，使文明不断成长、优化（Toynbee 1934）。中华文明在其 5000 年的发展历史中多次显示了它的自决能力，这个能力亦因为中国自然地理的纵深更能得到培养和发挥。

各个文明并不是孤立存在的，而是会相互接触。西方学者认为文明的接触必定会造成文明的冲突，导致其中一些文明灭亡。中华文明因为与世界其他主要文明存在地理上的阻隔，再加上中国有地大物博的自然条件和适应自然的一套政策，所以不会因资源变化而对外掠夺。因此中华文明与其他重要文明（主要是欧洲文明）的接触要迟至大航海时代后才出现，最终导致了自 19 世纪中叶起的西欧海洋文明与中华文明的碰撞。这是中华文明史上与外力的最大一次碰撞，甚至引起了中外学者的质疑：在应对这次挑战时，中华文明的自决能力会否起作用？中华文明能否在这次衰败中重新崛起？

1990 年后的文明冲突与对历史终结的讨论

在 1978 年前，世界的注意力集中在美苏的冷战对峙上，即资本主义与社会主义的争霸。一些学者认为中华文明只是苏联意识形态的一部分，若中华文明仍存在的话，它就只局限于台湾一个依附于美国的流亡政权。有些学者甚至认为在中国大陆历史是不存在的，它的历史是假历史（余英时 2002）。

然而作为美国外交及国际策略的主要智囊，亨廷顿在 1968—1991 年间的一系列著作中宣扬了一种务实的政治保守主义，实际上是对 1949 年后的中国模式的接受。如他在《变化社会中的政治秩序》（*Political Order in Changing Societies*）中指出，各国之间最重要的政治分野，不在于它们的政府的形式（即民主与否），而在于政府的有效程度（Huntington 1968）。而施政面对的首要问题不是自由，而是建立一个合法的公共秩序。他还强调，在政治现代化进程中，政治稳定与政治秩序是关键的，"人类可以无自由而有秩序，但不能无秩序而有自由""权威的确立先于对权威的限制"。他的政治理论实际上赋予政治稳定与政治民主同等的价值地位，并没有点名批评美国的霸权主义：真正的保守主义在于维护已经存在的东西，而不应到国外四处讨伐或在国内引起激变。

1989 年苏联解体后，冷战已不存在。这时的中国已经打开国门 10 年了，它的对内和对外的政策在不断改革，经济高速发展，快速地融入全球经济。亨廷顿在上述其政治理论的基础上，因应全球政局的大变，于 1993 年发表了一篇轰动全球的文章——《文明的冲突？》（The Clash of Civilizations?）。其后他更把文章的主要内容扩充为一本名为《文明的冲突与世界秩序的重建》（*The Clash of Civilizations and the Remaking of World Order*）的专著（Huntington 1996），引起了各国对中国、中美关系和世界未来局势发展的广泛关注。它的主要内容乃：冷战后的世界，国与国间的冲突的基本根源不再是意识形态的、政治的或经济的，而是文化的差异，因此未来主宰全球的将是"文明的冲突"。而世界格局的决定因素表现为七大或八大文明，即中华文明、日本文明、印度文明、伊斯兰文明、西方文明、东正教文明、拉美文明，以及还有可能存在的非洲文明。因此中国的存在、中华文明的存在及其在世界上的作用，在近 20—30 年成为国际性的主流话题。

亨廷顿的文章不但暗喻了 1949 年后社会主义下的中国是中华文明的一个新阶段，而且是自 1840 年文明衰落后的一次复兴。在 1996 年他更做出了有远见且对全球局面有深远影响的预言：中美冲突不可避免。他认为美国与中国有不同的价值观，而且几乎在所有重大政策问题上都没有共同目标。中华文明的儒家精神强调权威、等级制度、个人权力和利益居次要地位、一致的重要性、避免正面冲突、保全面子，以及国家高于社会、社会高于个人等。此外，中国人倾向于以百年为单位来计算社会的演进，把扩大长远利益放在首位。相反，美国人重视自由、平等、民主和个人主义，倾向于不信任政府、反对权威、赞成制衡、鼓励竞争、崇尚人权，还倾向于忘记过去、忽视未来、集中精力尽可能扩大眼前的利益等。故此，未来的世界和平在相当程度上依赖于中国和美国的领导人协调两国各自利益的能力，其中的具体讨论点包括贸易平衡、知识产权、人权和核扩散等。

亨廷顿的学生福山当时就持不同意见，他认为苏联解体、东欧剧变和冷战结束标志着共产主义的终结，历史的发展只有一条路，即西方的市场经济和民主政治（Fukuyama 1992）。他觉得 1775—1783 年的美国独立运动和 1789 年的法国大革命已为人类确立了最佳的制度与发展方式，即西方政治上的自由主义和经济上的资本主义。概言之，自由主义和西方的民主制度是"人类意识形态发展的终点"和"人类最后一种统治形式"。人类社会在之后的发展乃在于实现自由主义原则和市场经济。他同时质疑中国的社会制度没有竞争力且很快就会崩溃。

然而，过去数十年的政治实践表明，西方国家特别是美国在全世界多个地区和国家推销的西方式民主多遭遇"水土不服"，以失败告终。不仅如此，自 2008 年席卷西方社会的金融危机、民粹主义潮流和选举乱象等使福山和一些西方政界、学界人士开始反思西式民主的种种弊端。与此形成鲜明对照的是，中国基于历史文化传统和现实国情，经过自 1949 年的实践探索，已形成了具有自身特色的社会主义政治制度，为当今世界发展中国家进行国家治理、社会建设提供了重要参照。

正是因为理解到对中国的误判，福山自 2010 年起已改变了他的政治理论和对中国的看法。他阐明民主既可能是有效的，也可能是破坏性的。一个国家的成功只能是综合成功，是相对好的选择。他的新理论认为现代政治制度由三大方面组成：强大的国家、法治、负责制政府。他对国家、法治、民主的最新排列是很有深意的。福山说，印度有（效率低下的）法治和（混乱的）民主问责，但中央政府的权威相对较弱，3个条件中满足2个算不上很差，但远未大功告成。至于中国，它拥有强大的中央政府，但法治和民主问责较弱，满足了3个条件的"1个半"，但中国的顺序是正确的。这个说法似乎已回归到亨廷顿的务实保守主义（Fukuyama 2012, 2015）。

福山的"历史的终结"概念来自对冷战的理解，即对马克思的共产主义和西方资本主义（或自由主义）之争的最终结果的理解。1989年的福山觉得苏联的解体说明了世界不会向共产主义发展，而必定走向西方的自由主义。其实这两条路线都有一个必然的共同基础，即中国人心目中传统的理想世界——大同社会，而两种路线就是达致此目标的不同路径。在这两条路线之外，会不会有其他选择？由于过去500年中西方的人类的活动范围扩大，形成了世界范围的技术、经济关系的网络，而当代的人类正共同面临着许多迫切的问题，如环境和气候变迁、核扩散、移民等，因此汤因比预言人类将在历史发展的下一阶段实现政治和精神上的统一。他认为这一巨大变革必须以全人类的平等为前提，以自主的方式加以实现，而不是继续以一部分人统治另一部分人的方式去实现。因此，历史不应只以冷战时代的共产主义或资本主义为其终结。中华文明自周代开始建立的以儒家思想为核心的价值观和"修身、齐家、治国、平天下"的方略，在中华大地数千年来已形成了维持社会稳定与促进社会发展的治理体系，它是个值得考虑的第三选择。

中国模式

后冷战时代的美国越来越关注中国的发展，上述亨廷顿与福山的论著是明显的佐证。与他们在1989年时的言论同时出现的乃"华盛顿共识"。当时拉丁美洲不少国家因陷入金融危机向美国求援，美国邀请了国际货币基金组织、世界银行、美洲开发银行和拉美国家代表在华盛顿研讨如何改革拉美国家。他们的讨论结果由约翰·威廉姆森（John Williamson）写成"华盛顿共识"报告书。它是一整套针对拉丁美洲和东欧国家的新自由主义政治经济学理论。它以竞选式民主政治为基础，提出了十点建议，强调放松管理金融机构和利伯维尔场（自由市场）。实际上就是要求拉美国家执行美国的自由主义管治模式，虽然助长了金融政治，但导致了严重的贫富悬殊问题，也令西方跨国企业利用其资金、技术等优势迫使发展中国家依赖它们发展经济。华盛顿共识没能改进拉丁美洲国家的经济，后者的民主制度亦无法有序地建立。英国首相戈登·布朗在2009年的G20峰会上声称华盛顿共识已经结束（当代中国研究所2012）。

在中国改革开放以来经济持续增长、社会稳定和人民生活普遍得到改善的前提下，美国学者乔舒亚·库珀·雷默（Joshua Cooper Ramo）在2004年发表了一份题为"北京共识"（The Beijing Consensus）的报告，引起了全球对"中国模式"及它能否引领全球未来发展的关注。北京共识认为中国模式包括三方面：创新和大胆试验（推行社会主义市场经济和改革开放）；捍卫国家主权和利益；循序渐进（采取渐进改良政策，促进社会、经济、政治改革）。经过不同学者后继的研究与阐释，中国模式大致包括：

1. 不进行全面的私有化；

2. 不进行快速的金融业自由化；

3. 不推行全面的自由国际贸易；

4. 走自己的政治经济发展道路；

5. 培育创新和不懈地改革；

6. 提升生活水平和平等权益以维持社会稳定；

7. 把国内生产总值增长、可持续发展和平等权益列为同等重要的发展指标；

8. 保护本国金融体系，以抵抗发达国家的强权侵扰。

对于上述第 4 点，可以再做更详细的说明，即近 30 年间中国在政治、经济、社会和文化方面的发展均有其特色。政治方面的特色乃民本思想和社会主义民主政治，后者即坚持共产党的领导、人民当家做主和依法治国。在坚持党的领导下强化了以表现和考核为本的官员遴选机制、监督机制，以及和而不同、互惠合作的外交方针。在经济方面坚持国家计划及国有、民营、中外合资、外资兼备的社会主义市场经济，全面开放劳动力市场和发展自由的商品和资本市场。在社会方面重视传统的家庭伦理、群体利益，鼓励以家庭为单位发展的私人企业和农业生产。在文化方面，注重物质文明与精神文明建设，增强文化软实力，弘扬中华文化。

美国学者雷默的中国模式言论引起了全球的讨论。美国汉学家阿里夫·德里克（Dirlik 2006）认为中国的和而不同、互惠合作的外交政策可能为世界提供了一个新的国际秩序。雷默又指出北京共识帮助普通人民，而华盛顿共识帮助了银行家。哈佛大学教授尼尔·弗格森（Niall Ferguson）指出中国在金融海啸中的表现令世界各国更感兴趣，有舆论认为中国模式是发展中国家脱贫的发展策略。希腊总统普罗科皮斯·帕夫洛普洛斯（Prokopis Pavlopoulos）于 2019 年 5 月参与亚洲文明对话大会前夕发言表态，认定文明冲突论本质上有荒谬性，世界要变得更好只有走调和、包容、互学的道路，每个国家也有权选择适合本国国情的发展道路。

中华文明的复兴和人类命运共同体

改善持续发展的路径：党纪、法治、全国空间连通

按照福山的新理论进行分析，中国是个存在不足的国家，强大的政

府是这个国家最重要的优势，但中国在建设法治和发展民主上仍需努力。他担心，"中国今天在经济上迅速增长，但3个条件之中只满足1条，即强大的国家，这样的情境能否长久？"他指出，"中国政治制度在王朝时期一直无法解决的问题是'坏皇帝'""英明领导下的威权制度，可能不时地超越自由民主制，可快速做出决定，不受法律和立法机关的挑战。另一方面，如此制度取决于英明领袖的持续出现。如有'坏皇帝'，不受制衡的政府大权很容易导致灾难"。

中国共产党在新中国成立后的70多年里以除去压在人民头上的"三座大山"和"为人民服务"为使命，并从苏联得到启发，从人民的精英中招募大批党员并把他们发展成为新的治国"士大夫"阶层。中国共产党在70多年的执政中，出现了多次政策失误且面对了多次重大挑战，但它接受人民密切监督，不断自我更新，持续地反腐反贪，吸纳年轻人和新社群以扩大其代表性，让广大人民参与到国家政治生活中。自2013年起，中国更加强了法律建设，将"依法治国"定为主要方针。可以说中国已吸取了历史上"坏皇帝"及法治不全的经验，逐步推广法治和加强人民民主专政。

中国政府在2000年提出并落实了西部大开发政策，其后提出了以民为本、可持续发展、科学发展观等战略思想，在2012年又提出了绿色、环保、智慧城市等发展方向。这些策略都在加强中国自然地理空间内的交通连接与资源基建的联系，促进各区域拥有平等的发展机会，以应对人地关系，解决人与人、地区与地区、城市与乡村之间发展不平衡和长远发展的问题。为了实现这些目标、落实长远发展的方针，中国政府在物质和人文的建设上投入大量资金与人力，已取得了明显的阶段性成果。

"一带一路"倡议与人类命运共同体

今天的中华文明深受近200年来东西方文明碰撞的影响，同时苏联的经验亦影响了重要的国家体制。中华文明富有包容传统，能"洋为中用"，推陈出新。经过 1978 年后改革开放的成功，中国经济在 21 世纪之初已深度融入全球经济，中国的平等互利、和而不同的外交政策亦使它的朋友遍天下。在全球生产链和全球市场的牵引下，中华文明的天下观已跳出中国传统自然地理的限制而走向全球。这个可称为"世界主义"的理想亦是中国共产党人改造旧中国的初心的一部分。

2013 年提出的"一带一路"合作倡议正是回到了这一初心，以冀发展国与国之间和平合作、共谋发展的新趋势。这亦是对新天下观的具体说明和对北京共识的超越。"一带一路"的原则是共商、共享和共建，内容包括设施（交通基础设施、能源基础设施和通信网络建设等）联通、贸易畅通、资金融通、政策沟通、民心相通等"五通"。全球大部分国家和地区已经积极签署了"一带一路"合作文件。目前"一带一路"还在起步阶段，各国还需要共同努力以构建倡议中的人类命运共同体。

因此，从中华城市文明史的角度看，中华人民共和国 70 多年的发展历程显示了中西文明不断的深度融合过程。然而，这并不意味着中华文明的淡化或衰退，因为从一开始，中国共产党就不断改变苏联模式，使之与中国传统结合，以适合中国国情。在这过程中，中国关键的传统价值，如天命、以民为本、与自然和谐相处、国与国保持和睦等基本上保持不变。中国政府更在 2013 年后采取更开放的态度，更积极地与全球各国谋求共同发展。换言之，中华文明是和平的而非侵略性的，对外是友好和互利的，强大的中华中央政权往往是先进文化的无偿输送者。绿色、环保和可持续发展等理念亦更合乎中华文明的传统价值，使中华文明发展至另一高峰，为中华民族赢得了道路自信、理论自信、制度自信、文化自信。汤因比曾在 1972 年预测：19 世纪是英国人的世纪，20 世纪是美国人的世纪，而 21 世纪将是中国人的世纪（汤因比 1997；山本新等 2018）。汤因比做出这一预见的背后原因，乃他认为中华文明，即儒家思想和大乘佛教，将能引领人类走出迷途和苦难，走向和平安定的康庄大道。他认为以中华文明为主的东方文明和西方文明相结合的产物，将是人类未来最美好和永恒的新文明。汤因比所说的大乘佛教在"原产地"印度已经完全消失，但自从公元前 2 世纪传入中国后，经过 2000 多年与中原的儒道学说融合，已成为中华文明的一部分，即本书所说的新儒学的一部分。他所希望见到的东西方文明结合其实已经出现了，中国城市文明史又将揭开新的一页。

参考文献

中文文献

安金槐（1998），《试论郑州商城的地理位置与布局》，《中国商文化国际学术讨论会论文集》，中国社会科学院考古研究所编，北京：中国大百科全书出版社，页 79—84。

安志敏（1993），《试论中国的早期铜器》，《考古》第 2 期，页 110—119。

北京大学震旦古代文明研究中心（2012），《早期夏文化与先商文化研究论文集》，北京：科学出版社。

北京大学中国考古研究中心编（2015），《聚落演变与早期文明》，北京：文物出版社。

毕秀洁（2012），《商代金文全编》，北京：作家出版社。

蔡哲茂（2016），《夏王朝存在新证说殷卜辞的"西邑"》，《中国文化》第 2 期。

常松木（2017），《禹都阳城在登封刍议》，《每日头条》，9 月 4 日。

陈淳（1997），《聚落·居址与围墙·城址》，《文物》第 8 期，页 43—47。

陈淳（1998），《酋邦的考古学观察》，《文物》第 7 期，页 46—52。

陈恩志（1985），《论中国境内从猿到人的独自进化和发展系统》，《社会科学评论》第 1 期，页 82—90。

陈金永、苏泽霖合编（1993），《地理研究与发展〈地理研究与发展〉研讨会论文集》，香港：香港大学出版社。

陈桥驿（1983），《中国六大古都》，北京：中国青年出版社。

陈旭（2001），《夏商考古》，北京：文物出版社。

戴向明（2016），《陶寺、石峁与二里头》，《发现石峁古城》，陕西省考古研究院等编著，页 246—259。

当代中国研究所（2012），《中国模式》，香港：浸会大学。

董琦(1995),《中国先秦城市发展史概述》,《中原文明》第 1 期,页 73—78。

董琦(2000),《虞夏时期的中原》,北京:科学出版社。

杜金鹏(1992),《关于大汶口文化与良渚文化的几个问题》,《考古》第 10 期,页 15—23。

杜金鹏(2004),《郑州南关外中层文化遗存再认识》,《三代考古(一)》,中国社会科学院
　　考古研究所夏商周考古研究室编,北京:科学出版社,页 93—106。

杜金鹏(2004a),《"偃师商城界标说"解析》,《三代考古(一)》,中国社会科学院考古研究
　　所夏商周考古研究室编,北京:科学出版社,页 107—123。

杜金鹏(2004b),《偃师商城与〈夏商周断代工程〉》,《三代考古(一)》,中国社会科学院考
　　古研究所夏商周考古研究室编,北京:科学出版社,页 124—125。

杜金鹏(2004c),《新砦文化与二里头文化:夏文化再探讨随笔》,《三代考古(一)》,中国
　　社会科学院考古研究所夏商周考古研究室编,北京:科学出版社,页 66—72。

杜金鹏、王学荣、张良仁(1999),《试论偃师商城小城的几个问题》,《考古》第 2 期,页
　　35—40。

段天璟(2014),《二里头文化时期的中国》,北京:社会科学文献出版社。

方酋生(1995),《偃师二里头遗址第三期遗存与桀都斟鄩》,《考古》第 2 期,页 160—185。

方酋生(1998),《论偃师尸乡沟商城为商都西亳》,《中国商文化国际学术讨论会论文集》,
　　中国社会科学院考古研究所编,北京:中国大百科全书出版社,页 95—102。

费省(1996),《唐代人口地理》,西安:西北大学出版社。

傅熹年(1995),《隋唐长安洛阳城规划手法的探讨》,《文物》第 3 期,页 48—63。

冈村秀典(2000),《屈家岭·石家河文化属城市文明吗》,《稻作、陶器和都市的起源》,严
　　文明、安田喜宪编,北京:文物出版社,页 181—187。

高炜(1989),《龙山时代的礼制》,《庆祝苏秉琦考古五十五年论文集》,《庆祝苏秉琦考古
　　五十五年论文集》编辑组编,北京:文物出版社,页 235—244。

高炜、杨锡璋、王巍、杜金鹏(1999),《偃师商城与夏商文化分界》,《三代文明研究(一)
　　—— 1998 年河北邢台中国商周文明国际学术研讨会论文集》,《三代文明研究》编辑委
　　员会编,北京:科学出版社,页 186—199。

葛剑雄(2007),《历史上的中国:中国疆域的变迁》,上海:上海画报出版社,页 233。

葛兆光(2014),《何为中国:疆域民族文化与历史》,香港:牛津大学出版社。

顾朝林(1992),《中国城镇体系——历史·现状·展望》,北京:商务印书馆。

顾万发、雷兴山、张家强(2016),《河南郑州东赵遗址》,中国考古网,6 月 3 日。

顾音海(2002),《甲骨文:发现与研究》,上海:上海书店出版社。

国家统计局城市社会经济调查总队(2005),《中国城市统计年鉴-2004》,北京:中国统计

出版社。

寒竹（2018），《中国道路的历史基因》，上海：上海人民出版社。

何道宽（1999），《中华文明撷要》，北京：外语教学与研究出版社。

何介钧（1999），《澧县城头山古城址 1997—1998 年度发掘简报》，《文物》第 6 期，页 4—17。

何毓灵、胡洪琼（2004），《试论早商城址的性质及相互关系》，《三代考古（一）》，中国社
　　会科学院考古研究所夏商周考古研究室编，北京：科学出版社，页 150—156。

贺刚（2013），《湘西史前遗存与中国古史传说》，长沙：岳麓书社。

贺业钜（1985），《考工记营国制度研究》，北京：中国建筑工业出版社。

侯卫东（2012），《试论漳洹流域下七垣文化的年代和性质》，北京大学震旦古代文明研究中
　　心等编，《早期夏文化与先商文化研究论文集》，北京：科学出版社。

环球社评（2014），《福山给出顺序，强政府、法治、民主》，《人民网》，10 月 14 日。

黄铭崇（2011），《晚商政体形态的研究：空间模型的考察》，《新史学》第 3 期。

黄铭崇（2016），《晚商王朝的政治地景》，《中国史新论：古代文明的形成》，黄铭崇主编，
　　台北：中央研究院；联经出版公司。

黄尚明（2018），《新石器时代黄河流域的气候变迁》，《中原文化研究》第 5 期。

金正耀（2000），《二里头青铜器的自然科学研究与夏文明探索》，《文物》第 1 期，页 56—64。

孔昭宸、刘长江、张居中（1996），《河南舞阳县贾湖遗址八千年前水稻遗存的发现及其在
　　环境考古学上的意义》，《考古》第 12 期，页 78—83。

李伯谦（2011），《文明探源与三代考古论集》，北京：文物出版社。

李绍连（1989），《试论中国古代都城性质的演变》，《史学月刊》第 3 期，页 8—12。

李绍连（1999），《关于商王国的政体问题——王国疆域的考古佐证》，《三代文明研究（一）
　　——1998 年河北邢台中国商周文明国际学术研讨会论文集》，《三代文明研究》编辑委
　　员会编，北京：科学出版社，页 304—312。

李生顺（2005），《有虞舜帝》，长沙：湖南人民出版社。

李先登（1980），《关于探索夏文化的若干问题》，《中国历史博物馆馆刊》第 2 期，页 29—34。

李学勤（1994），《走出疑古时代》，沈阳：辽宁大学出版社。

李学勤编（2007），《夏史与夏代文明》，上海：上海科学技术文献出版社，页 226。

李元星（2010），《甲骨文中的殷前古史：盘古王母三皇夏王朝新证》，济南：济南出版社。

李原（1995），《中国名城大观》，上海：上海教育出版社。

林圣龙（1989），《上新世以来的中国自然地理环境和中国古人类的进化》，《人类学学报》第
　　3 期，页 209—214。

刘斌、蒋卫东、费国平（1997），《浙江余杭汇观山良渚文化祭坛与墓地发掘简报》，《文物》

第 7 期，页 4—19。

刘春迎（2004），《北宋东京城研究》，北京：科学出版社。

刘莉、陈星灿（2002），《中国早期国家的形成——从二里头和二里岗时期的中心和边缘之间的关系谈起》，《古代文明（第 1 卷）》，北京大学中国考古学研究中心、北京大学古代文明研究中心编，北京：文物出版社，页 71—134。

刘莉著，陈星灿译（1998），《龙山文化的酋邦与聚落形态》，《华夏考古》第 1 期，页 88—112。

刘莉、陈星灿（2021），《寻找夏朝：中原地区早期国家的形成 》，"中国考古"公众号，7 月 7 日。

刘庆柱（1998），《中国古代宫城考古学研究的几个问题》，《文物》第 3 期，页 49—57。

刘庆柱（2000），《古代都城与帝陵考古学研究》，北京：科学出版社。

刘庆柱（2000），《中国古代都城考古学研究的几个问题》，《考古》第 7 期，页 60—69。

刘士莪（1998），《偃师商城与二里头遗址、郑州商城关系的比较》，《中国商文化国际学术讨论会论文集》，中国社会科学院考古研究所编，北京：中国大百科全书出版社，页 103—108。

刘炜编（2001），《中华文明传真》，香港：商务印书馆。

刘一曼（2004），《论殷墟甲骨的埋藏状况及相关问题》，《三代考古（一）》，中国社会科学院考古研究所夏商周考古研究室编，北京：科学出版社，页 354—370。

刘一曼（2004a），《略论甲骨文与殷墟文物中的龙》，《三代考古（一）》，中国社会科学院考古研究所夏商周考古研究室编，北京：科学出版社，页 371—382。

刘一曼（2004b），《论安阳殷墟墓葬青铜兵器的组合》，《三代考古（一）》，中国社会科学院考古研究所夏商周考古研究室编，北京：科学出版社，页 160—177。

卢希文编（1961），《中国五千年大事记》，香港：光华书店，页 210。

陆航（2014），《陕西神木石峁遗址首次发现四千年前房屋和墓葬群》，《中国社会科学报》，7 月 4 日。

马润潮著，马德程译（1985），《宋代的商业与城市》，台北：文化大学出版社。

马正林（1998），《中国城市历史地理》，济南：山东教育出版社。

南辕（2001），《良渚文化汇观山遗址第二次发掘简报》，《文物》第 12 期，页 36—40。

倪鹏飞编（2004），《中国城市竞争力报告 No.2》，北京：社会科学文献出版社。

宁越敏、张务栋、钱今昔（1994），《中国城市发展史》，安徽：安徽科学技术出版社。

牛世山（2004），《论先周文化的渊源》，《三代考古（一）》，中国社会科学院考古研究所夏商周考古研究室编，北京：科学出版社，页 235—244。

裴安平（2000），《长江中游 7000 年以前的稻作农业和陶器》，《稻作、陶器和都市的起源》，严文明、安田喜宪编，北京：文物出版社，页81—96。

裴明相（1987），《商代前期国都的结构和布局》，《中国古都研究（第三辑）》，中国古都学会编，杭州：浙江人民出版社，页80—90。

裴明相（1993），《郑州商代王城的布局及其文化内涵》，《郑州商城考古新发现与研究：1985—1992》，河南省文物研究所编，郑州：中州古籍出版社，页7—14。

澎湃新闻（2019），《许宏、赵海涛：二里头与夏商分界的新视角》，10月20日。

澎湃新闻（2019），《考古学家们找到文献记载的夏王朝了吗？》，12月20日。

钱耀鹏（1997），《关于环壕聚落的几个问题》，《文物》第8期，页57—65。

钱耀鹏（1999），《关于西山城址的特点和历史地位》，《文物》第7期，页41—45。

钱耀鹏（2001），《中国史前城址与文明起源研究》，西安：西北大学出版社。

曲英杰（1989），《论龙山文化时期古城址》，《中国原始文化论集——纪念尹达八十诞辰》，田昌五、石兴邦编，北京：文物出版社，页267—280。

曲英杰（2003），《古代城市》，北京：文物出版社。

任式楠（1998），《中国史前城址考察》，《考古》第1期，页1—16。

任式楠（2000），《我国新石器时代聚落的形成与发展》，《考古》第7期，页48—59。

山东省考古研究所（1990），《城子崖遗址又有重大发现——龙山岳石周代城址重见天日》，《中国文物报》，7月26日。

陕西省考古研究院等（2016），《发现石峁古城》，北京：文物出版社。

邵九华（1998），《河姆渡：中华远古文化之光》，北京：中国大百科全书出版社。

石永士（1999），《聚落·城·都城——试论夏、商、周三代在我国都城、宫殿建筑发展中的地位》，《三代文明研究（一）——1998年河北邢台中国商周文明国际学术研讨会论文集》，《三代文明研究》编辑委员会编，北京：科学出版社，页429—439。

宋新潮（1991），《殷商文化区域研究》，西安：陕西人民出版社。

宋镇豪、刘源（2006），《甲骨学殷商史研究》，福州：福建人民出版社。

苏秉琦（2017），《中国远古时代》，上海：上海人民出版社。

苏湲（2007），《华夏城邦：追踪夏商文化探索者的足迹》，北京：清华大学，页221。

苏湲（2007a），《黄帝时代：探索中华文明起源之谜》，北京：清华大学，页235。

孙庆伟（2018）《鼏宅禹迹：夏代信史的考古学重建》，北京：生活·读书·新知三联书店。

唐际根（2004），《安阳殷墟宫庙区简论》，《三代考古（一）》，中国社会科学院考古研究所夏商周考古研究室编，北京，科学山版社，页291—297。

同济大学城市规划教研室编（1982），《中国城市建设史》，北京：中国建筑工业出版社。

王东（2002），《中华文明论：多元文化综合创新哲学》，哈尔滨：黑龙江教育出版社。

王学荣（1999），《偃师商城布局的探索和思考》,《考古》第 2 期，页 24—34。

王学荣（2004），《河南偃师商城第 II 号建筑群遗址研究》,《三代考古（一）》, 中国社会科学院考古研究所夏商周考古研究室编，北京：科学出版社，页 126—149。

王毅、蒋成（2000），《成都平原早期城址的发现与初步研究》,《稻作、陶器和都市的起源》, 严文明、安田喜宪编，北京：文物出版社，页 143—165。

王震中（2013），《中国古代国家的起源与王权的形成》, 北京：中国社会科学出版社。

魏峻（2015），《中原地区的史前聚落演变与早期文明》,《聚落演变与早期文明》, 北京大学中国考古学研究中心编，北京：文物出版社。

"文博河南" 公众号（2018），《夏代真的存在吗？听考古界大咖李伯谦怎么说》, 6 月 27 日。

温小娟（2021），《追迹夏代，解读中华文明密码》,《河南日报》, 1 月 13 日。

吴汝康（1989），《现代人起源问题的新争论》,《人类学学报》第 2 期，页 182—185。

吴文祥、刘东生（2001），《4000a B.P. 前后降温事件与中华文明的诞生》,《第四纪研究》第 5 期。

奚椿年（2002），《中国书源流》, 南京：江苏古籍出版社。

夏商周断代工程专家组（2000），《夏商周断代工程 1996—2000 年阶段成果概要》,《文物》第 12 期，页 49—62。

新华网（2020），《河南巩县发现 5000 年前 "伊洛古国"》, 5 月 8 日。

徐良高（2004），《夏商周三代城市聚落研究》,《三代考古（一）》, 中国社会科学院考古研究所夏商周考古研究室编，北京：科学出版社，页 38—57。

徐昭峰（2013）《夏夷商三种文化关系研究》, 北京：科学出版社。

许宏（1999），《论夏商西周三代城市之特质》,《三代文明研究（一）——1998 年河北邢台中国商周文明国际学术研讨会论文集》,《三代文明研究》编辑委员会编，北京：科学出版社，页 286—295。

许宏（2000），《先秦城市考古学研究》, 北京：北京燕山出版社。

许宏（2001），《"连续" 中的 "断裂" ——关于中国文明与早期国家形成过程的思考》,《文物》第 2 期，页 86—91。

许宏（2004），《礼制遗存与礼乐文化的起源》,《三代考古（一）》, 中国社会科学院考古研究所夏商周考古研究室编，北京：科学出版社。

许宏（2004a），《早期城址研究中的几个问题》,《三代考古（一）》, 中国社会科学院考古研究所夏商周考古研究室编，北京：科学出版社，页 34—37。

许宏（2004b），《曲阜鲁国故城之再研究》,《三代考古（一）》, 中国社会科学院考古研究所夏商周考古研究室编，北京：科学出版社，页 276—290。

许宏（2004c），《略论二里头时代》，《三代考古（一）》，中国社会科学院考古研究所夏商周考古研究室编，北京：科学出版社，页58—65。

许宏（2009），《最早的中国》，北京：科学出版社。

许宏（2016），《大都无城：中国古都的动态解读》，北京：生活・读书・新知三联书店。

许学强（1979），《新城市人口结构初探》，广州：中山大学（油印）。

薛凤旋（2009），《中国城市及其文明的演变》，香港：三联书店（香港）有限公司。

薛凤旋（2019），《西方古城市文明》，香港：中和出版有限公司。

薛凤旋、蔡建明（2003），《中国三大都会经济区的演变及其发展战略》，《地理研究》第5期，页31—40。

薛凤旋、刘欣葵（2014），《北京：从传统国都到中国式世界城市》，北京：社会科学文献出版社。

薛浩然（2018），《中国梦、中国革命与中国共产党》，香港：乔木堂。

严文明（1981），《龙山文化和龙山时代》，《文物》第6期，页41—48。

严文明（1984），《论中国的铜石并用时代》，《史前研究》第1期，页36—44。

严文明（1989），《中国新石器时代聚落形态的考察》，《庆祝苏秉琦考古五十五年论文集》，《庆祝苏秉琦考古五十五年论文集》编辑组编，北京：文物出版社，页24—37。

严文明（1992），《略论中国文明的起源》，《文物》，第1期，页40—49。

严文明（1994），《中国环壕聚落的演变》，《国学研究（第二卷）》，袁行霈编，北京：北京大学出版社，页83—91。

严文明（1997），《聚落考古与史前社会研究》，《文物》第6期，页27—35。

严文明（2000），《农业发生与文明起源》，北京：科学出版社。

严文明（2000a），《稻作、陶器和都市的起源》，《稻作、陶器和都市的起源》，严文明、安田喜宪编，北京：文物出版社，页3—15。

颜惑（2015），《气候如何影响中国历史？环境演变与文明探源》，《红色中国》，Red China CN. net，12月26日。

严志斌（2014），《商代青铜器铭文分期断代研究》，北京：社会科学文献出版社。

杨宽（2003），《中国古代都城制度史研究》，上海：上海人民出版社。

杨肇清（1993），《试论中原地区国家的起源》，《华夏考古》第1期，页74—81。

于省吾（1973），《关于古文字研究的若干问题》，《文物》第2期，页32—35。

于希贤（1996），《古代都城地理格局的发展》，《中国地理》第6期。

余英时（2002），《从中国历史寻找今天中国问题的根源》，《纵览中国》，2月17日。

俞伟超（1985），《中国古代都城规划的发展阶段性——为中国考古学会第五次年会而作》，

《文物》第 2 期，页 52—60。

袁广阔（1998），《试论夏商文化的分界》，《考古》第 10 期，页 80—89。

袁广阔（2000），《关于孟庄龙山城址毁因的思考》，《考古》第 3 期，页 39—44。

袁广阔（2021），《观迹定书：考古学视野下夏商文字的传承与发展》，北京：《光明日报》，
　　5 月 12 日。

岳洪彬（2004），《二里头文化第四期及相关遗存再认识》，《三代考古（一）》，中国社会科
　　学院考古研究所夏商周考古研究室编，北京：科学出版社，页 73—92。

张炳火编（2015），《良渚文化刻画符号》，上海：上海人民出版社。

张驰（2002），《中国史前农业、经济的发展与文明的起源——以黄河、长江中下游地区为
　　核心》，《古代文明（第 1 卷）》，北京大学中国考古学研究中心、北京大学古代文明研究
　　中心编，北京：文物出版社，页 35—57。

张创新（2005），《中国政治制度史》，北京：清华大学出版社。

张光直（1985），《关于中国初期"城市"这个概念》，《文物》第 2 期，页 61—67。

张光直（1989），《中国相互作用圈与文明的形成》，《庆祝苏秉琦考古五十五年论文集》，《庆
　　祝苏秉琦考古五十五年论文集》编辑组编，北京：文物出版社，页 1—23。

张国硕（1999），《论夏商周三族的起源》，《三代文明研究（一）—— 1998 年河北邢台中国
　　商周文明国际学术研讨会论文集》，《三代文明研究》编辑委员会编，北京：科学出版
　　社，页 280—285。

张国硕（2001），《夏商时代都城制度研究》，郑州：河南人民出版社。

张国硕（2007），《夏王朝都城新探》，《东南文化》第 3 期。

张宏彦（2003），《中国史前考古学导论》，北京：高等教育出版社。

张绪球（1994），《屈家岭文化古城的发现和初步研究》，《考古》第 7 期，页 29—34。

张绪球（2000），《长江中游史前城址和石家河聚落群》，《稻作、陶器和都市的起源》，严文
　　明、安田喜宪编，北京：文物出版社，页 167—179。

张学海（1996），《试论山东地区的龙山文化城》，《文物》第 12 期，页 40—52。

张学海（2006），《龙山文化》，北京：文物出版社，页 226。

张玉石、赵新平、乔梁（1999），《郑州西山仰韶时代城址的发掘》，《文物》第 7 期，页 4—15。

张征雁（2004），《混沌初开：中国史前时代文化》，成都：四川人民出版社，页 192。

张忠培、严文明著，苏秉琦编（2010），《中国远古时代》，上海：上海人民出版社。

赵春青（2001），《郑洛地区新石器时代聚落的演变》，北京：北京大学出版社。

赵春青、张松林（2010），《新砦聚落考古的回顾与展望：纪念新砦遗址发掘 30 周年》，《中
　　原文物》，页 30—35。

赵辉（2000），《以中原为中心的历史趋势的形成》，《文物》第 1 期，页 41—47。

赵辉、魏峻（2002），《中国新石器时代城址的发现与研究》，《古代文明（第 1 卷）》，北京大学中国考古学研究中心、北京大学古代文明研究中心编，北京：文物出版社，页 1—34。

赵文林、谢淑君（1988），《中国人口史》，北京：人民出版社。

赵毅、赵轶峰编（2002），《中国古代史》，北京：高等教育出版社。

赵芝荃（1998），《论偃师商城始建年代的问题》，《中国商文化国际学术讨论会论文集》，中国社会科学院考古研究所编，北京：中国大百科全书出版社，页 49—57。

浙江省文物考古研究所（2002），《余杭良渚遗址群调查简报》，《文物》第 10 期，页 47—57。

浙江省文物考古研究所等（2015），《权力与信仰：良渚遗址群考古特展》，北京：文物出版社。

浙江省文物考古研究所等（2016），《良渚考古八十年》，北京：文物出版社。

中国社会科学院考古研究所（1999），《偃师二里头》，北京：中国大百科全书出版社。

周星（1987），《黄河中上游新石器时代的住宅形式与聚落形态》，《中国考古研究论集——纪念夏鼐先生考古五十周年》，《中国考古学研究论集》编委会编，西安：三秦出版社，页 117—159。

周长山（2001），《汉代城市研究》，北京：人民出版社。

朱凤瀚（2001），《试论中国早期文明诸社会因素的物化表现》，《文物》第 2 期，页 70—79。

朱彦民（1999），《殷墟都城探论》，天津：南开大学出版社。

竺可桢（1972），《中国近五千年来气候变迁的初步研究》，《考古学报》第 1 期，15—38。

庄林德、张京祥（2002），《中国城市发展与建设史》，南京：东南大学出版社。

[美]法兰西斯·福山著，李永炽译（1993），《历史之终结与最后一人》，台北：时报文化出版企业有限公司。

[美]谭中（2017），《简明中国文明史》，北京：新世界出版社。

[日]山本新等著，吴栓友译（2018），《未来属于中国：汤因比的中国观》，北京：世界知识出版社。

[英]汤因比、[日]池田大作，荀春生、朱继征、陈国梁等译（1997），《展望 21 世纪：汤因比与池田大作对话录》，北京：国际文化出版公司。

英文文献

Adams, R. M. (1972), 'Patterns of urbanisation in early Southern Mesopotamia', in Ucko, et. al.(eds.), *Man, Settlement and Urbanisation*, London: Blackwell.

Andrusz, G., Harloe, M. & Szelenyi, I (eds.) (1996), *Cities After Socialism*, Oxford: Blackwell.

Balazs, E. (1964), *Chinese Civilization and Bureaucracy*, New Haven: Yale University Press.

Barnard, Noel (1983), Further Evidence to Support the Hypothesis of Indigenous Origins of Metallurgy in Ancient China, in *The Origins of Chinese Civilization*, D.N. Keightley, ed., Berkeley: University of California Press, pp. 237-271.

Bater, J. H. (1980), *The Soviet City*, London: Arnold.

Bergère, Marie-Claire (1981), The Other China: Shanghai from 1919 to 1949, in *Shanghai: Revolution and Development in an Asian Metropolis*, Christopher Howe, ed., Cambridge: Cambridge University Press, pp. 1-34.

Boyd, Andrew (1962), *Chinese Architecture and Town Planning: 1500 B.C.-1911 A.D.*, London: Alec Tiranti.

Braidwood, R. J. (1986), *Prehistoric Man*, Chicago Natural History series, Chicago: Chicago UP(first published 1948).

Cambridge UP (1987-2016), *The Cambridge History of China*, Vol.1-17, CUP: Cambridge.

Cann, R. L. et. al. (1987), Mitochondrial DNA and Human Evolution, *Nature January* 1-7; 325 (6099), pp. 31-36.

Carneiro, R. L. (2003), *Evolutionism in Cultural Anthropology: A Critical History*, Westview Press: Boulder;

Chan, Kam Wing (1994), *Cities with Invisible Walls: Reinterpretating Urbanization in Post-1949 China*, Hong Kong: OUP.

Charlton, Thomas H., and D.L. Nichols (1997), The City-State Concept, in *The Archaeology of City-states*, D. L. Nichols and T. H. Charlton, eds., Washington D. C.: Smithsonian Institution Press, pp. 1-14.

Charlton, Thomas H., and D. L. Nichols (1997a), Diachronic Studies of City-States: Permutations on a Theme, in *The Archaeology of City-states*, D. L. Nichols and T. H. Charlton, eds., Washington D.C.: Smithsonian Institution Press, pp. 169-207.

Chen, C. Z. (1946-1947), Some Ancient Chinese Concepts of Town and Country, *Town Planning Review*, Vol. 19, No. 2-4, pp. 160-163.

Chen, Lie (1996), The Ancestor Cult in Ancient China, in *Mysteries of Ancient China: New Discoveries from the Early Dynasties*, J. Rawson, ed., London: British Museum Press, pp. 269-272.

Cheng, Te-k'un (1982), *Studies in Chinese Archaeology*, Hong Kong: Chinese University Press.

Childe, V.G. (1936), *Man Makes Himself*, London:Watts.

Childe, V.G. (1950), 'The Urban revolution', *Town Planning Review*, 22, 3-17.

Coon, C. S. (1969), *The Origin of Races*, New York: Knopf.

Cotterell, A., and D. Morgan (1975), *China's Civilization: A Survey of its History, Arts, and Technology*, New York: Praeger.

Crawford, H. (1991), *Sumer and the Sumerians*, New York: Cambridge UP.

Daniel, G. (1968), *The First Civilizations: The Archeology of their Origins*, New York: Thomas & Crowell.

Diamond, J. M. (2005), *Collapse: How Societies Choose to Fail or Succeed*, UK: Viking Press.

Dirlik, A. (2006), 'Beijing Consensus', in Yu Keping, et. al.(eds.) , *China Model and the Beijing Consensus*, Beijing: Social Science Press (in Chinese).

Eberhard, Wolfram (1967), *Settlement and Social Change in Asia: Collected Papers Volume One*, Hong Kong: Hong Kong University Press.

Eberhard, Wolfram (1977), *A History of China*, London: Routledge & Kegan Paul.

Eisenstadt, S. N., M. Abitbol, and N. Chazan (1988), *Early States in African Perspective*, Leiden: E. J. Brill.

Elvin, Mark (1978), Chinese Cities Since the Sung Dynasty, in *Towns in Societies: Essays in Economic History and Historical Sociology*, Philip Abrams and E. A. Wrigley, eds., Cambridge: Cambridge University Press, pp. 79-89.

Fagan, B. M. (2001), *People of the Earth*, Prentice Hall: New Jersey ;

Faure, David (2001), What Weber did not Know: Towns and Economic Development in Ming and Qing China, in *Town and Country in China: Identity and Perception*, D. Faure and T. T. Liu, eds., Basingstoke: Palgrave, in association with St. Antony's College, Oxford, pp. 58-84.

Flannery, K. (1968), The Olmec and the Valley of Oaxaca: A Model for Inner-Regional Interaction in Formative Times, in *Dumbarton Oaks Conference on the Olmec*, E. Benson, ed., Washington D.C.: Dumbarton Oaks Research Library and Collection, pp. 79-110.

Fu, Chonglan (2019), *An Urban History of China*, Palgrave Macmillan: Singapore.

Fukuyama, F. (1992), *The End of History and the Last Man,* New York: Free Press.

Fukuyama, F. (2004), *State-Building: Governance and World Order in the 21st century*, NY: Cornell University Press.

Fukuyama, F. (2012), *The Origins of Political Order*, New York: Farrar, Straus and Giroux.

Fukuyama, F. (2015), *Political Order and Political Decay: From the Industrial Revolution to the Present Day*, New York: Farrar, Straus and Giroux.

Gernet, Jacques; translated by J. R. Foster (1985), *A History of Chinese Civilization*, Cambridge: Cambridge University Press.

Goepper, Roger (1996), Precursors and Early Stages of the Chinese Script, in *Mysteries of Ancient China: New Discoveries from the Early Dynasties*, J. Rawson, ed., London: British Museum Press, pp. 273-281.

Goodrich, L. Carrington (1962), *A Short History of the Chinese People*, 3rd Edition, London: George Allen & Unwin.

Granet, Marcel (1930), *Chinese Civilization*, New York: Alfred A. Knopf.

Griffith, R. and C. G. Thomas (1981), Introduction, in *The City-State in Five Cultures*, R. Griffith and C. G. Thomas, eds., Santa Barbara, C.A.: ABC-Clio, pp. xiii-xx.

Harvati, K., et. al.(2019), Skull fragments from Greek suggests modern humans were in Europe more than 200,000 years ago, *Science Nature*, 10 July.

Hauser, P. M. (1965), 'Urbanization: an overview', in Hauser, P.M. & Schnore, L.F.(eds.), *The Study of Urbanization*, Wiley, N. Y., 1-48.

Heng, Chye Kiang (1999), *Cities of Aristocrats and Bureaucrats: The Development of Medieval Chinese Cityscapes*, Honolulu: University of Hawai'i Press.

Henriot, C. (1993), *Shanghai, 1927-1937*, Berkeley: University of California Press.

Hodge, Mary G. (1997), When is a City-State? Archaeological Measures of Aztec City-States and Aztec City-State Systems, in *The Archaeology of City-states*, D. L. Nichols and T. H. Charlton, eds., Washington D.C.: Smithsonian Institution Press, pp. 209-227.

Huntington, S. P. (1968), *Political Order in Changing Societies*, Yale University Press.

Huntington, S. P. (1991), *The Third Wave: Democratization in the Late Twentieth Century*, University of Oklahoma Press.

Huntington, S. P. (1996), *The Clash of Civilizations and the Remaking of World Order*, Touchstone .

Jabbar, M.A. (1986), *Historic cities of Asia*, Malaysia: National University Press.

Jensen, D. (2006). *Endgame, Volume 1: The Problem of Civilisation, Volume 2: Resistance.*, New York: Seven Stories Press.

Jettmar, Karl (1983), The Origins of Chinese Civilization: Soviet Views, in *The Origins of Chinese Civilization*, D. N. Keightley, ed., Berkeley: University of California Press, pp. 217-236.

Johnson, J .H. (1967), *Urban Geography: an introductory analysis*, Pergaman, Oxford.

Johnson, Donald and Maitland Edey (1981), *Lucy: The Beginnings of Humankind*, New York: Simon and Schuster.

Kirkby, R. J. R. (1985), *Urbanization in China*, New York: Columbia University Press.

Kracke, E. A. Jr. (1975), Sung K'ai-feng: Pragmatic Metropolis and Formalistic Capital, in *Crisis and Prosperity in Sung China*, John Winthrop Haeger, ed.,Tucson, Arizona: The University of Arizona Press, pp. 49-77.

Lindsay, H. H. (1833), *Report of Proceedings on a Voyage to the Northern Ports of China in the Ship Amherst.*

Liu, Li, and Xingcan Chen (2003), *State Formation in Early China*, London: Duckworth.

Lloyd, P.C. (1971), *The Political Development of Yoruba Kingdoms in the Eighteenth and Nineteenth Centuries*, London: Royal Anthropological Society.

Lo, C.P. (1980), Shaping Socialist Chinese Cities, in *China Urbanization and National Development*, C. K. Leung and G. Ginsburg, eds., pp. 130-155.

Loewe, M. & Shaughnessy, E. L.(1999), *The Cambridge History of Ancient China*, CUU: Cambridge;

Logan, J. R., ed., (2002), *The New Chinese City: Globalization and Market Reform*, London: Blackwell.

Ma, L. (1976), 'Anti-Urbanism in China', *Proceedings of the Association of American Geographers*, 8,114-118.

Ma, Laurence J. C. (1971), Commercial Development and Urban Change in Sung China (960 - 1279), Michigan Geographical Publication No. 6, Department of Geography, University of Michigan, Ann Arbor.

Mann, M. (1986), *The Sources of Social Power*, Vol. 1, Cambridge: Cambridge UP.

Marcus, J. & Sabloff, J. A. (2008), *The Ancient City: New Perspectives on Urbanism in the Old and New World*, Sch for Advanced Research Press: Santa Fe.

Maughty II, T. H. (2012), Migration of monsoons created and then killed Harappa Civilization, www.science.national geographic.com.

McKinsey (2020), *China Consumer Report.*

Meadows, P. (1957), 'The city, technology and history', *Social Forces*, 36, 141-147.

Meyer, David R (2000), *Hong Kong as a Global Metropolis*, Cambridge: Cambridge University Press.

Moorey, P. R. S., ed., (1979), *The Origins of Civilizations*, Oxford: Clarendon Press.

Morgan, L. H. (1877), *Ancient Society*, New York:Henry Holt.

Morris, Ian (1997), An Archaeology of Equalities? The Greek City-States, in *The Archaeology of City-states*, D.L. Nichols and T.H. Charlton, eds., Washington D.C.: Smithsonian Institution Press, pp. 91-105.

Mote, Frederick W. (1974), A Millennium of Chinese Urban History: Form, Time, and Space Concepts in Soochow, *Rice University Studies*, Vol. 59, No. 4, pp. 35-65.

Mumford, Lewis (1961), *The City in History*, New York: Harcourt B.J.

Murphey, Rhoads (1953), *Shanghai: Key to Modern China*, Cambridge, Mass.: Harvard University Press.

Murphey, Rhoads (1974), The Treaty Ports and China's Modernization, in *The Chinese City Between Two Worlds*, Mark Elvin and G. William Skinner, eds., California: Standford University Press, pp. 17-72.

Murphey, Rhoads (1978), *The Outsiders: The Western Experience in India and China*, Cambridge, Mass.: Harvard University Press.

Ramo, J. C. (2004), *The Beijing Consensus*, Washington: Foreign Policy Centre.

Rawson, Jessica (1980), *Ancient China: Art and Archaeology*, London: British Museum Publications.

Rawson, Jessica (1996), Introduction, in *Mysteries of Ancient China: New Discoveries from the Early Dynasties*, J. Rawson, ed., London: British Museum Press, pp. 11-30.

Roberts, J. A. G. (1999), *A Concise History of China*, Cambridge, Mass.: Harvard University Press.

Rowe, W. T. (1984), *Hankow: Commerce and Society in a Chinese City, 1796-1889*, Stanford, California: Stanford University Press.

Schirokauer, Conrad (1991), *A Brief History of Chinese Civilization*, San Diego: Harcourt Brace Jovanovich.

Service, E. R. (1971), *Cultural Evolutionism: Theory in Practice*, New York: Rinehart and Winston.

Shiba, Yoshinobu; translated by Mark Elvin (1970), *Commerce and Society in Sung China*, Michigan Abstracts of Chinese and Japanese Works on Chinese History No.2, Ann Arbor, Michigan: University of Michigan, Centre for China Studies.

Sit, Victor F. S. (1985), *Chinese Cities*, Oxford: OUP.

Sit, Victor F. S. (1995), Shanghai's Role in China's Modernization: An Historical Review, *Asian

Geographer, Vol. 14, No.1, pp. 14-27.

Sit, Victor F. S. (1995), *Beijing: The Nature and Planning of a Chinese Capital City*, Chichester: Wiley.

Sit, Victor F.S., and Chun Yang (1996), Foreign Investment "Exo-urbanization" in the Pearl River Delta, China, *Urban Studies*, Vol. 34, No. 4, pp. 647-678.

Sjoberg, G. (1960), *The Preindustrial City*, New York:Free Press.

Skinner, G. William (1977), Introduction: Urban Dvelopment in Imperial China, in *The City in Late Imperial China*, G. William Skinner, ed., California: Standford University Press, pp. 3-32.

Small, David (1997), City-State Dynamics through a Greek Lens, in *The Archaeology of City-states*, D. L. Nichols and T. H. Charlton, eds., Washington D.C.: Smithsonian Institution Press, pp. 107-118.

Southall, A. (2000), *The City: in Time and Space*, 2nd edition, Cambridge: Cambridge UP.

Stone, Elizabeth (1997), City-States and Their Centers: The Mesopotamian Example, in *The Archaeology of City-states*, D. L. Nichols and T. H. Charlton, eds., Washington D.C.: Smithsonian Institution Press, pp. 15-26.

Tainter, Joseph A. (1988), *The Collapse of Complex Societies*, Cambridge, UK: Cambridge University Press.

Tawney, R. H. (1966), *Land and Labour in China*, Boston: Beacon Press.

Toynbee, A. (1934), *A Study of History*, London: OUP.

Trewartha, Glenn T. (1952), Chinese Cities: Origins and Functions, *Annals of the Association of American Geographers*, Vol. 42, pp. 69-93.

Turner, R. (1949), *The Ancient Cities*, Vol.1, New York: McGraw-Hill.

Tyrwhitt, Jaqueline (1968-1969), The City of Ch'ang-An, *Town Planning Review*, Vol. 39, pp. 21-37.

Van de Mieroop (1997), *The Ancient Mesopotamian City*, Oxford: Clarendon Press.

Walder, A. G. (1995), China's Transitional Economy: Interpreting its Significance, *China Quarterly*, No. 144, pp. 963-979.

Webster, David (1997), City-States of the Maya, in *The Archaeology of City-states*, D. L. Nichols and T. H. Charlton, eds., Washington D.C.: Smithsonian Institution Press, pp. 135-154.

Wenke, Robert J. (1997), City-States, Nation-States, and Territorial States: The Problem of Egypt, in *The Archaeology of City-states*, D. L. Nichols and T. H. Charlton, eds., Washington D.C.: Smithsonian Institution Press, pp. 27-49.

Wheatley, Paul (1975), The Ancient Chinese City as a Cosmological Symbol, *Ekistics*, Vol. 39, pp. 147-158.

Williamson, J. (1989), What Washington Means by Policy Reform, in *Latin American Readjustment: How Much has Happened*, Williamson John ed., Washington: Peterson Institute for International Economics.

Wittfogel, K. A. (1957), *Oriental Despotism: A Comparative Study of Total Power*, Yale University Press;

Wright, Arthur F. (1965), Symbolism and Function: Reflections on Changan and Other Great Cities, *Journal of Asian Studies*, Vol. 24, No. 4, pp. 667-679.

Wright, Arthur F. (1977), The Cosmology of the Chinese City, in *The City in Late Imperial China*, G. William Skinner, ed., California: Standford University Press, pp. 33-74.

Yates, Robin D.S. (1997), The City-State in Ancient China, in *The Archaeology of City-states*, D. L. Nichols and T. H. Charlton, eds., Washington D.C.: Smithsonian Institution Press, pp. 71-90.

Yoffee, Norman (1997), The Obvious and the Chimerical: City-States in Archaeological Perspective, in *The Archaeology of City-states*, D. L. Nichols and T. H. Charlton, eds., Washington D.C.: Smithsonian Institution Press, pp. 255-263.

Yuan, Xingpei, et al, ed., (2012), *The History of Chinese Civilization*, Vol 1-4, Cambridge UP: Cambridge (English translation of original Chinese publication by Peking University Press of 2006).

Zhou, Yixing (1993), Several Trends in Chinese Urbanization in the 1980s, in *Chinese City and Regional Development: Outlook for 21st Century*, Yue-man Yeung, ed., Hong Kong: CUHK.

Zijderveld, A. C. (1998), *A Theory of Urbanity: The Economic and Civic Culture of Cities*, New Brunswick: Transaction Publishers.

China10k.com (2004), 'Prehistory', http://www.china10k.com/english/history/, accessed on 10 November 2004.

Crystalinks (2004), 'Chinese Script', http://www.crystalinks.com/chinascript.html, accessed on 10 July 2004, http://www.becominghuman.org/.

Institute of Human origins, '"Lucy" discovered by Donald Johanson & Tom Gray in 1974 in Ethiopia', http://www.asu.edu/clas/iho/lucy.html#found .

The Institute of Human Origins (2001), 'Becoming Human: The Documentary', http://www.becominghuman.org/becoming_human/main.html, accessed on 10 November 2004.

The Metropolitan Museum of Art (undated), 'China, 8000—2000 B.C.', http://www.metmuseum. org/toah/ht/02/eac/ht02eac.htm, accessed on 10 July 2004.

The Metropolitan Museum of Art (undated), 'China, 2000—1000 B.C.', http://www.metmuseum. org/toah/ht/03/eac/ht03eac.htm, accessed on 10 July 2004.

The Metropolitan Museum of Art (undated), 'Neolithic Period in China', http://www.metmuseum. org/toah/hd/cneo/hd_cneo.htm, accessed on 10 July 2004.

出版后记

　　本书是薛凤旋先生积 30 年教研经验而写就的心血之作。对于中国城市和中华文明的研究，他提出了新思路与新看法，在旧作《中国城市及其文明的演变》的基础上结合最新的考古和历史研究成果，进行了大篇幅的修改和补充。我们也在编辑过程中全面细致修订了原有内容，并重新绘制了部分地图和示意图，力求为读者带来更佳的阅读体验。

　　薛凤旋先生指出，西方部分学者将城市文明视为西方文明的特有产物，进而认为中国不存在真正的城市和城市文明，这是一种西方中心论的说法。城市在本质上是文明的载体，中国城市承载了独特的中国文明，代表着与西方城市不同的另一种城市类型。中国城市的演变，也体现了中国文明的演变。

　　在中国泱泱几千年的历史进程中，儒学是中国文明的根本价值观，自夏、商、周三代逐步形成，又经其后 2000 多年的传承与演变，发展出适应每个朝代的新形态，但儒学最基本的原则，如以德治国、以民为本等，早已写入中华民族的基因里。尽管在过去 100 多年里，儒学受到挑战，西方模式也影响了中国文明在近现代的发展进程，但百年里的实践证明，西方价值观仍有诸多与中国国情相悖的地方。回归中国文明史，从中吸取适合当下发展道路的优秀价值观，或许正当其时。

图书在版编目（CIP）数据

中国城市文明史 / 薛凤旋著 . -- 北京 : 九州出版社 , 2022.5

ISBN 978-7-5225-0794-1

Ⅰ . ①中… Ⅱ . ①薛… Ⅲ . ①城市史—中国 Ⅳ . ① K928.5

中国版本图书馆 CIP 数据核字 (2022) 第 011059 号

Simplified Chinese translation co-published in 2022.
ALL RIGHTS RESERVED.

著作权合同登记号：图字 01-2022-0931
审图号：GS（2021）4115 号

中国城市文明史

作　　者	薛凤旋 著
责任编辑	李 品 周 春
出版发行	九州出版社
地　　址	北京市西城区阜外大街甲 35 号 (100037)
发行电话	（010）68992190/3/5/6
网　　址	www.jiuzhoupress.com
电子信箱	jiuzhou@jiuzhoupress.com
印　　刷	天津中印联印务有限公司
开　　本	690 毫米 ×960 毫米 16 开
印　　张	26.5　　插页 4
字　　数	355 千字
版　　次	2022 年 8 月第 1 版
印　　次	2022 年 8 月第 1 次印刷
书　　号	ISBN 978-7-5225-0794-1
定　　价	72.00 元